張大可
韓兆琦 等 注譯

新譯資治通鑑

(三十八)

後唐紀四—八
後晉紀一—二

三民書局

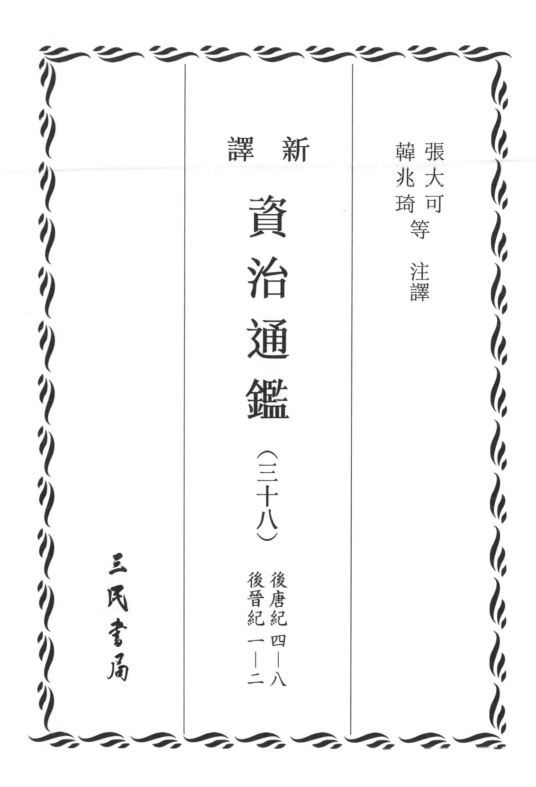

國家圖書館出版品預行編目資料

新譯資治通鑑(三十八)／張大可,韓兆琦等注譯.——
初版三刷.——臺北市：三民，2024
冊；　公分.——(古籍今注新譯叢書)

ISBN 978-957-14-6239-4 (全套:精裝)
1. 資治通鑑 2. 注釋

610.23　　105022920

古籍今注新譯叢書

新譯資治通鑑(三十八)

注 譯 者｜張大可　韓兆琦等
創 辦 人｜劉振強
發 行 人｜劉仲傑
出 版 者｜三民書局股份有限公司(成立於1953年)

三民網路書店
https://www.sanmin.com.tw

地　　址｜臺北市復興北路386號　(復北門市)　(02)2500-6600
臺北市重慶南路一段61號(重南門市)　(02)2361-7511

出版日期｜初版一刷 2017年1月
初版三刷 2024年5月
全套不分售
I S B N｜978-957-14-6239-4

新譯資治通鑑 目次

第三十八冊

卷第二百七十五

後唐紀四

起柔兆閹茂（丙戌　西元九二六年）四月，盡彊圉大淵獻（丁亥　西元九二七年）六月，凡一年有奇。

【題　解】本卷記事起西元九二六年四月，迄西元九二七年六月，凡一年又兩個月。當後唐明宗天成元年四月至二年六月。唐莊宗眾叛親離為亂兵所殺。李嗣源入洛撫定京師，辭位監國，待北都安定，李繼岌死，西路軍歸服，而後即位，是為明宗。明宗大殺宦官，整肅朝綱，仍有汴滑兵變。當時世亂，軍民遭塗炭。明宗殺蘆臺亂軍一萬多人，血染永濟渠。明宗一行伍，不知書，不明於治國，濫賜告身以萬數，以至於三路討荊南，不能誅滅一彈丸小國，非治世之主也。姚坤出使契丹告哀，拒絕契丹割地之請，大義凜然，堂堂中原一丈大。契丹主死，述律后臨朝，立次子耶律德光，賢者繼位。述律后心計誅桀黠臣以百數，掌控政局，是一鐵腕女人。閩國政變，王延鈞殺逐其兄王延翰為閩王。中原無明主，孟知祥殺監軍李嚴整武備，圖謀割據西川。

明宗聖德和武欽孝皇帝上之下

天成元年（丙戌　西元九二六年）

夏，四月丁亥朔❶，嚴辦❷將發，騎兵陳於宣仁門❸外，步兵陳於五鳳門❹外。從馬直指揮使郭從謙不知睦王存乂已死，欲奉之以作亂，帥所部兵自營中露刃❺大呼，與黃甲兩軍❻攻興教門❼。帝方食，聞變，帥諸王及近衛騎兵擊之，逐亂兵出門。時蕃漢馬步使朱守殷將騎兵在外，帝遣中使急召之，欲與同擊賊。守殷不至，引兵憩❽於北邙❾茂林之下。亂兵焚興教門，緣城而入。近臣宿將皆釋甲潛遁，獨散員都指揮使李彥卿❿及宿衛軍校何福進⓫、王全斌等十餘人力戰。俄而帝為流矢所中，鷹坊⓬人善友扶帝自門樓下，至絳霄殿廡下⓭抽矢。渴懣⓮求水，皇后不自省視，遣宦者進酪⓯。須臾，帝殂。李彥卿等慟哭而去，左右皆散，善友斂⓰廡下樂器覆帝尸而焚之。彥卿，存審之子。福進、全斌，皆太原人也。劉后囊金寶⓱繫馬鞍，與申王存渥及李紹榮引七百騎，焚嘉慶殿，自師子門出走。通王存確、雅王存紀奔南山⓲。宮人多逃散，朱守殷入宮，選宮人三十餘人，各今自取樂器珍玩，內⓳於其家。於是諸軍大掠都城。

是日，李嗣源至罌子谷，聞之，慟哭，謂諸將曰：「主上素得士心，正為羣小蔽惑⓴致[1]此，今吾將安歸乎！」戊子㉑，朱守殷遣使馳白嗣源，以京城大亂，諸軍焚掠不已，願亟來救之！乙丑㉒，嗣源入洛陽，止于私第㉓。禁焚掠，拾莊宗骨於灰燼之中而殯㉔之。

嗣源之入鄴都②也，前直指揮使㉕平遙㉖侯益脫身歸洛陽，莊宗撫之流涕。至是，益自縛請罪，嗣源曰：「爾為臣盡節，又何罪也！」使復其職。

嗣源謂朱守殷曰：「公善巡徼㉗，以待魏王㉘。淑妃㉙、德妃㉚在宮，供給尤宜豐備。吾俟山陵畢㉛，社稷有奉㉜，則歸藩㉝為國家捍禦北方耳。」是日，豆盧革帥百官上牋勸進㉞，嗣源面諭之曰：「吾奉詔討賊，不幸部曲㉟叛散，欲入朝自訴，又為紹榮所隔，披猖㊱至此。吾本無它心，諸君遽爾見推，殊非相悉㊲，願勿言也！」革等固請，嗣源不許。

李紹榮欲奔河中就永王存霸，從兵稍散。庚寅㊳，至平陸㊴，止餘數騎，為人所執，折足㊵，送洛陽。存霸亦帥眾千人棄鎮㊶奔晉陽。

【章旨】以上為第一段，寫唐莊宗為亂兵所殺。

【注釋】❶丁亥朔　四月初一日。❷嚴辦　凡天子將出，侍中奏中嚴外辦，即戒嚴清道。❸宣仁門　洛陽東面城門。❹五鳳門　宮城南門。❺露刃　拔刀。❻兩軍　此指郭從謙所率部兵與莊宗御營黃甲軍。❼興教門　洛陽皇城南面三門，中曰應天門，左曰興教門，右曰光政門。❽憩　休息。❾北邙　山名，又稱邙山，在今河南洛陽北。❿李彥卿　即符彥卿，符存審第三子，封魏王。傳見《舊五代史》卷五十六、《新五代史》卷二十五。⓫何福進　（西元八八九—九五四年）字善長，太原（今山西太原）人，官至後周天平節度使。傳見《舊五代史》卷一百二十四。⓬鷹坊　唐時養鷹的地方，為五坊之一。⓭廡

下 廊下。⑭渴懣 口渴而胸悶。⑮酪 乳水。凡矢刃傷血悶者，得水尚可活，飲酪加速死亡。⑯斂 搜集。⑰囊金寶 把金銀珠寶裝在袋裡。⑱南山 洛陽之南到伊川都是大山。⑲內 通「納」。藏匿。⑳蔽惑 蒙蔽蠱惑。㉑戊子 四月初二日。㉒乙丑 四月丁亥朔，無乙丑。疑為己丑，四月初三日。㉓私第 李嗣源在洛陽的私人住宅。㉔殯 葬。㉕前直指揮使 武官名，領皇帝前警衛士卒。㉖平遙 縣名，在今山西平遙。㉗巡徼 巡察、保衛宮殿及皇城內外坊市。㉘魏王 指李繼岌。㉙淑妃 後唐莊宗正室，衛國夫人韓氏，同光二年十二月冊為淑妃。㉚德妃 後唐莊宗次妻，燕國夫人伊氏，與淑妃同時冊封。傳見《舊五代史》卷四十九。㉛山陵畢 指埋葬莊宗以後。㉜社稷有奉 國家大統有人繼承。指繼岌返洛陽即位。㉝歸藩 回真定成德節度使任所。㉞勸進 敦請即皇帝位。㉟部曲 部下士兵。㊱披猖 狼狽。㊲殊非相悉 簡直是不瞭解我。㊳庚寅 四月初四日。㊴平陸 縣名，在今山西平陸。㊵折足 敲斷腳骨。㊶棄鎮 拋棄河中節度使任所。莊宗殺朱友謙，以永王存霸為河中節度使。

【校　記】①致　原作「至」。據章鈺校，十二行本、乙十一行本皆作「致」，今據改。②都　原無此字。據章鈺校，十二行本、乙十一行本皆有此字，今據補。

【語　譯】明宗聖德和武欽孝皇帝上之下

天成元年（丙戌　西元九二六年）

夏，四月初一日丁亥，內外已經嚴加整辦，唐莊宗正準備出發，騎兵列陣在宣仁門外，步兵列陣在五鳳門外。從馬直指揮使郭從謙不知道睦王李存乂已經死去，準備擁戴他發動叛亂，就率領所屬士兵從軍營中拔刀大呼，和黃甲軍一道攻打興教門。唐莊宗正在吃飯，得知兵變，就率領諸王和近衛騎兵迎擊，把亂兵趕出興教門。當時蕃漢馬步使朱守殷率領騎兵在城外，唐莊宗派遣宮中宦官使者趕忙去徵召他，想和他一道攻打賊兵。但是朱守殷沒有到來，帶兵在北邙山的茂密樹林中休息。叛亂的士兵焚燒興教門，攀過皇城進入城內。近臣宿將都脫下盔甲偷偷地逃跑了，只有散員都指揮使李彥卿和宿衛軍校何福進、王全斌等十多個人拼命作戰。不一會兒，唐莊宗被流箭射中，鷹坊人善友扶著唐莊宗從門樓上下來，到了絳霄殿的廊下把箭拔了下來。唐莊宗口渴胸悶要喝水，皇后沒有親自來探視，派宦官向唐莊宗呈上乳漿。不一會兒，唐莊宗死了。李彥卿等人痛哭一陣後離去，左右的近臣都四散逃走，善友收拾了廊下的樂器蓋在唐莊宗的屍體上，把他焚燒了。李彥卿，是李存審的兒子。何福進、王全斌，都是太原人。劉皇后把金銀財寶裝在袋子中拴在馬鞍上，和申王李存渥及李紹榮帶領七百名騎兵，焚燒了嘉慶殿，從師子門出逃。通王李存確、雅王李存紀逃往南山。宮女大多數都逃跑了，朱守殷進入後宮，挑選了三十多個宮女，讓她們各自拿上樂器和珍貴玩物，藏在他家中。此時各路軍隊大肆搶掠都城。

這一天，李嗣源到達甖子谷，得知唐莊宗死了，失聲痛哭，對各位將領說：「皇上一向深得軍心，只是被一群小人蒙蔽迷惑才造成今天這種局面，現在我將到哪裡去呢！」四月初二日戊子，朱守殷派遣使者飛騎報告李嗣源，說京城大亂，各路軍隊燒殺搶掠不已，希望趕快前來救援！乙丑日，李嗣源進入洛陽，住在自己的私宅中。下令禁止燒殺搶掠，從灰燼中拾取了唐莊宗的遺骨，然後把他安葬了。

李嗣源進入鄴都時，前直指揮使平遙人侯益逃脫了出來返回洛陽，唐莊宗撫摩著他流下了眼淚。到這個時候，侯益把自己綁了向李嗣源請罪，李嗣源說：「你作為一個臣子能夠盡忠盡節，又有什麼罪呢！」讓他恢復原職。

李嗣源對朱守殷說：「你好好巡防，以等待魏王回來。淑妃、德妃還在皇宮中，供給的用品尤其要豐富完備。我等到皇上的陵墓修好了，國家大統有了繼承人，就回藩鎮去為新君捍衛北方領土。」當天，豆盧革率領百官上表勸李嗣源登基，李嗣源當面告訴他們說：「我奉皇上的詔令討伐叛賊，不幸部下士兵叛亂逃散，本想到朝廷親自把事情講清楚，又被李紹榮所阻隔，狼狽到這種地步。我本來沒有其他的意思，各位卻突然間推舉我，簡直是太不瞭解我了，希望不要說了！」豆盧革等人堅決請求，李嗣源沒有答應。

李紹榮想跑往河中依靠永王李存霸，隨從的士兵漸漸散失。四月初四日庚寅，到了平陸，只剩下幾名騎兵，被人抓了起來，打斷腳解，送到洛陽。李存霸也率領部眾一千人丟下河中軍鎮奔赴晉陽。

辛卯❶，魏王繼岌至興平❷，聞洛陽亂，復引兵而西，謀保據鳳翔。向延嗣至鳳翔，以莊宗之命誅李紹琛。

初，莊宗命呂、鄭二內養❸在晉陽，一監兵，一監倉庫，自留守張憲以下皆承應不暇❹。及鄴都有變，又命汾州❺刺史李彥超❻為北都巡檢。彥超，彥卿之兄也。

莊宗既殂，推官❼河間張昭遠勸張憲奉表勸進。憲曰：「吾一書生，自布衣至服金紫❽，皆出先帝之恩，豈可偷生而不自愧乎！」昭遠泣曰：「此古人所行[1]，公能行之，忠義不朽矣。」

有李存沼❾者，莊宗之近屬，自洛陽奔晉陽，矯傳❿莊宗之命，陰⓫與二內養謀殺憲及彥超，據晉陽拒守。彥超知之，密告憲，欲先圖之。憲曰：「僕受先帝厚恩，不忍為此。徇義⓬而不免於禍，乃天也。」彥超謀未決，壬辰⓭夜，軍士共殺二內養及存沼於牙城，因大掠達旦⓮。憲聞變，出奔忻州⓯。會嗣源移書⓰至，彥超號令士卒，城中始安，遂權知太原軍府。

【章旨】以上為第二段，寫李嗣源入洛撫定京師，李彥超撲滅北都之變。

【注釋】❶辛卯　四月初五日。❷興平　縣名，在今陝西興平。❸內養　內侍，即宦官。❹承應不暇　盡力奉應。❺汾州　州名，治所西河，在今山西汾陽。❻李彥超　即符彥超，符存審長子。官至泰寧軍節度使，為管財寶的奴僕所殺。傳見《新五代史》卷二十五。❼推官　官名，節度使屬官，掌審訊，推鞫獄訟。❽服金紫　借指高級官員。唐制，三品以上服紫、金魚符。❾李存沼　莊宗弟無存沼，新、舊《五代史》均作存霸。《莊宗實錄・符彥超傳》中有「皇弟存沼」，並此存疑待考。❿矯傳　假傳。⓫陰　陰謀；暗暗地。⓬徇義　為義氣而獻身。徇，通「殉」。⓭壬辰　四月初六日。⓮達旦　到天亮。⓯忻州　州名，治所容秀，在今山西忻州。⓰移書　頒發的文告。

【校記】①所行　原作「之事」。據章鈺校，十二行本、乙十一行本皆作「所行」，今據改。

【語譯】四月初五日辛卯，魏王李繼岌到達興平，聽說洛陽發生了叛亂，又率軍西進，計劃據守鳳翔。向延嗣到達鳳翔，以唐莊宗的命令誅殺了李紹琛。

當初，唐莊宗命令呂、鄭兩個內侍留在晉陽，一個監管軍隊，一個監管倉庫，自留守張憲以下的官吏都盡力奉應他們。等到鄴都發生兵變，唐莊宗又任命汾州刺史李彥超為北都巡檢。李彥超，是李彥卿的哥哥。唐莊宗去世後，推官河間人張昭遠勸張憲上表擁戴李嗣源登基。張憲說：「我是一個書生，從布衣百姓到穿戴金紫的高官，都是出自先皇帝的恩澤，怎麼能夠苟且偷生而不感到慚愧呢！」張昭遠流著淚說：「這些都是古人的事跡，您能身體力行，您的忠義千古不朽。」

有一個名叫李存沼的人，是唐莊宗的近親，從洛陽跑到晉陽，假傳唐莊宗的命令，暗中與兩個內侍謀殺張憲和李彥超，佔據晉陽作抵抗。李彥超得知這一情況後，祕密地告訴了張憲，想先下手把他們殺了。張憲說：「我受了先皇帝的厚恩，不忍心做這種事情。我為義獻身而不能免遭災禍，這是天命吧。」李彥超謀劃尚未做出決斷，四月初六日壬辰夜晚，軍士們一起在牙城裡殺死了兩個內侍和李存沼，隨後大肆搶掠到天亮。張憲聽說發生了兵變，出奔到忻州。這時正好李嗣源宣撫各地的文書送到了晉陽，李彥超給士卒們下了命令，城裡才開始安定，於是他暫時代理太原軍府事務。

百官三牋❶請嗣源監國❷，嗣源乃許之。甲午❸，入居興聖宮❹，始受百官班見❺。下令稱教❻，百官稱之曰殿下❼。莊宗後宮存者猶千餘人，宣徽使選其美少者數百獻於監國，監國曰：「奚❽用此為？」對曰：「宮中職掌不可闕也。」監國曰：「宮中職掌宜諳❾故事，此輩安知之[1]？」乃悉用老舊之人補之，其少年者皆出歸其親戚❿，無親戚者任其所適⓫。蜀中所送宮人亦準此⓬。

乙未⓭，以中門使安重誨為樞密使，鎮州別駕⓮張延朗⓯為副使。延朗，開封人也，仕梁為租庸吏。性纖巧⓰，善事權貴，以女妻重誨之子，故重誨引⓱之。

監國令所在訪求諸王。通王存確、雅王存紀匿民間，或密告安重誨。重誨與李紹真謀曰：「今殿下既監國典喪⓲，諸王宜早為之所⓳，以壹人心⓴。殿下性慈，不可以聞。」乃密遣人就田舍㉑殺之。後月餘，監國乃聞之，切責㉒重誨，傷惜久之。

劉皇后與申王存渥奔晉陽，在道與存渥私通。存渥至晉陽，李彥超不納，走至風谷㉓，為其下所殺。明日，永王存霸亦至晉陽，從兵逃散俱盡，存霸削髮、僧服謁李彥超，「願為山僧，幸垂庇護㉔。」軍士爭欲殺之，彥超曰：「六相公來，當奏取進止㉕。」軍士不聽，殺之於府門之碑下。劉皇后為尼於晉陽，監國使人就殺之。薛王存禮㉖及莊宗幼子繼嵩、繼潼、繼蟾、繼嶢㉗，遭亂皆不知所終。惟邕王存美㉘以病風偏枯㉙得免，居于晉陽。

徐溫、高季興聞莊宗遇弒，益重嚴可求、梁震。梁震薦前陵州㉚判官貴平孫光憲㉛於季興，使掌書記。季興大治戰艦，欲攻楚。光憲諫曰：「荊南亂離之後，賴公休息士民，始有生意㉜。若又與楚國交惡㉝，它國乘吾之弊，良㉞可憂也。」季興乃止。

戊戌㉟，李紹榮至洛陽，監國責之曰：「吾何負㊱於爾，而殺吾兒？」紹榮瞋目㊲直視曰：「先帝何負於爾？」遂斬之，復其姓名曰元行欽。○監國恐征蜀軍還為變，以石敬瑭為陝州留後。己亥㊳，以李從珂為河中留後。○樞密使張居翰乞歸田里，許之。李紹真屢薦孔循之才，庚子㊴，以循為樞密副使。李紹宏請復姓馬㊵。

監國下教，數㊶租庸使孔謙奸佞㊷、侵刻㊸、窮困軍民之罪而斬之。凡謙所立苛斂㊹之法，皆罷之。因廢租庸使㊺及內勾司㊻，依舊為鹽鐵、戶部、度支三司，委宰相一人專判㊼。又罷諸道監軍使㊽，以莊宗由宦官亡國，命諸道盡殺之。

魏王繼岌自興平退至武功㊾，宦者李從襲曰：「禍福未可知，退不如進，請王亟東行以救內難㊿。」繼岌從之。還，至渭水，權西都留守張籛(51)已斷浮梁(52)，循水浮渡。是日，至渭南(53)，腹心呂知柔等皆已竄匿。從襲謂繼岌曰：「時事已去，王宜自圖(54)。」繼岌徘徊流涕，乃自伏於床，命僕夫(55)李環縊殺之。任圜代將其眾而東。監國命石敬瑭慰撫之，軍士皆無異言(56)。

【章　旨】以上為第三段，寫李嗣源監國，誅殺奸佞孔謙等人。莊宗之子及劉皇后皆被誅戮。

【注　釋】❶三牋　再三上奏章。❷監國　原為天子外出，由太子留守京城代行政務。這裡有即皇帝位之意。❸甲午　四月初八日。❹興聖宮　洛陽皇宮名。莊宗之殯在西宮，興聖宮在西宮之東。❺班見　文武官員分班朝見。❻教　教令。皇后和太子的命令稱教。❼殿下　古時對太子、親王的尊稱。❽奚　何。❾諳　熟悉。❿親戚　親人和戚屬。⓫任其所適　任憑他到哪裡去。適，往；到。⓬準此　照此辦理。⓭乙未　四月初九日。⓮別駕　官名，節度使和太守的高級屬官，掌顧問、文案，紀綱眾務，通判列曹。⓯張延朗　（？—西元九三六年）汴州開封人，官至判三司。有心計，善於處理棘手事務，為石敬瑭所殺。傳見《舊五代史》卷六十九。⓰纖巧　計較細微。⓱引　引薦；推薦。⓲典喪　主持莊宗的喪事。⓳早為之所　早做安置；早些將其殺害。⓴以壹人心　用來統一人心使歸服新皇監國李嗣源。㉑田舍　老百姓家。㉒切責　深切地責備。㉓風谷　地名，恐為「嵐谷」之誤，在今山西嵐縣。㉔庇護　保護。㉕奏取進止　奏請朝廷來決定如何處理。㉖存禮　李克用第四子，同光三年封薛王。莊宗敗，不知所終。傳見《舊五代史》卷五十一。㉗繼嵩繼潼繼蟾繼嶢　皆莊宗子，同光三年（西元九二五年）拜光祿大夫、檢校司徒，未封。莊宗敗，皆不知所終。傳見《舊五代史》卷五十一。㉘存美　李克用子，莊宗第三弟，同光三年封。傳見《舊五代史》卷五十一。㉙病風偏枯　得中風病全身癱瘓。㉚陵州　州名，治所仁壽，在今四川仁壽東。㉛孫光憲　字孟文，貴平（今四川仁壽）人，家世業農，讀書好學，官至荊南節度副使。著有《荊臺集》、《玩筆傭集》、《鞏湖編玩》、《北夢瑣言》、《蠶書》等。傳見《十國春秋》卷一百二。㉜生意　生機。㉝交惡　結仇。這裡指交戰。㉞良　確實。㉟戊戌　四月十二日。㊱負　辜負。㊲瞋目　怒目；瞪大眼睛，表示憤怒。㊳己亥　四月十三日。㊴庚子　四月十四日。㊵李紹宏請復姓馬　李紹宏，本宦官，姓馬，莊宗為晉王時賜姓李，今復其原姓，表示與舊主決裂，歸附新皇。㊶數　列舉。㊷奸佞　花言巧語、邪惡詐偽。㊸侵刻　侵奪；剝削。㊹苛斂　苛刻聚斂。㊺廢租庸使　同光二年（西元九二四年），敕鹽鐵、度支、戶部三司，凡有關錢物，並委租庸使管轄，沿襲梁朝舊制。至此，廢除租庸使。㊻內勾司　莊宗同光二年置，為宮內諸司之一，掌財賦。㊼專判　專門管理。㊽監軍使　由宦官擔任，監視軍隊、將領。㊾武功　縣名，在今陝西武功。㊿內難　指莊宗被殺，明宗入洛陽。(51)張籛　嗜酒貪鄙，歷沂、密二州刺史。傳見《新五代史》卷四十七。(52)浮梁　指咸陽浮橋。(53)渭南　縣名，今陝西渭南市。(54)自圖　自己拿主意，有所打算。暗示其自殺。(55)僕夫　車夫。(56)無異言　沒有不同的意見，指擁戴明宗為帝。

【校　記】[1]之　原無此字。據章鈺校，十二行本、乙十一行本皆有此字，今據補。

【語　譯】百官們再三上表請求李嗣源監國，李嗣源便答應了他們的請求。四月初八日甲午，入住興聖宮，開始接受百官的列班朝見。所下的命令稱作教，百官稱他為殿下，唐莊宗的後宮所剩妃嬪還有一千多人，宣徽使從中挑選了數百名年輕貌美的獻給監國，監國說：「要這些人幹什麼？」宣徽使回答說：「宮中的職務不能沒有人掌理。」監國說：「宮中的職掌人員應熟悉過去的典章制度，這些人怎麼能夠知道呢？」於是全部用過去的老年舊宮人補任宮中職務，那些年輕的宮人都讓出宮投靠她們的親戚，沒有親戚的任憑她們隨便去哪裡。蜀中所送來的宮人也照此辦理。

四月初九日乙未，任命中門使安重誨為樞密使，鎮州別駕張延朗為副使。張延朗，是開封人，在梁朝時擔任租庸吏。他生性計較細微，善於巴結權貴，把女兒嫁給了安重誨的兒子，所以安重誨引薦了他。

監國李嗣源命令就地訪求諸王。通王李存確、雅王李存紀藏匿在民間，有人祕密地告訴了安重誨。安重誨和李紹真謀劃說：「現在殿下已經代行國政，主持喪事，對諸王應該及早做個安置，用以統一人心。殿下性格仁慈，這事不能讓他知道。」於是祕密派人到老百姓家中把他們殺了。後來過了一個多月，監國才聽說這件事，對安重誨痛加指責，哀傷惋惜了很久。

劉皇后和申王李存渥逃往晉陽，在路上和李存渥通姦。李存渥到了晉陽，李彥超不接納他，又逃到風谷，被他的部下殺死。次日，永王李存霸也到了晉陽，隨從的士兵全都逃散了，李存霸剃光頭髮、穿著僧衣拜見李彥超，說：「我願當一個山野僧人，希望得到庇護。」軍士們爭著想殺死李存霸，李彥超說：「六相公前來，應當奏請朝廷處理。」軍士們不聽從勸告，在府門的石碑下把李存霸殺了。劉皇后在晉陽當尼姑，李嗣源派人前來就地把她殺了。薛王李存禮和唐莊宗的幼子李繼嵩、李繼潼、李繼蟾、李繼嶢，遭受這場變亂，都不知最後的下落。只有邕王李存美因為中風半身不遂才免於一死，住在晉陽。

徐溫、高季興聽說唐莊宗遇害，更加看重嚴可求、梁震了。梁震向高季興推薦前陵州判官貴平人孫光憲，讓他掌管書牘記錄。高季興大規模建造戰船，準備攻打楚國。孫光憲勸諫說：「荊南經過戰亂之後，全靠您讓士民百姓得以休養生息，開始有了生機。如果又要和楚國交戰，其他國家乘我們國力衰竭圖謀我們，這確實令人擔心。」高季興這才作罷。

四月十二日戊戌，李紹榮被押到洛陽，監國李嗣源責問他說：「我有什麼地方對不起你，你竟然殺死我的兒子？」李紹榮怒目直視李嗣源，說：「先皇帝又有什麼地方對不起你？」李嗣源於是殺死了李紹榮，恢復了他原來的姓名元行欽。○監國李嗣源害怕西征蜀國的軍隊回來後叛亂，便任命石敬瑭為陝州留後。十三日己亥，任命李從珂為河中留後。○樞密使張居翰請求回歸故里，監國李嗣源同意了。李紹真多次推薦孔循的才幹，十四日庚子，任命孔循為樞密副使。李紹宏請求恢復他姓馬。

監國李嗣源頒發命令，歷數租庸使孔謙奸詐諂佞、侵佔剝奪、使軍民窮困的罪狀，把他殺了。凡是孔謙所制定的苛刻聚斂的條規，全部廢除。接著撤銷了租庸使和內勾司，按照舊制設置鹽鐵、戶部、度支三司，委託一位宰相專門管理。又罷除各道的監軍使，因為唐莊宗是由於任用宦官導致亡國，所以下令各道把這些監軍使全部殺掉。

魏王李繼岌從興平撤退到武功，宦官李從襲說：「是福是禍尚未可知，退卻不如前進，請大王趕快東進，平定京城的內亂。」李繼岌聽從了他的建議。回師東進，到達渭水，代理西都留守的張籛已經砍斷了河上的浮橋，李繼岌順流泅渡過河。當天，到達渭南，心腹呂知柔等人都已逃跑躲了起來。李從襲對李繼岌說：「大勢已去，大工應該自己拿主意。」李繼岌流淚徘徊，便自己趴在床上，命令僕夫李環勒死了他。任圜代替他率領部眾東進。監國李嗣源命令石敬瑭安撫他們，士卒們都沒有不同的意見。

先是，監國命所親李沖為華州都監①，應接西師②。沖擅逼③華州節度使史彥鎔入朝④。同州節度使李存敬過華州，沖殺之，并屠⑤其家。又殺西川行營都監李從襲。彥鎔泣訴於安重誨，重誨遣彥鎔還鎮⑥，召沖歸朝。

自監國入洛，內外機事皆決於李紹真⑦。紹真擅收⑧威勝⑨節度使李紹欽⑩、太子少保李紹沖⑪下獄，欲殺之。安重誨謂紹真曰：「溫、段罪惡皆在梁朝，今殿下新平內難，冀⑫安萬國⑬，豈專為公報仇邪！」紹真由是稍沮⑭。辛丑⑮，監國教，李紹沖、紹欽復姓名為溫韜、段凝⑯，並放歸田里⑰。壬寅⑱，以孔循為樞密使。

有司⑲議即位禮。李紹真、孔循以為唐運已盡，宜自建國號⑳。監國問左右：「何謂國號？」對曰：「先帝賜姓於唐㉑，為唐復讎㉒，繼昭宗後㉓，故稱唐。今梁朝之人㉔不欲殿下稱唐耳。」監國曰：「吾年十三事獻祖㉕，獻祖以吾宗屬㉖，視吾猶子㉗。又事武皇㉘垂三十年，先帝㉙垂二十年，經綸㉚攻戰，未嘗不預。武皇之基業則吾之基業也，先帝之天下則吾之天下也，安有同家而異國乎！」令執政更議㉛。吏部尚書李琪曰：「若改國號，則先帝遂為路人㉜，梓宮㉝安所託乎！不惟殿下忘三世舊君㉞，吾曹為人臣者能自安乎！前代以旁支入繼㉟多矣，宜用嗣子㊱柩㊲前即位之禮。」眾從之。丙午㊳，監國自興聖宮赴西宮㊴，服斬衰，於柩前即皇帝[1]位，百官縞素㊵。既而御袞冕㊶受冊，百官吉服㊷稱賀。

【章　旨】以上為第四段，寫李嗣源即帝位，是為明宗。

【注　釋】❶都監　官名，州設都監，或稱兵馬都監，掌屯戍、守城等。官高資深者為都監，官低資淺者為監押。❷西師　即魏王繼岌所統率的軍隊。❸擅逼　擅自逼迫。❹入朝　到洛陽中央朝廷。❺屠　屠滅。❻還鎮　回華州節度使任所。❼李紹真　即霍彥威。❽擅收　擅自逮捕。❾威勝　方鎮名，唐肅宗至德二載（西元七五七年）升襄陽防禦使為山南東道節度使。後梁破趙匡凝，分鄧州置宣化軍。後唐改名威勝軍，治所鄧州，在今河南鄧州。❿李紹欽　即段凝。⓫李紹沖　即溫韜。⓬冀　希望。⓭萬國　指天下。⓮稍沮　稍稍有所抑制。⓯辛丑　四月十五日。⓰李紹沖紹欽復姓名為溫韜段凝　同光元年，賜溫韜姓名為李紹沖，段凝為李紹欽。⓱放歸田里　逐還民間，削職為民。⓲壬寅　四月十六日。⓳有司　有關部門；主管官吏。⓴國號　國家的稱號。㉑賜姓於唐　指朱邪赤心以平龐勛之功賜姓李，名國昌。㉒為唐復讎　指莊宗李存勗滅梁。㉓繼昭宗後　指後唐莊宗在唐末奉昭宗天祐年號，稱帝後以同光元年繼唐昭宗天祐二十年。㉔梁朝之人　這裡指霍彥威、孔循，他們曾為後梁大臣。㉕獻祖　指李國昌，莊宗即位，尊其祖國昌為獻祖。㉖宗屬　李國昌視李嗣源為同宗。按，李嗣源亦沙陀族。㉗猶子　猶同親兒子。㉘武皇　指李克用。莊宗追尊父李克用為太祖武皇帝。㉙先帝　指李存勗。㉚經綸　謀劃朝政，處理國家重大事務。㉛更議　再行討論。㉜路人　陌路的人，即不認識的外人。㉝梓宮　裝殮皇帝屍體的棺材。㉞三世舊君　指獻祖、太祖、莊宗三世。㉟旁支入繼　不是直系血統繼承皇位。㊱嗣子　原為嫡長子當繼承者為嗣子，這裡指無子者以近支兄弟或他人之子為嗣。㊲柩　棺。人死後，在床叫尸，在棺叫柩。㊳丙午　四月二十日。㊴西宮　西面的宮殿。莊宗停棺於西宮。㊵縞素 白色喪服。㊶袞冕 袞衣和帽，是古代皇帝的禮服。㊷吉服 禮服。

【校 記】[1]皇帝 原無此二字。據章鈺校，十二行本、乙十一行本皆有此二字，今據補。

【語 譯】此前，監國命令親信李沖擔任華州都監，接迎李繼岌的軍隊。李沖擅自逼迫華州節度使史彥鎔入朝。同州節度使李存敬路過華州時，李沖把他殺了，並屠滅了他的全家。又殺死了西川行營都監李從襲。史彥鎔向安重誨哭訴，安重誨派史彥鎔返回華州節度使任所，召李沖回朝。

自從監國進入洛陽後，朝廷內外的機要大事都由李紹真決定。李紹真擅自把威勝節度使李紹欽、太子少保李紹沖拘捕下獄，想殺掉他們。安重誨對李紹真說：「溫韜、段凝的罪惡都在梁朝時期，現在殿下剛剛平定內亂，正期望安定天下，難道只專為您報私仇嗎！」李紹真從此稍加收斂。四月十五日辛丑，監國下令，李紹沖、李紹欽恢復原來的姓名溫韜、段凝，並把他們免官削職為民。十六日壬寅，任命孔循為樞密使。

主管官吏商議監國即皇帝位的禮儀。李紹真、孔循認為唐朝的國運已經完了，應當自行建立國號。監國詢問左右的近臣：「什麼叫國號？」回答說：「先皇帝曾經由唐朝賜姓，後來消滅梁朝為唐朝復仇，承繼唐朝昭宗之後，所以國號叫唐。現今在梁朝做過官的人都不希望殿下的國號也稱唐。」監國說：「我十三歲時侍奉獻祖，獻祖因為我是同一宗族的人，待我猶如自己的親兒子。我又侍奉武皇將近三十年，侍奉先皇帝將近二十年，謀劃朝政，攻城野戰，我沒有不參與的。武皇的基業就是我的基業，先皇帝的天下就是我的天下，哪裡有同一個家而國號不同！」命令執政大臣另行討論。吏部尚書李琪說：「如果更改國號，那麼先皇帝就等於陌路之人，他的靈柩又靠誰來料理呢！不單是殿下忘記了三世舊君，就是我們這些做人臣的能自感安穩嗎！過去的朝代以旁支入繼大統的也很多，應該用嗣子在靈柩前即位的禮儀即位。」大家都贊同他的意見。四月二十日丙午，監國從興聖宮前往西宮，穿著斬衰的重喪服，在唐莊宗的靈柩前即皇帝位，百官一身縞素。一會兒，監國穿上皇帝的禮服，戴上皇冠，接受玉冊，百官換上禮服向新皇帝拜賀。

戊申❶，敕中外之臣毋得獻鷹犬奇玩之類。○有司劾奏太原尹張憲委城❷之罪，庚戌❸，賜憲死。○任圜將征蜀兵二萬六千人至洛陽，明宗慰撫之，各令還營。

甲寅❹，大赦，改元❺。量留後宮百人，宦官三十人，教坊百人，鷹坊二十人，御廚五十人，自餘任從所適❻。諸司使務有名無實者，皆廢之。分遣諸軍就食近畿❼，以省饋運。除夏、秋稅省耗❽。節度、防禦等使，正、至、端午、降誕四節❾聽貢奉❿，毋得斂百姓。刺史以下不得貢奉。選人先遭塗毀文書者，令三銓⓫止除詐偽，餘復舊規。

五月丙辰朔⓬，以太子賓客⓭鄭珏、工部尚書任圜並為中書侍郎、同平章事，圜仍判三司。圜憂公如家，簡拔賢俊，杜絕僥幸⓮。期年⓯之間，府庫充實，軍民皆足，朝綱⓰粗立。圜每以天下為己任⓱，由是安重誨忌之。

武寧節度使李紹真、忠武節度使李紹瓊、貝州刺史李紹英、齊州防禦使李紹虔、河陽節度使李紹奇、洺州⓲刺史李紹能⓳，各請復舊姓名為霍彥威、萇從簡⓴、房知溫、王晏球、夏魯奇、米君立，許之。從簡，陳州人也。晏球本王氏子，畜於杜氏，故請復姓王。

丁巳㉑，初令百官正衙常朝㉒外，五日一赴內殿起居㉓。○宦官數百人竄匿㉔山林，或㉕落髮為僧，至晉陽者七十餘人。詔北都㉖指揮使李從溫悉誅之。從溫，帝之姪也。

帝以前相州刺史安金全有功於晉陽，壬戌㉗，以金全為振武節度使、同平章事。○丙寅㉘，趙在禮請帝幸鄴都。戊辰㉙，以在禮為義成節度使。辭以軍情未聽㉚，不赴鎮㉛。○李彥超入朝，帝曰：「河東㉜無虞㉝，爾之力也。」庚午㉞，以為建雄㉟留後。○甲戌㊱，加王延翰同平章事。

帝目不知書，四方奏事皆令安重誨讀之。重誨亦不能盡通，乃奏稱：「臣徒以忠實之心事陛下，得典樞機。今事粗能曉知，至於古事，非臣所及。願倣前朝侍講、侍讀㊲，近代直崇政、樞密院㊳，選文學之臣與之共事，以備應對。」乃置端明殿㊴學士。乙亥㊵，以翰林學士馮道、趙鳳為之。

【章旨】以上為第五段，寫後唐明宗大赦，改元，誅宦官，整肅朝綱。

【注釋】❶戊申　四月二十二日。❷委城　委棄城池。❸庚戌　四月二十四日。❹甲寅　四月二十八日。❺改元　四月二十八日始改元天成。❻適　往。❼近畿　都城附近的縣域。❽省耗　舊例，夏、秋二稅每斗額外多交一升叫省耗。❾正至端午降誕四節　正月初一、冬至、五月初五端午節、明宗生日九月九日應聖節四個節日。❿聽貢奉　任聽貢獻禮品。⓫三銓　本為唐代舊制。唐對官員選拔、授職、考績，由吏部及兵部尚書、侍郎分掌其事。尚書一人為尚書銓，掌五品至七品選；侍郎二人，分為中銓、東銓，掌八品九品選，合為三銓。後來都由侍郎處理，尚書僅在文書上簽名。⑫丙辰朔　五月初一日。⑬太子賓客　官名，太子屬官，掌輔佐太子。⑭僥幸　企圖靠偶然機遇獲得成功。⑮期年　一年。⑯朝綱　朝廷的制度。⑰以天下為己任　把振興國家看作是自己的責任。⑱洺州　州名，治所廣年，在今河北永年。⑲李紹能　以上諸人，李紹真、李紹虔以梁將歸降賜名，李紹瓊、李紹奇、李紹能以事莊宗有戰功賜名。⑳萇從簡　（西元八七七—九四一年）陳州（今河南淮陽）人，屠羊為業，力敵數人，善用槊。官至後唐河陽節度使，後晉許州節度使。煩苛暴虐，為武臣之最。傳見《舊五代史》卷九十四。㉑丁巳　五月初二日。㉒正衙常朝　指初一和十五，皇帝御文明殿受百官朝賀。㉓內殿起居　五日一次皇帝在中興殿，百官問候。㉔竄匿　逃竄藏匿。㉕或　有的人。㉖北都　今山西太原。㉗壬戌　五月初七日。㉘丙寅　五月十一日。㉙戊辰　五月十三日。㉚軍情未聽　軍隊的事務尚未處理完畢。聽，處理。㉛鎮　指義成軍，治所在滑州，今河南滑縣。㉜河東　這裡指河東軍府治所晉陽，即今山西太原。㉝無虞　沒有問題，不必擔心。㉞庚午　五月十五日。㉟建雄　方鎮名，唐僖宗光啓元年（西元八八五年）置護國軍節度，治所晉陽，在今山西太原。後梁開平四年（西元九一〇年）置定昌軍，貞明三年（西元九一七年）改為建寧軍。後唐改為建雄軍。㊱甲戌　五月十九日。㊲侍講侍讀　唐制，集賢院置侍講學士、侍讀直學士，為皇帝講讀經史，剖析疑義。㊳直崇政樞密院　後梁開平元年（西元九〇七年）改樞密院為崇政院，置直學士二員，選有政術文學者擔任。後唐同光元年（西元九二三年）改崇政院為樞密院，置直院一人，為皇帝講經史。㊴端明殿　後唐同光二年（西元九二四年）正月，改解卸殿為端明殿，為皇帝燕閒接御儒臣之地，設學士。端明殿學士由此始。㊵乙亥　五月二十日。

【語譯】四月二十二日戊申，唐明宗下令朝廷內外的大臣不得進獻鷹犬、珍玩之類的東西。〇有關部門上奏彈劾太原尹張憲委棄城池之罪，二十四日庚戌，賜張憲死。〇任圜率領西征蜀國的軍隊二萬六千人到達洛陽，唐明宗慰勞安撫他們，命令他們各自回到原先的軍營。

四月二十八日甲寅，大赦天下，改換年號。酌情留下後宮一百人，宦官三十人，教坊一百人，鷹坊二十人，御廚五十人，其餘的人聽任所往。宮內的各司使務有名無實的，全都裁減。分派各軍在近處地域取給糧食，以減少運輸。免除夏、秋兩季稅收的省耗。節度、防禦等使，在每年元旦、冬至、端午和皇帝聖誕四個節日准許進貢，不得搜刮百姓。刺史以下官員不准向皇帝進貢。候選官吏先前告身文書被塗毀的，命令三銓去除欺詐和偽造，其餘按舊的規定辦理。

五月初一日丙辰，任命太子賓客鄭珏、工部尚書任圜並為中書侍郎、同平章事。任圜仍舊兼管三司。任圜為公務操心就如同自己家的事一樣，選拔賢良才俊，斥退投機僥倖的小人。一年時間，府庫充實，士卒百姓都很富足，朝廷制度粗具規模。任圜常常以天下為己任，因此安重誨很嫉恨他。

武寧節度使李紹真、忠武節度使李紹瓊、貝州刺史李紹英、齊州防禦使李紹虔、河陽節度使李紹奇、洺州刺史李紹能，各自請求恢復他們原來的姓名霍彥威、萇從簡、房知溫、王晏球、夏魯奇、米君立，唐明宗答應了他們。萇從簡，是陳州人。王晏球本來是姓王的兒子，寄養在姓杜的人家，所以請求恢復姓王。

五月初二日丁巳，開始命令百官除了正衙正常的朝見外，每五天一次進內殿向皇帝問安。○數百名宦官竄匿山林，有的人剃光頭髮當了和尚，到晉陽的有七十多人。唐明宗下詔命令北都指揮使李從溫把他們全部殺掉。李從溫，是唐明宗的姪兒。

唐明宗因為前相州刺史安金全防守晉陽有功，五月初七日壬戌，任命安金全為振武節度使、同平章事。○十一日丙寅，趙在禮請求唐明宗幸臨鄴都。十三日戊辰，唐明宗任命趙在禮為義成節度使。趙在禮藉口軍隊的事情還沒處理完畢，沒有前往鎮所滑州就任。○李彥超入朝，唐明宗對他說：「河東安然無恙，是你的功勞。」十五日庚午，任命他為建雄留後。○十九日甲戌，加封王延翰為同平章事。

唐明宗不識字，四面八方的上奏言事都讓安重誨讀給他聽。安重誨也不能完全通曉這些奏章，於是啟奏說：「臣僅是以忠誠的心來侍奉陛下，得以位居要職。當代的事情大略知道，至於古代的事情，不是臣所能知道的了。希望能仿效前朝的侍講、侍讀，近代的直崇政、樞密院制度，挑選一些通曉文學的大臣來共同處理這些事情，以備陛下的垂問。」於是設置了端明殿學士。五月二十日乙亥，任命翰林學士馮道、趙鳳來擔任。

丙子❶，聽郭崇韜歸葬，復朱友謙官爵。兩家貲財田宅前籍沒❷者，皆歸之。○戊寅❸，以安重誨領山南東道❹節度使。重誨以襄陽要地❺，不可乏帥，無宜兼領，固辭。許之。

詔發汴州控鶴指揮使❻張諫等三千人戍瓦橋。六月丁酉❼，出城。復還作亂，焚掠坊市，殺權知州、推官高逖。逼馬步都指揮使、曹州刺史李彥饒❽為帥，彥饒曰：「汝欲吾為帥，當用吾命，禁止焚掠。」眾從之。己亥❾旦，彥饒伏甲❿於室，諸將入賀，彥饒曰：「前日唱亂者數人而已。」遂執張諫等四人，斬之。其黨張審瓊帥眾大譟於建國門，彥饒勒兵擊之，盡誅其眾四百人，軍、州⓫始定。即日，以軍、州事牒節度推官韋儼權知，具以狀聞。庚子⓬，詔以樞密使孔循知汴州，收⓭為亂者三千家，悉誅之。彥饒，彥超之弟也。

蜀百官至洛陽，永平⓮節度使兼侍中馬全⓯曰：「國亡至此，生不如死！」不食而卒。以平章事王鍇等為諸州府刺史、少尹⓰、判官、司馬，亦有復歸蜀者。

辛丑⓱，滑州都指揮使于可洪等縱火作亂，攻魏博戍兵三指揮，逐出之。○乙巳⓲，赦：「朕二名⓳，但不連稱，皆無所避。」○戊申⓴，加西川節度使孟知祥兼侍中。○李繼曮㉑至華州，聞洛中亂，復歸鳳翔。帝為之誅柴重厚㉒。○高季興表求夔、忠、萬三州為屬郡㉓，詔許之。

安重誨恃恩驕橫㉔，殿直㉕馬延誤衝前導㉖，斬之於馬前，御史大夫李琪以聞。秋，七月，重誨白帝下詔，稱延陵突㉗重臣，戒諭中外。

于可洪與魏博戍將互相奏云作亂，帝遣使按驗㉘得實。辛酉㉙，斬可洪於都市，其首謀滑州左崇牙㉚全營族誅㉛，助亂者㉜右崇牙、兩長劍・建平將校百人亦族誅。

【章旨】以上為第六段，寫汴州、滑州兵變。

【注釋】❶丙子　五月二十一日。❷籍沒　抄家；沒收。❸戊寅　五月二十三日。❹山南東道　方鎮名，唐肅宗至德二載（西元七五七年）升襄陽防禦使為山南東道節度使，治襄州，在今湖北襄樊。❺襄陽要地　襄陽為郡名，治所襄陽，在今湖北襄樊。其地控蜀扼荊，為衝要之地。❻控鶴指揮使　控鶴，後梁侍衛親軍名，驕悍而怕遠戍。控鶴指揮使為控鶴軍統領官。❼丁酉　六月十二日。❽李彥饒　（？—西元九三七年）符存審次子。官至義成軍節度使，被誣與范延光謀反，遭冤殺。傳見《新五代史》卷二十五。❾己亥　六月十四日。❿伏甲　埋伏士卒。⓫軍州　軍，指宣武軍。州，指汴州。⓬庚子　六月十五日。⓭收　逮捕。⓮永平　方鎮名，前蜀置永平軍於雅州。治所嚴道，在今四川雅安。⓯馬全　（？—西元九二六年）蜀永平軍節度使。傳見《十國春秋》卷四十三。⓰少尹　官名，為府的副長官。⓱辛丑　六月十六日。⓲乙巳　六月二十日。⓳二名　指「嗣源」二字為名。如果二字不連用，單獨用時不避諱。⓴戊申　六月二十三日。㉑李繼曮　李茂貞之子，繼李茂貞為鳳翔節度使。㉒誅柴重厚　殺柴重厚，是因柴重厚不納李繼曮。㉓屬郡　歸自己管理的州郡。㉔恃恩驕橫　依仗皇帝的恩寵而驕縱跋扈。㉕殿直　侍值殿廷的武官，分左、右班。㉖前導　儀仗隊；前導侍從。㉗陵突　侵犯；衝撞。㉘按驗　調查驗證。㉙辛酉　十月初七日。㉚左崇牙　滑州警衛軍名。㉛全營族誅　全營官兵合族被處死。五代制度，禁軍軍官作亂，全軍官兵及其家屬全部受株連而殺戮。㉜助亂者　幫助作亂的人。

【語　譯】五月二十一日丙子，允許郭崇韜歸葬故鄉，恢復朱友謙的官爵。兩家以前被查沒充公的財貨田宅，全都歸還。〇二十三日戊寅，任命安重誨兼領山南東道節度使。安重誨認為襄陽是衝要之地，不可以沒有統帥，不宜兼領，所以他堅決推辭。唐明宗答應了他的請求。

唐明宗下詔徵調汴州控鶴指揮使張諫等三千人戍守瓦橋關。六月十二日丁酉，軍隊出了城。又折返回來發動叛亂，燒殺搶掠街市，殺死了權知州、推官高逖，逼迫馬步都指揮使、曹州刺史李彥饒當他們的主帥。李彥饒說：「你們想讓我為帥，就應當聽我的命令，禁止燒殺搶掠。」大家聽從了他的意見。十四日己亥的早晨，李彥饒在家中埋伏甲士，各位將領們進來向他拜賀，李彥饒說：「前天領頭作亂的只是幾個人而已。」說完，就把張諫等四個人抓了起來，斬殺了他們。張諫的同黨張審瓊率領很多人在建國門大喊大叫，李彥饒調集軍隊攻擊他們，把這些亂兵四百人全部殺死，軍鎮和汴州才安定下來。當天，把軍鎮和汴州的事情寫成公文報告節度推官韋儼知道，把詳細情況報告朝廷。十五日庚子，唐明宗下詔任命樞密使孔循掌管汴州，逮捕了三千家作亂的人，把他們全部處死。李彥饒，是李彥超的弟弟。

蜀國的百官到達洛陽，原蜀國的永平節度使兼侍中馬全說：「國家滅亡竟到了這種地步，活著還不如死了！」絕食而死。唐明宗任命原蜀國的平章事王鍇等人擔任各州府的刺史、少尹、判官、司馬，也有人又返回蜀地。

六月十六日辛丑，滑州都指揮使于可洪等人縱火作亂，進攻魏博戍守部隊的三指揮，趕走了他們。〇二十日乙巳，唐明宗下令：「朕的名字有兩個字，只要不是連稱，都不用避諱。」〇二十三日戊申，加封西川節度使孟知祥兼侍中。〇李繼曮到達華州，聽說洛陽叛亂，又返回鳳翔。唐明宗替他誅殺了柴重厚。〇高季興上表請求把夔、忠、萬三州劃歸為他的屬郡，唐明宗下詔同意了他的請求。

安重誨依仗皇帝的恩寵而驕縱跋扈，殿直馬延誤撞了他的前導儀仗，他在馬前殺了馬延，御史大夫李琪把此事報告了唐明宗。秋，七月，安重誨告訴了唐明宗，要求下詔，說是馬延衝撞了國家重臣，告誡朝廷內外。

于可洪和戍守魏博的將領交相上奏，說對方作亂，唐明宗派使者查證，得到實情。七月初七日辛酉，在街市上把于可洪斬首，叛亂的首謀滑州左崇牙全營士卒都被誅滅全族，協助叛亂的右崇牙營、左右長劍營、左右建平營將校一百人也被誅滅全族。

壬申❶，初令百官每五日起居，轉對奏事❷。

契丹主攻勃海，拔其夫餘城❸，更命曰東丹國❹。命其長子突欲❺鎮東丹，號人皇王，以次子德光❻守西樓❼，號元帥太子。

帝遣供奉官姚坤告哀❽於契丹。契丹主聞莊宗為亂兵所害，慟哭曰：「我朝定兒❾也。吾方欲救之，以勃海未下，不果往，致吾兒及此。」哭不已。虜言「朝定」，猶華言「朋友」也。又謂坤曰：「今天子聞洛陽有急，何不救？」對曰：「地遠不能及。」曰：「何故自立？」坤為言帝所以即位之由，契丹主曰：「漢兒喜飾說❿，毋多談！」突欲侍側，曰：「牽牛以蹊人之田，而奪之牛⓫，可乎？」坤曰：「中國無主，唐天子不得已而立。亦猶天皇王初有國⓬，豈強取之乎！」契丹主曰：「理當然。」又曰[1]：「聞吾兒專好聲色遊畋，不恤軍民[2]，宜其及此⑬。我自聞之，舉家不飲酒，散遣伶人，解縱⑭鷹犬。若亦效吾兒所為，行⑮自亡矣。」又曰：「吾兒與我雖世舊，然屢與我戰爭。於今天子則無怨，足以修好。若與我大河之北⑯，吾不復南侵矣。」坤曰：「此非使臣之所得專⑰也。」契丹主怒，囚之。旬餘，復召之，曰：「河北恐難得，得鎮、定、幽州亦可也。」給紙筆趣令為狀⑱，坤不可。欲殺之，韓延徽⑲諫，乃復囚之。

【章　旨】以上為第七段，寫供奉官姚坤出使契丹告哀，拒絕契丹主索地，大義凜然。

【注　釋】❶壬申　七月十八日。❷轉對奏事　依唐制，文武百官按班次輪流各奏本司公事。❸夫餘城　夫餘國王城，在今遼寧昌圖境內。當時夫餘城屬勃海國。❹東丹國　阿保機攻陷勃海國夫餘城後所置，為其長子突欲領地。在今遼寧東北部。❺突欲　（？—西元九三六年）阿保機長子，領東丹國，號人皇王。阿保機死，當立。其母述律后愛次子德光，立為嗣，因突欲。長興元年（西元九三〇年）奔後唐，遙領武信軍節度使，為後唐末帝所殺。傳見《新五代史》卷七十三。❻德光　即遼太宗耶律德光（西元九〇二—九四七年），字德謹，西元九二七—九四七年在位。天顯十一年（西元九三六年）藉石敬瑭叛後唐機會，取得燕雲十六州，並立石敬瑭為兒皇帝。傳見《遼史》卷三至四。❼西樓　契丹以其所居為上京，起樓其間，號西樓。又於其東千里起東樓，北三百里起北樓，南木葉山起南樓。❽告哀　報喪。❾朝定兒　朝定，契丹語朋友的意思。朝定兒，即朋友的兒子，也就是自己的兒子。因阿保機與李克用曾結盟為兄弟。❿喜飾說　喜歡粉飾言辭。⓫牽牛以蹊人之田二句　源出《左傳》宣公十一年。楚大夫申叔對楚莊王說：陳國夏徵舒殺其君，你討伐他是對的，但併吞了陳國是不對的。如同牛踐踏了莊稼，牛被田主沒收了，處罰就顯得重了。以後用來比喻輕罪重罰。⓬初有國　開始稱帝執國政。指阿保機不肯受代，擊滅七部的事。⓭宜其及此　應該落到國破身亡的地步。⓮解縱　釋放。⓯行　行將；即將。⓰大河之北　泛指黃河以北的地區。⓱專　專斷；決斷。⓲趣令為狀　催促他寫成文書。趣，通「促」。⓳韓延徽　（西元八八二—九五九年）字藏明，幽州安次（今河北安次）人，初從劉仁恭，後聘契丹，為阿保機所留，任參軍事。阿保機建國，韓延徽謀劃為多，為遼佐命功臣之一，官至宰相。傳見《遼史》卷七十四。

【校記】①曰　據章鈺校，十二行本、乙十一行本皆無「曰」字。②不恤軍民　原無此四字。據章鈺校，十二行本、乙十一行本皆有此四字，張敦仁《通鑑刊本識誤》、張瑛《通鑑校勘記》同，今據補。

【語譯】七月十八日壬申，開始命令百官每隔五天入內問安，輪流上奏本司公事。

契丹主進攻勃海國，攻取了夫餘城，把它改名叫東丹國。命令他的長子突欲鎮守東丹，號稱人皇王，命令他的次子德光守衛上都西樓，號稱元帥太子。

唐明宗派遣供奉官姚坤告喪於契丹。契丹主聽說唐莊宗被亂兵所害，悲痛大哭，說：「我朝的兒子啊！我正要去救援他，因為勃海沒有攻下，沒有去成，以至於我兒遭此災禍。」契丹主哭泣不止。胡人說「朝定」，猶如中國說「朋友」。他又對姚坤說：「現在的天子得知洛陽有急難，為什麼不救援？」姚坤回答說：「因為路途遙遠，無法救援。」又問：「為什麼自立為帝？」姚坤向他說明唐明宗之所以即位的原因，契丹主說：「漢人就是喜歡粉飾言辭，你不必多說了！」突欲在契丹主身旁侍立，說：「牽牛踐踏了別人的田地，田主就把他的牛搶過來，這樣做行嗎？」姚坤回答說：「中國當時沒有君主，唐朝天子是不得已才即位的。也就像當年天皇王開始擁有國家一樣，難道也是強行奪取的嗎！」契丹主說：「你說的也有道理。」他又說：「聽說我兒專門喜歡聲色遊獵，而不體恤軍民，應該落到這個下場。我自從聽到這件事，全家不喝酒，遣散了伶人，釋放了鷹犬。如果也仿效我兒的所作所為，我們也即將滅亡了。」他又說：「我兒雖然和我是世交，卻多次和我打仗。我和現在的天子倒是無怨無仇，完全可以建立友好關係。你們如果能把黃河以北的地方劃歸給我，我不會再向南侵犯了。」姚坤說：「這不是使臣所能專斷的。」契丹主很生氣，把姚坤囚禁起來。十多天後，又召見他，說：「黃河以北地區恐怕難以得到，能得到鎮、定、幽州也可以。」契丹主給姚坤紙和筆，催促他寫下文書，姚坤不同意。契丹主打算把他殺掉，韓延徽勸說，於是又把姚坤囚禁起來。

丙子❶，葬光聖神閔孝皇帝❷于雍陵❸，廟號莊宗。○丁丑❹，鎮州留後王建立奏涿州刺史劉殷肇不受代，謀作亂，已討擒之。○己卯❺，置彰國軍❻於應州。

門下侍郎・同平章事豆盧革、韋說奏事帝前，或時❼禮貌不盡恭❽。百官俸錢皆折估❾，而革父子獨受實錢。百官自五月給❿，而革父子自正月給。由是眾論沸騰⓫。說以孫為子，奏官⓬；受選人⓭王傪賂，除近官⓮。中旨⓯以庫部郎中⓰蕭希甫⓱為諫議大夫，革、說覆奏⓲。希甫恨之，上疏言革、說不忠前朝，阿諛取容⓳。因誣革強奪民田，縱田客殺人，說奪鄰家井，取宿藏物⓴。制貶革辰州㉑刺史，說溆州㉒刺史。庚辰㉓，賜希甫金帛，擢為散騎常侍。

辛巳㉔，契丹主阿保機卒於夫餘城。述律后召諸將及酋長㉕難制者㉖之妻，謂曰：「我今寡居，汝不可不效我㉗。」又集其夫泣問曰：「汝思先帝㉘乎？」對曰：「受先帝恩，豈得不思！」曰：「果思之，宜往見之㉙。」遂殺之。

癸未㉚，再貶豆盧革費州㉛司戶㉜，韋說夷州㉝司戶。甲申㉞，革流㉟陵州㊱，說流合州㊲。

【章　旨】以上為第八段，寫唐明宗貶斥宰相豆盧革、韋說。契丹主死，述律后鐵腕裁制強臣。

【注釋】❶丙子　七月二十二日。❷光聖神閔孝皇帝　莊宗諡號。❸雍陵　莊宗墓名，在今河南新安。❹丁丑　七月二十三日。❺己卯　七月二十五日。❻彰國軍　方鎮名，原屬大同軍節度。唐明宗即位，以其為應州人，乃置彰國軍於應州，在今山西應縣。❼或時　有時。❽不盡恭　不很恭敬。❾折估　折價；打折扣。估，價。❿給　給俸。⓫眾論沸騰　議論紛紛。⓬以孫為子二句　把孫子冒充為兒子，上奏求官。⓭選人　候補官。⓮近官　近畿州縣官。⓯中旨　唐以後不經中書門下而由內廷直接發出的敕諭。⓰庫部郎中　官名，為兵部庫部司長官，掌鹵簿、儀仗、戎器、供帳以及國家武庫。⓱蕭希甫　宋州（今河南商丘）人，性褊狹、急躁。初為魏州推官、駕部郎中，擢諫議大夫、左散騎常侍，貶嵐州司戶參軍。傳見《舊五代史》卷七十一、《新五代史》卷五十八。⓲覆奏　封駁重奏，實際上不予同意。明宗欲以蕭希甫為諫議大夫，豆盧革、韋說頗多沮難。⓳阿諛取容　看皇帝的臉色行事，奉承拍馬。⓴宿藏物　前人藏在井下的東西。《新五代史》蕭希甫本傳記載：希甫誣奏「說與鄰人爭井，井有寶貨。」有司推劾，井中惟破釜而已。㉑辰州　州名，治所龍標，今湖南懷化西。㉒溆州　州名，故治在今湖南懷化。㉓庚辰　七月二十六日。㉔辛巳　七月二十七日。㉕酋長　部落的首領。㉖難制者　難以制服的人。㉗效我　同我一樣做寡婦。㉘先帝　指阿保機。㉙宜往見之　應當到地下去見先帝。㉚癸未　七月二十九日。㉛費州　州名，故治在今貴州德江縣東南。㉜司戶　司戶參軍，州郡下級屬官，從九品，一般安置被貶官員。㉝夷州　州名，治所綏陽，在今貴州鳳岡西北。㉞甲申　七月三十日。㉟流　流放。㊱陵州　州名，治所在今四川仁壽東。㊲合州　州名，在今重慶市合川區。

【語　譯】七月二十二日丙子，在雍陵安葬了光聖神閔孝皇帝，廟號為莊宗。○二十三日丁丑，鎮州留後王建立上奏說涿州刺史劉殷肇不接受替職的命令，陰謀作亂，已經討伐並活捉了他。○二十五日己卯，在應州設置彰國軍。

門下侍郎・同平章事豆盧革、韋說在唐明宗面前上奏時，有時禮貌不很恭敬。百官的俸錢都打折扣，而獨有豆盧革父子領受全額。百官從五月給俸，而豆盧革父子從正月給俸。因此大家都議論紛紛。韋說把孫子冒充兒子，上奏求官；接受候補官員王傪的賄賂，任用他為近畿的州縣官。中旨任命庫部郎中蕭希甫為諫議大夫，豆盧革、韋說封駁重奏。蕭希甫很痛恨他們，上疏說豆盧革、韋說不忠於前朝，只是一味地阿諛奉承，想得到寵幸。又誣告說豆盧革強奪民田，縱容佃戶殺人，韋說奪取鄰家的水井，獲取井中過去所藏的寶物。

唐明宗下令貶豆盧革為辰州刺史，韋說為溆州刺史。七月二十六日庚辰，唐明宗賜給蕭希甫金銀、布帛，提升為散騎常侍。

七月二十七日辛巳，契丹主阿保機在夫餘城去世。述律皇后召集各位將領和酋長難以節制的妻子，對她們說：「我今天是寡婦了，你們不能不和我一樣。」又把她們的丈夫召集來，哭著問他們說：「你們想念先皇帝嗎？」大家回答說：「我們受先皇帝的恩德，哪能不想！」皇后說：「如果真的想他，應該到地下去見他。」於是殺死了他們。

七月二十九日癸未，再次把豆盧革貶為費州司戶，韋說貶為夷州司戶。三十日甲申，豆盧革流放到陵州，韋說流放到合州。

孟知祥陰有據蜀之志，閱❶庫中，得鎧甲二十萬，置左右牙等兵十六營，凡萬六千人，營於牙城內外。

八月乙酉朔❷，日有食之。○丁亥❸，契丹述律后使少子安端少君❹守東丹，與長子突欲奉契丹主之喪，將❺其眾發夫餘城。

初，郭崇韜以蜀騎兵分左、右驍銳[1]等六營，凡三千人；步兵分左、右寧遠等二十營，凡二萬四千人。庚寅❻，孟知祥增置左、右衝山等六營，凡六千人，營於羅城❼內外。又置義寧等二十營，凡萬六千人，分戍管內州縣❽就食。又置左、右牢城四營，凡四千人，分戍成都境內。

王公儼❾既殺楊希望，欲邀節鉞❿，揚言⓫符習為治嚴急，軍府眾情不願其還⓬。習還，至齊州，公儼拒之，習不敢前。公儼又令將士上表請己為帥，詔除登州⓭刺史。

公儼不時⓮之官，託云軍情所留。帝乃徙天平節度使霍彥威為平盧節度使，聚兵淄州，以圖攻取。公儼懼，乙未⓯，始之官。丁酉⓰，彥威至青州⓱，追擒之，并其族黨悉斬之。支使⓲北海韓叔嗣⓳預焉，其子熙載⓴將奔吳，密告其友汝陰進士李穀㉑。穀送至正陽㉒，痛飲而別。熙載謂穀曰：「吳若用吾為相，當長驅以定中原。」穀笑曰：「中原若用吾為相，取吳如囊中物耳。」

庚子㉓，幽州言契丹寇邊，命齊州防禦使安審通將兵禦之。

九月壬戌㉔，孟知祥置左、右飛棹兵六營，凡六千人，分戍濱江諸州，習水戰以備夔、峽㉕。○癸酉㉖，盧龍節度使李紹斌請復姓趙，從之，仍賜名德鈞。德鈞養子延壽㉗尚帝女興平公主㉘，故德鈞尤蒙親任[2]。延壽本蓨㉙令劉邟㉚之子也。

【章旨】以上為第九段，寫唐明宗平反郭崇韜、朱友謙，誅王公儼。孟知祥整武備，圖謀據西川。

【注釋】❶閱　檢閱。❷乙酉朔　八月初一日。❸丁亥　八月初三日。❹安端少君　阿保機第三子。小字李胡，一名洪古，字奚隱，少勇悍多力，後以述律后謀反罪逮捕。傳見《遼史》卷七十二。❺將　率領。❻庚寅　八月初六日。❼羅城　在城牆外加築的凸出形小城圈，用來加強主城的防衛作用。❽管內州縣　西川節度使所管轄的州、縣。❾王公儼　原青州指揮使，殺監軍楊希望據青州城，事見上卷本年三月。❿欲邀節鉞　希望得到節度使的印信、斧鉞。即謂想求得節度使之職。邀，求取。⓫揚言　散布言論。⓬軍府眾情不願其還　平盧節度使府的官兵不願符習回來。其時符習引軍外出攻鄴都。⓭登州　州名，治所蓬萊，今山東蓬萊。⓮不時　不按規定時間。⓯乙未　八月十一日。⓰丁酉　八月十三日。⓱青州　州名，治所臨淄，在今山東青州。⓲支使　節度使、採訪使、觀察使屬官，掌分使出入、表箋書翰之官，各置一人。⓳韓叔嗣　即韓光嗣，維州北海（今山東濰坊）人，軍中逐節度使符習，推光嗣為留後，明宗派霍彥威討亂，坐死。⓴熙載　韓熙載（西元九〇二—九七〇年），字叔言，韓光嗣之子。逃至南唐，官至光政殿學士承旨。隸書及畫皆雋絕一時。傳見《十國春秋》卷二十八。㉑李穀　汝陰（今安徽阜陽）人，官至後周宰相，曾建築河堤。周世宗用其謀取淮南。傳見《宋史》卷二百六十二。㉒正陽　有東、西二正陽：在安徽潁上淮水西叫西正陽，在安徽壽縣西淮水東為東正陽。這裡指西正陽。㉓庚子　八月十六日。㉔壬戌　九月初八日。㉕夔峽　皆州名，夔州治所在今重慶市奉節，峽州治所在今湖北宜昌。峽，亦作「硤」。㉖癸酉　九月十九日。㉗延壽　（？—西元九四八年）本姓劉氏，為趙德鈞養子。為後唐樞密使，北伐契丹，被契丹所俘，契丹以延壽為幽州節度使，封燕王。傳見《舊五代史》卷九十八。㉘興平公主　明宗第十三女，嫁趙延壽，天成三年四月封。長興四年九月改封齊國公主，清泰二年三月進封燕國長公主。㉙蓨　縣名，治所在今河北景縣南。㉚劉邟　趙延壽之父，為蓨縣縣令。

【校　記】1銳　原作「衛」。據章鈺校，十二行本、乙十一行本皆作「銳」，今據改。2親任　原作「寵任」。據章鈺校，十二行本、乙十一行本皆作「親任」，今據改。

【語　譯】孟知祥暗中有佔據蜀中的意思，檢視武庫，得到鎧甲二十萬具，設置了左右牙等軍隊十六營，共計一萬六千人，在牙城內外紮營。

八月初一日乙酉，發生日蝕。〇初三日丁亥，契丹述律皇后讓她的小兒子安端少君鎮守東丹，自己和長子突欲承辦契丹主的殯葬，率領大軍從夫餘城出發。

當初，郭崇韜把原蜀國的騎兵分設左、右驍銳等六個營，共計三千人；步兵分設左、右寧遠等二十個營，共計二萬四千人。八月初六日庚寅，孟知祥增設左、右衝山等六個營，共計六千人，紮營於羅城內外。還設置了義寧等二十個營，共計一萬六千人，分別戍守轄區內的州縣，就地取食。還設置了左、右牢城四個營，共計四千人，分別戍守成都境內。

王公儼殺了楊希望後，想求得節度使之職，揚言說符習治軍嚴苛，軍府中官兵的想法是不願讓他回來。符習返回時，到達齊州，王公儼派兵阻擋他，符習不敢前行。王公儼又讓將士們上表請求唐明宗任命自己為軍帥，唐明宗下詔任命他為登州刺史。

王公儼不按時赴任，藉口說被軍隊的事情所稽留。唐明宗於是調天平節度使霍彥威為平盧節度使，把兵力集中到淄州，準備攻取青州。王公儼很害怕，八月十一日乙未，才去上任。十三日丁酉，霍彥威到達青州，追上並活捉了王公儼，把他和他的家族、同黨全部斬殺。支使北海人韓叔嗣參與其中，韓叔嗣的兒子韓熙載將要投奔吳國，把此事祕密地告訴了他的朋友汝陰進士李穀。李穀送他到正陽，痛飲而別。韓熙載對李穀說：「吳國如果任用我當宰相，我就率軍長驅直入平定中原。」李穀笑著說：「中原如果用我當宰相，攻取吳國就像囊中取物。」

八月十六日庚子，幽州報告說契丹侵犯邊境，唐明宗命令齊州防禦使安審通率兵防禦。

九月初八日壬戌，孟知祥設置了左、右飛棹兵六個營，共計六千人，分別戍守長江沿岸的各個州，練習水戰，以防守夔州、峽州。〇十九日癸酉，盧龍節度使李紹斌請求恢復姓趙，唐明宗聽從了，還賜名德鈞。趙德鈞的養子趙延壽娶了唐明宗的女兒興平公主，所以趙德鈞特別受到唐明宗的親信任用。趙延壽，原本是蓨縣縣令劉邟的兒子。

加楚王殷守尚書令。

契丹述律后愛中子❶德光，欲立之。至西樓，命與突欲俱乘馬立帳前，謂諸酋長曰：「二子吾皆愛之，莫知所立，汝曹擇可立者，執其轡❷。」酋長知其意，爭執德光轡，讙躍❸曰：「願事元帥太子❹。」后曰：「眾之所欲，吾安敢違。」遂立之為天皇王。突欲慍❺，帥數百騎欲奔唐，為邏者❻所遏❼。述律后不罪❽，遣歸東丹❾。天皇王尊述律后為太后，國事皆決焉。太后復納其姪❿為天皇王后。天皇王性孝謹，母病不食亦不食，侍於母前應對或不稱旨⓫，母揚眉視之，輒懼而趨避⓬，非復召不敢見也。以韓延徽為政事令⓭。聽姚坤歸復命⓮，遣其臣阿思沒骨餒來告哀。

壬午⓯，賜李繼曮名從曮⓰。

冬，十月甲申朔⓱，初賜文武官春冬衣。

威武⓲[1]節度使、同平章事王延翰驕淫殘暴。己丑⓳，自稱大閩國王。立宮殿，置百官，威儀文物皆倣天子之制，羣下稱之曰殿下。赦境內，追尊其父審知曰昭武王。

靜難節度使毛璋驕僭⓴不法，訓卒繕兵㉑，有跋扈之志㉒，詔以潁州團練使李承約㉓為節度副使以察之。壬辰㉔，徙璋為昭義節度使。璋欲不奉詔，承約與觀察判官長安邊蔚從容說諭㉕，久之，乃肯受代㉖。

庚子㉗，幽州奏契丹盧龍節度使盧文進來奔。初，文進為契丹守平州，帝即位，遣間使㉘說之，以易代㉙之後，無復嫌怨。文進所部皆華人，思歸，乃殺契丹戍平州者，帥其眾十餘萬、車帳八千乘來奔。

初，魏王繼岌、郭崇韜率㉚蜀中富民輸犒賞錢五百萬緡，聽以金銀繒帛充㉛。晝夜督責㉜，有自殺者。給軍之餘，猶二百萬緡。至是，任圜判三司，知成都富饒，遣鹽鐵判官㉝、太僕卿趙季良㉞為孟知祥官告國信㉟兼三川都制置轉運使。甲辰㊱，季良至成都。蜀人欲皆不與，知祥曰：「府庫它人所聚，輸之可也。州縣租稅，以贍鎮兵十萬，決不可得。」季良但發庫物，不敢復言制置轉運職事矣。

安重誨以知祥及東川節度使董璋皆據險要，擁強兵，恐久而難制。又知祥乃莊宗近姻㊲，陰欲圖之㊳。客省使㊴、泗州㊵防禦使李嚴自請為西川監軍，必能制知祥。己酉㊶，以嚴為西川都監㊷，文思使㊸太原朱弘昭㊹為東川副使。李嚴母賢明，謂嚴曰：「汝前啟滅蜀之謀，今日再往，必以死報㊺蜀人矣。」

【章　旨】以上為第十段，寫契丹立耶律德光為主。太僕卿趙季良入蜀調運府庫資財。

【注　釋】❶中子　述律后生有三子，中子是指第二個兒子。❷執其轡　拉住他的馬轡繩。轡，駕御牲口的轡繩。❸讙躍　歡欣鼓舞而跳躍。❹元帥太子　即耶律德光。❺慍　內心惱怒。❻邏者　巡邏兵。❼遏　阻止。❽不罪　不問罪。❾遣歸東

丹 叫他回東丹原封地去。⑩姪 指內姪女。⑪不稱旨 不符合太后心意。⑫趨避 快步退下躲避。⑬政事令 即契丹宰相。⑭聽姚坤歸復命 允許姚坤回後唐覆命。⑮壬午 九月二十八日。⑯從曮 明宗賜名，列入其子行列，表示親近。⑰甲申朔 十月初一日。⑱威武 治福州。⑲己丑 十月初六日。⑳驕僭 驕縱僭越。㉑繕兵 繕治兵器。㉒有跋扈之志 有反叛割據之心。㉓李承約 字德儉，薊門（今北京城區西南）人，明宗拜為黔南節度使，勸民農桑，興辦學校，為黔南人所喜愛。傳見《新五代史》卷四十七。㉔壬辰 十月初九日。㉕說諭 勸說、開導。㉖受代 接受替代而去任昭義節度使。㉗庚子 十月十七日。㉘間使 祕密使者。㉙易代 改朝換代。㉚率 斂取。㉛充 抵充。㉜晝夜督責 日夜督促。㉝鹽鐵判官 三司屬官，掌鹽鐵事宜。㉞趙季良 （？—西元九四六年）字德彰，濟陰（今山東濟陰）人，為孟知祥謀士，官至後蜀同平章事，卒諡文肅。傳見《十國春秋》卷五十一。㉟官告國信 「官告國信使」之省稱。趙季良任此職以賜孟知祥「侍中」官告，同時，季良亦兼任三川都制置轉運使。㊱甲辰 十月二十一日。㊲莊宗近姻 孟知祥之妻為莊宗的堂姐妹。㊳陰欲圖之 暗地裡想除掉他。㊴客省使 官名，掌四方進奉及四夷朝貢等事。㊵泗州 州名，治所宿預，在今江蘇宿遷東南。㊶己酉 十月二十六日。㊷都監 官名，掌屯戍、邊防、訓練軍隊等。㊸文思使 文思院長官，屬西班諸司，掌管武臣。㊹朱弘昭 （？—西元九三四年）山西太原人，歷官至後唐中書令，為安從進所殺。傳見《舊五代史》卷六十六。㊺報 回報；報應。

【校　記】[1]威武 原作「昭武」。胡三省注云：「『昭武』當作『威武』。」嚴衍《通鑑補》改作「威武」，閩為威武軍，治福州，昭武為蜀方鎮，治利州。今從改。

【語　譯】加封楚王馬殷署理尚書令。

契丹述律皇后喜歡次子德光，想立他為契丹主。回到上都西樓後，就讓他和長子突欲一起騎馬立在帳前，她對各個酋長說：「這兩個兒子我都喜歡，不知道該立誰，你們選擇一個可以立為契丹主的，拉住他的馬韁繩。」酋長們知道她的想法，爭著拉德光的馬韁繩，歡呼雀躍地說：「願意侍奉元帥太子。」述律皇后說：「大家的願望，我怎麼敢違背。」於是封立德光為天皇王。突欲內心惱怒，率領數百名騎兵想投奔唐朝，被巡邏的人員所阻止。述律皇后沒有加罪於他，派他返回東丹。天皇王尊奉述律皇后為太后，國家政務都由她決定。太后又迎娶她的姪女為天皇王后。天皇王生性謹慎孝順，母親生病不吃飯，他也不吃飯，陪侍在母親身邊，對答有時不符合她的心意，母親揚眉看著他，他就會嚇得快步避開，不是母親又叫他，他不敢見太后。任命韓延徽為政事令。允許姚坤回唐朝覆命，派遣使臣阿思沒骨餒到唐朝去報喪。

九月二十八日壬午，唐明宗賜李繼曮名字為從曮。

冬，十月初一日甲申，首次賞賜文武官員春季冬季的衣服。

威武節度使、同平章事王延翰驕奢淫逸，殘狠兇暴。十月初六日己丑，自稱為大閩國王。修建宮殿，設置百官，威儀和禮樂典章都仿效天子制度，群臣稱他為殿下。大赦境內，追尊他的父親王審知為昭武王。

靜難節度使毛璋驕縱僭越，不守法度，訓練士卒，修繕兵器，有造反割據之意。唐明宗下詔任命潁州團練使李承約為節度副使，以便監視毛璋。十月初九日壬辰，把毛璋遷任為昭義節度使。毛璋想不接受詔命，李承約和觀察判官長安人邊蔚閒暇時勸說他，過了很久，毛璋才肯接受替代。

十月十七日庚子，幽州方面奏言契丹盧龍節度使盧文進前來投奔。當初，盧文進為契丹鎮守平州，唐明宗即位，派遣密使遊說他，告訴他改朝換代之後，不再有猜忌和怨仇。盧文進所轄都是漢族人，想返回家鄉，於是他們就殺死了契丹戍守平州的人，率領部眾十多萬人、車帳八千輛前來投奔。

當初，魏王李繼岌、郭崇韜斂取蜀中富戶，繳納犒賞錢五百萬緡，允許用金銀繒帛抵充。日夜督促，甚至有人自殺。這些錢犒賞軍隊剩下的，還有二百萬緡。到這個時候，任圜判理三司，他知道成都很富饒，便派遣鹽鐵判官、太僕卿趙季良給孟知祥送去加封官職的任命書，趙季良並兼任三川都制置轉運使。十月二十一日甲辰，趙季良到達成都。蜀人打算一點東西都不給他，孟知祥說：「府庫裡的錢財是別人聚集的，交出去是可以的。州縣的租稅，是用來贍養十萬名鎮守士兵的，絕對不能交出去。」趙季良只是調撥了府庫裡的錢財，不敢再說制置轉運使的職務了。

安重誨認為孟知祥和東川節度使董璋都佔據著險要的地方，擁有強大的軍隊，恐怕時間久了難以控制。還有孟知祥是唐莊宗較近的姻親，因此暗地裡想要除掉他。客省使、泗州防禦使李嚴自己請求擔任西川監軍，自信一定能夠控制孟知祥。十月二十六日己酉，任命李嚴為西川都監，文思使太原人朱弘昭為東川副使。李嚴的母親非常賢明，她對李嚴說：「你以前首先提出了消滅蜀國的計謀，今天再次前往，蜀人一定會把你殺死來作為報應的。」

舊制，吏部給告身❶，先責其人輸朱膠綾軸錢❷。喪亂以來，貧者但受敕牒，多不取告身。十一月甲戌❸，吏部侍郎劉岳上言：「告身有褒貶訓戒之辭❹，豈可使其人初不之覩❺！」敕文班丞、郎、給、諫❻，武班大將軍以上，宜賜告身。其後執政議，以為朱膠綾軸，厥費無多❼，朝廷受以官祿，何惜小費。乃奏凡除官者更不輸錢，皆賜告身。當是時，所除正員官❽之外，其餘試銜❾、帖號❿止以寵激軍中將校而已。及長興以後，所除浸多⓫，乃至軍中卒伍，使州鎮戍⓬胥吏，皆得銀青階及憲官⓭，歲賜告身以萬數⓮矣。

閩王延翰蔑棄⓯兄弟，襲位纔踰月，出其弟延鈞為泉州⓰刺史。延翰多取民女以充後庭，采擇不已⓱。延鈞上書極諫，延翰怒，由是有隙⓲。父審知養子延稟⓳為建州⓴刺史，延翰與書使之采擇，延稟復書不遜㉑，亦有隙。十二月，延稟、延鈞㉒合兵襲福州。延稟順流先至㉓，福州指揮使陳陶㉔帥眾拒之，兵敗，陶自殺。是夜，延稟帥壯士百餘人趣西門，梯城而入，執守門者，發庫取兵仗。及寢門，延翰驚匿別室。辛卯㉕旦，延稟執之，暴其罪惡，且稱延翰與妻崔氏共弒先王，告諭吏民，斬于紫宸門㉖外。是日，延鈞至城南，延稟開門納之，推延鈞為威武留後。

癸巳㉗，以盧文進為義成節度使、同平章事。○庚子㉘，以皇子從榮㉙為天雄節度使、同平章事。○趙季良等運蜀金帛十億㉚至洛陽，時朝廷方匱乏，賴此以濟。

是歲，吳越王鏐以中國喪亂，朝命不通，改元寶正㉛。其後復通中國，乃諱而不稱。

【章旨】以上為第十一段，寫唐明宗濫賜告身，數以萬計。閩國發生政變，王延鈞殺逐王延翰為閩王。

【注釋】❶告身　古代授官的憑信，類似後世的委任狀。❷輸朱膠綾軸錢　繳納任命狀的成本費。唐告身初用紙，肅宗朝有時用絹，貞元後始用綾，後仍之。❸甲戌　十一月二十一日。❹褒貶訓戒之辭　告身由中書省草制，其中包括表揚、貶斥、訓勉、告誡的話。❺覩　看。❻丞郎給諫　丞、郎謂尚書左右丞和二十四曹郎中，給謂給事中，諫謂諫議大夫。❼厥費無多　這筆費用沒有多少。五代百官賜告身，自劉岳建言開始。❽正員官　在編官員。❾試銜　又稱試秩。試某官某階，是一種出身，可以候選入官，但非正式官員。❿帖號　賜給各種將軍、郎將的榮譽稱號。⓫浸多　逐漸加多。⓬使州鎮戍　諸道節度使、觀察使司和州郡、鎮所、戍所。⓭銀青階及憲官　銀青階，指文散官銀青光祿大夫，從三品，銀印青綬。憲官，指御史臺官御史大夫、御史中丞等。此言賜告身之濫，地方軍、政低級人員都得到了高級官員的榮譽證書。⓮以萬數　用萬來計算。⓯蔑棄　輕視離棄。⓰泉州　州名，治所晉江，在今福建泉州。⓱不已　沒有完結；不停。⓲有隙　有矛盾。⓳延稟　工審知養子，本姓周。⑳建州　州名，治所建安，在今福建建甌。㉑不遜　不客氣；不禮貌。㉒延鈞　即王延鈞（？—西元九三五年），閩國國君，王審知次子，西元九二六年殺兄延翰，自稱威武留後。西元九三三年稱帝，年號龍啟，改名鏻。西元九三五年，被子昶及皇城使李倣所殺。西元九二六—九三五年在位。傳見《十國春秋》卷九十一。㉓順流先至　王延稟在建州建安，順流東下，水路雖有幾百里，但因水勢湍急，很快即可抵達福州。㉔陳陶　（？—西元九二六年）官至閩福州指揮使。附見《十國春秋》卷九十一。㉕辛卯　十二月初八日。㉖紫宸門　唐都長安宮內有紫宸殿、紫宸門。此為王氏於福州僭擬倣其名。㉗癸巳　十二月初十日。㉘庚子　十二月十七日。㉙從榮　（？—西元九三四年）明宗第二子，封秦王，加天下兵馬大元帥。頗喜儒，學為詩歌。為爭嗣位，被皇城使安從益所殺。傳見《新五代史》卷十五。㉚十億　一百萬。億之數有大小兩種計量單位，小億為十萬，大億為萬萬。㉛寶正　吳越王錢鏐年號。明宗賜命下達，即奉後唐為正朔，諱而不用。

【語　譯】舊時制度，吏部頒給告身，先要求所委任的人交付朱膠綾軸費。動亂以後，貧窮的人只領取任職命令，大多不領取告身。十一月二十一日甲戌，吏部侍郎劉岳上奏說：「告身上面有褒貶訓誡之辭，怎麼能讓人在開始任職時就不看呢！」唐明宗下令，文官的尚書左右丞及二十四曹郎、給事中、諫議大夫，武官的大將軍以上官員，應當賜給告身。此後執政大臣們建議，認為朱膠綾軸的費用不多，朝廷授予官祿，何必吝惜這些小錢。於是上奏說凡是拜官受職的人不再交錢，全都賜予告身。當時，所授任的官員除了正員官以外，其餘的試銜、帖號，只用來尊寵激勵軍中將校而已。到了長興年間以後，所授予的官員漸漸多起來，竟至於軍中的士卒，使、州、鎮、戍中的小官吏，都能得到銀印青綬的官階和憲官的委任狀，每年所賞賜的告身數以萬計。

閩王王延翰輕視疏離他的兄弟，繼承王位才過了一個月，就把他的弟弟王延鈞調出擔任泉州刺史。王延翰選取了很多民間女子來充實後宮，採選無休止。王延鈞上書極力勸諫，王延翰很生氣，因此有了矛盾。父王審知的養子王延稟擔任建州刺史，王延翰給他寫信讓他幫助選取宮女，王延稟回信時出言不遜，兩人也有了矛盾。十二月，王延稟、王延鈞聯合兵力襲擊福州。王延稟順流而下先到福州，福州指揮使陳陶率領部眾抵抗，兵敗，陳陶自殺。當天夜晚，王延稟率領一百多名壯士奔赴福州西門，踩著梯子進入城內，抓住了看守大門的人，打開府庫，取出武器。到達寢門時，王延翰驚嚇得藏到別的房間裡。初八日辛卯的早晨，王延稟抓獲了王延翰，公布了他的罪行，並且聲稱王延翰和他的妻子崔氏一起殺了先王，通告吏民百姓，在紫宸門外把他們殺了。當天，王延鈞到達福州城南，王延稟打開城門接他入城，擁戴王延鈞為威武留後。

十二月初十日癸巳，任命盧文進為義成節度使、同平章事。〇十七日庚子，任命皇子李從榮為天雄節度使、同平章事。〇趙季良等運送蜀中價值有一百萬的金銀、布帛到達洛陽，當時朝廷正錢財匱乏，靠這些東西得以度過難關。

這一年，吳越王錢鏐因為中原動亂，朝廷的命令不能到達，於是改年號為寶正。後來又和中原恢復了聯繫，就避諱不提這個年號了。

二年（丁亥　西元九二七年）

春，正月癸丑朔❶，帝更名亶❷。

孟知祥聞李嚴來監其軍，惡之❸。或請奏止之，知祥曰：「何必然，吾有以待之❹。」遣吏至綿、劍❺迎候。會❻武信節度使李紹文卒，知祥自言嘗受密詔❼許便宜從事❽。壬戌❾，以西川節度副使、內外馬步軍都指揮使李敬周為遂州留後，促[1]之上道，然後表聞。嚴先遣使至成都，知祥自以於嚴有舊恩❿，冀其懼而自回，乃盛陳甲兵⓫以示之。嚴不以為意。

安重誨以孔循少侍宮禁⓬，謂其諳練⓭故事，知朝士行能⓮，多聽其言。豆盧革、韋說既得罪，朝廷議置相，循意不欲用河北人，先已薦鄭珏，又薦太常卿崔協。任圜欲用御史大夫李琪。鄭珏素惡琪，故循力沮之，謂重誨曰：「李琪非無文學，但不廉⑮耳。宰相但得端重有器度者，足以儀刑多士⑯矣。」它日，議於上前，上問誰可相者，重誨以協對。圜曰：「重誨未悉朝中人物，為人所賣⑰。協雖名家，識字甚少。臣既以不學忝⑱相位，柰何更益⑲以協，為天下笑乎！」上曰：「宰相重任，卿輩更審議⑳之。吾在河東時見馮書記㉑多才博學，與物無競㉒，此可相矣。」既退，孔循不揖，拂衣徑去㉓，曰：「天下事一則任圜，二則任圜，圜何者！使崔協暴死則已，不死會須相之。」因稱疾不朝者數日，上使重誨諭之，方入。重誨私謂圜曰：「今方乏人，協且備員㉔，可乎？」圜曰：「明公捨李琪而相崔協，是猶棄蘇合之丸㉕，取蛣蜣㉖之轉也。」循與重誨共事，日短琪而譽協。癸亥㉗，竟以端明殿學士馮道及崔協並為中書侍郎、同平章事。協，邠之曾孫也。

戊辰㉘，王延稟還建州，王延鈞送之，將別，謂延鈞曰：「善守先人基業，勿煩老兄㉙再下！」延鈞遜謝㉚甚恭而色變㉛。○庚午㉜，初令天下長吏每旬親引慮繫囚㉝。

孟知祥禮遇㉞李嚴甚厚，一日謁知祥，知祥謂曰：「公前奉使王衍，歸而請兵伐蜀，莊宗用公言，遂致兩國俱亡㉟。今公復來，蜀人懼矣。且天下皆廢監軍，公獨來監吾軍，何也？」嚴惶怖求哀㊱，知祥曰：「眾怒不可遏㊲也！」遂揖下㊳，斬之。又召左廂馬步都虞候丁知俊，知俊大懼，知祥指嚴尸謂曰：「昔嚴奉使，汝為之副，然則故人也，為我瘞㊴之。」因誣奏：「嚴詐宣口敕，云代臣赴闕㊵，又擅許將士優賞，臣輒已誅之。」

內八作使㊶楊令芝以事入蜀，至鹿頭關㊷，聞嚴死，奔還。朱弘昭在東川，聞之，亦懼，謀歸洛。會有軍事，董璋使之入奏，弘昭偽辭㊸，然後行，由是得免。

癸酉㊹，以皇子從厚㊺同平章事、充河南尹、判六軍諸衛事㊻。從厚，從榮之母弟也[2]。從榮聞之，不悅。

【章　旨】以上為第十二段，寫馮道、崔協任相。蜀孟知祥殺監軍李嚴。

【注　釋】❶癸丑朔　正月初一日。❷亶　李嗣源所改名。❸惡之　討厭他。❹吾有以待之　我有辦法對付他。❺綿劍　綿州和劍州。❻會　剛好。❼嘗受密詔　曾經接受明宗祕密詔令。❽便宜從事　有權就事情所宜自行處理軍政事務。❾壬戌　正月初十日。❿舊恩　晉王李存勗曾欲殺李嚴，為孟知祥所救。事見本書卷二百六十八梁太祖乾化二年。⓫盛陳甲兵　大規模排列身穿盔甲的士兵，炫耀武力。⓬少侍宮禁　指從小給事梁太祖朱溫帳中。唐末任宣徽、樞密院。⓭諳練　熟悉；熟練。⓮朝士行能　朝中官員的德行和才能。⓯不廉　不廉潔。⓰儀刑多士　為眾多士大夫的榜樣。儀刑，法式；楷模。多士，上子眾多。⓱為人所賣 被人所愚弄。⓲忝 辱;有愧於。⓳益 增加。⓴審議 審慎地商議。㉑馮書記 指馮道。馮道曾為李克用河東掌書記。㉒與物無競 與世無爭;心地平和,沒有物欲之累。㉓拂衣徑去 逕自拂袖而去。㉔備員 充數;虛在其位,聊備員額。㉕蘇合之丸 大秦國用各種香料,煎其汁合成丸。指高貴的東西。㉖蛣蜣 昆蟲名,也稱蜣螂,體圓黑甲,吃糞土。以土裹糞,弄轉成丸。指下賤的東西。㉗癸亥 正月十一日。㉘戊辰 正月十六日。㉙老兄 王延稟自稱。㉚遜謝 謙遜地表示感謝。㉛色變 內心不悅,變了臉色。㉜庚午 正月十八日。㉝引慮繫囚 檢點關押的罪犯,及時審理。即漢代所謂錄囚徒。自唐以來,稱作慮囚。㉞禮遇 以禮相待。㉟兩國俱亡 指莊宗空國伐蜀,蜀亡而謀臣死,根本空虛,莊宗也被殺。㊱惶怖求哀 驚惶懼怕而哀求饒命。㊲遏 阻止。㊳揖下 挾押下去。㊴瘞 埋葬。㊵代臣赴闕 指李嚴矯敕云代孟知祥,使知祥赴京。㊶內八作使 官名,掌宮內各種工匠。㊷鹿頭關 關名,在四川德陽北。㊸偽辭 假裝推辭。㊹癸酉 正月二十一日。㊺從厚 明宗第三子,封宋王,有善行,為從榮所嫉忌。事見《新五代史》卷十五。㊻判六軍諸衛事 兼管全軍諸衛事務。

【校 記】①促 原作「趣」。據章鈺校,十二行本、乙十一行本皆作「促」,今據改。②從厚從榮之母弟也 原無此八字。據章鈺校,十二行本、乙十一行本、孔天胤本皆有此八字,張敦仁《通鑑刊本識誤》、張瑛《通鑑校勘記》同,今據補。

【語 譯】二年(丁亥 西元九二七年)

春,正月初一日癸丑,唐明宗改名為亶。

孟知祥聽說李嚴前來監督他的軍隊,很討厭他。有人請求上奏唐明宗,阻止他來,孟知祥說:「何必這樣,我有辦法對付他。」派遣官吏到綿州、劍州迎接李嚴。適逢武信節度使李紹文去世,孟知祥自己說曾經接受明宗的密詔,允許他就事情所宜自行處理軍政事務。正月初十日壬戌,他任命西川節度副使、內外馬步軍都指揮使李敬周為遂州留後,催促他上路赴任,然後再向皇帝上表報告。李嚴先派了使者到成都,孟知祥自以為對李嚴有舊恩,希望他有所畏懼而自行回朝,於是大肆排列甲士,向他顯示武力。但李嚴並不在乎。

安重誨認為孔循從小給事宮廷,說他熟悉朝中典故,知道朝中官員們的品行才能,所以很多事情都聽他的意見。豆盧革、韋說獲罪以後,朝廷議論設置宰相的事,孔循的想法是不想任用河北人,已經先推薦了鄭珏，這時又推薦太常卿崔協。任圜想任用御史大夫李琪。鄭珏一向嫉恨李琪，所以孔循極力阻撓他，他對安重誨說：「李琪不是沒有文才，但就是不廉潔。宰相只求端正莊重有器度的人，足以成為朝廷百官的典範。」有一天，在唐明宗面前議論這件事，唐明宗問誰可以當宰相，安重誨回答說崔協。任圜說：「安重誨不熟悉朝中的人物，被人所愚弄。崔協雖然是名門出身，但識字很少。臣已經以不學之身忝列相位，怎麼能夠再增加一個崔協，被天下的人笑話呢！」皇上說：「宰相是個重要的職位，各位再審慎地商議。我在河東時，看到馮書記多才博學，與世無爭，這樣的人可以任為宰相。」退朝後，孔循不和別人作揖告別，逕自拂袖而去，說：「天下的事情，一也是任圜，二也是任圜，任圜是什麼東西！假如崔協突然死去也就算了，如果不死我會讓他當宰相。」為此，他幾天託病不朝，皇上派安重誨勸說他，他才上朝。安重誨私下對任圜說：「現今正缺乏人才，崔協暫且作備選人員，可以嗎？」任圜說：「明公您捨棄李琪而以崔協為相，這猶如拋棄了蘇合香丸，取用屎殼螂推轉的臭糞球。」孔循和安重誨一起共事，每天都說李琪的壞話而誇譽崔協。正月十一日癸亥，唐明宗終於任命端明殿學士馮道和崔協都任中書侍郎、同平章事。崔協，是崔邠的曾孫。

正月十六日戊辰，王延稟返回建州，王延鈞給他送行，將要分別時，王延稟對王延鈞說：「好好守護先人的基業，不要麻煩老兄我再來了！」王延鈞謙遜地表示謝意，極為恭敬，而臉色變了。〇十八日庚午，首次命令天下長吏每十天之內要親自審訊拘押的囚犯。

孟知祥對李嚴以禮相待，極為優厚，有一天李嚴拜見孟知祥，孟知祥對他說：「你從前奉詔出使王衍，返回後就請求派兵討伐蜀國，莊宗聽信了你的話，結果致使兩國都滅亡了。現今你又來到這裡，蜀人很害怕。況且天下各地全都廢除了監軍，唯獨你來監督我的軍隊，這是為什麼？」李嚴惶恐哀求，孟知祥說：「眾怒是不能阻止的！」於是押了下去，把他殺了。孟知祥又叫來左廂馬步都虞候丁知俊，丁知俊大為恐懼，孟知祥指著李嚴的屍體對他說：「過去李嚴奉命出使蜀國，你做他的副手，也可以說是他的故人了，你替我埋了他。」接著孟知祥向唐明宗誣奏說：「李嚴假宣陛下的口頭敕令，說要代掌臣的職務，讓臣赴京，又擅自答應給將士優厚的獎賞，臣已經把他殺了。」

內八作使楊令芝因為有事到蜀中去，到了鹿頭關，聽說李嚴死了，便逃了回去。朱弘昭在東川，聽到李嚴被殺，也很害怕，籌劃返回洛陽。碰巧有軍務，董璋派他入朝奏報，朱弘昭假裝推辭，然後受命出發，因此得免一死。

正月二十一日癸酉，任命皇子李從厚為同平章事、充任河南尹、兼管六軍諸衛的事務。李從厚，是李從榮的舅舅。李從榮得知消息後，很不高興。

己卯❶，加樞密使安重誨兼侍中，孔循同平章事。

吳馬軍都指揮使柴再用戎服❷入朝，御史彈之，再用恃功不服。侍中徐知誥陽❸於便殿誤通起居❹，退而自劾❺，吳王優詔不問，知誥固請奪一月俸❻。由是中外肅然。

契丹改元天顯❼，葬其主阿保機於木葉山❽。述律太后左右有桀黠❾者，后輒謂曰：「為我達語於先帝！」至墓所則殺之，前後所殺以百數。最後，平州人趙思溫❿當往，思溫不行，后曰：「汝事先帝嘗親近，何為不行？」對曰：「親近莫如后，后行，臣則繼之。」后曰：「吾非不欲從先帝於地下也，顧嗣子幼弱，國家無主，不得往耳。」乃斷一腕，令置墓中。思溫亦得免。

帝以冀州刺史烏震三將兵運糧入幽州，二月戊子⓫，以震為河北道副招討，領寧國⑫節度使，屯盧臺軍⑬。代泰寧節度使、同平章事房知溫歸兗州。○庚寅⑭，以保義節度使石敬瑭兼六軍諸衛副使⑮。○丙申⑯，以從馬直指揮使郭從謙為景州⑰刺史，既至，遣使族誅⑱之。

高季興既得三州⑲，請朝廷勿[1]除刺史，自以子弟為之，不許。及夔州刺史潘炕罷官，季興輒⑳遣兵突入州城，殺戍兵而據之。朝廷除奉聖指揮使㉑西方鄴為刺史，不受㉒。又遣兵襲涪州，不克。魏王繼岌遣押牙韓珙等部送蜀珍貨金帛四十萬，浮江而下。季興殺珙等於峽口㉓，盡掠取之。朝廷詰㉔之，對曰：「珙等舟行下峽，涉數千里，欲知覆溺之故，自宜按問㉕水神。」帝怒，壬寅㉖，制削奪季興官爵，以山南東道㉗節度使劉訓㉘為南面招討使、知荊南行府㉙事，忠武節度使夏魯奇為副招討使，將步騎四萬討之。東川節度使董璋充東南面招討使，新夔州刺史西方鄴副之，將蜀兵下峽㉚。仍會湖南軍㉛，三面進攻。

三月甲寅㉜，以李敬周為武信留後。○丙辰㉝，初置監牧㉞，蕃息國馬。

【章旨】以上為第十三段，寫契丹述律后以心計誅桀黠臣。唐明宗三路討荊南。

【注釋】❶己卯　正月二十七日。❷戎服　戎裝；全副武裝。❸陽　假裝；故意。❹通起居　覲見皇帝請安。徐知誥故意闖入便殿向吳主楊溥請安，然後自劾，藉以整肅朝綱。❺自劾　自己彈劾自己。❻奪一月俸　扣除一個月的俸祿。❼天顯耶律德光第一個年號（西元九二六—九三七年），凡十二年。❽木葉山　山名，在今內蒙古自治區赤峰北。❾桀黠　兇悍而狡猾。❿趙思溫　（?—西元九三九年）字文美，盧龍（今河北盧龍）人，青年時作戰英勇，力量過人，官至契丹臨海軍節度使。傳見《遼史》卷七十六。⓫戊子　二月初七日。⓬寧國　方鎮名，吳升宣州為寧國節度。治所宣州，在今安徽宣州。此為遙領。⓭盧臺軍　「盧」當作「蘆」。方鎮名，五代時劉守光置。治所蘆臺，在今天津市寧河縣南。⓮庚寅　二月初九日。⓯六軍諸衛副使　全國諸軍副統領。時石敬瑭鎮守陝州。⓰丙申　二月十五日。⓱景州　州名，故治在今河北景縣東北。⓲族誅　合族人全部處死，討其殺莊宗之罪。⓳三州　夔、忠、萬三州。⓴輒　立即。㉑奉聖指揮使　禁衛軍指揮官。㉒不受　高季興不接受西方鄴為夔州刺史。㉓峽口　西陵峽口。㉔詰　責問。㉕按問　審問。㉖壬寅　二月二十一日。㉗山南東道　方鎮名，唐肅宗至德二載（西元七五七年），升襄陽防禦使為山南東道節度使。治所襄州，在今湖北襄樊。㉘劉訓　字遵範，隰州永和（今山西永和）人，出身行伍。傳見《舊五代史》卷六十一。㉙荊南行府　即高季興所領荊南節度使府。㉚下峽　指兵下三峽。三峽為瞿塘峽、巫峽、西陵峽，今屬重慶市。㉛湖南軍　指楚王馬殷的軍隊。㉜甲寅　三月初三日。㉝丙辰　三月初五日。㉞監牧　養馬的機構。唐置監牧以養馬，戰亂以後，馬政廢弛。今復置監牧養馬。

【校　記】①勿　原作「不」。據張敦仁《通鑑刊本識誤》云：「『不』作『勿』。」於義較長，今據改。

【語　譯】正月二十七日己卯，加封樞密使安重誨兼任侍中，孔循為同平章事。

吳國馬軍都指揮使柴再用戎裝入朝，御史彈劾他，柴再用仗著有功勞，不服氣。侍中徐知誥故意在便殿誤見吳王請安，退朝後自我上表彈劾，吳王下了辭美詔書不予追究，徐知誥堅決請求扣除一個月的俸祿。從此朝廷內外法紀嚴整。

契丹國改年號為天顯，把先主阿保機安葬在木葉山。述律太后左右近臣中有兇悍狡猾的人，太后往往就對他說：「去替我傳話給先帝！」到了墓地就把人殺了，先後所殺數以百計。最後，平州人趙思溫應當前往墓地，趙思溫不去，太后說：「你侍奉先帝時曾受親近，為什麼不去？」趙思溫回答說：「和先帝親近的沒人像太后一樣，太后去，臣就跟著你。」太后說：「我不是不想追隨先帝於地下，只是考慮到繼任的兒子幼弱，國家沒有個當家的，不能前往。」於是砍下了一隻手腕，讓人放在阿保機的墓中。趙思溫也得以免死。

唐明宗因為冀州刺史烏震曾三次率兵運輸糧食到幽州，二月初七日戊子，任命烏震為河北道副招討，兼領寧國節度使，駐紮在盧臺軍，接替泰寧節度使、同平章事房知溫，好讓他回兗州。〇初九日庚寅，任命保義節度使石敬瑭兼任六軍諸衛副使。〇十五日丙申，任命從馬直指揮使郭從謙為景州刺史，他到任後，唐明宗派遣使者誅滅了他的全族。

高季興得到了夔、忠、萬三州後，請求朝廷不要派任刺史，自己用家中子弟擔任，唐明宗沒有同意。到了夔州刺史潘炕罷官時，高季興當即派兵突入州城，殺死戍卒佔據了該城。朝廷委派奉聖指揮使西方鄴任夔州刺史，高季興不接受。他又派兵襲擊涪州，沒有攻下來。從前魏王李繼岌派遣押牙韓珙等部押送蜀國的珍寶、貨物、金帛四十萬回朝廷，從江上漂流而下。高季興在峽口殺死了韓珙等人，掠取了全部財物。現在朝廷責問這件事，高季興回答說：「韓珙等人乘船下三峽，經過幾千里水路，想知道翻船淹死的原因，自應審問水神。」唐明宗人怒，二月二十一日壬寅，下令削奪高季興的官職和爵位，任命山南東道節度使劉訓為南面招討使、知荊南行府事，任命忠武節度使夏魯奇為副招討使，率領四萬名步兵、騎兵討伐高季興。東川節度使董璋充任東南面招討使，新任夔州刺史西方鄴為他的副使，率領蜀兵沿三峽而下。並且會合湖南馬殷的軍隊，三面進攻荊南。

三月初三日甲寅，任命李敬周為武信留後。〇初五日丙辰，開始設置監牧，繁殖國家的戰馬。

初，莊宗之克梁也，以魏州牙兵之力。及其亡也，皇甫暉、張破敗之亂亦由之❶。趙在禮之徙滑州，不之官❷，亦實為其下❸所制。在禮欲自謀脫禍，陰遣腹心詣闕求移鎮❹，帝乃為之除皇甫暉陳州刺史，趙進貝州刺史，徙在禮為橫海節度使。以皇子從榮鎮鄴都，命宣徽北院使范延光將兵❺送之，且制置❻鄴都軍事。

乃出奉節⑦等九指揮三千五百人，使軍校龍晊⑧部之，戍盧臺軍以備契丹。不給鎧仗⑨，但繫幟⑩於長竿以別隊伍，由是皆俛首⑪而去。中塗，聞孟知祥殺李嚴，軍中籍籍⑫，已有訛言⑬。既至，會朝廷不次⑭擢烏震為副招討使，訛言益甚。

房知溫怨震驟來代己，震至，未交印⑮。壬申⑯，震召知溫及諸道先鋒馬軍都指揮使、齊州防禦使安審通⑰博⑱於東寨⑲。知溫誘龍晊所部兵殺震於席上，其眾⑳譟於營外，安審通脫身走，奪舟濟河，將騎兵按甲不動㉑。知溫恐事不濟，亦上馬出門，甲士攬其轡㉒曰：「公當為士卒主，去欲何之？」知溫紿㉓之曰：「騎兵皆在河西，不收取之，獨有步兵，何能集事㉔！」遂躍馬登舟濟河，與審通合謀擊亂兵，亂兵遂南行。騎兵徐踵其後㉕，部伍甚整。亂者相顧失色，列炬宵行㉖，疲於荒澤㉗。詰朝，騎兵四合㉘擊之，亂兵殆盡，餘眾復趣故寨，審通已焚之。亂兵進退失據，遂潰。其匿於叢薄溝塍㉙，得免者什無一二。范延光還至淇門㉚，聞盧臺亂，發滑州兵復如鄴都，以備奔逸㉛。

帝遣客省使李仁矩㉜如西川，傳詔安諭孟知祥及吏民。甲戌㉝，至成都。

劉訓兵至荊南，楚王殷遣都指揮使許德勳等將水軍屯岳州。高季興堅壁㉞不戰，求救於吳，吳人遣水軍援之。

夏，四月庚寅㉟，敕盧臺亂兵在營家屬並全門處斬㊱。敕至鄴都，闔九指揮㊲之門，驅三千五百家凡萬餘人於石灰窰㊳，悉斬之，永濟渠為之變赤。

朝廷雖知房知溫首亂㊴，欲安反仄㊵，癸巳㊶，加知溫兼侍中。○先是，孟知祥遣牙內指揮使文水武漳㊷迎其妻瓊華長公主㊸及子仁贊㊹於晉陽。及㊺鳳翔，李從曮聞知祥殺李嚴，止之㊻，以聞，帝聽其歸蜀。丙申㊼，至成都。

【章旨】以上為第十四段，寫唐明宗殺戮蘆臺亂軍一萬多人，血染永濟渠。

【注釋】❶亦由之　指皇甫暉、張破敗之亂，也是由於魏州牙兵。❷不之官　不去赴任。❸其下　指皇甫暉、趙進。❹求移鎮　請求調任，不去滑州。❺將兵　領兵。❻制置　掌管；調度。❼奉節　禁衛軍名。❽龍晊　奉節軍軍校。❾鎧仗　盔甲器械。❿幟　旗幟；標誌。⓫俛首　垂首；低頭。不愉快的樣子。⓬籍籍　嘈雜不安的樣子。⓭訛言　謠言。⓮不次　不按次序而越級提拔。⓯未交印　不交節度使印信。⓰壬申　三月二十一日。⓱安審通　（？—西元九二八年）安金全姪了，幼事莊宗，累有戰功。官至滄州節度使。傳見《舊五代史》卷六十一。⓲博　賭博。⓳東寨　當時蘆臺戍軍夾河東西為兩寨。⓴其眾　指烏震的親兵。㉑按甲不動　按兵不動。甲，指代兵士。㉒攬其轡　拉住他的馬韁繩。㉓紿　欺騙。㉔集事　成事。㉕徐踵其後　慢慢地跟在亂兵的後面。㉖列炬宵行　點著火把晚上趕路。㉗疲於荒澤　在荒涼的草澤中疲憊不堪。㉘四合　四面包圍。㉙叢薄溝塍　草木叢和低窪水溝邊。㉚淇門　地名，在今河南衛輝東北淇門鎮。㉛奔逸　逃走。㉜李仁矩　明宗在藩鎮時客將，官至左衛大將軍、閬州節度使，為董璋所殺。傳見《舊五代史》卷七十。㉝甲戌　三月二十三日。㉞堅壁　加固壁壘。㉟庚寅　四月初十日。㊱全門處斬　亂軍家屬滿門抄斬。㊲九指揮　即奉節軍龍晊所部九指揮。㊳石灰窰　地名，在今河北大名永濟渠邊。㊴首亂　首先挑起騷亂，為擾亂的首領。㊵反仄　即「反側」。動盪不安。㊶癸巳　四月十三日。㊷武漳　文水（今山西文水縣）人。傳見《十國春秋》卷五十一。㊸瓊華長公主　李克用長女，嫁孟知祥，同光三年十二月封瓊華長公主。㊹仁贊　即蜀後主孟昶。㊺及　到。㊻止之　制止武漳及瓊華長公主、孟仁贊，不使赴蜀。㊼丙申　四月十六日。

【語　譯】當初，唐莊宗攻克梁朝，靠的是魏州牙兵的力量。等到他滅亡時，皇甫暉、張破敗的叛亂也是由於這些牙兵。趙在禮徙任滑州，不去赴任，其實也是被他的部下所挾制。趙在禮想自己謀劃擺脫禍患，祕密派遣心腹到朝廷請求換個任職的地方，唐明宗便為了他，任命皇甫暉為陳州刺史、趙進為貝州刺史，調任趙在禮為橫海節度使。任命皇子李從榮鎮守鄴都，命令宣徽北院使范延光率兵護送李從榮，並掌理鄴都軍事。於是派出了奉節等九個指揮的三千五百人，派軍校龍晊率領，戍守盧臺軍，防備契丹。不發給他們鎧甲、兵器，只是在長竿上綁上旗幟，用來區別不同的隊伍，因此大家都垂頭喪氣地出發了。半路上，聽說孟知祥殺了李嚴，軍中嘈雜不安，已經有了謠言。到了盧臺軍後，遇上朝廷越級提升烏震擔任副招討使，軍中的謠言更加厲害了。

房知溫怨恨烏震突然來取代自己的職位，烏震來到後，房知溫沒有交出印信。三月二十一日壬申，烏震把房知溫和諸道先鋒馬軍都指揮使、齊州防禦使安審通叫到東寨賭博。房知溫誘使龍晊所轄士兵在席上殺死烏震，烏震的部眾在營外大吵大鬧，安審通脫身逃跑，搶了一艘船渡過黃河，率領自己的騎兵按兵不動。房知溫害怕事情不能成功，也上馬走出營門，士兵們拉著他的馬韁繩說：「您應當成為士兵的主帥，您想去哪裡？」房知溫騙他們說：「騎兵們都在黃河西岸，不收攬他們，只有步兵，怎麼能幹成事！」於是躍馬上船，渡過黃河，和安審通一道謀劃攻打亂兵，亂兵便向南撤走。安審通的騎兵慢慢地跟在他們的後面，隊伍非常整齊。亂兵相互看著，嚇得變了臉色，列隊持炬夜行，在荒涼的草澤中疲憊不堪。第二天一早，騎兵四面包圍攻打亂兵，亂兵幾乎死光了，剩下的人又逃往原來的營寨，原來的營寨已被安審通燒毀了。亂兵進退都失去了依靠，於是潰散了。他們之中躲藏在草木叢和溝裡得以免死的不到十分之一二。范延光回到淇門，聽說盧臺軍發生兵變，便徵調滑州的部隊再回鄴都，以防備亂後的逃竄。

唐明宗派遣客省使李仁矩前往西川，傳達皇帝的詔令，安撫孟知祥和吏民百姓。三月二十三日甲戌，到達成都。

劉訓的軍隊到達荊南，楚王馬殷派遣都指揮使許德勳等人率領水軍駐紮岳州。高季興加固營壘不出來應戰，向吳國求援，吳國派遣水軍援助他。

夏，四月初十日庚寅，唐明宗下令把盧臺軍亂兵在營寨裡的家屬全部滿門處斬。敕令到達鄴都後，關閉了九指揮的門，驅趕三千五百家共一萬多人到石灰窰，全部斬殺，永濟渠的水因此變成了紅色。

朝廷雖然知道房知溫是首亂分子，但想要安定動盪不安的局面，四月十三日癸巳，加封房知溫兼任侍中。

○此前，孟知祥派遣牙內指揮使文水人武漳到晉陽迎接他的妻子瓊華長公主和兒子孟仁贊，返回時到了鳳翔，李從曮聽說孟知祥殺死了李嚴，就讓他們停留下來，把此事奏報朝廷，唐明宗允許他們回到蜀地去。十六日丙申，一行人到達成都。

鹽鐵判官趙季良與孟知祥有舊，知祥奏留季良為副使。朝廷不得已，丁酉❶，以季良為西川節度副使。李昊歸蜀，知祥以為觀察推官❷。

江陵卑濕❸，復值久雨，糧道不繼，將士疾疫，劉訓亦寢疾❹。癸卯❺，帝遣樞密使孔循往視之，且審❻攻戰之宜。

五月癸丑❼，以威武留後王延鈞為本道節度使、守中書令[1]、琅邪王。

孔循至江陵❽，攻之不克，遣人入城說❾高季興，季興不遜❿。丙寅⓫，遣使賜湖南行營夏衣萬襲⓬。丁卯⓭，又遣使賜楚王殷鞍馬玉帶，督饋糧⓮於行營，竟不能得。庚午[15]，詔劉訓等引兵還。

楚王殷遣中軍使史光憲入貢，帝賜之駿馬十，美女二。過江陵，高季興執光憲而奪之，且請舉鎮自附於吳[16]。徐溫曰：「為國者當務實效而去虛名[17]。高氏事唐久矣，洛陽去江陵不遠，唐人步騎襲之甚易，我以舟師泝流[18]救之甚難。夫臣人[19]而弗能救，使之危亡，能無愧乎[20]！」乃受其貢物，辭其稱臣，聽[21]其自附於唐。

任圜性剛急[2]，且恃與帝有舊[22]，勇於敢為，權倖多疾[23]之。舊制，館券[24]出於戶部，安重誨請從內出[25]，與圜爭於上前，往復數四，聲色俱厲。上退朝，宮人問上：「適與重誨論事為誰？」上曰：「宰相。」宮人曰：「妾在長安宮中[26]，未嘗見宰相、樞密奏事敢如是者，蓋輕大家[27]耳。」上愈不悅，卒[28]從重誨議。圜因求罷三司，詔以樞密承旨[29]孟鵠[30]充三司副使權判[31]。鵠，魏州人也。

六月庚辰[32]，太子詹事[33]溫輦請立太子。○丙戌[34]，門下侍郎、同平章事任圜罷守太子少保[35]。○己丑[36]，以宣徽北院使張延朗判三司。○壬辰[37]，貶劉訓為檀州刺史。○丙申[38]，封楚王殷為楚國王。

西方鄴敗荊南水軍於峽中，復取夔、忠、萬三州。

【章　旨】以上為第十五段，寫後唐明宗三路征荊南，不勝罷兵。

【注　釋】❶丁酉　四月十七日。❷觀察推官　官名，節度使屬官，掌文牘、簿籍等事務。❸卑濕　地勢低窪潮溼。❹寢疾　生病；臥病在床。❺癸卯　四月二十三日。❻審　瞭解。❼癸丑　五月初三日。❽江陵　荊南節度治所，在今湖北江陵。❾說　遊說。❿不遜　不禮貌。⓫丙寅　五月十六日。⓬萬襲　萬套。襲，衣服的全套。⓭丁卯　五月十七日。⓮饋糧　運送軍糧。⓯庚午　五月二十日。⓰自附於吳　向吳國稱臣，作為附庸。⓱務實效而去虛名　追求實際效果而拋棄虛假的名聲。⓲泝流　逆水而上。⓳臣人　讓人家做自己的臣子。⓴能無愧乎　能不感到慚愧嗎。㉑聽　任憑；聽任。㉒有舊　有交情。指任圜與明宗同為莊宗大將，又將征蜀之兵歸明宗。㉓疾　妒忌；嫉恨。㉔館券　唐制，派使臣到各地，由戶部給券，稱館券。相當於現代的介紹信。㉕內出　由內廷給券，則樞密使可掌其事。㉖長安宮中　泛指唐朝宮廷中。㉗大家　宮內人稱皇帝為「大家」。㉘卒　終於。㉙樞密承旨　官名，五代置樞密院都承旨、副承旨，由諸衛將軍擔任。㉚孟鵠　魏州（今河北大名）人，能曲意逢迎，官至判三司、相州節度使。傳見《舊五代史》卷六十九。㉛權判　暫時擔任。㉜庚辰　六月初一日。㉝太子詹事　官名，東宮屬官，陪侍太子讀書。㉞丙戌　六月初七日。㉟太子少保　宰相加官，不預政事。㊱己丑　六月初十日。㊲壬辰　六月十三日。㊳丙申　六月十七日。

【校　記】[1]守中書令　原無此四字。據章鈺校，十二行本、乙十一行本、孔天胤本皆有此四字，張敦仁《通鑑刊本識誤》、張瑛《通鑑校勘記》同，今據補。[2]剛急　原作「剛直」。據章鈺校，十二行本、乙十一行本皆作「剛急」，今據改。

【語　譯】鹽鐵判官趙季良和孟知祥有舊交情，孟知祥上奏唐明宗請求把趙季良留下擔任副使。朝廷不得已，四月十七日丁酉，任命趙季良為西川節度副使。李昊回到蜀中，孟知祥任命他為觀察推官。

江陵低窪潮溼，又趕上長時間下雨，糧食運輸跟不上，將士們染上了疾病，劉訓也臥病在床。四月二十三日癸卯，唐明宗派遣樞密使孔循前往視察，瞭解攻戰事宜。

五月初三日癸丑，任命威武留後王延鈞為本道節度使、守中書令，封為琅邪王。

孔循到了江陵，沒有攻下城來，派人進城勸說高季興投降，高季興沒有禮貌。五月十六日丙寅，唐明宗派遣使者賞賜給湖南行營夏季衣服一萬套。十七日丁卯，又派遣使者賞賜給楚王馬殷鞍馬、玉帶，督促他向行營運送軍糧，結果沒有辦成。二十日庚午，唐明宗命令劉訓等人率兵回朝。

楚王馬殷派遣中軍使史光憲向朝廷進貢，唐明宗賞賜給他駿馬十匹，美女兩人。史光憲回去路過江陵，高季興抓了史光憲，搶去了馬匹和美女，同時請求率領全鎮歸附吳國。吳國的徐溫說：「治理國家的人應當務求實效而拋棄虛名。高氏臣服唐朝很久了，洛陽離江陵不遠，唐朝的步兵、騎兵要襲擊江陵非常容易，我們用水師溯江救援高季興極為困難。如果使人為臣而不能救援，讓他們陷入危亡的境地，我們能不感到慚愧嗎！」於是接受了高季興的貢物，推辭了他向吳國歸附稱臣的請求，聽任他自行歸附唐朝。

任圜性情剛急，而且仗著和唐明宗有舊交情，做起事來敢作敢為，權貴寵臣大多嫉恨他。按照以往的規定，使臣外出所持館券由戶部發給，安重誨請求由內廷發給，他和任圜在唐明宗面前爭論，反反覆覆好多次，聲色俱厲。唐明宗退朝後，宮人問唐明宗說：「剛才和安重誨爭論事情的是誰？」唐明宗說：「宰相。」宮人說：「妾過去在長安宮中，從沒見過宰相、樞密奏請事情敢像這個樣子，這是輕視皇上呀！」唐明宗聽了這話心裡更加不高興，最終採納了安重誨的建議。任圜因此請求免除三司的兼職，唐明宗下詔任命樞密承旨孟鵠充任三司副使，暫時掌理三司的職務。孟鵠，是魏州人。

六月初一日庚辰，太子詹事溫輦請求唐明宗冊立太子。〇初七日丙戌，門下侍郎、同平章事任圜免去太子少保的職務。〇初十日己丑，任命宣徽北院使張延朗兼管三司。〇十三日壬辰，把劉訓貶為檀州刺史。〇十七日丙申，封楚王馬殷為楚國王。

西方鄴在三峽中擊敗了荊南水軍，又奪回了夔、忠、萬三州。

【研　析】本卷研析唐莊宗為亂兵所弒、禍國女孽劉皇后、姚坤使契丹、魏博牙兵再遭族誅四件史事。

唐莊宗為亂兵所弒。天成元年（西元九二六年）三月二十六日壬午，李嗣源兵入大梁。這一天唐莊宗率扈從兵二萬五千人東行至滎澤。莊宗命龍驤指揮使姚彥溫率領三千名騎兵為前鋒，姚彥溫叛歸李嗣源。指揮使潘環守王村寨，這裡是官軍的補給基地，屯積芻糧數萬，潘環亦叛降李嗣源。莊宗不敢東行，退還洛陽。

三月二十八日甲申，莊宗回到洛陽東石橋西，此時兩萬五千名扈從之兵，三天之中散去大半，莊宗置酒悲涕。是日晚，莊宗入洛。四月初一日丁亥，莊宗得知西征軍魏王李繼岌即將到達，於是部署軍隊，計劃車駕東出控扼汜水以待西軍。蕃漢馬步使朱守殷率領騎兵陣於城東宣仁門外，步兵陣於宮城南門五鳳門外。莊宗還未及行，正吃早飯，從馬直指揮使郭從謙率步兵以叛，攻打興教門。莊宗率領諸王及近衛騎兵抵抗，遣使召朱守殷率領騎兵救駕，朱守殷不奉詔，帶領騎兵在北邙山林中休息。叛軍火燒興教門，近臣宿將紛紛丟下兵器逃走。莊宗被亂兵流矢所中，退入絳霄殿，抽矢，須臾而終，享年四十二歲。劉皇后收拾金寶細軟與申王李存渥逃走，宮人多逃散。這時朱守殷才入宮，劫掠珍玩及三十餘名宮人納於家，然後遣使降於李嗣源。

唐莊宗二十餘年血戰爭天下，其時也不忘父志，以報仇雪恨興復唐室為己任，與士卒同甘共苦，每戰身先士卒，親冒矢石，突入敵陣，幾死者數矣，何其壯哉。及至稱帝，沉迷遊獵，信用群小，濫封伶人，功臣宿將為之喪氣。寵信劉皇后，收聚錢財，吝於賞賜，更使將士寒心。皇后教令與制敕交行於藩鎮，綱紀墮壞，皇帝之尊大損。郭崇韜無罪，劉皇后矯詔殺之，朝野駭然，流言四起，迅速蔓延，激起兵變，既出於意外，又在情理之中。莊宗前後判若兩人。爭戰的莊宗似項羽，稱帝的莊宗為胡亥。王夫之論曰：「李存勗不可以為天子，然固將帥之才也，知用兵之略矣，得英主而御之，與韓信齒。」（《讀通鑑論》卷二十八）此言似得之。

禍國女孽劉皇后。莊宗劉皇后，魏州成安人，家世寒微，年五、六歲時為晉兵所擄，歸晉陽養於王宮，為莊宗母太后曹氏侍者。劉氏長成，姿色絕美，善吹笙，歌舞亦絕。莊宗好音律，喜歡與伶人謔浪，劉氏絕似一個伶人，故莊宗愛之。太后賜予莊宗，因生皇長子李繼岌，寵待日隆，然為太后所惡，不得為正。郭崇韜欲引劉氏為宮援，率大臣希旨冊立劉氏為皇后，結果是自掘墳墓。郭崇韜之死，為劉皇后所賜。劉皇后諱言寒微，其父劉叟九死一生，扣宮門認女，有內臣劉建豐識之，劉皇后聲言生父為亂兵所殺，誣生父冒名認女，劉叟在宮門前被暴打一頓。劉皇后倍受莊宗寵愛，卻無夫妻之情。莊宗臨死口渴求水，劉皇后不自省視，只派宦官進奶酪，自己忙於收拾細軟珠寶，與莊宗弟申王李存渥逃奔晉陽，在道與李存渥私通。劉皇后自是一蛇蠍美女，不認父，仇報恩人，背夫亂淫，欲求善終，天理難容。劉皇后在晉陽削髮為尼，李嗣源遣人殺之。劉皇后視財如命，正位中宮，肆無忌憚求索財物，凡貢舉先入後宮，次奉皇上，總攬宮中貨財，京都諸軍困乏，以至妻子餓殍，宰相請出內庫供給，劉皇后拿出粧具和皇子令宰相出賣以供軍，如此拒難宰相，莊宗聽之。將士切齒，眾心叛離。等到李嗣源難作，莊宗許願將士，宮中財物全部賞賜給你們。將士回答說：「陛下現在才想起賞賜，不是太晚了嗎！」莊宗流涕而已。莊宗覆國亡家，咎由自取，而劉皇后所為，亦後唐之褒姒、妲己，中國歷史上又增一禍國女孽。

姚坤使契丹。李嗣源即帝位，遣供奉官姚坤告哀於契丹。契丹主耶律阿保機欲藉唐莊宗之死敲詐後唐，求索割地，黃河之北，盡歸契丹，則不南侵。姚坤答曰：「這不是一個使臣能做主的。」契丹主大怒，囚禁姚坤十多天，再索：「河北難得，只割讓鎮、定、幽三州之地也就算了。」不容分說，契丹主強要姚坤寫出字據。姚坤拒絕，契丹主以死威逼，姚坤不為所動。契丹謀主漢大臣韓延徽救之，姚坤再次被囚禁。未幾，阿保機死，姚坤得釋。姚坤，後唐之蘇武也。

魏博牙兵再遭族誅。魏博為河北第一鎮，轄魏、博、貝、相、澶、衛六州，號天雄軍。唐後期自田承嗣割據以來，歷屆鎮將召募擴充牙兵，鎮將倚重為心腹，賞賜優厚，積久而成習。牙兵父子相承，姻黨膠固，成為一盤根錯節的地方武裝集團。魏博牙兵，既是野心家割據者的社會基礎，也是割據者的大敵。魏博牙兵更易主帥如同兒戲。自田氏以來至於後唐、五代，歷世一百五十多年，主帥廢立皆出於牙兵之手。如節鎮史憲誠、何全皞、韓君雄、樂彥禎、羅宏信、羅紹威等，皆魏博牙兵所立。牙兵反覆無常，稍不如意，則殺主帥，族其家。樂彥禎、樂從訓父子皆死牙兵之手。羅宏信、羅紹威父子，雖為牙兵所立，而存恐懼，於是有羅紹威引朱溫梁兵誅殺牙兵之事，死者七千餘人，嬰孺不留。這是魏博牙兵第一次遭族誅，事在唐哀帝天祐三年（西元九〇六年）。羅紹威誅牙兵，眾叛親離，勢力衰弱，悔恨抑鬱而死。其子羅周翰襲位，為梁將楊師厚所奪。楊師厚復置銀槍效節軍，皆選驍勇以為牙兵，恢復了舊時魏博牙兵的態勢。楊師厚死，梁末帝分天雄相、澶、衛三州置昭德軍，分牙兵之半入昭德以弱其勢。賀德倫為昭德節度使，效節軍將張彥劫持賀德倫降於晉王，晉王李存勗收降昭德魏博牙兵為親軍，號帳前銀槍軍，隨晉王征戰，多建功勳。晉王許其滅梁後重賞銀槍軍，梁亡，晉王即位不爽前約，莊宗多次重賞，銀槍軍仍懷怨望。莊宗令楊仁晸率之戍瓦橋關，莊宗同光四年，即明宗天成元年，銀槍軍擁立楊仁晸叛唐，楊仁晸不從，變兵殺之，擁立軍校趙在禮入據鄴城以叛。李嗣源奉詔往討，又為變兵所逼，因禍以得天下。嗣源即位，是為明宗，趙在禮懼誅，請解兵權。明宗乃遣房知溫往代，率領魏效節九指揮使往戍蘆臺，不給兵甲，惟長竿繫幟，以束隊伍。天成二年，明宗遣烏震往代房知溫，房知溫煽動兵變殺烏震，因齊州防禦使安審通脫身濟河部整騎兵，房知溫知事不濟，脫離變兵亦濟河到河西與安審通合力誅變兵。明宗於是下令誅殺變兵家屬，族滅三千餘家，殺之永濟渠岸上，永濟渠為之變色。這是魏博牙兵第二次遭族滅。牙兵為亂，宜誅首惡，濫殺滅族，刑律廢矣。由此可見，五代亂世，人命如草芥，可歎也夫！

卷第二百七十六

後唐紀五

起彊圉大淵獻（丁亥　西元九二七年）七月，盡屠維赤奮若（己丑　西元九二九年），凡二年有奇。

【題解】本卷記事起西元九二七年七月，迄西元九二九年，凡二年又六個月。當後唐明宗天成二年七月至四年。馬殷即王位，吳楊溥稱帝。馬殷大敗犯境吳軍，多次取勝荊南。馬殷老，以子馬希聲執政，希聲聽流言，冤殺興楚謀主高郁。吳徐知誥獨攬大權，徐知詢險遭毒殺。明宗用兵河北，王晏球平定義武王都之叛，契丹兩次南犯，全軍覆沒。明宗能聽善言而不果行，優柔無斷，聽任安重誨獨斷專行。西川孟知祥、董璋聯姻抗朝命。

明宗聖德和武欽孝皇帝中之上

天成二年（丁亥　西元九二七年）

秋，七月，以歸德節度使王晏球為北面副招討使。○丙寅❶，升夔州為寧江軍❷，以西方鄴為節度使❸。○癸酉❹[1]，以與高季興夔、忠、萬三州為豆盧革、韋說之罪❺，皆賜死。○流❻段凝於遼州❼，溫韜於德州，劉訓於濮州。○任圜請致仕❽居磁州，許之。

八月己卯朔❾，日有食之。

冊禮使❿至長沙，楚王殷始建國⓫。立宮殿，置百官，皆如天子。或微⓬更其名：翰林學士曰文苑學士，知制誥曰知辭制，樞密院曰左右機要司，羣下稱之曰殿下，令曰教。以姚彥章⓭為左丞相，許德勳為右丞相，李鐸⓮為司徒，崔穎[2]為司空，拓跋恆⓯為僕射，張彥瑤、張迎判機要司。然管內官屬皆稱攝，惟朗⓰、桂⓱節度使先除後請命。恆本姓元，避殷父諱改焉。

九月，帝謂安重誨曰：「從榮左右有矯宣⓲朕旨，令勿接儒生，恐弱人志氣者。朕以從榮年少臨大藩，故擇名儒使輔導之，今奸人所言乃如此！」欲斬之，重誨請嚴戒⓳而已。

北都⓴留守李彥超㉑請復姓符，從之。○丙寅㉒，以樞密使孔循兼東都㉓留守。○壬申㉔，契丹來請修好，遣使報之㉕。

冬，十月乙酉㉖，帝發洛陽，將如汴州。丁亥㉗，至滎陽㉘。

民間訛言帝欲自擊吳，又云欲制置㉙東方諸侯㉚。宣武節度使、檢校侍中朱守殷疑懼，判官高密孫晟㉛勸守殷反，守殷遂乘城拒守。帝遣宣徽使范延光往諭之，延光曰：「不早擊之，則汴城堅矣。願得五百騎與俱㉜。」帝從之。延光暮發，未明，行二百里，抵大梁城下。與汴人戰，汴人大驚。戊子㉝，帝至京水㉞，遣御營使石敬瑭將親軍[3]倍道繼之㉟。

或謂安重誨曰：「失職在外之人㊱，乘賊未破，或能為患，不如除之。」重誨以為然，奏遣使賜任圜死。端明殿學士趙鳳哭謂重誨曰：「任圜義士，安肯為逆㊲！公濫刑如此，何以贊國㊳！」使者至磁州，圜聚其族酣飲㊴，然後死，神情不撓。

己丑㊵，帝至大梁，四面進攻，吏民縋城出降者甚眾。守殷知事不濟，盡殺其族，引頸命左右斬之。乘城㊶者望見乘輿㊷，相帥開門降。孫晟奔吳，徐知誥客之㊸。

【章旨】以上為第一段，寫馬殷即王位。唐明宗平定汴州之亂。

【注釋】❶丙寅　七月十七日。❷寧江軍　即前蜀的鎮江軍，今改為寧江軍。治所夔州，在今重慶市奉節。❸以西方鄴為節度使　任命西方鄴為寧江軍節度使，用以獎賞他破高季興軍，收復夔、忠、萬三州之功。❹癸酉　七月二十四日。❺豆盧

革韋說之罪 明宗天成元年（西元九二六年），豆盧革、韋說為相，將夔、忠、萬三州給高季興，至此，降罪二人。❻流 流放。❼遼州 州名，治所樂平，在今山西昔陽西南。❽致仕 退休。❾己卯朔 八月初一日。❿冊禮使 代皇帝行冊封禮的使者。此指後唐冊封馬殷為楚國王的使者。⓫建國 後唐明宗天成二年六月，楚王馬殷稱王建國，制如天子。⓬微 稍微。⓭姚彥章 汝南（今河南上蔡西南）人，少沉勇，有智略。為馬殷謀士，官至左丞相。傳見《十國春秋》卷七十二。⓮李鐸 馬殷謀士。傳見《十國春秋》卷七十二。⓯拓跋恆 本姓元，切直強諫，有政聲。傳見《十國春秋》卷七十三。⓰朗 朗州，後唐以朗州為武平軍，楚因襲。治所武陵，在今湖南常德。⓱桂 桂州，楚在桂州置靜江軍。桂管防禦觀察使，治所始安，在今廣西桂林。⓲矯宣 假傳。⓳嚴戒 嚴加教訓。⓴北都 後唐以太原為北都。㉑李彥超 符存審之子符彥超。㉒丙寅 九月十八日。㉓東都 唐莊宗三年，復以洛陽為東都。㉔壬申 九月二十四日。㉕報之 回答他。㉖乙酉 十月初七日。㉗丁亥 十月初九日。㉘滎陽 縣名，在今河南滎陽，為軍事衝要之地。㉙制置 處置；處理。㉚東方諸侯 泛指洛陽以東的各鎮節度使。㉛孫晟 （？—西元九五六年）本名鳳。性陰賊，好奸謀，工詩。為南唐李昪謀士，受李昪厚遇。傳見《舊五代史》卷一百三十一。㉜與俱 與我一起去。㉝戊子 十月初十日。㉞京水 地名，在今河南滎陽附近。㉟倍道繼之 用加倍速度繼范延光進軍汴梁。㊱失職在外之人 指任圜。此時罷職在外。㊲安肯為逆 怎麼肯反叛。㊳贊國 贊助皇帝治理國家大事。㊴酣飲 暢飲；快樂地喝酒。㊵己丑 十月十一日。㊶乘城 登城防守。㊷乘輿 皇帝的車駕。㊸客之 用客人之禮對待他。

【校 記】①癸酉 原作「癸巳」。據章鈺校，十二行本、乙十一行本皆作「癸酉」，張敦仁《通鑑刊本識誤》同，今據改。②崔潁 四庫館臣校陳仁錫本同。然《新五代史》、《十國春秋》皆作「崔穎」，未知孰是。③親軍 原作「親兵」。據章鈺校，十二行本、乙十一行本皆作「親軍」，今據改。

【語 譯】明宗聖德和武欽孝皇帝中之上

天成二年（丁亥 西元九二七年）

秋，七月，任命歸德節度使王晏球為北面副招討使。〇十七日丙寅，升夔州為寧江軍，任命西方鄴為節度使。〇二十四日癸酉，把夔、忠、萬三州給予高季興作為豆盧革、韋說的罪狀，全都賜死。〇把段凝流放到遼州，溫韜流放到德州，劉訓流放到濮州。〇任圜請求退休，居住磁州，唐明宗同意了他的請求。

八月初一日己卯，發生日蝕。

冊禮使到達長沙，楚王馬殷開始建國。修造宮殿，設置百官，都和天子一樣。有的稍微更改名稱：翰林學士叫文苑學士，知制誥叫知辭制，樞密院叫左右機要司，群臣稱馬殷為殿下，所下的命令稱作教。任命姚彥章為左丞相，許德勳為右丞相，李鐸為司徒，崔穎為司空，拓跋恆為僕射，張彥瑤、張迎掌管機要司。但是管內的官屬一律稱攝，只有朗州武平軍、桂州靜江軍的節度使是先任命，然後呈報朝廷核准。拓跋恆本來姓元，避馬殷父親的名諱改為拓跋。

九月，唐明宗對安重誨說：「李從榮身邊有人假傳朕的旨意，要他不要接近儒生，擔心會削弱人的志氣。朕因為李從榮年輕鎮守大藩，所以選擇名儒輔佐他，現在這些奸人竟然講出這樣的話！」唐明宗想殺掉假傳聖旨的人，安重誨請求嚴加教訓就算了。

北都留守李彥超請求恢復他姓符，唐明宗同意了他的請求。○九月十八日丙寅，任命樞密使孔循兼任東都留守。○二十四日壬申，契丹派遣使者來請求建立友好關係，唐朝派遣使者回報。

冬，十月初七日乙酉，唐明宗從洛陽出發，將要前往汴州。初九日丁亥，到達滎陽。

民間謠傳說唐明宗打算親自攻打吳國，又傳說想要處置東方的各節度使。宣武節度使、檢校侍中朱守殷又懷疑又害怕，判官高密人孫晟勸朱守殷反叛，於是朱守殷就登上汴州城進行防禦。唐明宗派遣宣徽使范延光前去告諭朱守殷，范延光向唐明宗說：「不及早攻打他們，汴州城就會牢固了。我希望得到五百名騎兵和我一起去。」唐明宗聽從了他的建議。范延光在黃昏時出發，天還沒亮，行進了二百里路，到達大梁城下。和汴州守軍交戰，汴州守軍大為驚慌。十月初十日戊子，唐明宗到達京水，派遣御營使石敬瑭率領親軍兼程繼踵范延光之後進軍。

有人對安重誨說：「免職在外的人，乘著汴州賊兵還沒有被打敗，有可能成為禍害，不如除掉他們。」安重誨認為這個建議是對的，就奏請唐明宗派遣使者賜死任圜。端明殿學士趙鳳哭著對安重誨說：「任圜是位義士，怎麼會造反呢！你這樣濫用刑戮，怎麼能夠輔佐皇帝治理國家！」唐明宗的使者到達磁州，任圜集中他的家族開懷暢飲，然後死去，神色不變。

十月十一日己丑，唐明宗到達大梁，從四面進攻汴州，城中官吏和百姓從城牆縋下出來投降的很多。朱守殷知道事情不會成功，就全部殺掉了他的家族，自己伸長脖子讓身邊的人把頭砍了。登城防守的人看到唐明宗的乘輿，相率打開城門投降。孫晟逃往吳國，徐知誥對他以客相待。

戊戌❶，詔免三司逋負❷近二百萬緡。○辛丑❸，吳大丞相、都督中外諸軍事、諸道都統、鎮海・寧國節度使兼中書令東海王徐溫卒。

初，溫子行軍司馬、忠義節度使、同平章事知詢以其兄知誥非徐氏子，數請代之❹執吳政。溫曰：「汝曹皆不如也。」嚴可求及行軍副使徐玠❺屢勸溫以知詢代知誥，溫以知誥孝謹❻，不忍也。陳夫人曰：「知誥自我家貧賤時養之，柰何富貴而棄之！」可求等言之不已。溫欲帥諸藩鎮入朝，勸吳王稱帝。將行，有疾，乃遣知詢奉表❼勸進❽，因留代❾知誥執政。知誥草表欲求洪州❿節度使，俟旦⓫上之，是夕，溫凶問⓬至，乃止⓭。知詢亟歸金陵。吳王[1]贈溫齊王，諡曰忠武。

山南西道節度使張筠久疾，將佐請見，不許。副使符彥琳等疑其已死，恐左右有奸謀，請權交⓮符印。筠怒，收彥琳及判官、都指揮使下獄，誣以謀反。詔取彥琳等詣闕，按之無狀[15]，釋之。徙筠為西都[16]留守。

癸卯[17]，以保義節度使石敬瑭為宣武節度使兼侍衛親軍馬步都指揮使[18]。

十一月庚戌[19]，吳王即皇帝位，追尊孝武王曰武皇帝[20]，景王曰景皇帝[21]，宣王曰宣皇帝[22]。○安重誨議伐吳，帝不許[2]。○甲子[23]，吳大赦，改元乾貞[24]。○丙子[25]，吳主尊太妃王氏[26]曰皇太后，以徐知詢為諸道副都統、鎮海・寧國節度使兼侍中，加徐知誥都督中外諸軍事[27]。

十二月戊寅朔[28]，孟知祥發民丁二十萬修成都城。○吳主立兄廬江公濛為常山王[29]，弟鄱陽公澈為平原王，兄子南昌公珙[30]為建安王。

初，晉陽相者周玄豹[31]嘗言帝貴不可言，帝即位，欲召詣闕。趙鳳曰：「玄豹言陛下當為天子，今已驗矣，無所復詢。若置之京師，則輕躁狂險之人，必輻輳其門，爭問吉凶。自古術士妄言，致人族滅者多矣，非所以靖國家也。」帝乃就除光祿卿致仕，厚賜金帛而已。

中書舍人馬縞[32]請用漢光武故事，七廟之外別立親廟[33]。中書門下奏請如漢孝德[34]、孝仁[35]皇例，稱皇不稱帝。帝欲兼稱帝[36]，羣臣乃引德明[37]、玄元[38]、興聖皇帝[39]例，請[3]立廟京師。帝令立於應州舊宅，自高祖考妣以下皆追諡曰皇帝、皇后㊵，墓曰陵。

漢主如康州㊶。

是歲，蔚、代緣邊㊷粟斗不過十錢。

【章旨】以上為第二段，寫吳王楊溥即皇帝位。孟知祥築城於成都。唐明宗違禮追謚高祖以下為皇帝。

【注釋】❶戊戌　十月二十日。❷逋負　拖欠的賦稅。❸辛丑　十月二十三日。❹數請代之　徐知詢多次請求代替徐知誥。❺徐玠　（西元八六八—九四三年）字蘊玉，彭城（今江蘇徐州）人，敏幹有辭辯，詭譎多智，參與徐知誥篡吳決策，拜右丞相。傳見《十國春秋》卷二十一。❻孝謹　孝順謹慎。❼奉表　進表；獻表。❽勸進　勸說即皇帝位。❾留代　留在吳王身邊代替徐知誥。❿洪州　州名，治所豫章，在今江西南昌。⓫俟旦　等到第二天早上。⓬凶問　死亡消息。⓭止　指不上請求調任洪州節度使的表文。⓮權交　暫時交出。⓯按之無狀　審問後沒有謀反情節。⓰西都　莊宗同光三年（西元九二五年），復以長安為西都。⓱癸卯　十月二十五日。⓲侍衛親軍馬步都指揮使　官名，禁衛軍高級統領。⓳庚戌　十一月初三日。⓴武皇帝　即楊行密。㉑景皇帝　即楊渥。㉒宣皇帝　即楊隆演。㉓甲子　十一月十七日。㉔乾貞　吳楊溥第一個年號。㉕丙子　十一月二十九日。㉖太妃王氏　（？—西元九二八年）楊溥生母。武義二年（西元九二〇年）六月，楊溥即王位，尊為太妃；稱帝後尊為皇太后。傳見《十國春秋》卷四。㉗都督中外諸軍事　官名，掌全國內外軍事大權。㉘戊寅朔　十二月初一日。㉙吳主立兄廬江公濛為常山王　吳主稱帝，其兄弟及兄子之封，皆自「公」升為「王」。㉚珙　楊珙，楊溥姪子。傳見《十國春秋》卷四。㉛周玄豹　太原看相算命的術士。㉜馬縞　（西元八五六—九三五年）少中明經進士，又中博學宏詞科，以知禮見稱於世。官至後唐國子祭酒。傳見《新五代史》卷五十五。㉝親廟　諸侯王繼統者直系親屬之廟。漢制，諸侯王入繼統者，必別立親廟。漢光武立四廟於南鄉。㉞孝德　東漢安帝親政，追尊其父清河孝王為孝德皇。㉟孝仁　東漢靈帝即位，追尊其父為孝仁皇。㊱帝欲兼稱帝　明宗希望對至親追謚用「皇帝」二字。㊲德明　唐尊皋陶為德明皇帝。㊳玄元　唐尊老子為玄元皇帝。㊴興聖皇帝　唐尊涼武昭王李暠為興聖皇帝。㊵追謚曰皇帝皇后　明宗追尊高祖聿為孝恭皇帝，廟號惠祖，妣崔氏為昭皇后，陵曰順陵。曾祖教為孝質皇帝，廟號毅祖，妣張氏為順皇后，陵曰衍陵。祖琰為孝靖皇帝，廟號烈祖，妣何氏為穆皇后，陵曰奕陵。父霓為孝成皇帝，廟號德祖，陵為慶陵。㊶康州　州名，治所端溪，在今廣東德慶。㊷緣邊　沿邊。

【校　記】①吳王　原作「吳主」。據章鈺校，十二行本、乙十一行本皆作「吳王」，今據改。②不許　原作「不從」。據章鈺校，十二行木、乙十一行本皆作「不許」，今據改。③請　原作「皆」。據章鈺校，十二行本、乙十一行本皆作「請」，張敦仁《通鑑刊本識誤》同，今據改。

【語　譯】十月二十日戊戌，唐明宗下詔免去三司拖欠的賦稅將近二百萬緡。〇二十三日辛丑，吳國的大丞相、都督中外諸軍事、諸道都統、鎮海・寧國節度使兼中書令東海王徐溫去世。

當初，徐溫的兒子行軍司馬、忠義節度使、同平章事徐知詢認為他的哥哥徐知誥不是徐家親生的兒了，多次向徐溫請求代替徐知誥執掌吳國軍政。徐溫說：「你們都比不上他。」嚴可求和行軍副使徐玠多次勸說徐溫用徐知詢替代徐知誥，徐溫因徐知誥孝順謹慎，不忍心這樣做。陳夫人說：「知誥是在我們家貧窮時收養的，為什麼富貴了而要拋棄他！」嚴可求等人勸說不已。徐溫想率領各地藩鎮入朝，勸說吳王稱帝。正要出發，得了病，於是就派遣徐知詢帶著奏章去勸吳王即皇帝位，自己便留下來代替徐知誥掌理政事。徐知誥起草了奏章想求任洪州節度使，打算等到第二天早晨呈送上去，當天晚上，徐溫去世的消息傳來，於是此事作罷。徐知詢迅速趕回金陵。吳王追贈徐溫為齊王，諡稱忠武。

山南西道節度使張筠長期有病，將領佐吏請求謁見，張筠不答應。副使符彥琳等懷疑他已經死了，擔心他身邊的人有奸謀，便請求他暫時交出兵符、印信。張筠大怒，抓捕符彥琳和判官、都指揮使投入監獄，誣告他們陰謀造反。唐明宗下詔提取符彥琳等前往京城，審問後沒有謀反情節，就釋放了他們。調任張筠為西都留守。

十月二十五日癸卯，任命保義節度使石敬瑭為宣武節度使兼任侍衛親軍馬步都指揮使。

十一月初三日庚戌，吳王即皇帝位，追尊孝武王為武皇帝，景王為景皇帝，宣王為宣皇帝。〇安重誨提議討伐吳國，唐明宗沒有答應。〇十七日甲子，吳國大赦，改年號為乾貞。〇二十九日丙子，吳主尊奉太妃王氏為皇太后，任命徐知詢為諸道副都統、鎮海・寧國節度使兼侍中，加封徐知誥都督中外諸軍事。

十二月初一日戊寅，孟知祥徵發二十萬民工修建成都城。○吳王冊封他的哥哥廬江公楊濛為常山王，弟弟鄱陽公楊澈為平原王，哥哥的兒子南昌公楊珙為建安王。

當初，晉陽相面人周玄豹曾經說唐明宗貴不可言，唐明宗即位後，想把他召到京城。趙鳳說：「周玄豹說陛下應當成為天子，現今已經應驗了，沒有什麼再要詢問的。如果把他安置在京城，那些輕薄浮躁張狂險惡的人，一定會聚集其門，爭問吉凶。自古術士胡言亂語，致使很多人誅滅全族，這不是用以安定國家的做法。」於是唐明宗派使者讓周玄豹就地以光祿卿退休，厚加賞賜金銀布帛而已。

中書舍人馬縞請求用漢光武帝的舊例，在七廟之外另立親廟。中書門下上奏請求像漢孝德、孝仁皇那樣，對先祖稱皇不稱帝。唐明宗想讓先祖兼稱帝，群臣就援引德明、玄元、興聖皇帝的例子，請求在京師立廟。唐明宗下令在應州的舊宅立廟，從高祖考妣以下都追諡為皇帝、皇后，他們的墓稱陵。

漢主前往康州。

這一年，蔚州、代州沿邊的糧食一斗不超過十錢。

三年（戊子　西元九二八年）

春，正月丁巳❶，吳主立子璉❷為江都王，璘❸為江夏王，璆❹為宜春王，宣帝子廬陵公玢❺為南陽王。

昭義節度使毛璋所為驕僭❻，時服赭袍❼，縱酒為戲，左右有諫者，剖其心而視之。帝聞之，徵為右金吾衛上將軍。

契丹陷平州。

二月丁丑朔[8]，日有食之。〇帝將如鄴都，時扈駕[9]諸軍家屬甫[10]遷大梁，又聞將如鄴都，皆不悅，詾詾[11]有流言。帝聞之，不果行[12]。

吳自莊宗滅梁以來，使者往來不絕。庚辰[13]，吳使者至，安重誨以為楊溥敢與朝廷抗禮[14]，遣使窺覘[15]，拒而不受。自是遂與吳絕[16]。

張篯至長安，守兵閉門拒之。篯單騎入朝，以為左衛上將軍[17]。〇壬辰[18]，寧江節度使西方鄴攻拔歸州[19]。未幾，荊南復取之。

樞密使、同平章事孔循，性狡佞[20]，安重誨親信之。帝欲為皇子娶重誨女，循謂重誨曰：「公職居近密[21]，不宜復與皇子為昏。」重誨辭之。久之，或謂重誨曰：「循善離間[22]人，不可置之密地[23]。」循知之，陰遣人結王德妃[24]，求納其女。德妃請娶循女為從厚婦，帝許之。重誨大怒，乙未[25]，以循同平章事、充忠武節度使兼東都留守[26]。

重誨性強愎[27]。秦州節度使華溫琪入朝，請留闕下。帝嘉之[28]，除左驍衛上將軍，月別賜錢穀[29]。歲餘，帝謂重誨曰：「溫琪舊人，宜擇一重鎮處之。」重誨對以無闕。它日，帝屢言之，重誨慍[30]曰：「臣累奏無闕，惟樞密使可代耳。」

帝曰：「亦可。」重誨無以對。溫琪聞之懼，數月不出。

重誨惡成德節度使、同平章事王建立，奏建立與王都交結，有異志㉛。建立亦奏重誨專權，求入朝面言其狀，帝召之。既至，言重誨與宣徽使判三司張延朗結昏，相表裏㉜，弄威福。三月辛亥㉝，帝見重誨，氣色甚怒，謂曰：「今與卿一鎮，自休息，以王建立代卿，張延朗亦除外官。」重誨曰：「臣披荊棘事陛下數十年，值陛下龍飛㉞，承乏㉟機密，數年間天下幸無事。今一旦棄之外鎮，臣願聞其罪！」帝不懌㊱而起。以語宣徽使朱弘昭㊲，弘昭曰：「陛下平日待重誨如左右手，柰何以小忿棄之㊳！願垂三思㊴。」帝尋㊵召重誨慰撫之。明日，建立辭歸鎮，帝曰：「卿比㊶奏欲入分朕憂㊷，今復去何之㊸！」會㊹門下侍郎兼刑部尚書、同平章事鄭珏請致仕㊺，己未㊻，以珏為左僕射致仕。癸亥㊼，以建立為右僕射兼中書侍郎、同平章事、判三司。

【章　旨】以上為第三段，寫安重誨跋扈不臣，明宗優容之。

【注　釋】❶丁巳　正月初十日。❷璉　楊溥長子楊璉（?—西元九四〇年），太和初立為皇太子。南唐受禪，降封弘農郡公。傳見《十國春秋》卷四。❸璘　楊溥第二子楊璘。傳見《十國春秋》卷四。❹璆　楊溥第三子楊璆。傳見《十國春秋》卷四。❺玢　楊隆演子楊玢。傳見《十國春秋》卷四。❻驕僭　驕縱僭越。❼赭袍　赤色袍，天子所穿。❽丁丑朔　二月初一日。❾扈駕　扈從皇帝。❿甫　剛剛。⓫詾詾　議論紛紛，喧擾不安。⓬不果行　沒有成行。⓭庚辰　二月初四日。⓮抗

禮　分庭抗禮，實行同等禮制。引申為對抗。⑮窺覘　探聽察看。⑯遂與吳絕　於是與吳國斷絕關係。⑰左衛上將軍　禁衛軍高級統領。⑱壬辰　二月十六日。⑲歸州　州名，治所秭歸，在今湖北秭歸。⑳狡佞　狡猾而善於用花言巧語諂媚人。㉑近密　關係親近密切。這裡指任宰相，宰相與皇帝近密。㉒離間　從中挑撥，使之不團結、不和睦。㉓密地　與皇帝親近的位置，與「近密」同義。此指樞密使、同平章事的職任。㉔王德妃　邠州（今陝西彬縣）人，出身餅家，有美色，號「花見羞」。受明宗寵愛，言無不行，後封淑妃。傳見《新五代史》卷十五。㉕乙未　二月十九日。㉖充忠武節度使兼東都留守　命孔循任此職，意在不讓他任近密要職，離開皇帝身邊。㉗強愎　倔強、執拗。㉘嘉之　嘉許他。當時諸帥樂在方鎮，可以自專，獨華溫琪入朝請留。㉙別賜錢穀　俸祿之外，由皇帝額外另賜財物。㉚慍　不痛快；不高興。㉛有異志　有謀反的想法。㉜相表裏　內外互相勾結。㉝辛亥　三月初五日。㉞龍飛　指登基做皇帝。㉟承乏　承人之乏。當時缺乏人才，勉強擔任。自謙語。㊱不懌　不悅。㊲以語宣徽使朱弘昭　把與安重誨的對話告訴了朱弘昭。㊳柰何以小忿棄之　怎麼能因小小的不愉快而拋棄他。㊴願垂三思　希望您再三考慮。㊵尋　不久。㊶比　近來。㊷欲人分朕憂　想到朝廷來分擔我的憂愁。㊸何之　到哪裡去。㊹會　剛好；適逢。㊺致仕　交還祿位，猶今之退休。㊻己未　三月十三日。㊼癸亥　三月十七日。

【語　譯】三年（戊子　西元九二八年）

春，正月初十日丁巳，吳王冊封兒子楊璉為江都王，楊璘為江夏王，楊璆為宜春王，宣帝的兒子廬陵公楊玢為南陽王。

昭義節度使毛璋的所作所為驕縱僭越，時常穿著赤色袍，縱酒作戲，身邊的人有勸諫的，毛璋就把他的心剖開來看。唐明宗聽到此事，就把毛璋徵調為右金吾衛上將軍。

契丹攻陷平州。

二月初一日丁丑，發生日蝕。〇唐明宗準備前往鄴都，當時扈駕各軍家屬剛剛遷到大梁，又聽說即將前往鄴都，心裡都不高興，流言紛紛。唐明宗聽到這一情況後，沒有成行。

吳國自從唐莊宗滅了梁朝以來，使者來往不斷。二月初四日庚辰，吳國的使者到來，安重誨認為吳王楊溥膽敢和朝廷分庭抗禮，派遣使者窺探虛實，便拒絕接納來使。從此唐朝就與吳國斷絕了關係。

張筠到達長安，守城的士兵關閉城門拒絕他進城。張筠單人匹馬回到朝廷，唐明宗任命為左衛上將軍。

〇二月十六日壬辰，寧江節度使西方鄴攻取了歸州。沒過多久，荊南又奪取了歸州。

樞密使、同平章事孔循生性狡猾奸佞，安重誨親近信任他。唐明宗想為皇子娶安重誨的女兒為妻，孔循對安重誨說：「你的職位居於皇上近密之處，不宜再和皇子結為姻親。」安重誨推辭了這門婚事。過了很長時間，有人對安重誨說：「孔循善於挑撥離間，不能把他安排在與皇上近密的職務上。」孔循知道了這件事，就暗中派人聯繫王德妃，請求她能讓皇家迎娶自己的女兒。王德妃請求唐明宗迎娶孔循的女兒為李從厚的妃子，唐明宗答應了。安重誨大怒，二月十九日乙未，任命孔循同平章事，擔任忠武節度使兼東都留守。

安重誨生性倔強剛愎。秦州節度使華溫琪入京朝見唐明宗，請求留任京城。唐明宗嘉許他，拜任左驍衛上將軍，每月另外賞賜給他錢穀。過了一年多，唐明宗對安重誨說：「溫琪是老臣，應該選擇一個重鎮來安置他。」安重誨回答說沒有空缺。在其他時間，唐明宗多次談及此事，安重誨不高興地說：「臣屢次上奏說沒有空缺，只有我這樞密使一職可以讓他替代。」唐明宗說：「也可以。」安重誨無言以對。華溫琪聽到這一情況後很害怕，幾個月不出門。

安重誨厭惡成德節度使、同平章事王建立，上奏唐明宗說王建立和王都交往勾結，有謀反的意向。王建立也上奏唐明宗說安重誨獨攬大權，請求來朝廷當面向唐明宗說明他的情況，唐明宗便召他進京。王建立到了後，向唐明宗說安重誨和宣徽使判三司張延朗結為姻親，內外互相勾結，作威作福。三月初五日辛亥，唐明宗見了安重誨，臉色上極為生氣，對安重誨說：「現在給你一個外鎮，你自己去休息休息，讓王建立代替你，張延朗也任外職。」安重誨說：「臣披荊斬棘侍奉陛下數十年，正值陛下登上帝位，承缺擔任機要職務，數年間幸賴天下太平無事。現在忽然間把臣棄於外鎮，臣希望知道自己的罪過！」唐明宗很不高興，起身離去。唐明宗把這件事告訴了宣徽使朱弘昭，朱弘昭說：「陛下平時待安重誨如同左右手，怎麼能因為一點小小的不愉快就拋棄他！希望陛下三思。」不久，唐明宗召來安重誨安撫他。第二天，王建立向唐明宗辭別返回藩鎮，唐明宗說：「愛卿近來上奏，想入朝分擔朕的憂愁，現在又要到哪裡去！」適逢門下侍郎兼刑部尚書、同平章事鄭珏請求退休，十三日己未，讓鄭珏以左僕射的職位退休。十七日癸亥，任命王建立為右僕射兼中書侍郎、同平章事、判三司。

孟知祥屢與董璋爭鹽利[1]。璋誘商旅販東川鹽入西川，知祥患之，乃於漢州置三場重征之[2]，歲得錢七萬緡，商旅[3]不復之[4]東川。

楚王殷如岳州，遣六軍使袁詮[5]、副使王環、監軍馬希瞻[6]將水軍擊荊南，高季興以水軍逆戰。至劉郎洑[7]，希瞻夜匿戰艦數十艘於港中。詰旦，兩軍合戰[8]，希瞻出戰艦橫擊之，季興大敗，俘斬以千數，進逼江陵。季興請和，歸史光憲于楚。軍還，楚王殷讓[9]環不遂取荊南，環曰：「江陵在中朝[10]及吳、蜀之間，四戰之地[11]也，宜存之以為吾扞蔽[12]。」殷悅。環每戰，身先士卒，與眾同甘苦。常置鍼藥[13]於座右，戰罷，索傷者，於帳前自傅治之[14]。士卒隸環麾下者相賀曰：「吾屬得死所[15]矣。」故所向有功[16]。

楚大舉水軍擊漢，圍封州[17]。漢主以周易筮之[18]，遇大有[19]，於是大赦，改元大有。命左右街使[20]蘇章[21]將神弩[22]三千、戰艦百艘救封州。章至賀江[23]，沈鐵絙[24]於水，兩岸作巨輪挽絙，築長堤以隱之，伏壯士於堤中。章以輕舟逆戰，陽[25]不利，楚人逐之，入堤中。挽輪舉絙，楚艦不能進退，以強弩夾水射之，楚兵大敗，解圍遁去。漢主以章為封州團練使㉖。

【章　旨】以上為第四段，寫馬殷北攻取勝荊南，南進受挫於漢國。

【注　釋】❶爭鹽利　蜀中井鹽，東、西川巡屬之內皆有之，彼此都想扼制對方，自專其利，爭鹽利乃常事。❷置三場重征之　孟知祥在漢州設置三個徵鹽稅的地方，加重徵收入境的鹽稅。因漢州東南與東川接界。❸商旅　指鹽商。❹之　到；往。❺袁詮　楚六軍使，迎立文昭王馬希範有功。傳見《十國春秋》卷七十二。❻馬希瞻　馬殷庶子，官靜江軍節度使。傳見《十國春秋》卷七十一。❼劉郎洑　地名，在湖北石首沙步。即劉備娶孫權之妹處。❽合戰　接戰；會戰。❾讓　責備。❿中朝　指後唐。⓫四戰之地　四面受敵交戰的地方。⓬扞蔽　保護屏障。⓭鍼藥　治病用的針及藥物。⓮自傅治之　親自為傷者敷藥治療。⓯得死所　得到獻身的地方。此為士卒勇於犧牲之語。⓰所向有功　軍隊打到哪裡，必勝必克，建立功勳。⓱封州　州名，治所封川，在今廣東封開。⓲以周易筮之　即用《周易》來占卜。周易，《易經》，簡稱《易》，儒家重要經典之一。內容包括〈經〉、〈傳〉兩部分。〈經〉主要是六十四卦和三百八十四爻及其說明，作占卜之用。〈傳〉包括解釋卦辭、爻辭的七種文辭共十篇，統稱〈十翼〉。⓳大有　《周易》卦名之一。⓴左右街使　內宮諸院司官，掌修路人員與士兵，皇帝外出，事先整治道路，排除積水等。㉑蘇章　驍勇善戰，為南漢名將。傳見《十國春秋》卷六十二。㉒神弩　弓箭手。㉓賀江　江名，西江支流。源出廣西壯族自治區富川縣黃沙嶺，流經鍾山縣、賀縣，入廣東；在封開入西江。㉔鐵絙　粗的鐵索。㉕陽　通「佯」。假裝。㉖團練使　官名，未設節度使之處，則以團練使掌理軍務。此為封州團練使，執掌封州的軍政事務。

【語　譯】孟知祥多次和董璋爭奪鹽利。董璋引誘商販把東川的鹽賣到西川去，孟知祥對此很犯愁，於是就在漢州設置三處場所對商人徵收重稅，一年得到稅錢七萬緡，從此商販不再前往東川販鹽了。

楚王馬殷前往岳州，派遣六軍使袁詮、副使王環、監軍馬希瞻率領水兵攻打荊南，高季興使用水兵迎戰。楚軍到了劉郎洑，馬希瞻夜裡在港中埋伏了數十艘戰艦。第二天一早，兩軍交戰，馬希瞻開出港中的戰艦攔腰橫擊敵軍，高季興大敗，楚軍俘獲和斬殺了數以千計的荊南士兵，進逼江陵。高季興請求講和，把史光憲送還楚國。楚軍返回，楚王馬殷責備王環不乘勝拿下荊南，王環說：「江陵在唐和吳、蜀之間，是個四面受敵的地方，應該把它保存下來作為我們的屏障。」馬殷聽了很高興。王環每次作戰，身先士卒，和大家同甘共苦。時常把針和藥物放置在座位右側，戰鬥結束，把傷兵找到帳前親自給他們敷藥治療。隸屬於王環旗下的士卒互相稱賀說：「我們得到獻身的地方了。」所以王環的部隊打到哪裡都能建立戰功。

楚國大量調動水軍攻打漢國，包圍了封州。漢主用《周易》占卜，得到〈大有卦〉，於是大赦，改年號為大有。命令左右街使蘇章率領三千名神箭手、一百艘戰艦援救封州。蘇章到達賀江，把大鐵索沉在江中，在兩岸製造巨輪牽挽鐵索，建築了很長的堤壩把巨輪隱蔽起來，把壯士埋伏在堤壩後面。蘇章利用輕舟迎戰，假裝打不贏，楚軍追趕他們，進入了兩岸堤壩裡。漢軍轉動巨輪拉起鐵索，楚軍的戰船不能進退，漢軍使用強弩從兩岸射擊楚軍，楚軍大敗，解除了對封州的包圍逃走了。漢主任命蘇章為封州團練使。

夏，四月，以鄴都留守從榮為河東節度使、北都留守，以客省使[1]太原馮贇[2]為副留守，夾馬指揮使新平楊思權[3]為步軍都指揮使以佐之。戊寅[4]，以宣武節度使石敬瑭為鄴都留守、天雄節度使、加同平章事，以樞密使范延光為成德節度使。丙戌[5]，以樞密使安重誨兼河南尹，以河南尹從厚為宣武節度使，仍判六軍諸衛事。

吳右雄武軍使[6]苗璘[7]、靜江[8]統軍王彥章[9]將水軍萬人攻楚岳州。至君山[10]，楚王殷遣右丞相許德勳將戰艦千艘禦之。德勳曰：「吳人掩吾不備，見大軍，必懼而走。」乃潛軍⓫角子湖⓬，使王環夜帥戰艦二百[1]屯楊林浦[2]，絕吳歸路。遲明⓭，吳人進軍荊江口⓮，將會荊南兵攻岳州。丁亥⓯，至道人磯⓰。德勳命戰棹都虞候詹信以輕舟三百出吳軍後，德勳以大軍當其前，夾擊之。吳軍大敗，虜璘及彥章以歸。

【章　旨】以上為第五段，寫唐明宗調整重鎮主帥，楚王馬殷大敗犯境吳軍。

【注　釋】❶客省使　客省長官，掌接待奏計及外族使者。❷馮贇　(?—西元九三四年)山西太原人，為明宗所愛，歷河東忠武節度使、三司使，典掌機務，被安從進所殺。傳附《新五代史》卷二十七〈朱弘昭傳〉。❸楊思權　(?—西元九四三年)邠州新平(今陝西彬縣)人，官至靜難軍節度使。傳見《新五代史》卷四十八。❹戊寅　四月初三日。❺丙戌　四月十一日。❻雄武軍使　官名，禁衛軍軍官，位在都指揮使下。❼苗璘　傳見《十國春秋》卷七。❽靜江　靜江軍，治所桂林，在今廣西壯族自治區桂林。❾王彥章　此吳將王彥章。五代時有四人同名王彥章，此其一也。❿君山　山名，在湖南洞庭湖中，方六十里。⓫潛軍　埋伏軍隊。⓬角子湖　湖名，洞庭湖旁小湖。⓭遲明　黎明。⓮荊江口　地名，在洞庭湖與長江會合處。⓯丁亥　四月十二日。⓰道人磯　地名，在今湖南臨湘西南十五里長江邊。

【校　記】[1]二百　原作「三百」。據章鈺校，十二行本、乙十一行本皆作「二百」，今據改。[2]屯楊林浦　原無此四字。據章鈺校，十二行本、乙十一行本皆有此四字，張敦仁《通鑑刊本識誤》、張瑛《通鑑校勘記》則補「屯陽林浦」。按，所補「陽」當作「楊」，楊林浦在今湖北監利，今據補。

【語　譯】夏，四月，唐明宗任命鄴都留守李從榮為河東節度使、北都留守，任命客省使太原人馮贇為北都副留守、夾馬指揮使新平人楊思權為步軍都指揮使來輔佐李從榮。初三日戊寅，任命宣武節度使石敬瑭為鄴都留守、天雄節度使、加封同平章事，任命樞密使范延光為成德節度使。十一日丙戌，任命樞密使安重誨兼任河南尹，任命河南尹李從厚為宣武節度使，仍舊兼管六軍諸衛事。

吳國的右雄武軍使苗璘、靜江統軍王彥章率領水軍一萬人攻打楚國岳州。到了君山，楚王馬殷派遣右丞相許德勳率領一千艘戰艦抵禦吳軍。許德勳說：「吳軍想乘我們沒有防備進行偷襲，如果看見我們的大軍，一定害怕逃走。」於是就在角子湖埋伏部隊，派遣王環夜間率領二百艘戰艦駐紮在楊林浦，切斷吳軍的退路。第二天黎明，吳軍進軍到荊江口，將要會合荊南的軍隊攻打岳州。四月十二日丁亥，到達道人磯。許德勳命令戰棹都虞候詹信率領三百艘輕便船隻出現在吳軍的後面，許德勳率領大軍在吳軍正面，夾攻吳軍。吳軍大敗，楚軍俘虜了苗璘和王彥章後返回。

初，義武節度使兼中書令王都鎮易、定❶十餘年，自除刺史以下官，租賦皆贍❷本軍。及安重誨用事，稍以法制裁之。帝亦以都篡父位❸，惡之。時契丹數犯塞，朝廷多屯兵於幽、易間，大將往來，都陰為之備，浸成❹猜阻。都恐朝廷移之它鎮，腹心和昭訓勸都為自全之計❺，都乃求昏於盧龍節度使趙德鈞。又知成德節度使王建立與安重誨有隙，遣使結為兄弟，陰與之謀復河北故事❻。建立陽許❼而密奏❽之。都又以蠟書遺青、徐、潞、益、梓五帥❾，離間❿之。又遣人說北面副招討使、歸德節度使王晏球，晏球不從。乃以金遺晏球帳下，使圖之⓫，不克。癸巳⓬，晏球以都反狀聞⓭，詔宣徽使張延朗與北面諸將議討之。

戊戌⓮，吳徙常山王濛為臨川王。

庚子[15]，詔削奪王都官爵。壬寅[16]，以王晏球為北面招討使，權知定州行州事[17]，以橫海節度使安審通為副招討使，以鄭州防禦使張虔釗為都監，發諸道兵會討定州。是日，晏球攻定州，拔其北關城[18]。都以重賂求救於奚酋[19]禿餒。五月，禿餒以萬騎突入定州。晏球退保曲陽[20]，都與禿餒就[21]攻之。晏球與戰於嘉山[22]下，大破之，禿餒以二千騎奔還定州。晏球追至城門，因進攻之，得其西關城[23]。定州城堅，不可攻，晏球增修西關城以為行府[24]，使三州[25]民輸稅供軍食而守之。

辛酉[26]，以天雄節度副使趙敬怡為樞密使。

王晏球聞契丹發兵救定州，將大軍趣望都[27]，遣張延朗分兵退保新樂[28]。延朗遂之真定[29]，留趙州刺史朱建豐將兵修新樂城。契丹已自它道入定州，與王都夜襲新樂，破之，殺建豐。乙丑[30]，王晏球、張延朗會於行唐[31]，丙寅[32]，至曲陽。王都乘勝，悉其眾與契丹五千騎合萬餘人，邀[33]晏球等於曲陽。丁卯[34]，戰于城南[35]。晏球集諸將校令之曰：「王都輕而驕，可一戰擒也。今日，諸君報國之時也。悉去弓矢，以短兵[36]擊之，回顧[37]者斬！」於是騎兵先進，奮檛[38]揮劍，直衝其陣，大破之，僵尸蔽野。契丹死者過半，餘眾北走。都與禿餒得數騎，僅免。

盧龍節度使趙德鈞邀擊契丹，北走者殆無孑遺㊴。

【章　旨】以上為第六段，寫義武節度使王都連引契丹叛亂，官軍往討，大敗叛軍，契丹人無一生還。

【注　釋】❶易定　易州和定州。❷贍　養。❸都篡父位　王都囚其父處直，奪取義武節度使位。事見本書卷二百七十一後梁均王龍德元年。❹浸成　逐漸形成。❺自全之計　自我保全的策略。❻復河北故事　恢復唐代河北諸鎮世襲，不向朝廷輸納貢賦，不受朝廷徵發的舊例。❼陽許　假裝答應。❽密奏　祕密向皇帝上奏。❾青徐潞益梓五帥　青州主帥霍彥威，徐州主帥房知溫，潞州主帥毛璋，益州主帥孟知祥，梓州主帥董璋。❿離間　挑撥關係。⓫使圖之　讓他們殺害王晏球。⓬癸巳　四月十八日。⓭以都反狀聞　把王都謀反的情況向朝廷報告。⓮戊戌　四月二十三日。⓯庚子　四月二十五日。⓰壬寅　四月二十七日。⓱權知定州行州事　因為當時沒有得到定州城，便讓王晏球權知行州事於城外，以招撫定州民眾。行州事，謂兼管定州事務。⓲北關城　定州北面關城。⓳奚酋　奚族的首領。⓴曲陽　縣名，在今河北曲陽。㉑就　乘勢。㉒嘉山　地名，在今河北曲陽境內。㉓西關城　定州西面關城。㉔行府　臨時的招討使府和定州行府。㉕三州　指定州、祁州、易州。㉖辛酉　五月十七日。㉗望都　縣名，在今河北望都。在定州東北六十里。㉘新樂　縣名，在今河北新樂。在定州西南五十里。㉙真定　州名，在今河北正定。㉚乙丑　五月二十一日。㉛行唐　縣名，在今河北行唐。行唐在真定北五十五里。㉜丙寅　五月二十二日。㉝邀　截擊；阻擊。㉞丁卯　五月二十三日。㉟城南　曲陽城南面。㊱短兵　刀槍等短兵器，利於近身肉搏。㊲回顧　退縮；向後。㊳檛　鐵鞭。㊴無孑遺　沒有一個留下來。孑，單獨。

【語　譯】當初，義武節度使兼中書令王都鎮守易州、定州十多年，自行任命刺史以下的官員，所收租稅都用來供給自己的部隊。到了安重誨當政，逐漸用法律條規控制他。唐明宗也因為王都篡奪了他父親的職位，很厭惡他。當時契丹屢犯邊塞，朝廷在幽州、易州駐紮了大量軍隊，大將們來來往往，王都暗中防備，漸生猜疑。王都擔心朝廷把他調到其他藩鎮，他的心腹和昭訓勸他自為保全之計，於是王都向盧龍節度使趙德鈞求婚。他又知道成德節度使王建立和安重誨有矛盾，便派遣使者和王建立結為兄弟，暗中和王建立謀劃恢復河北地區藩鎮割據的舊局面。王建立表面上答應了他，但祕密向唐明宗奏報了這件事。王都又把用蠟封好的祕密信件送給青州、徐州、潞州、益州、梓州的五位統帥，對他們挑撥離間。又派人遊說北面副招討使、歸德節度使王晏球，王晏球沒有聽從。於是他把金錢送給王晏球的下屬，讓他們謀害王晏球，沒有成功。四月十八日癸巳，王晏球把王都謀反的情況報告了唐明宗，唐明宗下詔讓宣徽使張延朗和北面各將領商議討伐王都。

四月二十三日戊戌，吳國徙封常山王楊濛為臨川王。

四月二十五日庚子，唐明宗下詔削奪王都的官職和爵位。二十七日壬寅，任命王晏球為北面招討使，暫時掌理定州的事務，任命橫海節度使安審通為副招討使，任命鄭州防禦使張虔釗為都監，徵調各路部隊會合討伐定州。當天，王晏球攻打定州，攻取了定州北關城。王都用厚禮賄賂奚人首領禿餒，向他求援。五月，禿餒率領一萬名騎兵闖入定州境內。王晏球退守曲陽，王都和禿餒乘勢攻打曲陽。王晏球和他們在嘉山下交戰，大破敵軍，禿餒率領二千名騎兵逃回定州。王晏球跟蹤追趕到定州城門前，隨即發起進攻，攻取了西關城。定州城牆堅固，不能攻下，王晏球就增建西關城把它作為行府，讓定、祁、易三州的百姓交納賦稅以供應軍食，駐守西關城。

五月十七日辛酉，任命天雄節度副使趙敬怡為樞密使。

王晏球聽說契丹出兵救援定州，就率領大軍趕往望都，派遣張延朗率領一部分軍隊退守新樂。張延朗隨即前往真定，留下趙州刺史朱建豐率領部隊修築新樂城。契丹人已經從另外一條道路進入定州，和王都在夜晚襲擊新樂，攻破了新樂城，殺死了朱建豐。五月二十一日乙丑，王晏球、張延朗在行唐會師，二十二日丙寅，到達曲陽。王都乘勝調集自己的全部人馬和契丹的五千名騎兵，合起來一萬多人，在曲陽阻擊王晏球等人。二十三日丁卯，兩軍在城南交戰。王晏球召集諸位將領，命令他們說：「王都輕浮驕橫，可在一次戰鬥中活捉他。今天，是各位報效國家的時候。都扔掉弓箭，用短兵器攻擊敵人，回顧退縮的斬首！」於是騎兵首先進攻，揮舞著鐵鞭刀劍，直衝敵陣，大敗敵軍，敵軍屍體遍野。契丹兵死傷過半，殘餘部眾向北逃去。王都和禿餒有幾名騎兵隨身，僅得脫身免死。盧龍節度使趙德鈞攔擊契丹兵，向北逃跑的殘兵幾乎沒有一個活下來。

吳遣使求和於楚，請苗璘、王彥章。楚王殷歸之，使許德勳餞❶之。德勳謂二人曰：「楚國雖小，舊臣宿將猶在，願吳朝勿以措懷❷。必俟眾駒爭皁棧❸，然後可圖也。」時殷多內寵❹，嫡庶無別❺，諸子驕奢❻，故德勳語及之❼。

六月辛巳❽，高季興復請稱藩❾于吳，吳進季興爵秦王，帝詔楚王殷討之。殷遣許德勳將兵攻荊南，以其子希範❿為監軍，次沙頭⓫。季興從子⓬雲猛指揮使⓭從嗣⓮單騎造楚壁，請與希範挑戰決勝。副指揮使廖匡齊⓯出與之鬬，拉殺⓰之。季興懼，明日，請和，德勳還。匡齊，贛人也。

【章旨】以上為第七段，寫吳、楚、荊南三國休戰。

【注釋】❶餞 設宴送行。❷措懷 把它放在心上，打它的主意。❸眾駒爭皁棧 馬在馬棚裡爭食吃。比喻馬殷諸子爭位。皁，通「槽」。牛馬的食盆。棧，養牲畜的棚子。❹內寵 內宮寵愛的嬪妃。❺嫡庶無別 嫡子和庶子沒有區別。❻驕奢 驕縱奢侈。❼語及之 提到它；談到這些。❽辛巳 六月初八日。❾稱藩 做藩屬；做外臣。❿希範 馬希範（西元八九九—九四七年），字寶規，馬殷第四子。長興三年（西元九三二年）襲楚王位，開運四年（西元九四七年）卒，諡文昭。傳見《舊五代史》卷一百三十三、《新五代史》卷六十六、《十國春秋》卷六十八。⓫沙頭 地名，在今湖北沙市附近，靠近江陵。⓬從子 姪子。⓭雲猛指揮使 官名，禁衛軍高級統領官。⓮從嗣 高從嗣（？—西元九二八年），驍勇有力，喜馳突，常深入敵軍。傳見《十國春秋》卷一百二。⓯廖匡齊 （？—西元九三九年）江西贛縣人，官至決勝指揮使。傳見《十國春秋》卷七十三。⓰拉殺 拉住兩腳，將人撕開。

【語譯】吳國派遣使者向楚國請求講和，請求放回苗璘、王彥章。楚王馬殷答應把他們放還，讓許德勳給他們餞行。許德勳對他們二人說：「楚國雖然很小，但舊臣宿將尚在，希望吳國不要心裡打什麼主意。一定等到一群小馬駒爭槽時，然後才可以謀劃。」當時馬殷在後宮寵妾很多，嫡子庶子之間沒有分別，各個兒子都驕縱奢侈，所以許德勳才對他倆談到了這些。

六月初八日辛巳，高季興再次向吳國請求作為藩臣，吳國加封高季興的爵位為秦王，唐明宗下詔命令楚王馬殷討伐高季興。馬殷派遣許德勳率兵攻打荊南，任命他的兒子馬希範為監軍，屯駐沙頭。高季興的姪子雲猛指揮使高從嗣單槍匹馬到楚軍的營壘前，要求和馬希範單獨決戰。楚國的副指揮使廖匡齊出營和高從嗣決鬥，把他拉殺了。高季興很恐懼，次日，請求講和，許德勳班師回軍。廖匡齊，是贛縣人。

王晏球知定州有備，未易急攻，朱弘昭、張虔釗宣言❶大將畏怯。有詔促令攻城。晏球不得已，乙未❷，攻之，殺傷將士三千人。

先是，詔發西川兵戍❸夔州，孟知祥遣左肅邊指揮使❹毛重威將三千人往。頃之❺，知祥奏夔、忠、萬三州已平，請召戍兵還❻，以省饋運。帝不許。知祥陰使人誘之❼，重威帥其眾鼓譟逃歸。帝命按其罪❽，知祥請而免之。

陝州行軍司馬王宗壽表[1]請葬故蜀主王衍。秋，七月乙巳❾[2]，贈衍順正公，以諸侯禮葬之❿。○北面招討使⓫安審通卒。○東都民有犯私麴⓬者，留守孔循族之⓭。或請聽民⓮造麴，而於秋稅畝收五錢。己未⓯，敕從之⓰。○壬戌⓱，契丹復遣其酋長惕隱⓲將七千騎救定州，王晏球逆戰於唐河⓳北，大破之。甲子⓴，追至易州。時久雨水漲，契丹為唐所俘斬及陷溺死者，不可勝數㉑。○戊辰㉒，以威武節度使王延鈞為閩王。

契丹北走，道路泥濘，人馬飢疲，入幽州境。八月甲戌㉓[3]，趙德鈞遣牙將武從諫將精騎邀擊之，分兵扼險要，生擒惕隱等數百人。餘眾散投村落，村民以白梃㉔擊之，其得脫歸國者不過數十人。自是契丹沮氣㉕，不敢輕犯塞。

初，莊宗徇地㉖河北，獲小兒，畜之宮中。及長，賜姓名曰[4]李繼陶。帝即位，縱遣之㉗。王都得之，使衣黃袍坐堞㉘間，謂王晏球曰：「此莊宗皇帝子也，已即帝位。公受先朝厚恩㉙，曾不念乎！」晏球曰：「公作此小數㉚，竟何益㉛！吾今教公二策，不悉眾決戰㉜，則束手㉝出降耳，自餘無以求生也。」

王建立以目不知書，請罷判三司，不許。

乙未㉞，吳大赦。

吳越王鏐欲立中子傳瓘㉟為嗣㊱，謂諸子曰：「各言汝功，吾擇多者而立之。」傳瓘兄傳璹、傳璙、傳璟㊲皆推傳瓘，乃奏請以兩鎮㊳授傳瓘。閏月丁未㊴，詔以傳瓘為鎮海、鎮東節度使。

戊申㊵，趙德鈞獻契丹俘惕隱等，諸將皆請誅之，帝曰：「此曹皆虜中之驍將㊶，殺之則虜絕望，不若存之以紓㊷邊患。」乃赦惕隱等酋長五十人，置之親衛㊸，餘六百人悉斬之。○契丹遣梅老季素㊹等入貢。

初，盧文進來降，契丹以蕃漢都提舉使張希崇㊺代之為盧龍節度使，守平州，遣親將㊻以三百騎監之㊼。希崇本書生，為幽州牙將，沒於契丹。性和易，契丹將稍親信之，因與其部曲㊽謀南歸㊾。部曲泣曰：「歸固寢食所不忘也，然虜眾我寡，柰何？」希崇曰：「吾誘其將殺之，兵必潰去。此去虜帳㊿千餘里，比(51)其知而徵兵(52)，吾屬去遠矣(53)。」眾曰：「善！」乃先為穽(54)，實以石灰(55)。明日，召虜將飲，醉，并從者殺之，投諸(56)穽中。其營在城北，亟發兵攻之，契丹眾皆潰去。希崇悉舉其所部二萬餘口來奔(57)，詔以為汝州刺史。

【章旨】以上為第八段，寫契丹再次南犯，全軍覆沒，平州漢民歸唐。

【注釋】❶宣言　揚言。❷乙未　六月二十二日。❸戍　防守。❹左廂邊指揮使　蜀軍官名，分左右。❺頃之　過了一段時間。❻請召戍兵還　請求召回戍守夔州的軍隊，以保持實力。❼陰使人誘之　暗中派人去誘惑他們。❽按其罪　按問毛重威鼓動戍兵逃回西川之罪。❾七月乙巳　七月初二日。❿葬之　王宗壽葬王衍於長安南三趙村。⓫招討使　應為招討副使。安審通為王晏球之副。⓬私麴　私自製造酒麴。這裡指私自釀酒。⓭族之　滅私自製麴者的全族。唐時舊制，私沽酒及製麴者，罪及本身，而孔循族誅，比唐制更為苛暴。⓮聽民　隨任民眾。⓯己未　七月十六日。⓰敕從之　下令聽從任憑民眾製酒麴，在秋稅中每畝增收五錢的意見。⓱壬戌　七月十九日。⓲惕隱　亦叫梯里己，遼朝官名，掌宗族事務。相當於宗正寺官。⓳唐河　河名，大清河支流，源出山西恆山，注入白洋淀。流經古唐，叫唐河。⓴甲子　七月二十一日。㉑不可勝數不能盡數，言其多。勝，盡。㉒戊辰　七月二十五日。㉓八月甲戌　八月初二日。㉔白梃　木棒。㉕沮氣　喪失勇氣。㉖徇地　略地；攻取土地。㉗縱遣之　放他出去。㉘堞　城上的矮牆，也稱女牆。㉙公受先朝厚恩　王晏球即杜晏球，唐莊宗滅梁，晏球降，莊宗賜姓名而加重用。王都所說王晏球「受先朝厚恩」云云即謂此。㉚小數　小技術；小名堂。㉛竟何益　到底有什麼好處。㉜悉眾決戰　以全部軍隊決戰。㉝束手　縛著手。指主動歸降。㉞乙未　八月二十三日。㉟傳瓘　（西元八八七—九四一年）字明寶，錢鏐第七子。西元九三二年錢鏐死，傳瓘繼位，改名元瓘。西元九三二—九四一年在位。卒諡文穆。事見《舊五代史》卷一百三十三、《新五代史》卷六十七、《十國春秋》卷七十九。㊱嗣　繼承人。㊲傳璹傳璙傳璟　皆錢鏐之子。傳璹（西元八八六—九五一年），字秉徽，後改名元懿，錢鏐第五子。封金華郡王。傳璙（西元八八七—九四二年），字德輝，後改名元璙，錢鏐第六子。封廣陵郡王。傳璟，錢鏐第十五子。傳瓘之弟，封雲國公。以上三人傳見《十國春秋》卷八十三。㊳兩鎮　指鎮海、鎮東兩方鎮。㊴丁未　閏八月初五日。㊵戊申　閏八月初六日。㊶驍將　驍勇善戰的將領。㊷紓　紓緩；緩解。㊸親衛　朝會立仗的衛軍。唐制，朝會時，有親衛、勳衛、翊衛三衛將領執仗侍立。後唐仿效唐制，朝會亦設親衛。㊹梅老季素　契丹使臣。㊺張希崇　（西元八八八—九三九年）字德峰，幽州薊（今天津市）人，少好學，被契丹俘虜，後以平州歸唐。官至後晉靈武節度使。事母至孝，不喜聲色，頗知天文。傳見《舊五代史》卷八十八、《新五代史》卷四十七。㊻親將　親信的將領。㊼監之　監視張希崇。㊽部曲　部屬。㊾謀南歸　策劃回到後唐。㊿虜帳　指契丹臨潢府。(51)比及；等到。(52)徵兵　徵召兵員。(53)吾屬去遠矣　我們離得遠遠的了。(54)為穽　挖陷坑。(55)實以石灰　裡面填滿石灰。(56)諸　「之於」的合音。(57)來奔　來投降。

【校　記】1表　原無此字。據章鈺校，十二行本、乙十一行本皆有此字，今據補。2乙巳　原無此二字。據章鈺校，十二行本、乙十一行本皆有此二字，張敦仁《通鑑刊本識誤》同，今據補。3甲戌　原作「壬戌」。據章鈺校，十二行本、乙十一行本皆作「甲戌」，張敦仁《通鑑刊本識誤》同，今據改。4日　原無此字。據章鈺校，十二行本、乙十一行本皆有此字，今據補。

【語　譯】王晏球知道定州已有防備，不能輕易地進攻。朱弘昭、張虔釗揚言說這是大將畏怯了。唐明宗下詔催促王晏球攻城。王晏球不得已，六月二十二日乙未，攻打定州城，將士被殺傷三千人。

此前，唐明宗下詔徵調西川的部隊戍守夔州，孟知祥派遣左肅邊指揮使毛重威率領三千人前往。不久，孟知祥就上奏稱，夔、忠、萬三州已經平定，請求召回戍守部隊，以便節省軍需運輸費用。唐明宗不同意。孟知祥暗中派人去誘惑他們，毛重威便率領他的部眾喧鬧著逃回了西川。唐明宗下令查問毛重威的罪責，經過孟知祥的求情才赦免了他。

陝州行軍司馬王宗壽上表請求安葬前蜀主王衍。秋，七月初二日乙巳，朝廷追贈王衍為順正公，用諸侯的禮儀安葬了他。〇北面招討使安審通去世。〇東都的百姓有人犯了私自釀酒的罪，留守孔循把他的全家都誅殺了。有人請求聽任百姓釀酒，而在秋季的賦稅中每畝加收五錢。十六日己未，唐明宗下令同意。〇十九日壬戌，契丹又派遣其酋長惕隱率領七千名騎兵救援定州，王晏球在唐河北面迎戰，把契丹人打得大敗。二十一日甲子，追擊到易州。當時長期下雨，河水上漲，契丹兵被唐軍俘虜、斬殺以及淹死的，不計其數。〇二十五日戊辰，任命威武節度使王延鈞為閩王。

契丹兵向北逃跑，道路泥濘，人馬飢餓疲乏，進入了幽州境內。八月初二日甲戌，趙德鈞派遣牙將武從諫率領精銳騎兵攔擊契丹兵，分派兵力扼守險要，活捉了惕隱等數百人。殘餘的部眾分散跑進村落中，村民用木棍子攻擊他們，最後逃脫回國的不過幾十個人。從此契丹人勇氣喪失，不敢輕易侵犯邊境。

當初，唐莊宗在黃河以北攻城略地，撿到一個小孩，把他養在宮中。等他長大了，賜給他姓名叫李繼陶。現在的皇帝即位後，就把他放出了皇宮。王都得到了他，讓他穿上了黃袍坐在城上矮牆中間，對城下的王晏球說：「這是唐莊宗皇帝的兒子，已經登上皇帝位了。你蒙受先朝的厚恩，難道不感念先朝嗎！」王晏球說：「你搞這樣的小名堂究竟有什麼好處！我現在教你兩個辦法，如果不以全部兵力前來決戰，那麼就束手就擒好了，除此之外沒有別的辦法求生。」

王建立因為自己不識字，請求解除判三司的職務，唐明宗沒有允許。

八月二十三日乙未，吳國大赦。

吳越王錢鏐想立他的中子錢傳瓘為繼承人，就對他的兒子們說：「你們各自說說你自己的功勞，我要選擇功勞多的人立為繼承人。」錢傳瓘的哥哥錢傳璹、錢傳璙、錢傳璟都推舉錢傳瓘，於是錢鏐奏請朝廷把兩個方鎮授給錢傳瓘。閏八月初五日丁未，唐明宗下詔任命錢傳瓘為鎮海、鎮東節度使。

閏八月初六日戊申，趙德鈞向朝廷獻上了契丹的俘虜惕隱等人，各位將領都請求殺掉他們，唐明宗說：「這些人都是契丹人中勇將，殺了他們契丹人就會絕望了，不如留著他們，用來緩解邊境的禍患。」於是赦免了惕隱等酋長五十人，安置在親衛中，餘下的六百名俘虜全部斬殺。〇契丹派遣梅老季素等人入京進貢。

當初，盧文進前來歸降，契丹任命蕃漢都提舉使張希崇代替他擔任盧龍節度使，守衛平州，派遣親信將領率領三百名騎兵監督他。張希崇本來是個書生，擔任幽州牙將，被契丹人俘獲。他生性平易隨和，契丹將領們漸漸地親近他信任他，於是他就和部屬謀劃南歸後唐。部屬流著淚說：「返回老家確實是我們連吃飯睡覺時都不會忘記的事，可是敵眾我寡，怎麼辦呢？」張希崇說：「我引誘他們的將領，殺了他，士兵一定潰散離去。這裡距契丹人的大本營有一千多里，等到他們知道消息後調兵，我們離開這裡很遠了。」大家說：「這個辦法好！」於是他們先挖了個大坑，裡面填滿了石灰。第二天，叫來契丹的將領喝酒，都醉了，連同他們的隨從人員一起殺掉，把屍體扔進大坑中。契丹人的兵營在城北，張希崇迅速派出部隊攻打兵營，契丹士兵都四散逃離。張希崇率領自己所轄部眾二萬多人前來投奔唐朝，朝廷下詔任命他為汝州刺史。

吳王太后❶殂。

九月辛巳❷，荊南敗楚兵于白田❸，執楚岳州刺史李廷規，歸于吳。〇乙未❹，敕以溫韜發諸陵，段凝反覆，令所在❺賜死。〇己亥❻，以武寧節度使房知溫兼荊南行營招討使，知荊南行府❼事。分遣中使❽發諸道兵赴襄陽❾，以討高季興。

辛丑❿，徙慶州防禦使竇廷琬⓫為金州⓬刺史。冬，十月，廷琬據慶州拒命。

○丙午⓭，以橫海節度使李從敏⓮兼北面行營副招討使。從敏，帝之從子也。○戊申⓯，詔靜難節度使李敬周[1]發兵討竇廷琬。

王都據定州，守備固，伺察嚴⓰，諸將屢有謀翻城應官軍者，皆不果。帝遣使者促王晏球攻城，晏球與使者聯騎巡城⓱，指之曰：「城高峻如此，借使⓲主人聽⓳外兵登城，亦非梯衝所及⓴。徒多殺㉑精兵，無損於賊，如此何為㉒！不若食三州㉓之租，愛民養兵以俟之，彼必內潰㉔。」帝從之。

【章旨】以上為第九段，寫定州城堅，官軍圍困以待叛軍內潰，明宗部署大舉攻荊南。

【注釋】❶王太后　睿帝楊溥生母。傳見《十國春秋》卷四。❷辛巳　九月初九日。❸白田　白田鎮，在今湖北岳陽北。❹乙未　九月二十三日。❺所在　指溫韜、段凝流放地德州、遼州。❻己亥　九月二十七日。❼荊南行府　指荊南節度使府。❽中使　宮中宦官使者。❾襄陽　府名，在今湖北襄樊。❿辛丑　九月二十九日。⓫竇廷琬　（？—西元九二八年）世為青州牙將，官至慶州（治安化，在今甘肅慶陽）防禦使。傳見《舊五代史》卷七十四。⓬金州　治所西城，在今陝西安康。⓭丙午　十月初五日。⓮李從敏　（？—西元九五一年）字叔達，明宗姪子。為人沉厚寡言，善騎射，封涇王。傳見《舊五代史》卷一百二十三、《新五代史》卷十五。⓯戊申　十月初七日。⓰伺察嚴　嚴密地觀察左右動向。⓱聯騎巡城　並馬巡視定州城。⓲借使　假使。⓳聽　聽任；任憑。⓴亦非梯衝所及　也不是雲梯、衝車這些攻城器械所能達到的。㉑殺　傷害。㉒如此何為　這樣的事何必去做呢。㉓三州　指定、祁、易三州。㉔內潰　內部士卒離心，自己崩潰。

【校記】[1]李敬周　原作「李敬通」。據章鈺校，十二行本、乙十一行本皆作「李敬周」，嚴衍《通鑑補》同，查《新五代史》、《舊五代史》同，下段「十二月甲辰」條亦作「李敬周」，今據改。

【語譯】吳國的王太后去世。

九月初九日辛巳，荊南在白田打敗了楚國的軍隊，抓獲了楚國的岳州刺史李廷規，送到了吳國。〇二十三日乙未，唐明宗下詔，因為溫韜盜挖唐朝各個陵墓，段凝反覆無常，命令在流放所在地賜死。〇二十七日己亥，任命武寧節度使房知溫兼任荊南行營招討使，掌管荊南行府事。分別派遣中使徵調各道的軍隊前往襄陽，討伐高季興。

九月二十九日辛丑，徙任慶州防禦使竇廷琬為金州刺史。冬，十月，竇廷琬佔據慶州拒絕朝廷的命令。〇初五日丙午，任命橫海節度使李從敏兼任北面行營副招討使。李從敏，是唐明宗的姪兒。〇初七日戊申，下詔命令靜難節度使李敬周調兵討伐竇廷琬。

王都佔據定州，守備堅固，嚴密觀察部下的動向，將領中多次有人謀劃翻過城牆接應官軍，都沒有成功。唐明宗派遣使者催促王晏球攻城，王晏球和使者並馬巡視定州城，他指著城說：「城池這麼高峻，即便是城裡的人任由外面的軍隊登城，也不是用雲梯和衝車就能上去的。只是白白損傷我們的精銳士卒，無損於賊軍，這樣的事何必去做呢！不如仰食三州的租稅，愛民養兵，等待時機，他們一定從內部崩潰。」唐明宗聽從了這一建議。

十一月，有司請為哀帝❶立廟，詔立廟於曹州❷。〇平盧節度使晉忠武公霍彥威卒。〇忠州刺史王雅取歸州。〇庚寅❸，皇子從厚納孔循女為妃，循因之得之❹大梁，厚結王德妃之黨，乞留。安重誨具奏其事，力排之❺，禮畢，促令歸鎮❻。〇甲午❼，以中書侍郎、同平章事王建立同平章事，充平盧節度使。

丙申❽，上問趙鳳：「帝王賜人鐵券，何也？」對曰：「與之立誓，令其子孫長享爵祿耳。」上曰：「先朝受此賜者止三人⑨，崇韜、繼麟尋皆族滅，朕得脫如毫釐⑩耳。」因歎息久之。趙鳳曰：「帝王心存大信⑪，固不必刻之金石⑫也。」

十二月甲辰⑬，李敬周奏拔慶州，族竇廷琬。

荊南節度使高季興寢疾⑭，以[1]其子行軍司馬、忠義節度使、同平章事從誨⑮權知軍府事⑯。丙辰⑰，季興卒。吳主以從誨為荊南節度使兼侍中。

史館修撰張昭遠上言：「臣竊見先朝時，皇弟、皇子皆喜俳優⑱，入則飾姬妾⑲，出則誇僕馬⑳，習尚㉑如此，何道能賢㉒！諸皇子宜精擇㉓師傅，今皇子屈身師事之，講禮義之經㉔，論安危之理。古者人君即位則建太子，所以明嫡庶之分，塞禍亂之源。今卜嗣㉕建儲，臣未敢輕議。至於恩澤賜與之間，昏姻㉖省侍之際，嫡庶長幼，宜有所分，示以等威，絕其僥冀㉗。」帝賞歎其言而不能用。

閩王延鈞度民㉘二萬為僧，由是閩中多僧。

河東節度使、北都留守從榮，年少驕很㉙，不親政務。帝遣左右素與從榮善者往與之處㉚，使從容諷導㉛之。其人私謂從榮曰：「河南相公㉜恭謹好善，親禮端士㉝，有老成㉞之風。相公齒長㉟，宜自策勵㊱，勿令聲問㊲出河南之下。」從榮不悅，退，告步軍都指揮使楊思權曰：「朝廷之人皆推從厚而短我㊳，我其廢乎㊴！」思權曰：「相公手握彊兵，且有思權在，何憂！」因勸從榮多募部曲㊵，繕甲兵，陰為自固之備㊶。又謂帝左右㊷曰：「君每譽弟㊸而抑其兄㊹，我輩豈不能助之邪！」其人懼，以告副留守馮贇㊺，贇密奏之。帝召思權詣闕㊻，以從榮故，亦弗之罪㊼也。

【章旨】以上為第十段，寫荊南節度使高季興卒。史館修撰張昭遠上言明宗宜為皇子擇良師訓導，明宗善其言而不行。北都留守李從榮驕暴謀割據。

【注釋】❶哀帝　唐哀帝李柷，為朱溫所殺。❷曹州　州名，治所左城，在今山東曹縣西北。❸庚寅　十一月十九日。❹之　往。❺力排之　全力排斥他。❻歸鎮　回忠武軍鎮所。❼甲午　十一月二十三日。❽丙申　十一月二十五日。❾止三人　只有三個人受鐵券，即郭崇韜、李嗣源、李繼麟（即朱友謙）。❿毫釐　極其細微。這裡是說生死只在毫髮之間，極其危險。因明宗為莊宗所忌，又被伶宦所讒，多次險遭不測，即使有鐵券也無用。⓫大信　偉大的誠信。⓬固不必刻之金石　本來就不必將封爵赦罪的話刻在金銀玉石上。因鐵券上鏤刻著封享爵祿、赦免罪行的話。⓭甲辰　十二月初三日。⓮寢疾　臥病。⓯從誨　高從誨（西元八九一—九四八年），字遵聖，高季興長子，為人明敏，多權計。高季興死，從誨襲位，西元九二八—九四八年在位。傳見《舊五代史》卷一百三十三、《新五代史》卷六十九、《十國春秋》卷一百一。⓰權知軍府事　暫時代理荊南節度使府的事務。⓱丙辰　十二月十五日。⓲俳優　樂舞諧戲的藝人。⓳飾姬妾　打扮姬妾。⓴誇僕馬　吹噓隨從僕人和車馬的排場。㉑習尚　風氣。㉒何道能賢　通過什麼途徑能成為賢人。㉓精擇　精心選擇。㉔經　道理。㉕卜嗣　占卜以預定繼承人。㉖昏姻　即婚姻。昏，通「婚」。㉗僥冀　不費氣力，僥倖而得的希望。指諸子若貴賤無別，就會產生僥冀之心而爭位。㉘度民　剃度民眾為僧。㉙驕很　驕縱而兇狠。很，通「狠」。㉚與之處　同他在一起。㉛諷導　諷諭、勸導。㉜河南相公　指從榮弟從厚，時為河南尹，故稱之。㉝端士　端方正義的知識分子。㉞老成　穩重嚴謹。㉟齒長　年紀比他大。齒，指代年齡。㊱策勵　鞭策、勉勵。㊲聲問　聲譽。㊳短我　說我短處。㊴我其廢乎　大概要廢黜我嗎。㊵部曲　親兵；部屬。

❹❶陰為自固之備　暗中為鞏固自己地位作準備。陰，暗中。❹❷帝左右　指明宗派去訓導從榮的左右近臣。❹❸譽弟　讚譽從厚。❹❹抑其兄　貶抑從榮。❹❺馮贇　（?—西元九三四年）太原（今山西太原）人，以狡黠為明宗所愛，官河東、忠武節度使。與朱弘昭並掌機務，殺從榮而立從厚。從珂起兵，為安從進所殺。傳見《新五代史》卷二十七。❹❻詣闕　到朝廷來。❹❼弗之罪　不加罪於他。

【校　記】①以　原作「命」。張敦仁《通鑑刊本識誤》：「『命』作『以』。」今據改。

【語　譯】十一月，有關部門請求為唐哀帝立廟，唐明宗下詔命令在曹州立廟。○平盧節度使晉忠武公霍彥威去世。○忠州刺史王雅攻取了歸州。○十九日庚寅，皇子李從厚迎娶孔循的女兒為妃，孔循因此有機會前往大梁，深交王德妃同黨，請求留在大梁。安重誨把這些情況詳細奏報唐明宗，極力排斥孔循，婚禮完畢，催促他返回鎮所。○二十三日甲午，任命中書侍郎、同平章事王建立擔任同平章事，充任平盧節度使。

十一月二十五日丙申，唐明宗詢問趙鳳：「帝王賜給人們鐵券，這有什麼作用？」趙鳳回答說：「與他們立下誓言，讓他們的子孫永久享有爵位、俸祿罷了。」唐明宗說：「先朝時得到這種賞賜的只有三個人，郭崇韜、李繼麟不久都被滿門抄斬，朕得以脫身險境。」說完後感歎了很久。趙鳳說：「帝王如果心存大信，本來就不必把誓言刻在金石上。」

十二月初三日甲辰，李敬周奏報說攻取了夔州，滅掉了竇廷琬的全族。

荊南節度使高季興臥病在床，任命他的兒子行軍司馬、忠義節度使、同平章事高從誨暫時代理軍府的事務。十二月十五日丙辰，高季興去世。吳主任命高從誨為荊南節度使兼任侍中。

史館修撰張昭遠上奏說：「臣見先朝時，皇弟、皇子都喜歡樂舞藝人，在宮內便打扮姬妾，外出就吹噓自己僕人和車馬，風氣如此，通過什麼途徑能成為賢人呢！各皇子應當精心地選擇師傅，命令皇子們以師相待，講習禮義之道，討論國家安危之理。古時候人君登上帝位就冊立太子，以此來明確嫡庶之間的區別，杜絕禍亂發生的根源。現在通過占卜來確立儲君，臣不敢輕率地議論。至於在降恩賞賜之時，婚姻、晉見、侍養之際，嫡庶長幼，應該有所區別，宣示等級和權威，杜絕僥倖非分的想法。」唐明宗欣賞並歎服張昭遠的建議，但沒有採用。

閩王王延鈞剃度二萬名民眾為僧，因此閩中的僧人很多。

河東節度使、北都留守李從榮，年紀輕輕，驕縱兇狠，不親理政務。唐明宗派自己身邊一向和李從榮要好的人前去和他在一起，使其慢慢地勸導李從榮。這個人私下對李從榮說：「河南相公恭敬謹慎，喜歡行善，禮賢下士，有少年老成的風度。相公您年紀比他大，應該鞭策勉勵自己，別讓聲譽在河南相公之下。」李從榮聽了很不愉快，回去後，告訴步兵都指揮使楊思權說：「朝廷中的人全都推崇李從厚而說我的壞話，大概要廢掉我嗎！」楊思權說：「相公您手中掌握有強大的軍隊，而且還有我楊思權在，有什麼好憂慮的！」於是勸說李從榮多招募部屬，整治武器，暗中為鞏固自己的地位作準備。楊思權又對唐明宗派來的身邊親信說：「你總是稱譽弟弟而貶抑當哥哥的，我們難道就不能幫助他嗎！」那位親信很害怕，把這些情況告訴了副留守馮贇，馮贇祕密地奏報唐明宗。唐明宗召楊思權到朝廷來，因為李從榮的緣故，也沒有加罪於他。

四年（己丑　西元九二九年）

春，正月，馮贇入為宣徽使，謂執政曰：「從榮剛僻而輕易❶，宜選重德❷輔之。」

王都、禿餒欲突圍走，不得出。二月癸丑❸，定州都指揮使馬讓能開門納官軍，都舉族自焚，擒禿餒及契丹二千人。辛亥❹，以王晏球為天平節度使，與趙德鈞並加兼侍中。禿餒至大梁，斬於市。

樞密使趙敬怡卒。○甲子❺，帝發❻大梁。○丁卯❼，門下侍郎、同平章事崔協卒於須水❽。○庚午❾，帝至洛陽。

王晏球在定州城下，日以私財饗士❿，自始攻至克城未嘗戮一卒。三月辛巳⓫，晏球入朝。帝美其功⓬，晏球謝久煩饋運⓭而已。

皇子右衛大將軍從璨⓮性剛⓯，安重誨用事⓰，從璨不為之屈。帝東巡⓱，以從璨為皇城使。從璨與客宴於會節園⓲，酒酣，戲登御榻⓳，重誨奏請誅之。丙戌⓴，賜從璨死。

橫山蠻㉑寇邵州㉒。

楚王殷命其子武安㉓節度副使、判長沙府希聲㉔知政事，總錄內外諸軍事。自是國政先歷㉕希聲，乃聞於殷。

夏，四月庚子朔㉖，禁鐵錫錢㉗。時湖南專[1]用錫錢㉘，銅錢一直㉙錫錢百，流入中國，法不能禁。○丙午㉚，楚六軍副使王環敗荊南兵于石首㉛。

初令緣邊置場市㉜党項㉝馬，不令詣闕。先是，党項皆詣闕，以貢馬為名，國家約其直㉞酬之，加以館穀賜與，歲費五十餘萬緡。有司苦其耗蠹㉟，故止之。

壬子㊱，以皇子從榮為河南尹、判六軍諸衛[2]事，從厚為河東節度使、北都留守。○契丹寇雲州。○甲寅㊲，以端明殿學士、兵部侍郎趙鳳為門下侍郎、同平章事。

五月乙酉[38]，中書言：「太常[39]改諡哀帝曰昭宣光烈孝皇帝，廟號景宗。既稱宗則應入太廟[40]，在別廟[41]則不應稱宗。」乃去廟號。

帝將祀南郊[42]，遣客省使李仁矩[43]以詔諭[44]兩川，令西川獻錢一百萬緡，東川五十萬緡。皆辭以軍用不足，西川獻五十萬緡，東川獻十萬緡。仁矩，帝在藩鎮時客將也，為安重誨所厚，恃恩驕慢。至梓州，董璋置宴召之，日中不往，方擁妓酣飲。璋怒，從卒徒執兵入驛，立仁矩於階下而詬[45]之曰：「公但聞西川斬李客省[46]，謂我獨不能邪！」仁矩流涕拜請，僅而得免。既而厚賂仁矩以謝[47]之。仁矩還，言璋不法。未幾，帝復遣通事舍人[48]李彥珣[49]詣東川，入境，失小禮[50]，璋拘其從者，彥珣奔還。

高季興之叛也，其子從誨切諫[51]，不聽。從誨既襲位，謂僚佐曰：「唐近而吳遠[52]，捨近臣遠[53][3]，非計也。」乃因[54]楚王殷以謝罪於唐。又遣山南東道[55]節度使安元信[56]書，求保奏，復修職貢。丙申[57]，元信以從誨書聞，帝許之。

契丹寇雲州。

【章　旨】以上為第十一段，寫王晏球平定河北王都叛亂。荊南歸服。

【注　釋】❶剛僻而輕易　剛愎自用而輕率處事。❷重德　大德；德高望重的人。❸癸丑　二月十三日。新、舊《五代史》均云癸卯克定州。癸丑疑為癸卯之誤。癸卯，二月三日。❹辛亥　二月十一日。❺甲子　二月二十四日。❻發　啟程；出發。明宗於天成二年（西元九二七年）冬十月如大梁，至是啟程還洛陽。❼丁卯　二月二十七日。❽須水　故須水縣，在今河南滎陽須水鎮。❾庚午　二月三十日。❿以私財饗士　用私人的錢宴請士兵。⓫辛巳　三月十一日。⓬美其功　表彰、讚美他的功勞。⓭久煩饋運　長久煩勞輸送糧食。⓮從璨　明宗姪子。傳見《新五代史》卷十五。⓯性剛　性格剛烈。⓰用事　掌權。⓱帝東巡　指明宗去汴州。⓲會節園　園名，在洛陽城中。張全義長期鎮守洛陽，私宅在會節坊，室宇園池為一時巨麗，獻給皇帝後稱之為會節園。⓳戲登御榻　開玩笑，登上皇帝的御榻。因御園內均設御榻，供皇帝遊幸時使用。⓴丙戌　三月十六日。㉑橫山蠻　居住在湖南邵陽地區的猺族民眾。㉒邵州　州名，治所邵陽，在今湖南邵陽。㉓武安　方鎮名，唐僖宗光啟元年（西元八八五年）改欽化軍節度使為武安軍節度使，治所潭州，在今湖南長沙。㉔希聲　（西元八九九—九三二年）字若訥，馬殷次子。長興元年十一月襲位。西元九三〇—九三二年在位，追封衡陽王。傳見《新五代史》卷六十六、《十國春秋》卷六十八。㉕歷　經過；通過。㉖庚子朔　四月初一日。㉗鐵錫錢　用鐵、錫鑄成的錢幣，質劣。㉘錫錢　用錫鑄成的錢。為楚馬殷所鑄，本在楚國境內流通，後流入後唐，無法禁絕。㉙直　通「值」。㉚丙午　四月初七日。㉛石首　縣名，在今湖北石首。㉜市　買；交易。㉝党項　羌人的一支。分布在今青海東南部河曲和四川松潘以西山谷地帶，從事畜牧。㉞約其直　估計馬的價值。㉟耗蠹　浪費。㊱壬子　四月十三日。㊲甲寅　四月十五日。㊳乙酉　五月十七日。㊴太常　掌管禮儀的機構，長官為太常寺卿。㊵稱宗則應入太廟　禮制，皇帝死後入太廟，廟號為某祖、某宗。㊶別廟　在外地另立廟。哀帝廟在曹州，故為別廟。㊷祀南郊　在南郊行祭天大禮。㊸李仁矩　明宗在藩鎮時客將。㊹詔諭　下詔令宣諭。㊺詬　罵。㊻李客省　指李嚴。㊼謝　表示歉意。㊽通事舍人　官名，掌傳宣引贊之事。㊾李彥珣　行為不檢，不孝父母。歷官河陽行軍司馬、坊州刺史。傳見《舊五代史》卷九十四。㊿失小禮　稍失禮節。《舊五代史》云李彥珣對董璋「失敬」。(51)切諫　極力勸諫。(52)唐近而吳遠　江陵距後唐洛陽近而離吳揚州遠。(53)捨近臣遠　捨棄近的唐朝而向遠方的吳稱臣。(54)因　通過。(55)山南東道　方鎮名，唐肅宗至德二載（西元七五七年）升襄陽防禦使為山南東道節度使。治所襄州，在今湖北襄樊。(56)安元信（西元八六三—九三六年）字子言，代北（今山西大同以北）人，歷任山南東道、歸德、潞州節度使。傳見《舊五代史》卷六十一。57丙中 五月二十八日。

【校 記】1專 據章鈺校，十二行本、乙十一行本皆作「全」。2諸衛 原作「諸衙」。據章鈺校，十二行本、乙十一行本皆作「諸衛」，今據改。3捨近臣遠 原無此四字。據章鈺校，十二行本、乙十一行本皆有此四字，張敦仁《通鑑刊本識誤》、張瑛《通鑑校勘記》同，今據補。

【語 譯】四年（己丑 西元九二九年）

春，正月，馮贇調入朝擔任宣徽使，他對執政大臣說：「李從榮性情剛愎輕率，應該挑選德高望重的人輔佐他。」

王都、禿餒打算突圍逃走，沒有衝出去。二月十三日癸丑，定州都指揮使馬讓能打開城門迎入官軍，王都全族自焚，唐軍抓獲禿餒和二千名契丹士兵。十一日辛亥，唐明宗任命王晏球為天平節度使，和趙德鈞一起都加封兼任侍中。禿餒到了大梁，在街市上斬首。

樞密使趙敬怡去世。〇二月二十四日甲子，唐明宗從大梁起程。〇二十七日丁卯，門下侍郎、同平章事崔協在須水去世。〇三十日庚午，唐明宗到達洛陽。

王晏球在定州城下時，每天拿自己的財物犒勞士卒，從開始攻城到攻克城池，未曾殺過一個士卒。三月十一日辛巳，王晏球回到朝廷。唐明宗稱讚他的功勞，王晏球表示感謝長期煩勞朝廷給他運送糧餉而已。

皇子右衛大將軍李從璨性情剛烈，安重誨掌權後，李從璨不屈從於他。唐明宗東巡，任命李從璨擔任皇城使。李從璨和客人們在會節園宴飲，酒喝到盡興時，他開玩笑，登上御榻，安重誨向唐明宗奏請殺死李從璨。三月十六日丙戌，唐明宗賜死李從璨。

橫山的蠻族侵犯邵州。

楚王馬殷命令他的兒子武安節度副使、兼管長沙府的馬希聲掌理政事，總管內外各種軍政事務。從此，國家政務先經過馬希聲，才上報給馬殷。

夏，四月初一日庚子，禁用鐵錫錢。當時湖南專門使用錫錢，一個銅錢相當一百個錫錢。錫錢流入中原，法令禁止不了。〇初七日丙午，楚國的六軍副使王環在石首打敗了荊南的軍隊。

開始下令在沿邊各地設場購買党項人的馬匹，不讓党項人送到朝廷。此前，党項人都前往朝廷，以進貢馬匹為名，朝廷估算一下馬匹的價錢給他們酬金，加上館驛吃宿和賞賜，每年耗費五十多萬緡錢。有關部門苦於這筆浪費，因此禁止他們來京城。

四月十三日壬子，任命皇子李從榮為河南尹、兼管六軍諸衛事，任命李從厚為河東節度使、北都留守。〇契丹人侵犯雲州。〇十五日甲寅，任命端明殿學士、兵部侍郎趙鳳為門下侍郎、同平章事。

五月十七日乙酉，中書上奏說：「太常改諡哀帝為昭宣光烈孝皇帝，廟號為景宗。既然已經稱宗，就應該入祀太廟，在別的廟裡就不應該稱宗。」於是下令去掉廟號。

唐明宗準備在南郊祭天，派遣客省使李仁矩以詔書宣諭兩川，命令西川貢獻錢一百萬緡，東川貢獻錢五十萬緡。兩川都藉口說軍用不足，西川貢獻五十萬緡，東川貢獻十萬緡。李仁矩是唐明宗在藩鎮時的客將，被安重誨所厚待，他依仗恩寵，特別驕縱傲慢。到達梓州時，董璋設宴招待他，到了中午他還沒前去赴宴，正摟著妓女暢飲。董璋大怒，帶著士兵拿著兵器闖進了驛站，讓李仁矩站在臺階下，責罵他說：「你只聽說過西川斬殺了李客省使，難道就認為我不能這麼做嗎！」李仁矩流著淚跪拜請罪，才得免一死。後來董璋又送了很多禮物賄賂李仁矩向他表示歉意。李仁矩回到朝廷，說董璋不遵守法令。不久，唐明宗又派遣通事舍人李彥珣到東川，李彥珣入境後，稍失禮節，董璋抓捕了他的隨從，李彥珣逃了回來。

高季興叛變時，他的兒子高從誨極力勸諫，高季興不聽。高從誨繼承了爵位以後，對幕僚佐吏們說：「唐朝近而吳國遠，捨棄唐朝，臣服吳國，不是好的計策。」於是就通過楚王馬殷向唐朝謝罪。又寫信給山南東道節度使安元信，請求他向唐明宗保奏，願意重新稱臣納貢。五月二十八日丙申，安元信把高從誨的信呈報朝廷，唐明宗答應了高從誨的請求。

契丹侵犯雲州。

六月戊申❶，復以鄴都為魏州❷，留守、皇城使並停。

庚申❸，高從誨自稱前荊南行軍司馬、歸州刺史，上表求內附❹。秋，七月甲申❺，以從誨為荊南節度使兼侍中。己丑❻，罷荊南招討使❼。

八月，吳武昌❽節度使兼侍中李簡❾以疾求還江都，癸丑❿，卒于採石⓫。徐知詢，簡壻也，擅留簡親兵二千人于金陵⓬，表薦簡子彥忠代父鎮鄂州。徐知誥以龍武統軍柴再用為武昌節度使。知詢怒曰：「劉崇俊⓭，兄之親，三世為濠州。彥忠，吾妻族⓮，獨不得邪！」

初，楚王殷用都軍判官高郁為謀主⓯，國賴以富彊，鄰國皆疾之。莊宗入洛，殷遣其子希範入貢，莊宗愛其警敏⓰，曰：「比聞⓱馬氏當為高郁所奪，今有子如此，郁安能得之！」高季興亦屢[1]以流言間郁於殷，殷不聽，乃遣使遺節度副使、知政事希聲書，盛稱⓲郁功名，願為兄弟。使者言於希聲曰：「高公常云『馬氏政事皆出高郁』，此子孫之憂也。」希聲信之。行軍司馬楊昭遂，希聲之妻族也，謀代郁任，日譖之於希聲。希聲屢言於殷，稱郁奢僭⓳，且外交鄰藩，請誅之。殷曰：「成吾功業，皆郁力也，汝勿為此言！」希聲固請罷其兵柄，乃左遷郁行軍司馬。郁謂所親曰：「亟營西山⓴，吾將歸老㉑。猘子㉒漸大，能咋人㉓矣。」

希聲聞之，益怒。明日，矯㉔以殷命殺郁於府舍㉕，牓諭㉖中外，誣郁謀叛，并誅其族黨。至暮，殷尚未知。是日，大霧，殷謂左右曰：「吾昔從孫儒度淮㉗，每殺不辜，多致茲異。馬步院㉘豈有冤死者乎？」明日，吏以郁死告，殷撫膺㉙大慟曰：「吾老耄㉚，政非己出，使我勳舊橫罹冤酷！」既而顧左右曰：「吾亦何可久處此乎！」

【章　旨】以上為第十二段，寫吳國徐知誥壓制徐知詢，楚國執政馬希聲冤殺興楚謀主高郁。

【注　釋】❶戊申　六月十一日。❷魏州　莊宗同光元年（西元九二三年）即位於魏州，升興唐府，建東京。遷都洛陽後，改魏州之東京為鄴都，今仍降格稱魏州。❸庚申　六月二十三日。❹內附　歸附唐朝。❺甲申　七月十七日。❻己丑　七月二十二日。❼罷荊南招討使　原設此職以討荊南，今荊南內附，故罷。❽武昌　方鎮名，唐憲宗元和元年（西元八〇六年），升鄂岳觀察使為武昌軍節度使。治所鄂州，在今武漢武昌。後唐遙改武清軍。南唐復改武昌軍。❾李簡　（？—西元九二九年）上蔡（今河南上蔡）人，徐知詢岳父。官至武昌軍節度使。傳見《十國春秋》卷五。❿癸丑　八月十七日。⓫採石　亦名采石磯，在今安徽當塗西北。⓬金陵　即今江蘇南京。⓭劉崇俊　字德修，楚州山陽（今江蘇淮安）人，與徐知誥為親。祖劉金，父劉仁規，及劉崇俊，三代為濠州節度使。傳見《十國春秋》卷二十二。⓮妻族　妻子的同族人。⓯謀主　出謀劃策的主要謀士。⓰警敏　機警敏捷。⓱比聞　近來聽說。⓲盛稱　大大地讚賞。⓳奢僭　奢侈而僭越。⓴西山　指長沙西岸嶽麓諸山。㉑歸老　退休養老。㉒猘子　瘋狗。猘，狗中強者。㉓咋人　咬人。㉔矯　假。指假傳馬殷命令。㉕府舍　荊南軍府署舍。㉖牓諭　牓示；張榜告示。㉗昔從孫儒度淮　事在光啟三年（西元八八七年）。㉘馬步院　審獄囚的地方。當時諸鎮皆有馬步司，設監獄以審犯人。大的藩鎮亦置馬步院。㉙撫膺　捶胸。㉚老耄　年老。耄，古代七十日耄。

【校　記】[1]屢　原無此字。據章鈺校，十二行本、乙十一行本皆有此字，今據補。

【語譯】六月十 日戊申，又把鄴都改為魏州，留守、皇城使之職一併廢止。

六月二十三日庚申，高從誨自稱為前荊南行軍司馬、歸州刺史，上表請求歸附唐朝。秋，七月十七日甲申，任命高從誨為荊南節度使兼侍中。二十二日己丑，廢止荊南招討使。

八月，吳國的武昌節度使兼侍中李簡因病請求返回江都，十七日癸丑，在採石去世。徐知詢是李簡的女婿，他擅自把李簡的親兵二千人留在金陵，上表推薦李簡的兒子李彥忠代替他的父親鎮守鄂州。徐知誥卻任命龍武統軍柴再用擔任武昌節度使。徐知詢憤怒地說：「劉崇俊是哥哥的親戚，三代為濠州節度使。李彥忠，是我妻子家族的人，唯獨他不能被任用嗎！」

當初，楚王馬殷任用都軍判官高郁為主要謀臣，依靠他國家富強起來，鄰國都嫉恨他。唐莊宗到洛陽後，馬殷派他的兒子馬希範入朝進貢，唐莊宗喜歡馬希範的機警敏捷，對他說：「最近聽說馬氏的天下要被高郁所篡奪，現在馬氏有這樣的兒子，高郁怎麼能得到馬氏天下！」高季興也經常用流言蜚語離間馬殷和高郁，馬殷沒有聽信，於是高季興派人送信給節度副使、知政事馬希聲，大讚高郁的功勞和名聲，表示願意和他結為兄弟。使者對馬希聲說：「我們高公常常說『馬氏的政務都是由高郁決定的』，這是馬氏子孫的憂患。」馬希聲相信了他說的話。行軍司馬楊昭遂，是馬希聲妻子的族人，圖謀替代高郁的職務，每天向馬希聲說他的壞話。馬希聲多次向馬殷進言，說高郁奢侈僭越，並且在外面交結鄰國，請求把他殺了。馬殷說：「成就我的功業的，全是高郁之力，你不要說這樣的話！」馬希聲堅持請求解除高郁的兵權，於是馬殷把高郁降職為行軍司馬。高郁對他的親信說：「趕快給我營造好西山，我就要退休了。狗崽子漸漸長大了，能咬人了。」馬希聲聽到這話，更加生氣。第二天，假傳馬殷的命令在軍府的署舍中殺死了高郁，張榜告示中外，誣陷說高郁陰謀造反，同時把高郁的全家和同黨全部殺死。到了傍晚，馬殷還不知道。這一天，大霧，馬殷對身邊的人說：「我從前跟隨孫儒渡淮河時，每次斬殺無辜的人，大多會出現這種奇異的徵候。馬步院難道有冤死的人嗎？」第二天，官吏們把高郁的死訊報告了他，馬殷捶胸大哭說：「我已經老了，國家的大事做不了主，讓我的功勳舊臣橫遭冤死！」馬上又回過頭來對自己身邊的人說：「我又怎麼能長期坐在這個位子上呢！」

九月，上與馮道從容語及年穀屢登❶，四方無事。道曰：「臣常記昔在先皇幕府❷，奉使中山❸，歷井陘❹之險，臣憂馬蹶❺，執轡❻甚謹，幸而無失。逮❼至平路，放轡自逸❽，俄至顛隕❾。凡為天下者亦猶是也。」上深以為然。上又問道：「今歲雖豐，百姓贍足❿否？」道曰：「農家歲凶⓫則死於流殍⓬，歲豐則傷於穀賤⓭，豐凶皆病⓮者，惟農家為然。臣記進士聶夷中⓯詩云：『二月賣新絲，五月糶新穀。醫得眼下瘡，剜卻心頭肉。』語雖鄙俚⓰，曲盡⓱田家之情狀。農於四人⓲之中最為勤苦，人主不可不知也。」上悅，命左右錄其詩，常諷誦之。

鄜州⓳兵戍東川者歸本道，董璋擅留其壯者，選羸老⓴歸之，仍收其甲兵。

癸巳㉑，西川右都押牙孟容弟為資州㉒稅官，坐自盜㉓抵死。觀察判官馮瑑㉔、中門副使王處回㉕為之請，孟知祥曰：「雖吾弟犯法，亦不可貸㉖，況它人乎！」

吳越王鏐居其國好自大㉗，朝廷使者曲意㉘奉之則贈遺豐厚，不然則禮遇疏薄。嘗遣安重誨書，辭禮頗倨㉙。帝遣供奉官烏昭遇、韓玫使吳越，昭遇與玫有隙，使還，玫奏：「昭遇見鏐，稱臣拜舞，謂鏐為殿下，及私以國事㉚告鏐。」安重誨奏賜昭遇死。癸巳㉛，制鏐以太師致仕，自餘官爵皆削之。凡吳越進奏官、使者、綱吏㉜，令所在繫治㉝之。鏐令子傳瓘等上表訟冤，皆不省㉞。

初，朔方節度使韓洙㉟卒，弟澄為留後。未幾，定遠軍㊱使李匡賓聚黨據保靜鎮㊲作亂，朔方不安。冬，十月丁酉㊳，韓澄遣使齎絹表乞朝廷命帥。

前磁州刺史康福㊴，善胡語，上退朝，多召入便殿，訪以時事，福以胡語對。安重誨惡之，常戒之曰：「康福，汝但妄奏事，會當斬汝！」福懼，求外補。重誨以靈州深入胡境，為帥者多遇害，戊戌㊵，以福為朔方、河西節度使。福見上，涕泣辭之。上命重誨為福更它鎮，重誨曰：「福自刺史無功建節，尚復何求！且成命已行，難以復改。」上不得已，謂福曰：「重誨不肯，非朕意也！」福辭行，上遣將軍牛知柔、河中都指揮使衛審峹㊶等將兵萬人衛送之。審峹，徐州人也。

辛亥㊷，割閬、果㊸二州置保寧軍，壬子㊹，以內客省使李仁矩為節度使。〇先是，西川常發芻糧饋峽路㊺，孟知祥辭以本道兵自多，難以奉它鎮，詔不許，屢督之。甲寅㊻，知祥奏稱財力乏，不奉詔㊼。

【章旨】以上為第十三段，寫唐明宗能聽善言而不能果行，姑息安重誨獨斷專行，孟知祥不聽詔令。

【注釋】❶登　豐收。❷先皇幕府　指馮道任河東掌書記。❸中山　地名，在今河北正定東北。❹井陘　縣名，今河北井陘，鄰接山西。❺馬蹶　馬失蹄跌倒。❻執轡　拉著馬韁繩。❼逮　及；到。❽自逸　讓馬自由奔跑。❾顛隕　跌落馬下。❿贍足　豐足，指衣食豐給。⓫歲凶　指荒年。⓬流殍　流離失所死於路上。⓭穀賤　穀物價錢低廉。穀物賤則農人收入少，故有「穀賤傷農」之說。⓮病　困苦。⓯聶夷中　（西元八三七年—？）字坦之，咸通進士，官華陰尉，工詩，《新唐書》卷六十著錄有〈聶夷中詩〉二卷。⑯鄙俚　粗俗。⑰曲盡　委曲盡致地表達。⑱四人　指從事士、農、工、商四種行業的人。⑲鄜州　州名，治所洛交，在今陝西富縣。⑳羸老　年老瘦弱。㉑癸巳　九月二十七日。㉒資州　州名，治所陽安，在今四川簡陽東北。㉓自盜　監守自盜。盜竊自己管理的錢物。㉔馮瑑　西川節度使府觀察判官。㉕王處回　（？—西元九五一年）字亞賢，彭城（今江蘇徐州）人，性寬厚愛士，頗有機略，官至武泰軍節度使。傳見《十國春秋》卷五十二。㉖貸　寬容；饒恕。㉗好自大　喜歡自己尊大。㉘曲意　曲從對方的意願而加以迎奉。㉙倨　傲慢。㉚國事　指國家要事。㉛癸巳　九月二十七日。㉜綱吏　押運進貢財物的官吏。㉝繫治　逮捕處理。㉞不省　不予理睬。㉟韓洙　（？—西元九二九年）韓遜子。乾化四年（西元九一四年）韓遜卒，韓洙嗣位鎮朔方。天成四年（西元九二九年）卒，由其弟澄為朔方軍留後。傳見《舊五代史》卷一百三十二、《新五代史》卷四十。㊱定遠軍　五代時置，治所東光，今河北東光。㊲保靜鎮　據胡三省注，保靜即隋時弘靜縣，唐神龍間改曰安靜，至德間改曰保靜縣，在今寧夏靈武南，為朔方巡縣。保靜鎮屬定遠軍，在黃河北岸。此為定遠軍使李匡賓之黨在保靜縣作亂。㊳丁酉　十月初二日。㊴康福　（西元八八五—九四二年）蔚州（今山西平遙）人，善少數民族語言。官朔方、河西節度使。傳見《舊五代史》卷九十一、《新五代史》卷四十六。㊵戊戌　十月初三日。㊶衛審峹　人名，後唐河中都指揮使。㊷辛亥　十月十六日。㊸果　果州，故治在今四川南充北。㊹壬子　十月十七日。㊺峽路　當時別稱寧江軍，在今湖北宜昌。㊻甲寅　十月十九日。㊼不奉詔　不接受詔命；不奉行詔命。

【語譯】九月，唐明宗和馮道閒談中說到五穀連年豐登，四方無事。馮道說：「臣常常記起從前在先皇帝幕府任掌書記時，奉命出使中山，經過井陘天險，臣擔心馬跌倒，非常小心謹慎地拉住馬轡繩，幸好沒有閃失。到了平路，放開轡繩，讓馬自由馳騁，不久我就跌落馬下。大凡治理天下也是這個道理。」唐明宗認為他的話很對。唐明宗又問馮道說：「今年雖然豐收了，百姓過得富足嗎？」馮道說：「種莊稼的人荒年就死於流離飢餓，豐年就因穀價太低而受損害，不論年景好與壞都要遭受困苦的，只有種莊稼的人是這樣！臣記得進士聶夷中的詩說道：『二月賣新絲，五月糶新穀。醫得眼下瘡，剜卻心頭肉。』語言雖然粗俗，但也道盡了農家的狀況。農人是士、農、工、商四種人之中最為辛勤勞苦的，作為人主不能不瞭解這些情況。」唐明宗很高興，命令身邊的人抄錄這首詩，自己時常諷誦。

戍守東川的鄜州士兵返回本道，董璋擅自把其中健壯的留下來，挑選年老體弱的人讓他們回去，還收繳了他們的兵器。

九月二十七日癸巳，西川右都押牙孟容的弟弟擔任資州的稅官，犯監守自盜罪被判處死。觀察判官馮瑑、中門副使王處回替他求情，孟知祥說：「即使是我的弟弟犯了法，也不能寬恕，何況是別人呢！」

吳越王錢鏐在他的國內喜歡自我尊大，朝廷的使者曲意奉承他，錢鏐就會贈送豐厚，否則的話，禮遇就會低下。他曾經寫信給安重誨，在文辭和禮節上頗為傲慢。唐明宗派遣供奉官烏昭遇和韓玫出使吳越，烏昭遇和韓玫有矛盾，出使回來，韓玫上奏說：「烏昭遇見到錢鏐，稱臣拜舞，稱錢鏐為殿下，又私自把國家大事告訴錢鏐。」安重誨奏請唐明宗賜死烏昭遇。九月二十七日癸巳，唐明宗下令錢鏐以太師的身分退休，其餘的官職、爵位全部免去。凡是吳越所推舉的官吏、使者、綱吏，命令所在地的官員把他們逮捕治罪。錢鏐讓他的兒子錢傳瓘等人上表訴說冤屈，唐明宗全都不予理睬。

當初，朔方節度使韓洙去世後，他的弟弟韓澄擔任留後。不久，定遠軍使李匡賓聚集同黨佔據保靜鎮作亂，朔方很不安定。冬，十月初二日丁酉，韓澄派遣使者帶著絹表請求朝廷任命他為節度使。

前磁州刺史康福，善說胡語，唐明宗退朝後，常把他召入便殿，詢問時事，康福使用胡語回答。安重誨很討厭康福，常常告誡他說：「康福，你只要胡亂奏事，到時候我要殺了你！」康福很害怕，請求補缺外任。安重誨認為靈州深入胡人地域，在那裡當主帥的人大多被害，十月初三日戊戌，任命康福為朔方、河西節度使。康福見到皇上，流著眼淚辭卻這個職務。皇上命令安重誨為康福更換別的鎮所，安重誨說：「康福從刺史沒有功績便升為節度使，他還要求什麼！況且任命已經發布，難以再更改。」唐明宗不得已，對康福說：「安重誨不同意更改成命，這可不是朕的意思啊！」康福告辭出發，唐明宗派遣將軍牛知柔、河中都指揮使衛審峹等率領一萬名士兵護送他。衛審峹，是徐州人。

十月十六日辛亥，劃出閬、果兩個州設置保寧軍，十七日壬子，任命內客省使李仁矩為節度使。〇先前，西川經常調撥糧草供給峽路，現在孟知祥推辭說因為本道的兵員很多，難以供應其他鎮所，唐明宗下詔不答應，多次催促他繼續調撥。十九日甲寅，孟知祥上奏聲說財力匱乏，不奉行詔令。

吳諸道副都統、鎮海寧國節度使兼侍中徐知詢自以握兵據上流，意輕❶徐知誥，數與知誥爭權，內相猜忌❷，知誥患之。內樞密使王令謀❸曰：「公輔政日久，挾天子以令境內，誰敢不從！知詢年少，恩信未洽❹於人，無能為也。」知詢待諸弟薄，諸弟皆怨之。徐玠知知詢不可輔，反持其短❺以附知誥。吳越王鏐遺知詢金玉鞍勒❻、器皿[1]，皆飾以龍鳳❼。知詢不以為嫌❽，乘用之。知詢典客❾周廷望說知詢曰：「公誠能捐寶貨以結朝中勳舊，使皆歸心於公，則彼❿誰與處！」知詢從之，使廷望如江都諭意。廷望與知誥親吏周宗⓫善，密輸款⓬於知誥，亦以知誥陰謀告知詢。知詢召知誥詣金陵，除父溫喪，知誥稱吳主之命不許。周宗謂廷望曰：「人言侍中⓭有不臣⓮七事，宜亟入謝⓯！」廷望還，以告知詢。十一月，知詢入朝，知誥留知詢為統軍，領鎮海⓰節度使，遣右雄武都指揮使柯厚徵金陵兵還江都，知誥自是始專吳政。知詢責知誥曰：「先王違世⓱，兄為人子，初不臨喪⓲，可乎？」知誥曰：「爾挺劍待我⓳，我何敢往！爾為人臣，畜乘輿服御[2]物⓴，亦可乎？」知詢又以廷望所言詰㉑知誥，知誥曰：「以爾所為㉒

告我者，亦廷望也。」遂斬廷望。

壬辰㉓，吳主加尊號曰睿聖文明光孝皇帝，大赦，改元大和㉔。

康福行至方渠㉕，羌胡㉖出兵邀福，福擊走之。至青剛峽㉗，遇吐蕃野利、大蟲二族數千帳，皆不覺唐兵至。福遣衛審峹掩擊㉘，大破之，殺獲殆盡㉙。由是威聲大振，遂進至靈州，自是朔方始受代㉚。

十二月，吳加徐知誥兼中書令，領寧國㉛節度使。知誥召徐知詢飲，以金鍾酌酒賜之，曰：「願弟壽千歲。」知詢疑有毒，引㉜它器均之，跽㉝獻知誥曰：「願與兄各享五百歲。」知誥變色，左右顧㉞，不肯受。知詢捧酒不退。左右莫知所為，伶人申漸高徑前為詼諧語，掠㉟二酒合飲之，懷金鍾趨出㊱。知誥密遣人以良藥㊲解之，已腦潰㊳而卒。

奉國㊴節度使、知建州王延稟稱疾退居里第，請以建州授其子繼雄。庚子㊵，詔以繼雄為建州刺史。

安重誨既以李仁矩鎮閬州，使與綿州刺史武虔裕皆將兵赴治㊶。虔裕，帝之故吏，重誨之外兄也。重誨使仁矩詗㊷董璋反狀，仁矩增飾㊸而奏之。朝廷又使武信節度使夏魯奇治遂州㊹城隍㊺，繕甲兵，益兵戍之。璋大懼。時道路傳言㊻，又將割綿、龍㊼為節鎮，孟知祥亦懼。璋素與知祥有隙，未嘗通問㊽。至是，璋遣使詣成都，請為其子娶知祥女，知祥許之，謀併力以拒朝廷。

【章　旨】以上為第十四段，寫吳徐知誥制伏徐知詢獨掌國政。孟知祥、董璋聯姻抗朝命。

【注　釋】❶意輕　內心輕視。❷內相猜忌　內心互相猜疑、妒忌。❸王令謀　（?—西元九三七年）歷官左僕射、吳忠武軍節度使。傳見《十國春秋》卷十。《新五代史》卷六十一〈楊行密傳〉、卷六十二〈南唐世家〉略載其事。❹未洽　未能施及。❺持其短　抓住人家的短處加以揭露。❻金玉鞍勒　用金玉製成的馬鞍、馬嚼子。❼飾以龍鳳　用龍鳳圖案作為裝飾。龍鳳為帝后所專用。❽嫌　嫌疑。❾典客　官名，掌接待賓客任務。❿彼　指徐知誥。⓫周宗　字君太，廣陵（今江蘇揚州）人，為徐知誥謀臣，官至南唐侍中。傳見《十國春秋》卷二十一。⓬密輸款　暗致忠誠；祕密地表達心意。⓭侍中　指徐知詢。因徐知詢代父鎮金陵，加侍中。⓮不臣　不符合為臣之道；不遵守人臣本分。⓯入謝　到朝廷請罪。⓰鎮海　方鎮名，為吳所置，治所潤州，在今江蘇鎮江市。⓱先王違世　先王，指徐溫。違世，逝世。⓲初不臨喪　當初不來參加喪禮。⓳挺劍待我　拿著武器等待我。⓴乘輿服御物　指錢鏐所送飾有龍鳳的器物。㉑詰　責問；盤問。㉒以爾所為　把你的所作所為。爾，你。㉓壬辰　十一月二十七日。㉔大和　吳楊溥第一個年號。㉕方渠　縣名，故治在今甘肅環縣南。㉖羌胡　羌人。㉗青剛峽　地名，在今甘肅環縣北。㉘掩擊　乘對方不備而襲擊。㉙殺獲殆盡　殺死和俘虜的將近沒有了。㉚始受代　開始接受交代節度使節鉞、印信。即韓澄接受康福代替為朔方節度使。㉛寧國　方鎮名，吳置，治所宣州，在今安徽宣州。㉜引　拿。㉝跽　長跪。雙膝著地，上身挺直。這種跪姿具有警惕性，可以迅速起立。㉞左右顧　向左向右看。㉟掠　奪。㊱趨出　快步走出，以防毒發，敗露毒計。㊲良藥　好的藥物。㊳腦潰　指神經中毒而死。㊴奉國　方鎮名，閩置，治所建州，在今福建邵武。㊵庚子　十二月初五日。㊶將兵赴治　率軍前往任所。㊷詗　偵察；刺探。㊸增飾　添油加醋，加重分量。㊹遂州　州名，在今四川遂寧。㊺城隍　城牆。㊻道路傳言　道途之上傳播的消息。㊼綿龍　綿州和龍州。綿州治所在今四川綿陽，靠近成都。龍州在綿州北，今四川江油，形勢險要。㊽未嘗通問　不曾通信息。

【校　記】①器皿　原作「器四」。據章鈺校，十二行本、乙十一行本、孔天胤本皆作「器皿」，張瑛《通鑑校勘記》同，今據改。②服御　據章鈺校，十二行本、乙十一行本皆無此二字。

【語　譯】吳國的諸道副都統、鎮海寧國節度使兼侍中徐知詢自認為握有重兵，地處金陵上游，心裡很輕視徐知誥，一再和徐知誥爭權，內心相互猜忌，徐知誥很憂愁。內樞密使王令謀對徐知誥說：「您輔政時間很長了，挾天子以令境內，誰敢不聽從？徐知詢年輕，恩德和信義沒有普施眾人，沒有什麼作為。」徐知詢待他的弟弟們很刻薄，弟弟們都怨恨他。徐玠知道徐知詢不可輔佐，反倒拿他的短處投靠了徐知誥。吳越王錢鏐贈送給徐知詢用金玉製作的馬鞍、馬勒、器皿，上面都裝飾有龍鳳圖案。徐知詢不避嫌疑，就拿來使用。徐知詢的典客周廷望規勸徐知詢說：「您如果能拿出寶貨來結交朝中勳貴老臣，讓他們都能歸心於您，那麼誰和他徐知誥在一起呢！」徐知詢採納了他的建議，派周廷望去江都說明這個心意。周廷望和徐知誥的親信官吏周宗交情很好，暗中通過他向徐知誥表達自己的忠誠，也把徐知詢的密謀告訴了徐知誥。徐知詢叫徐知誥到金陵，參加他們的父親徐溫的除喪儀式，徐知誥說吳主有命令不同意他去。周宗對周廷望說：「人們說侍中徐知詢有七件事是不遵守人臣的本分，最好讓他趕快到朝廷請罪！」周廷望回到金陵，把這話告訴了徐知詢。十一月，徐知詢入京朝見，徐知誥把他留下擔任統軍，兼領鎮海節度使，派遣右雄武都指揮使柯厚徵調金陵的部隊返回江都，徐知誥從此開始獨攬吳國的政權。徐知詢責問徐知誥說：「先王去世，哥哥作為當兒子的，當初不參加喪禮，這樣做能行嗎？」徐知誥說：「你拿著劍等待我，我怎麼敢去！你作為人臣，私藏天子的車駕袍服，這樣做就可以嗎？」徐知詢又用周廷望所言來質問徐知誥，徐知誥說：「把你的所作所為報告給我的，也是周廷望。」於是殺了周廷望。

十一月二十七日壬辰，吳主加尊號為睿聖文明光孝皇帝，大赦，改年號為大和。

康福走到方渠，羌族人出兵攔截他，康福把他們打跑了。到了青剛峽，碰上了吐蕃野利、大蟲兩個部族幾千頂營帳，他們都沒有覺察唐朝軍隊的到來。康福派遣衛審峹發起突然襲擊，把他們打得大敗，幾乎全部斬殺和俘虜了。從此康福聲威大震，於是前進到了靈州，從此以後朔方這塊地方才肯接受朝廷的命官。

十二月，吳國加封徐知誥兼任中書令，兼領寧國節度使。徐知誥請徐知詢喝酒，用金杯斟酒送給他喝，說：「祝願弟弟能活一千歲。」徐知詢懷疑酒裡有毒，就拿了一個別的杯子把酒平均分開，長跪在地獻給徐知誥，說：「希望和哥哥各享五百歲。」徐知誥變了臉色，左看右顧，不肯接杯子。徐知詢捧著酒不肯退下。身邊的人不知道該怎麼辦，伶人申漸高逕直走上前說了些逗樂的話，奪過兩杯酒倒在一起喝了下去，懷揣金杯急忙走出去。徐知誥暗中派人用良藥為他解毒，但申漸高已經神經中毒而死。

奉國節度使、知建州王延稟聲稱有病退居家鄉，請求朝廷把建州交給他的兒子王繼雄。十二月初五日庚子，唐明宗下詔任命王繼雄為建州刺史。

安重誨在任命李仁矩鎮守閬州後，讓他和綿州刺史武虔裕都率軍前往任所。武虔裕是唐明宗舊吏，是安重誨的表兄。安重誨讓李仁矩刺探董璋謀反的證據，李仁矩添枝加葉地奏報唐明宗。朝廷又派武信節度使夏魯奇修建遂州的城牆，修繕武器，增兵防守。董璋大為恐懼。當時道路上傳說，朝廷又準備劃出綿州、龍州作為一個節鎮，孟知祥也很害怕。董璋一向和孟知祥有矛盾，未曾互通消息。到了這個時候，董璋派遣使者到成都，為自己的兒子請求迎娶孟知祥的女兒為妻。孟知祥答應了他，兩人計劃合力抗拒朝廷。

【研　析】本卷研析王晏球大破契丹、明宗與趙鳳論不死鐵券、明宗不用諍言、馬希聲冤殺謀主高郁四件史事。

王晏球大破契丹。義武節度使王都鎮易定十餘年。明宗天成三年（西元九二八年），王都遣使四出，知會成德節度使王建立、歸德節度使王晏球謀復河北故事，如唐晚世父子世襲，割據自立，與朝廷分庭抗禮。王都又以蠟丸書祕告青州帥霍彥威、徐州帥房知溫、潞州帥毛璋、益州帥孟知祥、梓州帥董璋背離朝廷。四月十八日癸巳，王晏球向明宗報告王都反叛。四月二十五日庚子，明宗下詔削除王都官爵。四月二十七日壬寅，明宗任命王晏球為北面招討使，以橫海節度使安審通為副招討使，大發諸道兵，齊集定州討伐王都。當天王晏球就攻佔了定州北關城。明宗下達討伐令之後，王晏球已兵臨定州城下，行動迅猛，打了個王都出其不意。王都北引契丹，也早做了反叛準備，雙方陷於膠著。契丹禿餒率領騎兵一萬人突入定州。王晏球退保曲陽，誘敵深入，大敗禿餒於嘉山下，禿餒奔還定州，王晏球追至城門，攻佔了西關城。王晏球增固西關城作為定州行政公署，執行權知定州事務，招撫定州之民。定州城池堅固，王晏球不急於攻城，依靠定、祁、易三州之民交納的賦稅為軍資，對王都實施持久圍困的辦法，待其自斃。契丹再次發兵救王都，進入定州與王都會合偷襲新樂得手，殺趙州刺史朱建豊。王晏球往救，與王都及契丹援軍大戰於曲陽城南，王晏球激勵諸將奮勇殺敵，大破王都及契丹軍，契丹軍死者過半，餘眾北走，又遭到盧龍節度使趙德鈞的截擊，契丹第二次的援兵全軍覆沒。契丹不甘心失敗，七月十九日壬戌，又派出酋長惕隱率領七千名騎兵救定州，王晏球迎戰於唐河北岸，又一次大破契丹。七月二十一日甲子，王晏球追殺契丹直到易州。惕隱率領殘兵北還，進入幽州界被趙德鈞悉數殲滅，惕隱被生擒。禿餒與王都困守定州，拖延到第二年二月城破，王都舉族自焚，禿餒及契丹殘兵兩千餘人悉數被擒。契丹前後三次救援王都，犯境騎兵兩萬餘人，無一生還，禿餒被解送大梁正法。王晏球這一仗，打出了中原政權的聲威，大滅契丹人的志氣，契丹連年不敢犯邊。王晏球這一仗還遏制了分裂割據勢力，阻止了河北故事的重演，有利於中原的統一，影響十分深遠。

明宗與趙鳳論不死鐵券。莊宗同光二年正月賜郭崇韜鐵券，二月賜李嗣源鐵券，後又賜朱友謙鐵券。皇帝賜大臣鐵券，表示君臣之間發下大誓，關係親密如鐵之堅，鐵券是不死的護身符，只有建立殊勳的大臣，才有機會得賜鐵券。莊宗只賜三人鐵券，鐵券不但沒給功臣帶來安全，反而是受猜疑的見證。郭崇韜、朱友謙不僅被冤殺，而且遭族誅，李嗣源反叛才僥倖得活。李嗣源貴為天子，操生死大權，反思不死鐵券，慨歎不已。趙鳳說：「帝王心存大信，固不必刻之金石也。」誠信在人心中，不在表面的契約，非但天子，常人亦是。

明宗不用諍言。史館修撰張昭遠上奏明宗，從容論莊宗朝皇室子弟都效法莊宗喜歡與俳優遨遊，入則飾姬妾，出則誇僕馬，積久成習，怎能成才？張昭遠建言明宗應當給皇室子弟選擇儒者名師，學習綱常禮教，明白嫡庶長幼之分，懂得治國安危的道理，提高道德修養，不存非分之想。明宗只是讚賞感歎，但不採納張昭遠的建言。明宗亦行伍之人，不識儒者之用，依靠軍力得天下，非命世之主，徒好諍言而不用，典型地表現了那個亂世時代的悲哀。

馬希聲冤殺謀主高郁。楚王馬殷夾在楊行密、成汭、劉龑之間，四圍皆強敵，問策於都軍判官高郁，用為謀主。高郁建言，馬殷入貢中原朝廷以求封爵，尊崇地位，保境安民，開發茶葉四出貿易，又鑄鉛鐵錢以供流通，楚賴以致富，日益兵強。荊南高季興忌之，遣諜行間於殷，殷不聽，於是與節度副使馬希聲書，盛讚高郁功名。馬希聲，馬殷次子。馬殷建國，以希聲為副使，判內外諸軍事。希聲通使荊南，使者還言於希聲曰：「高季興掛在嘴邊一句話，說『馬氏政事皆出於高郁』，這樣看來，高郁對馬氏子孫不利。」馬希聲相信了使者的話。恰好行軍司馬楊昭遠是馬希聲老婆娘家人，想取代高郁判官之任，每天都在馬希聲面前說高郁的壞話。高郁不能自抑引退，發出怨言。馬希聲假傳馬殷命令在軍府中殺了高郁，布告中外，誣高郁謀反，誅殺全家及其黨羽，製造了楚國的第一大冤案。第二天馬殷才得知消息，只是號哭而已。不久，馬殷抑鬱而死。高郁被冤殺，看似中離間計，其實是高郁功高震主。楚主蕞爾小國，四圍狡兔未死，即烹走狗，國運不昌，亦馬氏自取。

卷第二百七十七

後唐紀六

起上章攝提格（庚寅　西元九三〇年），盡玄黓執徐（壬辰　西元九三二年）六月，凡二年有奇。

【題　解】本卷記事起西元九三〇年，迄西元九三二年六月，凡二年又六個月。當後唐明宗長興元年至長興三年六月。後唐權臣安重誨氣度偏狹，睚眥必報，因小忿必欲置明宗之子李從珂於死地，遭明宗之忌。安重誨又逼反東川節度使董璋，西川節度使孟知祥與董璋聯手反叛，對抗官軍討伐。官軍不利，安重誨親往西川督戰，離開樞密崗位，招來眾臣彈劾，明宗在半道召還安重誨還京，改任為護國節度使，隨後殺戮安重誨父子。討伐官軍退出西川，明宗詔諭西川，委過於安重誨。孟知祥三請董璋聯名上奏謝罪，董璋不肯，兵伐成都，敗沒，成就了孟知祥割據全蜀。楚王馬希聲去國號，復為藩鎮。吳國執政徐知誥效法當年徐溫故事，以其子徐景通留江都執吳國政，自己出鎮金陵，控制上流。閩國王延鈞誅殺王延稟。吳越王錢鏐薨，其子錢傳瓘繼位，善處政理，吏民協心。

明宗聖德和武欽孝皇帝中之下

長興元年（庚寅　西元九三〇年）

春，正月，董璋遣兵築七寨於劍門❶。辛巳❷，孟知祥遣趙季良如❸梓州修好。鴻臚少卿❹郭在徽奏請鑄當五千、三千、一千大錢。朝廷以其指虛為實，無識妄言❺，左遷❻衛尉少卿同正❼。○吳徙平原王澈❽為德化王。

二月乙未朔❾，趙季良還成都，謂孟知祥曰：「董公貪殘好勝❿，志大謀短，終為西川之患。」

都指揮使李仁罕、張業欲置宴召知祥。先二日，有尼⓫告二將謀以宴日害知祥。知祥詰之，無狀⓬。丁酉⓭，推⓮始言者軍校都延昌、王行本，腰斬⓯之。戊戌⓰，就宴，盡去左右，獨詣⓱仁罕第。仁罕叩頭流涕曰：「老兵惟盡死以報德。」由是諸將皆親附而服之。

壬子⓲，孟知祥、董璋同上表，言兩川聞朝廷於閬中建節⓳，綿、遂益兵⓴，無不憂恐。上以詔書慰諭㉑之。

【章旨】以上為第一段，寫東川董璋、西川孟知祥聯名上奏表示惶恐，明宗下詔撫慰。

【注釋】❶劍門　因劍門山得名。其地地勢險要，置劍門關，在今四川劍閣北。❷辛巳　正月十六日。❸如　到；前往。❹鴻臚少卿　官名，鴻臚寺副長官，掌禮儀。❺無識妄言　無知無識胡言亂語。❻左遷　貶職。古人尚右，故貶職為左遷。

⑦同正　全稱為員外置同正員。唐制，在額編制人員較少，因工作需要置編外人員，加同正員字樣，即同在編人員一樣使用。⑧澈　楊澈，楊行密第六子。傳見《十國春秋》卷四。⑨乙未朔　二月初一日。⑩貪殘好勝　貪婪殘忍，爭強好勝。⑪尼尼姑。⑫無狀　沒有想要謀害的跡象。⑬丁酉　二月初三日。⑭推　推問；推究。⑮腰斬　古代的一種酷刑，將人攔腰截斷。⑯戊戌　二月初四日。⑰詣　去；到。⑱壬子　二月十八日。⑲於閬中建節　指設保寧軍於閬州，在閬中設立節度使。⑳綿遂益兵　在綿州、遂州增加兵力。當時武虔裕任綿州刺史，夏魯奇鎮遂州。㉑慰諭　安慰解釋。

【語　譯】明宗聖德和武欽孝皇帝中之下

長興元年（庚寅　西元九三〇年）

春，正月，東川節度使董璋派兵在劍門修築了七個營寨。十六日辛巳，孟知祥派遣趙季良前往梓州與董璋結交友好。

鴻臚少卿郭在徽上奏請求鑄造面值為五千、三千、一千的大錢。朝廷認為他指虛為實，無知無識，胡言亂語，把他貶為衛尉少卿同正。○吳國徙封平原王楊澈為德化王。

二月初一日乙未，趙季良返回成都，對孟知祥說：「董公為人貪婪殘忍，爭強好勝，志大謀寡，終究會成為西川的禍害。」

孟知祥的部屬都指揮使李仁罕、張業想置辦筵席召請孟知祥。此前兩天，有個尼姑密告說這兩位將軍利用宴會之時加害孟知祥。孟知祥查問此事，沒查出什麼跡象。二月初三日丁酉，推問最早編造這個謠言的軍校都延昌、王行本，把兩人腰斬了。初四日戊戌，孟知祥赴宴，撤掉全部隨從人員，獨自一人前往李仁罕的家中。李仁罕磕頭流淚說：「老兵只有效死命才能報答您的恩德。」通過這件事，將領們都親附擁戴孟知祥。

二月十八日壬子，孟知祥、董璋共同上表，說東、西兩川得知朝廷在閬中設立節度使，在綿州和遂州增派兵力，無不感到擔心和恐懼。唐明宗下詔書撫慰他們。

乙卯[1]，上祀圜丘[2]，大赦，改元[3]。鳳翔節度使兼中書令李從曮入朝陪祀[4]，三月壬申[5]，制徙從曮為宣武節度使。◯癸酉[6]，吳主立江都王璉為太子。◯丙子[7]，以宣徽使朱弘昭為鳳翔節度使。◯康福奏克保靜鎮，斬李匡賓[8]。◯復以安義為昭義軍[9]。

帝將立曹淑妃為后，淑妃謂王德妃曰：「吾素病中煩[10]，倦於接對[11]，妹代我為之。」德妃曰：「中宮[12]敵偶至尊[13]，誰敢干[14]之！」庚寅[15]，立淑妃為皇后。德妃事后恭謹，后亦憐之[16]。初，王德妃[17]因安重誨得進，常德之[18]。帝性儉約，及在位久，宮中用度稍侈，重誨每規諫。妃取外庫錦造地衣[19]，重誨切諫，引劉后[20]為戒。妃由是怨之。

高從誨遣使奉表詣吳，告以墳墓在中國[21]，恐為唐所討，吳兵援之不及，謝絕之[22]。吳遣兵擊之，不克。

董璋恐綿州刺史武虔裕窺其所為，夏，四月甲午朔[23]，表兼行軍司馬[24]，囚之府廷[25]。◯宣武節度使符習，自恃宿將[26]，論議多抗[27]安重誨。重誨求其過失，奏之。丁酉[28]，詔習以太子太師致仕。◯戊戌[29]，加孟知祥兼中書令，夏魯奇同平章事。

【章　旨】以上為第二段，寫唐明宗祭天，大赦，立皇后。

【注　釋】❶乙卯　二月二十一日。❷祀圜丘　行祭天大禮。❸改元　改年號為長興。是為明宗第二個年號。❹陪祀　陪同祭祀。❺壬申　三月初八日。❻癸酉　三月初九日。❼丙子　三月十二日。❽李匡賓　後唐明宗天成四年（西元九二九年），李匡賓據保靜作亂。事見本書上卷。❾昭義軍　方鎮名，後梁均王龍德二年（西元九二二年），李存勗改昭義軍為安義軍，治所潞州。現仍改為昭義軍。❿素病中煩　常常生病，胸中煩熱。⓫接對　接待；應酬。⓬中宮　指皇后。⓭敵偶至尊　與皇帝相匹配。⓮干　求取。⓯庚寅　三月二十六日。⓰憐之　愛她。⓱王德妃　明宗妃。家道貧寒，做餅為業，色美，號「花見羞」。少賣給劉鄩做侍兒，安重誨送之入宮。⓲德之　感激他。⓳地衣　地毯。⓴劉后　指莊宗皇后劉氏，貪財奢侈。㉑中國　指後唐。高季興為陝州硤石人，其祖先墳墓在後唐轄境內。㉒謝絕之　委婉地與吳斷絕關係。㉓甲午朔　四月初一日。㉔表兼行軍司馬　上表請求武虔裕兼東川節度使行軍司馬，協助節度使掌軍事。㉕府廷　指東川節度使府。㉖宿將　老將。㉗抗　對抗；違背。㉘丁酉　四月初四日。㉙戊戌　四月初五日。

【語　譯】二月二十一日乙卯，唐明宗在圜丘祭天，大赦，改年號。鳳翔節度使兼中書令李從曮入朝陪祭，三月初八日壬申，唐明宗下詔把李從曮調任為宣武節度使。〇初九日癸酉，吳主冊立江都王楊璉為太子。〇十二日丙子，任命宣徽使朱弘昭為鳳翔節度使。〇康福奏報攻下了保靜鎮，斬殺了李匡賓。〇又把安義軍改稱為昭義軍。

唐明宗將要冊立曹淑妃為皇后，淑妃對王德妃說：「我常常生病，胸中煩熱，厭倦那些接待應酬，請妹妹替我去做這些。」王德妃說：「皇后的地位和皇帝相當，誰敢去營求！」三月二十六日庚寅，冊立曹淑妃為皇后。王德妃對待皇后恭敬謹慎，皇后也很憐愛她。當初，王德妃是通過安重誨的舉薦得以入宮，經常感念他的恩德。唐明宗生性儉樸，等到在位時間長了，宮中的開銷漸漸奢侈，安重誨每加勸諫。王德妃調用外庫的錦緞做地毯，安重誨極力諫阻，援引唐莊宗劉皇后的例子作借鑑。王德妃從此就怨恨起他來。

高從誨派遣使者帶著奏表到吳國，告訴他們說自己的祖墳在後唐轄境，恐怕被唐朝所討伐，那時吳國的軍隊也來不及救援他，只得和吳國中斷往來。吳國派兵攻打荊南，沒有取勝。

董璋害怕綿州刺史武虔裕窺探他的所作所為，夏，四月初一日甲午，上表推薦武虔裕兼任他的行軍司馬，把他囚禁在東川節度使府。〇宣武節度使符習自恃是朝廷宿將，論事議政時常常和安重誨相抗。安重誨尋找他的過失，報告唐明宗。初四日丁酉，唐明宗下詔讓符習以太子太師的名銜退休。〇初五日戊戌，加封孟知祥兼任中書令，夏魯奇任同平章事。

初，帝在真定❶，李從珂與安重誨飲酒爭言，從珂毆重誨，重誨走免。既醒，悔謝，重誨終銜之❷。至是，重誨用事❸，自皇子從榮、從厚皆敬事不暇❹。時從珂為河中節度使、同平章事，重誨屢短之於帝❺，帝不聽。重誨乃矯❻以帝命諭河中[1]牙內指揮使楊彥溫❼，使逐之。是日❽，從珂出城閱馬❾，彥溫勒兵❿閉門拒之。從珂使人扣門詰之曰：「吾待汝厚，何為如是？」對曰：「彥溫非敢負恩，受樞密院宣⓫耳。請公入朝！」從珂止于虞鄉⓬，遣使以狀聞。使者至，壬寅⓭，帝問重誨曰：「彥溫安得此言？」對曰：「此姦人妄言耳，宜速討之。」帝疑之，欲誘致⓮彥溫訊其事，除彥溫絳州⓯刺史。重誨固請發兵擊之，乃命西都留守索自通⓰、步軍都指揮使藥彥稠⓱將兵討之。帝令彥稠：「必生致彥溫，吾欲面訊之。」召從珂詣洛陽。從珂知為重誨所構⓲，馳入自明。

加安重誨兼中書令。〇李從珂至洛陽，上責之。使歸第⓳，絕朝請⓴。〇辛亥[21]，索自通拔河中，斬楊彥溫[22]。癸丑[23]，傳首[24]來獻。上怒藥彥稠不生致[25]，深責[26]之。

安重誨諷[27]馮道、趙鳳奏從珂失守，宜加罪。上曰：「吾兒為姦黨所傾[28]，未明曲直。公輩何為發此言，意不欲置之人間邪？此皆非公輩之意也。」二人惶恐而退。它日，趙鳳又言之，上不應。明日，重誨自言之，上曰：「朕昔為小校，家貧，賴此小兒拾馬糞自贍[29]，以至今日為天子，曾不能庇[30]之邪！卿欲如何處之，於卿為便[31]？」重誨曰：「陛下父子之間，臣何敢言！惟陛下裁之！」上曰：「使閒居私第[32]亦可矣，何用復言！」

丙辰[33]，以索自通為河中節度使。自通至鎮，承重誨指[34]，籍軍府甲仗數[35]上之，以為從珂私造。賴王德妃居中保護[36]，從珂由是得免。士大夫不敢與從珂往來，惟禮部郎中、史館修撰呂琦[37]居相近，時往見之。從珂每有奏請，皆咨[38]琦而後行。

戊午[39]，帝加尊號曰聖明神武文德恭孝皇帝。

安重誨言昭義節度使王建立過魏州有搖眾之語[40]，五月丙寅[41]，制以太傅致仕。

董璋閱集民兵，皆剪髮黥面[42]。復於劍門北置永定關，布列烽火[43]。〇孟知祥累表請割雲安[44]等十三鹽監隸西川，以鹽直贍寧江[45]屯兵，辛卯[46]，許之。

六月癸巳朔[47]，日有食之。〇辛亥[48]，敕防禦、團練使、刺史、行軍司馬、節度副使，自今皆自[2]朝廷除之，諸道無得[49]奏薦。

董璋遣兵掠遂、閬鎮戍，秋，七月戊辰[50]，兩川以朝廷繼遣兵屯遂、閬，復有論奏，自是東北商旅少敢入蜀。

八月乙未[51]，捧聖軍[52]使李行德、十將張儉引告密人邊彥溫告安重誨發兵，云欲自討淮南[53]，又引占相者[54]問命。帝以問侍衛都指揮使安從進[55]、藥彥稠，二人曰：「此姦人欲離間[56]陛下勳舊[57]耳。重誨事陛下三十年，幸而富貴，何苦謀反！臣等請以宗族保之。」帝乃斬彥溫，召重誨慰撫之，君臣相泣。

【章旨】以上為第三段，寫安重誨氣量偏狹，睚眥必報，竟欲構陷明宗之子李從珂，自己亦為人所陷害，明宗明察皆宥之。

【注釋】❶帝在真定　後唐明宗即位之前，於莊宗同光二年（西元九二四年）任成德節度使，居真定。❷銜之　恨他。❸用事　掌權。❹敬事不暇　恭恭敬敬侍奉他猶恐不及。不暇，不敢自暇、怠慢。❺短之於帝　向皇帝報告李從珂的短處。❻矯　假。❼楊彥溫　（？—西元九三〇年）汴州（今河南開封）人，李從珂待之甚厚，奏為牙內指揮使。傳見《舊五代史》卷七十四。❽是日　指四月初五日。❾閱馬　檢閱戰馬。❿勒兵　帶兵。⓫樞密院宣　唐制，樞密院命令用宣，三省命令用堂帖。

宣也叫密札，堂帖也叫做省札。⓬虞鄉　縣名，在今山西虞鄉。⓭壬寅　四月初九日。⓮誘致　騙到。⓯絳州　州名，治所龍頭城，在今山西聞喜東北。⓰索自通　（？—西元九三四年）字得之，太原清源（今山西清徐）人，官至河中節度使。傳見《舊五代史》卷六十五。⓱藥彥稠　（？—西元九三四年）沙陀三部落人，幼以騎射事明宗，官至延州節度使。傳見《舊五代史》卷六十六。⓲構　捏造罪狀，加以陷害。⓳歸第　回自己私府清化里第。⓴絕朝請　不允許朝見。㉑辛亥　四月十八日。㉒斬楊彥溫　承安重誨旨意，殺楊彥溫以滅口。㉓癸丑　四月二十日。㉔傳首　傳送首級。㉕生致　活捉。㉖深責　深深地責備。㉗諷　暗示。㉘傾　傾倒，指被人排擠。㉙自贍　養活自己。㉚庇　庇護；保護。㉛於卿為便　對於你來說比較滿意。㉜閒居私第　削去官職，賦閒在家。㉝丙辰　四月二十三日。㉞指　指使；旨意。㉟籍軍府甲仗數　將河中節度使府盔甲、軍器造成登記冊。說明李從珂意欲謀反。㊱居中保護　在中間為其擔保、辯護、解釋。㊲呂琦　（西元八九三—九四三年）字輝山，幽州安次（今河北廊坊）人，官至後晉兵部侍郎，與修《唐書》。傳見《舊五代史》卷九十二。㊳咨　詢問。㊴戊午　四月二十五日。㊵搖眾之語　煽動人心的言論。㊶丙寅　五月初三日。㊷剪髮黥面　剪掉頭髮，臉上刺字，錄入軍籍。㊸烽火　烽火臺。報警之用。㊹雲安　縣名，在今四川雲陽。產井鹽，曾設雲安監。㊺寧江　方鎮名，後唐天成二年（西元九二七年）七月，升夔州為寧江軍節度。前、後蜀稱鎮江軍。㊻辛卯　五月二十八日。㊼癸巳朔　六月初一日。㊽辛亥　六月十九日。㊾無得　不得。㊿戊辰　七月初七日。(51)乙未　八月初四日。(52)捧聖軍　唐明宗禁衛軍。長興三年（西元九三二年）改在京龍武、神武四十指揮為捧聖左、右軍。(53)淮南　指吳國。(54)占相者　占卜看相的人。(55)安從進　（？—西元九四一年）初從莊宗為護駕馬軍都指揮使，明宗時為保義、彰義節度使。傳見《新五代史》卷五十一。(56)離間　挑撥關係，使之互相猜疑。(57)勳舊　功勳舊臣。此指安重誨。

【校　記】①河中　原作「河東」。胡三省注云：「『河東』當作『河中』。」嚴衍《通鑑補》改作「河中」，當是，今據改。按，《新五代史》、《舊五代史》皆作「河中」。②自　原無此字。據章鈺校，十二行本、乙十一行本皆有此字，今據補。

【語　譯】當初，唐明宗在真定，他的養子李從珂和安重誨喝酒爭吵，李從珂要揍安重誨，安重誨逃走脫身。酒醒後，李從珂後悔道歉，但是安重誨心中始終記恨這件事。到這時，安重誨掌權，從皇子李從榮、李從厚以下都忙不迭地恭敬侍奉他。當時李從珂擔任河中節度使、同平章事，安重誨一再在唐明宗面前說他的壞話，唐明宗沒有聽信。安重誨於是假託唐明宗的命令，要河中牙內指揮使楊彥溫驅逐李從珂。這一天，李從珂出城去視察戰馬，楊彥溫就部署軍隊關起城門不讓他進城。李從珂派人敲門，質問他說：「我對待你很優厚，你為什麼要這樣做？」楊彥溫回答說：「我楊彥溫不敢有負恩德，我是接到了樞密院的密令罷了。請您赴京入朝！」李從珂在虞鄉住下，派遣使者把情況報告朝廷。使者到達京城後，四月初九日壬寅，唐明宗問安重誨說：「楊彥溫從哪裡得到的這種說法？」安重誨回答說：「這是奸人楊彥溫的胡言亂語，應該趕快去討伐他。」唐明宗懷疑這件事，想把楊彥溫引誘來查問詳情，於是就任命楊彥溫為絳州刺史。安重誨堅持請求派兵出擊楊彥溫，唐明宗只好下令西都留守索自通、步軍都指揮使藥彥稠率兵討伐。唐明宗命令藥彥稠：「一定把楊彥溫活捉回來，我要當面審問他。」朝廷徵召李從珂到洛陽來。李從珂知道自己被安重誨所誣陷，便疾馳入京，自己申明真相。

加封安重誨兼任中書令。〇李從珂到了洛陽，唐明宗責備他。讓他回自己的府第，不允許他朝見。〇四月十八日辛亥，索自通等攻取河中，殺了楊彥溫。二十日癸丑，把他的首級傳送到京城獻給朝廷。唐明宗對藥彥稠沒有把楊彥溫活捉送到京城來大為惱怒，深加責備。

安重誨暗示馮道、趙鳳向唐明宗上奏說李從珂失於職守，應該治罪。唐明宗說：「我兒被奸黨所陷害，沒有弄清是非曲直。你們為什麼要說這樣的話，你們的意思是不想讓他活在人世上了嗎？這都不是你們的想法。」兩人惶恐退了下來。另一天，趙鳳又對唐明宗談起此事，唐明宗沒表態。第二天，安重誨親自出面說這件事，皇上說：「朕過去當小校，家裡貧窮，靠這個小孩揀拾馬糞養家糊口，到今天我當了天子，難道我連他都不能庇護嗎！你想怎樣處置他，才能使你心滿意足呢？」安重誨說：「陛下父子之間的事，臣怎麼敢亂說話！只有陛下裁斷！」皇上說：「讓他閒居在家裡也就可以了，何必又談此事！」

四月二十三日丙辰，任命索自通為河中節度使。索自通到了鎮所，按照安重誨的授意，清點登記軍府裡的盔甲兵器的數量呈報給朝廷，說是李從珂私自製造的。靠著王德妃從中保護，才使李從珂免罪。朝中的士大夫不敢和李從珂往來，只有禮部郎中、史館修撰呂琦和他住得近，不時地去看望他。李從珂每有奏請，都是先詢問呂琦後再辦。

四月二十五日戊午，唐明宗加尊號為聖明神武文德恭孝皇帝。

安重誨上奏說昭義節度使王建立在路過魏州時曾有煽動人心的言論，五月初三日丙寅，唐明宗下令王建立以太傅的名銜退休。

董璋校閱召集來的百姓士卒，把他們都剪掉頭髮，臉上刺字。又在劍門的北面設置永定關，布列烽火臺。○孟知祥多次上表請求劃出雲安等十三個鹽監隸屬於西川，用賣鹽的收入來供給寧江的屯守部隊，五月二十八日辛卯，唐明宗答應了。

六月初一日癸巳，發生日蝕。○十九日辛亥，唐明宗下詔防禦使・團練使、刺史、行軍司馬、節度副使，自今以後都由朝廷任命，各道不得上奏舉薦。

董璋派兵劫掠遂州、閬州的鎮戍之地，秋，七月初七日戊辰，兩川因為朝廷陸續不斷地派兵屯駐遂州、閬州，再次上書反對，從此東北方中原一帶的商旅很少有人敢入蜀經商。

八月初四日乙未，捧聖軍使李行德、十將張儉帶著告密人邊彥溫向唐明宗報告，稱安重誨調撥軍隊，說是要親自討伐淮南的吳國，又找了個占卦算命的人為自己算命。唐明宗就這件事詢問了侍衛都指揮使安從進、藥彥稠，兩人說：「這是奸人想離間陛下和功勳舊臣之間的關係。安重誨奉侍陛下三十年，有幸富貴，何苦謀反呢！臣等願意以全家的性命為他擔保。」唐明宗於是把邊彥溫殺了，召來安重誨，慰撫他，君臣相對哭泣。

以前忠武節度使張延朗行工部尚書，充三司使❶。三司使之名自此始。

吳徐知誥以海州❷都指揮使王傳拯有威名，得士心，值團練使陳宣罷歸，知誥許以傳拯代之。既而復遣宣還海州，徵傳拯還江都。傳拯怒，以為宣毀之。己亥❸，帥麾下入辭宣，因斬宣，焚掠城郭，帥其眾五千來奔。知誥曰：「是吾過也。」免其妻子❹。漣水❺制置使王巖將兵入海州，以巖為威衛大將軍❻，知海州。傳拯，綰❼之子也，其季父輿為光州❽刺史。傳拯遣間使持書至光州，輿執之以聞，因求罷歸，知誥以輿為控鶴都虞候❾。時政在徐氏，典兵宿衛者尤難其人，知誥以輿重厚慎密，故用之。

壬寅❿，趙鳳奏：「竊聞近有姦人，誣陷大臣，搖國柱石，行之未盡⓫。」帝乃收⓬李行德、張儉，皆族之⓭。◯立皇子從榮為秦王。丙辰⓮，立從厚為宋王。

董璋之子光業⓯為宮苑使，在洛陽。璋與書曰：「朝廷割吾支郡⓰為節鎮，屯兵三千[1]，是殺我必矣。汝見樞要⓱，為吾言：『如朝廷更發一騎入斜谷⓲，吾必反！』與汝訣矣。」光業以書示樞密承旨李虔徽。未幾，朝廷又遣別將荀咸乂將兵戍閬州，光業謂虔徽曰：「此兵未至，吾父必反。吾不敢自愛⓳，恐煩朝廷調發⓴，願止此兵，吾父保無它。」虔徽以告安重誨，重誨不從。璋聞之，遂反。利、閬、遂三鎮以聞，且言已聚兵將攻三鎮。重誨曰：「臣久知其如此，陛下含容㉑不討耳。」帝曰：「我不負人，人負我，則討之。」

九月癸亥㉒，西川進奏官㉓蘇愿白孟知祥云：「朝廷欲大發兵討兩川。」知祥謀於副使趙季良，季良請以東川兵[2]先取遂、閬，然後併兵㉔守劍門，則大軍雖來，吾無內顧之憂矣。知祥從之，遣使約董璋同舉兵。璋移檄利、閬、遂三鎮，數㉕其離間朝廷，引兵擊閬州。庚午㉖，知祥以都指揮使李仁罕為行營都部署，漢州刺史趙廷隱副之，簡州刺史張業為先鋒指揮使，將兵三萬攻遂州。別將牙內都指揮使侯弘實㉗、先登指揮使孟思恭將兵四千會璋攻閬州。

【章旨】以上為第四段，寫吳國執政徐知誥有過則改，西川節度使董璋反叛。

【注釋】❶三司使　官名，掌鹽鐵、戶部、度支，統籌國家財政。地位次於宰相。❷海州　州名，治所龍沮，在今江蘇連雲港市。❸己亥　八月初八日。❹免其妻子　赦免王傳拯的妻子與子女的罪行。❺漣水　縣名，縣治漣城，在今江蘇漣水縣。❻威衛大將軍　吳禁衛軍官名，分左右，位在左、右威衛將軍上。❼綰　王綰，安徽合肥人，有謀略，官至吳百勝軍節度使。傳見《十國春秋》卷七。《新五代史》卷六十一〈楊行密傳〉亦略載其事。❽光州　州名，在今河南潢川縣。❾控鶴都虞候　吳禁衛軍官名，掌宿衛。❿壬寅　八月十一日。⓫行之未盡　沒有完全誅殺。⓬收　逮捕。⓭皆族之　都全族處死。⓮丙辰　八月二十五日。⓯光業　（？—西元九三〇年）董璋之子，官後唐宮苑使。傳附《舊五代史》卷六十二〈董璋傳〉。⓰支郡　統轄的屬郡。這裡指遂州、閬州。⓱樞要　執掌機要的樞密使，這裡專指安重誨。⓲斜谷　地名，在今陝西眉縣西南，為入蜀要道。⓳不敢自愛　指不敢膽小怕死。⓴調發　調兵；發兵。㉑含容　姑息；容忍。㉒癸亥　九月初三日。㉓西川進奏官　西川派出至洛陽向朝廷報告的官員。時在洛陽。㉔併兵　東、西川合兵。㉕數　列舉。這裡可以釋為指責。㉖庚午　九月初十日。㉗侯弘實　千乘（今山東濟南市東）人，幼年家貧，作戰勇敢，於後蜀官至侍中。傳見《十國春秋》卷五十一。

【校記】[1]三十　張敦仁《通鑑刊本識誤》作「三川」。[2]東川兵　據章鈺校，十二行本、乙十一行本皆無「兵」字。

【語譯】任命前忠武節度使張延朗擔任工部尚書，充任三司使。三司使之名始於此。

吳國的徐知誥認為海州都指揮使王傳拯有威信，得軍心，正值團練使陳宣被罷官回京，徐知誥許諾由王傳拯代替他的職務。但不久卻又派遣陳宣返回海州，徵召王傳拯到江都去。王傳拯很生氣，認為陳宣詆毀了他。八月初八日己亥，率領部下到陳宣那裡辭行，就乘機殺了他，放火搶劫州城，率領他的部眾五千人前來投奔唐朝。徐知誥說：「這是我的過錯。」赦免了王傳拯的妻子兒女。漣水制置使王巖帶兵進入海州，便任命王巖為威衛大將軍，執掌海州的政事。王傳拯，是王綰的兒子，他的叔叔王輿任光州刺史。王傳拯派遣密使帶著他的書信到光州，王輿把來使抓了起來，並奏報情況，請求把自己免職回京，徐知誥任命王輿為控鶴都虞候。當時吳國的大政掌握在徐氏手中，掌管禁衛軍的人選很難物色，徐知誥認為王輿為人厚重，做事謹慎縝密，所以任用了他。

八月十一日壬寅，趙鳳上奏說：「聽說近來有奸人誣陷大臣，動搖國家的柱石，還沒有完全誅殺。」唐明宗於是下令收押李行德、張儉，把兩人滿門抄斬。○冊封皇子李從榮為秦王。二十五日丙辰，冊封李從厚為宋王。

董璋的兒子董光業擔任宮苑使，在洛陽。董璋給他寫信說：「朝廷劃出我的屬郡另設節鎮，駐紮三千名士兵，這是一定要殺死我了。你見到安重誨替我說：『如果朝廷再派一個人馬進入斜谷，我一定造反！』和你訣別了。」董光業把這封信出示給樞密承旨李虔徽。不久，朝廷又派遣別將荀咸乂率兵戍守閬州，董光業對李虔徽說：「這支部隊沒有到達，我的父親肯定造反了。我並不是膽小怕死，只是擔心麻煩朝廷調兵遣將，希望停止派遣這支部隊，我父親保證不會有其他舉動。」李虔徽把這話轉告了安重誨，安重誨沒有聽從。董璋得知這件事，就造反了。利州、閬州、遂州三鎮都報告了朝廷，並且說董璋已經聚集了人馬即將進攻三鎮。安重誨對唐明宗說：「臣早就知到他會如此，只是陛下容忍，不肯討伐他罷了。」唐明宗說：「我不有負於人，人有負於我，我就會派兵討伐他。」

九月初三日癸亥，西川進奏官蘇愿向孟知祥報告說：「朝廷想要大規模徵調軍隊討伐兩川。」孟知祥和節度副使趙季良謀劃對策，趙季良請求用東川的部隊首先攻取遂州、閬州，然後東、西川合兵扼守劍門，就是朝廷的大軍來了，我們也沒有內顧之憂。孟知祥聽從了這個建議，派遣使者約董璋同時起兵。董璋移送檄文到利、閬、遂三鎮，指責他們離間朝廷與兩川的關係，並且親自率兵進攻閬州。初十日庚午，孟知祥任命都指揮使李仁罕為行營都部署，漢州刺史趙廷隱做他的副手，簡州刺史張業為先鋒指揮使，率領三萬士兵進攻遂州。又派遣別將牙內都指揮使侯弘實、先登指揮使孟思恭率領四千士兵會同董璋攻打閬州。

安重誨久專大權，中外惡之❶者眾。王德妃及武德使孟漢瓊浸用事❷，數短重誨於上。重誨內憂懼❸，表解機務❹。上曰：「朕無間於卿❺，誣罔者朕既誅之矣，卿何為爾？」甲戌❻，重誨復面奏曰：「臣以寒賤，致位至此，忽為人誣以反，非陛下至明，臣無種❼矣。由臣才薄任重，恐終不能鎮浮言❽，願賜一鎮以全餘生。」上不許。重誨求之不已❾，上怒曰：「聽❿卿去，朕不患無人！」前成德節度使范延光勸上留重誨，且曰⓫：「重誨去，誰能代之？」上曰：「卿豈不可？」延光曰：「臣受驅策⓬日淺，且才不逮重誨，何敢當此！」上遣孟漢瓊⓭詣中書議重誨事，馮道曰：「諸公果愛安令⓮，宜解⓯其樞務為便。」趙鳳曰：「公失言⓰！」乃奏大臣不可輕動⓱。

東川兵至閬州，諸將皆曰：「董璋久蓄反謀⓲，以金帛啗⓳其士卒，銳氣不可當，宜深溝高壘以挫⓴之。不過旬日，大軍至，賊自走矣。」李仁矩曰：「蜀兵懦弱，安能當我精卒！」遂出戰，兵未交[21]而潰歸。董璋晝夜攻之，庚辰[22]，城陷，殺仁矩，滅其族。

初，璋為梁將，指揮使姚洪嘗隸麾下，至是，將兵千人戍閬州。璋密以書誘之，洪投諸廁。城陷，璋執洪而讓之曰：「吾自行間獎拔汝[23]，今日何相負？」洪曰：「老賊！汝昔為李氏奴[24]，掃馬糞，得臠炙[25]，感恩無窮。今天子用汝為節度使，何負於汝而反邪？汝猶負天子，吾受汝何恩，而云相負哉！汝奴材[26]，固無恥。吾義士，豈忍為汝所為乎！吾寧為天子死，不能與人奴[27]並生！」璋怒，然鑊[28]於前，令壯士十人刲[29]其肉自啗[30]之，洪至死罵不絕聲。帝置洪二子於近衛[31]，厚給其家。

甲申[32]，以范延光為樞密使，安重誨如故[33]。○丙戌[34]，下制削董璋官爵，興兵討之。丁亥[35]，以孟知祥兼西南面[1]供饋使[36]。以天雄節度使[2]石敬瑭為東川行營都招討使，以夏魯奇為之副。○璋使孟思恭分兵攻集州[37]，思恭輕進，敗歸。璋怒，遣還成都，知祥免其官。○戊子[38]，以石敬瑭權知東川事[39]。庚寅[40]，以右武衛上將軍[41]王思同為西都留守兼行營馬步都虞候，為伐蜀前鋒。

【章　旨】以上為第五段，寫安重誨獨攬朝政，成眾矢之的。明宗大發兵討董璋。

【注　釋】❶惡之　厭恨他。❷浸用事　逐漸掌權。❸內憂懼　內心擔憂害怕。❹表解機務　上表解除樞密使機要事務。❺無間於卿　對你沒有隔閡、矛盾。❻甲戌　九月十四日。❼無種　指滅族。❽鎮浮言　制止謠言；壓制流言飛語。❾求之不已　辭去樞密使，做一鎮之首的請求不停止。❿聽　任憑。⓫且曰　進一步說。⓬受驅策　受差遣。即效勞皇帝。⓭孟漢瓊（?—西元九三四年）宦官。為人狡猾，善於逢迎，為明宗所信任，官至宣徽南院使。傳見《舊五代史》卷七十二。⓮安令　指安重誨。時安重誨兼任中書令。⓯解　解除；免除。⓰公失言　你的話有失誤。⓱不可輕動　不可輕易更動。⓲久蓄反謀　早就存在著謀反的打算。⓳啗　引誘；誘惑。⓴挫　挫敗；挫傷。㉑兵未交　軍隊還沒有交戰。㉒庚辰　九月二十日。㉓吾自行間獎拔汝　我從行伍中獎掖、提拔你。㉔李氏奴　指董璋先為開封富戶李讓家僮。㉕爋炙　烤肉片。㉖奴材　奴才。㉗人奴　奴隸；奴婢。㉘然鑊　燃火支鍋。然，通「燃」。鑊，大鍋。㉙刲　割取。㉚啗　吃。㉛近衛　近身的衛士。㉜甲申　九月二十四日。㉝如故　像從前一樣，仍為樞密使。㉞丙戌　九月二十六日。㉟丁亥　九月二十七日。㊱供饋使　官名，掌後勤供應。㊲集州　州名，故城在今四川南江縣。㊳戊子　九月二十八日。㊴權知東川事　暫時代理主管東川政務。因董璋已削職，由石敬瑭代理。㊵庚寅　九月三十日。㊶右武衛上將軍　後唐禁衛軍軍官名。

【校　記】①面　原無此字。據章鈺校，十二行本、乙十一行本皆有此字，張敦仁《通鑑刊本識誤》同，今據補。②使　原無此字。據章鈺校，十二行本有此字，張敦仁《通鑑刊本識誤》同，今據補。

【語　譯】安重誨長時期獨攬大權，朝廷內外厭恨他的人很多。王德妃和武德使孟漢瓊逐漸掌權，多次在唐明宗面前貶損安重誨。安重誨心裡又擔憂又害怕，上表給唐明宗請求解除自己的機要職務。唐明宗說：「朕對你沒有隔閡，誣陷你的人朕已經把他們殺了，你為什麼還要這樣呢？」九月十四日甲戌，安重誨又當面向唐明宗上奏說：「臣以貧寒卑賤之身，得到今天這樣的職位，忽然間被人誣告，不是陛下聖明，臣早就滅族了。但是臣下才薄任重，恐怕終究不能制流言飛語議論紛紛，希望賜給一個外鎮，讓臣能夠保全餘生。」唐明宗沒有答應。安重誨請求不止，唐明宗生氣說：「隨你去好了，朕不怕找不到人！」前成德節度使范延光勸說皇上挽留安重誨，並且說：「安重誨走了，誰能代替他？」唐明宗說：「你難道不可以嗎？」范延光說：「臣受陛下差遣的時間很短，況且才能也趕不上安重誨，怎麼敢擔當此任！」唐明宗派孟漢瓊到中書去讓群臣討論安重誨去留的事，馮道說：「諸公如果真的愛惜安令公，應該解除他的樞要職務為好。」趙鳳說：「您的這話說錯了！」於是就向唐明宗上奏說大臣不可輕易變動。

東川的軍隊到達閬州，閬州戍守的將領們都說：「董璋早就蓄謀造反，用金銀布帛引誘他的士卒，他的部隊銳氣不可阻擋，我們應該用深溝高壘來挫傷他的銳氣。不過十天，朝廷的大軍到來，賊兵自然就逃走了。」李仁矩卻說：「蜀兵生性懦弱，怎能抵擋我們的精兵強卒！」於是出城迎戰，部隊還沒有交戰就潰敗回來。董璋日夜攻城，九月二十日庚辰，閬州城陷落，殺死了李仁矩，滅了他的全族。

當初，董璋為梁朝將領時，指揮使姚洪曾經是他的部下，到這時，姚洪率領一千人戍守閬州。董璋祕密地利用書信引誘他投降，姚洪把信扔到了廁所裡。城池陷落後，董璋抓住了姚洪，責問他說：「我從行伍之間提拔了你，現在為什麼背叛我？」姚洪說：「老賊！你從前是李氏的家奴，打掃馬糞，得到點烤肉片，就感恩不盡。現在天子任用你當節度使，有什麼對不起你而要造反？你背叛了天子，我受過你什麼恩德，竟然說我背叛了你！你是個奴才，本來就無恥。我是個義士，豈能忍心幹你所幹的事！我寧可為天子死去，不能和人奴一起活著！」董璋大怒，在他面前燃火支鍋，命令十名壯士割下姚洪身上的肉自己煮著吃，姚洪到死罵聲不絕。唐明宗把姚洪的兩個兒子安置在近衛軍中，厚賜他的家屬。

九月二十四日甲申，任命范延光為樞密使，安重誨仍擔任舊職。〇二十六日丙戌，唐明宗下令削除董璋的官職、爵位，發兵討伐他。二十七日丁亥，任命孟知祥兼任西南面供饋使。以天雄節度使石敬瑭為東川行營都招討使，任命夏魯奇做他的副手。〇董璋讓孟思恭分兵攻打集州，孟思恭輕率進兵，失敗後返回。董璋很生氣，把他遣回成都，孟知祥免去了他的官職。〇二十八日戊子，任命石敬瑭暫時執掌東川的事務。三十日庚寅，任命右武衛上將軍王思同為西都留守兼行營馬步都虞候，擔任伐蜀的前鋒。

漢主遣其將梁克貞❶、李守鄘❷攻交州，拔之。執靜海❸節度使曲承美❹以歸，以其將李進守交州。

冬，十月癸巳❺，李仁罕圍遂州，夏魯奇嬰城固守❻。孟知祥命都押牙高敬柔❼帥資州義軍二萬人築長城環之❽。魯奇遣馬軍都指揮使康文通出戰，文通聞閬州陷，遂以其眾降於仁罕。

戊戌❾，董璋引兵趣利州。遇雨，糧運不繼，還閬州。知祥聞之，驚曰：「比破閬中，正欲徑取利州，其帥不武❿，必望風遁去。吾獲其倉廩，據漫天⓫之險，北軍⓬終不能西救武信⓭。今董公僻處閬州，遠棄劍閣，非計⓮也。」欲遣兵三千助守劍門⓯。璋固辭曰：「此已有備。」

錢鏐因⓰朝廷冊閩王使者裴羽⓱還，附表引咎⓲。其子傳瓘及將佐屢為鏐上表自訴。癸卯⓳，敕聽兩浙綱使[1]自便⓴。

以宣徽北院使馮贇為左衛上將軍、北都留守。○丁未㉑，族誅董光業㉒。

楚王殷寢疾，遣使詣闕㉓，請傳位於其子希聲。朝廷疑殷已死，辛亥㉔，以希聲為起復㉕武安節度使兼侍中。

孟知祥以故蜀鎮江節度使張武為峽路行營招收討伐使，將水軍趣夔州，以左飛棹指揮使袁彥超副之。○癸丑㉖，東川兵陷徽、合、巴、蓬、果五州。

丙辰㉗，吳左僕射、同平章事嚴可求卒。徐知誥以其長子大將軍景通㉘為兵部尚書、參政事，知誥將出鎮金陵故也。

漢將梁克貞入占城㉙，取其寶貨㉚以歸。

十一月戊辰㉛，張武至渝州㉜，刺史張環降之。遂取瀘州，遣先鋒將朱偓㉝分兵趣黔㉞、涪㉟。

己巳㊱，楚王殷卒，遺命諸子兄弟相繼㊲，置劍於祠堂，曰：「違吾命者戮之！」諸將議遣兵守四境，然後發喪。兵部侍郎黃損㊳曰：「吾喪君有君，何備之有！宜遣使詣鄰道㊴告終稱嗣而已。」

石敬瑭入散關，階州刺史王弘贄㊵、瀘州刺史馮暉㊶與前鋒馬步都虞候王思同、步軍都指揮使趙在禮引兵出人頭山㊷後，過劍門之南，還襲劍門。壬申㊸[2]，克之，殺東川兵三千人，獲都指揮使齊彥溫，據而守之。暉，魏州人也。甲戌㊹，弘贄等破劍州，而大軍不繼，乃焚其廬舍，取其資糧，還保劍門。○乙亥㊺，詔削孟知祥官爵。

【章　旨】以上為第六段，寫東、西兩川聯手反叛，攻下閬中、遂州，後唐官軍入蜀破劍門。

【注　釋】❶梁克貞　南漢將領，有勇略。傳見《十國春秋》卷六十二。❷李守鄘　據《新五代史》卷六十五〈南漢世家〉，李守鄘之名在梁克貞前，是此次攻交州之役，以守鄘為主。傳附《十國春秋》卷六十二〈梁克貞傳〉。❸靜海　方鎮名，唐懿宗咸通七年（西元八六六年）升安南都護為靜海軍節度使，治所交州，在今越南河內一帶。唐末曲顥據交州。❹曲承美　曲顥後裔，交州節度使。❺癸巳　十月初三日。❻嬰城固守　環城堅衛。❼高敬柔　助孟知祥守成都，官至都押牙。傳見《十國春秋》卷五十一。❽築長城環之　建築一條長的城牆環繞遂州城。❾戊戌　十月初八日。❿其帥不武　利州統帥懦弱無將才。⓫漫天　指漫天寨，在利州之北，有大漫天、小漫天兩寨，形勢險要。⓬北軍　北來之軍，指伐兩川的官兵。⓭武信　武信軍，治所遂州，為夏魯奇所鎮守。⓮非計　不是上策。⓯劍門　關名，因劍門山為名，在今四川劍閣東北，地勢險要，為兵家必爭之地。⓰囚　乘。⓱裴羽　字用化，唐僖宗朝宰相裴贄之子。唐明宗時，為冊禮使使於閩，遇颶風，漂至錢塘，為錢鏐所留。傳見《舊五代史》卷一百二十八。⓲引咎　指陳自己的過失；請罪。⓳癸卯　十月十三日。⓴自便　自由行動。㉑丁未　十月十七日。㉒董光業　董璋子。在洛陽為宮苑使，以其父謀反而被族誅。㉓詣闕　到洛陽。㉔辛亥　十月二十一日。㉕起復　守喪應致仕，而起身任職者稱起復。㉖癸丑　十月二十三日。㉗丙辰　十月二十六日。㉘景通　（西元九一六—九六一年）初名景通，改名璟，字伯玉，李昪長子。風度高秀，工文學。昪元四年（西元九四〇年）八月，立為皇太子，西元九四三年即南唐帝位。西元九四三—九六一年在位。廟號元宗。事見《舊五代史》卷一百三十四〈僭偽列傳〉、《新五代史》卷六十三〈南唐世家〉，《十國春秋》卷十六亦有傳。㉙占城　在今越南中南部，西元一九二年（一說西元一三七年）區連建國。我國史籍初稱之為林邑，唐至德以後稱環王，九世紀後期改稱占城。十七世紀末亡於廣西阮氏。㉚寶貨　金銀財寶。㉛戊辰　十一月初九日。㉜渝州　州名，治所巴縣，在今重慶市。㉝朱偓　善戰為先鋒將。傳見《十國春秋》卷五十一。㉞黔　黔州，故治在今重慶市彭水苗族土家族自治縣。㉟涪　涪州，治所枳縣，在今重慶市涪陵西。㊱己巳　十一月初十日。㊲兄弟相繼　王位傳承，由弟繼承其兄。㊳黃損　識大體，官兵部侍郎。傳見《十國春秋》卷七十二。㊴鄰道　指鄰藩吳、漢、荊南等節度使。㊵王弘贄　唐明宗時為合、階二州刺史，後晉以光祿卿致仕。傳見《新五代史》卷四十八。㊶馮暉　（？—西元九五三年）魏州（今河北大名）人，為效節軍卒，驍勇善戰，封陳留王。傳見《新五代史》卷四十八。㊷人頭山　山名，山巔突出像人頭，在今四川昭化西四十里。㊸壬申　十一月十三日。㊹甲戌　十一月十五日。㊺乙亥　十一月十六日。

【校記】①綱使　上卷上年「凡吳越進奏官、使者、綱吏，令所在繫治之。」章鈺校云「十二行本『使』作『吏』。」據《舊五代史‧明宗紀》所繫者為「兩浙綱運進奉使」，「綱使」或即其簡稱。②壬申　原無此二字。據章鈺校，十二行本、乙十一行本皆有此二字，張敦仁《通鑑刊本識誤》、張瑛《通鑑校勘記》同，今據補。

【語譯】漢主派遣他的將領梁克貞、李守鄘攻打交州，攻了下來。抓獲了靜海節度使曲承美後返回，漢主任命自己的將領李進守衛交州。

冬，十月初三日癸巳，李仁罕包圍遂州，夏魯奇環城堅守。孟知祥命令都押牙高敬柔率領資州的義軍兩萬人修築長圍牆環繞遂州。夏魯奇派馬軍都指揮使康文通出城迎戰，康文通聽說閬州陷落，就率領他的部眾投降了李仁罕。

十月初八日戊戌，董璋帶兵奔向利州。遇上大雨，糧食運輸跟不上，便返回閬州。孟知祥聽說了這一情況，吃驚地說：「剛剛攻破閬州，正想直取利州，利州守將懦弱，一定望風逃走。我們得到他的糧倉，據守漫天寨的險要，北方來的官軍最終也不能西進救援武信。現在董公躲在閬州，遠棄劍閣，不是上策。」打算派遣三千名士兵幫助防守劍門。董璋堅決地推辭說：「這裡已經有所防備。」

錢鏐乘著朝廷冊封閩王王延鈞的使者裴羽回朝，附呈奏表請罪。他的兒子錢傳瓘和將帥佐吏也多次上表給朝廷替錢鏐辯解。十月十三日癸卯，唐明宗下詔，聽任兩浙綱使自由行動。

任命宣徽北院使馮贇為左衛上將軍、北都留守。〇十月十七日丁未，誅殺了董光業的全家。

楚王馬殷臥病在床，派遣使者來到朝廷，請求把職位傳給自己的兒子馬希聲。朝廷懷疑馬殷已經死了，十月二十一日辛亥，下令起復馬希聲為武安節度使兼侍中。

孟知祥任命從前蜀國的鎮江節度使張武為峽路行營招收討伐使，率領水軍奔赴夔州，任命左飛棹指揮使袁彥超為他的副手。〇十月二十三日癸丑，東川兵攻陷了徵、合、巴、蓬、果五州。

十月二十六日丙辰，吳國的左僕射、同平章事嚴可求去世。徐知誥任命他的長子大將軍徐景通為兵部尚書、參政事，這是因為徐知誥即將出鎮金陵的緣故。

漢國的將領梁克貞進入占城，掠取了城中的財寶貨物後返回。

十一月初九日戊辰，張武到達渝州，渝州刺史張環投降了他。於是張武攻取了瀘州，派遣先鋒將朱偓分兵奔赴黔州、涪州。

十一月初十日己巳，楚王馬殷去世，留下遺命給他的兒子們，王位兄死弟繼，把劍放在祠堂，說：「有人違背了我的遺命就殺了他！」將領們討論派兵守衛四方邊境，然後發布喪訊。兵部侍郎黃損說：「我們失去了國君，又有了新的國君，有什麼好防備的！應該派遣使者前往相鄰藩鎮通告先君去世、新君嗣位就行了。」

石敬瑭進入散關，階州刺史王弘贄、瀘州刺史馮暉與前鋒馬步都虞候王思同、步軍都指揮使趙在禮率領軍隊穿過人頭山後，經過劍門的南面，回過頭來襲擊劍門。十一月十三日壬申，攻了下來，殺死了東川士兵三千人，抓獲了都指揮使齊彥溫，佔據劍門後就地防守。馮暉是魏州人。十五日甲戌，王弘贄等攻破劍州，但是大部隊未能跟上來，便焚燒了城內房屋，拿走了當地的糧草，退守劍門。〇十六日乙亥，唐明宗下詔削除孟知祥的官職、爵位。

己卯❶，董璋遣使至成都告急。知祥聞劍門失守，大懼，曰：「董公果誤我！」

庚辰❷，遣牙內都指揮使李肇❸將兵五千赴之，戒之❹曰：「爾倍道兼行，先據劍州，北軍無能為也。」又遣使詣遂州，令趙廷隱將萬人會屯劍州。又遣故蜀永平節度使李筠❺將兵四千趣龍州❻，守要害❼。時天寒，士卒恐懼，觀望❽不進，廷隱流涕諭之曰：「今北軍勢盛，汝曹不力戰卻敵，則妻子皆為人有矣。」眾心乃奮❾。董璋自閬州將兩川兵屯木馬寨❿。

先是，西川牙內指揮使太谷龐福誠⑪、昭信指揮使謝鍠屯來蘇村⑫，聞劍門失守，相謂曰：「使北軍更得劍州，則二蜀勢危矣。」遽⑬引部兵千餘人間道⑭趣劍州。始至，官軍萬餘人自北山大下。會日暮，二人謀曰：「眾寡不敵，逮明則吾屬無遺矣。」福誠夜引兵數百升⑮北山，大譟於官軍營後，鍠帥餘眾操短兵自其前急擊之。官軍大驚，空營遁去，復保劍門，十餘日不出。孟知祥聞之，喜曰：「吾始謂弘贄等克劍門，徑⑯據劍州，堅守其城，或引兵直趣梓州，董公必棄閬州奔還。我軍失援，亦須解遂州之圍。如此則內外受敵，兩川震動，勢可憂危。今乃焚毀劍州，運糧東歸劍門，頓兵⑰不進，吾事濟矣⑱。」

官軍分道趣文州⑲，將襲龍州，為西川定遠指揮使潘福超、義勝都頭太原沙延祚⑳所敗。甲申㉑，張武卒於渝州，知祥命袁彥超㉒代將其兵。

朱偓將至涪州，武泰㉓節度使楊漢賓棄黔南，奔忠州。偓追至豐都㉔，還取涪州。知祥以成都支使崔善㉕權武泰留後。董璋遣前陵州㉖刺史王暉㉗將兵三千會李肇等分屯劍州南山。

丙戌㉘，馬希聲襲位，稱遺命去建國之制，復藩鎮㉙之舊。

契丹東丹王突欲自以失職㉚，帥部曲㉛四十人越海自登州來奔。

十二月壬辰[32]，石敬瑭至劍門。乙未[33]，進屯劍州北山。趙廷隱陳[34]于牙城後山，李肇、王暉陳于河橋。敬瑭引步兵進擊廷隱，廷隱擇善射者五百人伏敬瑭歸路，按甲待之。矛矟欲相及，乃揚旗鼓譟擊之，北軍退走，顛墜下山，俘斬百餘人。敬瑭又使騎兵衝河橋，李肇以彊弩射之，騎兵不能進。薄暮，敬瑭引去，廷隱引兵躡之[35]，與伏兵合擊，敗之。敬瑭還屯劍門。

癸卯[36]，夔州奏復取開州[37]。○庚戌[38]，以武安節度使馬希聲為武安、靜江[39]節度使，加兼中書令。

石敬瑭征蜀未有功，使者自軍前來，多言道險狹，進兵甚難，關右[40]之人疲於轉餉[41]，往往竄匿山谷，聚為盜賊。上憂之，壬子[42]，謂近臣曰：「誰能辦吾事者！吾當自行[43]耳。」安重誨曰：「臣職忝[44]機密，軍威不振，臣之罪也，臣請自往督戰。」上許之。重誨即拜辭，癸丑[45]，遂行，日馳數百里。西方藩鎮[46]聞之，無不惶駭[47]。錢帛、芻糧[48]晝夜輦運赴利州[49]，人畜斃踣[50]於山谷者不可勝紀[51]。時上已疏重誨，石敬瑭本不欲西征，及重誨離上側，乃敢累表奏論，以為蜀不可伐。上頗然之[52]。

西川兵先戍夔州者千五百人，上悉縱歸。

【章　旨】以上為第七段，寫官軍伐蜀不利，安重誨親往督戰，石敬瑭上奏，論蜀不可伐。馬希聲去國號，復稱藩鎮。

【注　釋】❶己卯　十一月二十日。❷庚辰　十一月二十一日。❸李肇　汝陽（今安徽阜陽）人，官至後蜀昭武軍節度使。傳見《十國春秋》卷五十一。《新五代史》卷六十四〈後蜀世家〉亦略載其事。❹戒之　訓誡他。❺李筠　孟知祥大將。傳見《十國春秋》卷五十一。❻龍州　州名，故治在今四川平武東南。❼守要害　指守住武都陽平道，防止唐兵由鄧艾故道入蜀。❽觀望　猶豫徘徊。❾眾心乃奮　大家的精神於是振奮起來。❿木馬寨　地名，在今四川劍閣東南。⓫龐福誠　太谷（今山西太原）人，有兵略。傳見《十國春秋》卷五十一。⓬來蘇村　即來蘇寨，在今四川劍閣東。⓭遽　立即。⓮間道　小路。⓯升　登。⓰徑　直接。⓱頓兵　駐兵。頓，停留。⓲吾事濟矣　我的大事成功了。⓳文州　州名，治所曲水，在今甘肅文縣。地處隴、蜀之間，巖洞險仄，綿延千里，有陽平道，為入蜀捷徑。⓴沙延祚　山西太原人。傳見《十國春秋》卷五十一。㉑甲申　十一月二十五日。㉒袁彥超　為張武副將。善水戰。傳見《十國春秋》卷五十一。《新五代史》卷六十四〈後蜀世家〉亦略載其事。㉓武泰　方鎮名，前蜀王建以黔州為武泰軍節度。天復三年（西元九〇三年）徙治涪州，在今重慶市涪陵。㉔豐都　縣名，在今重慶市酆都。㉕崔善　在閬中有惠政。傳見《十國春秋》卷四十二。㉖陵州　州名，治所仁壽，在今四川仁壽。㉗王暉　王建故將，屢立戰功，官華州刺史。降後唐，任陵州刺史。傳見《十國春秋》卷四十三。㉘丙戌　十一月二十七日。㉙藩鎮　指武安軍節度使。㉚失職　此指失去繼承皇位權利。㉛部曲　親兵。㉜壬辰　十二月初三日。㉝乙未　十二月初六日。㉞陳　通「陣」。列陣；結陣。㉟躡之　追蹤；跟隨其後。㊱癸卯　十二月十四日。㊲開州　州名，在今重慶市開縣。㊳庚戌　十二月二十一日。㊴靜江　方鎮名，唐昭宗光化三年（西元九〇〇年）升桂管經略使為靜江軍節度使，治所桂州，在今廣西桂林。㊵關右　地區名，泛指函谷關以西陝西、甘肅地區。㊶轉餉　運輸軍糧。㊷壬子　十二月二十三日。㊸自行　自己親征。㊹忝　謙詞。有愧於。㊺癸丑　十二月二十四日。㊻西方藩鎮　指陝州保義軍、華州鎮國軍、同州匡國軍、耀州順義軍、鳳翔、山南西道等。㊼惶駭　驚惶、駭怕。㊽芻糧　糧草。㊾利州　州名，在今四川廣元，在劍閣東北。㊿斃踣　仆倒死去。(51)不可勝紀　算也算不過來。言其多。(52)上頗然之　皇帝很同意他的意見。

【語　譯】十一月二十日己卯，董璋派遣使者到成都告急。孟知祥聽說劍門失守，大為恐懼，說：「董公果然誤我大事！」二十一日庚辰，派牙內都指揮使李肇率領士兵五千人趕去救援，告誡他說：「你們要日夜兼程趕路，首先佔據劍州，北面的官軍就幹不成什麼了。」又派遣使者前往遂州，命令趙廷隱率領一萬人會師屯駐劍州。又派遣從前蜀國的永平節度使李筠率領士兵四千人奔赴龍州，把守要害。當時天氣寒冷，士兵們很恐懼，觀望徘徊不肯前進，趙廷隱流著淚勸導大家說：「如今北面的官軍氣勢強盛，如果你們不奮力作戰，擊退敵人，那麼老婆、孩子都要被別人所有了。」於是大家的精神振奮起來。董璋從閬州率領兩川的部隊駐紮在木馬寨。

此前，西川的牙內指揮使太谷人龐福誠、昭信指揮使謝鍠屯駐來蘇村，聽說劍門失守，兩人相互談論說：「如果北面的官軍再得到劍州，那麼兩蜀的形勢就危險了。」於是立刻率領所轄部隊一千多人走小路奔赴劍州。剛剛到達，官軍一萬多人從北山大批地湧下來。正趕上天色已晚，兩人商量說：「敵眾我寡，打不過敵人，等到天亮，我們沒有一個活著的了。」龐福誠夜裡帶領數百名士兵登上北山，在官軍的營寨後面大聲喊叫，謝鍠率領其餘的士兵手持短兵器從營寨前面猛烈攻擊敵人。官軍大驚，全營寨的人逃走了，又去防守劍門，十多天不敢出來。孟知祥聽到消息，高興地說：「我最初說王弘贄等攻下劍門，會直接佔據劍州，堅守劍州城，或者率軍直奔梓州，那樣董公一定放棄閬州逃回去。我軍失去聲援，也就要解除對遂州的包圍。這樣就會內外受敵，兩川震動，形勢可就危險了。現在他們只是放火燒了劍州，運走糧食東歸劍門，屯駐兵馬不再前進，我的事情就成功了。」

官軍分幾路奔赴文州，將要襲擊龍州，被西川的定遠指揮使潘福超、義勝都頭太原人沙延祚打敗。十一月二十五日甲申，張武在渝州去世，孟知祥命令袁彥超代為統領他的部隊。

朱偓即將到達涪州，武泰節度使楊漢賓丟棄黔南，跑往忠州。朱偓追趕到豐都，回師佔取涪州。孟知祥任命成都支使崔善暫時代理武泰留後。董璋派遣前陵州刺史王暉率領三千名士兵會合李肇等分別駐紮在劍州南山。

十一月二十七日丙戌，馬希聲繼承了馬殷的爵位，聲稱先王遺命廢除先前建國的制度，恢復藩鎮的舊制。

契丹的東丹王突欲自認為失去了繼承王位的權利，便率領部曲四十人渡過渤海從登州前來投奔唐朝。

十二月初三日壬辰，石敬瑭到達劍門。初六日乙未，進軍屯駐在劍州的北山。趙廷隱列陣於牙城的後山，李肇、王暉列陣於河橋。石敬瑭帶領步兵進攻趙廷隱，趙廷隱挑選了五百名射箭好的士兵埋伏在石敬瑭回去的路上，隱藏下來，等待著他。到了雙方的部隊接近到兵矛都快要碰到一起的時候，才揚旗擊鼓吶喊出擊，北軍敗走，顛仆墜崖逃下了山，被俘虜和斬殺了一百多人。石敬瑭又派出騎兵衝向河橋，李肇利用強弩射擊他們，騎兵無法前進。黃昏時分，石敬瑭引兵退去，趙廷隱領兵緊隨其後，和埋伏的部隊前後夾擊，打敗了北軍。石敬瑭回軍駐守劍門。

十二月十四日癸卯，夔州奏報說又收復了開州。〇二十一日庚戌，任命武安節度使馬希聲為武安、靜江節度使，加任兼中書令。

石敬瑭征蜀未能取得功效，使者從部隊回到朝廷，大多報告說蜀道艱險狹窄，進軍非常困難，關右的人疲於轉運糧餉，往往逃匿山谷，聚在一起當盜賊。唐明宗為此很擔憂，十二月二十三日壬子，唐明宗對親近的大臣說：「有誰能替我辦理朝中的事務！我應親自出征了。」安重誨說：「臣在職有愧於參與機密，現在軍威不振，是臣的罪過，臣請求親自前往督戰。」唐明宗同意了。安重誨當即拜辭，二十四日癸丑，便出發了，每天馳騁幾百里。西方的各個藩鎮得知這一消息，無不驚慌恐懼。於是錢財布帛、軍用糧草晝夜用車運往利州，人馬倒斃在山谷之中的不可勝數。當時唐明宗已經疏遠了安重誨，石敬瑭本來就不想西征，等到安重誨離開了唐明宗身邊，才敢屢次上表向唐明宗報告，認為對蜀地不可征伐。唐明宗認為這話很有道理。

西川的士兵原先有一千五百人戍守夔州，唐明宗下令把他們都放回去。

二年（辛卯　西元九三一年）

春，正月壬戌❶，孟知祥奉表謝❷。庚午❸，李仁罕陷遂州，夏魯奇自殺。癸酉④，石敬瑭復引兵至劍州，屯于北山。孟知祥梟⑤夏魯奇首以示之。魯奇二子從敬瑭在軍中，泣請往取其首葬之。敬瑭曰：「知祥長者⑥，必葬而⑦父，豈不愈於身首異處乎⑧！」既而知祥果收葬之。敬瑭與趙廷隱戰不利，復還劍門。

丙戌⑨，加高從誨兼中書令。○東川歸合州于武信軍⑩。

初，鳳翔節度使朱弘昭諂事⑪安重誨，連得大鎮。重誨過鳳翔，弘昭迎拜馬首⑫，館於府舍，延入寢室，妻子羅拜⑬，奉進酒食，禮甚謹。重誨為弘昭泣言：「讒人交構⑭，幾不免⑮，賴主上明察，得保宗族。」重誨既去，弘昭即奏：「重誨怨望⑯，有惡言⑰，不可令至行營⑱，恐奪石敬瑭兵柄。」又遺敬瑭書，言「重誨舉措孟浪⑲，若至軍前，恐將士疑駭，不戰自潰，宜逆止之⑳。」敬瑭大懼，即上言：「重誨至，恐人情有變，宜急徵還㉑。」宣徽使孟漢瓊自西方還，亦言重誨過惡，有詔召重誨還。

二月己丑朔㉒，石敬瑭以遂、閬既陷，糧運不繼，燒營北歸。軍前㉓以告孟知祥，知祥匿其書，謂趙季良曰：「北軍漸進，柰何？」季良曰：「不過綿州，必遁。」知祥問其故，曰：「我逸彼勞㉔，彼懸軍㉕千里，糧盡，能無遁乎！」知祥大笑，以書示之。

安重誨至三泉㉖，得詔亟歸。過鳳翔，朱弘昭不內㉗，重誨懼，馳騎而東。兩川兵追石敬瑭至利州，壬辰㉘，昭武節度使李彥琦棄城走。甲午㉙，兩川兵入利州。孟知祥以趙廷隱為昭武留後，廷隱遣使密言於知祥曰：「董璋多詐，可與同憂，不可與同樂[1]，它日必為公患。因其至劍州勞軍，請圖之㉚。并兩川之眾㉛，可以得志於天下㉜。」知祥不許。璋入廷隱營，留宿㉝而去。廷隱歎曰：「不從吾謀，禍難未已㉞！」

庚子㉟，孟知祥以武信留後李仁罕為峽路㊱行營招討使，使將水軍東略地㊲。

辛丑㊳，以樞密使兼中書令安重誨為護國㊴節度使。趙鳳言於上曰：「重誨陛下家臣㊵，其心終不叛主，但以不能周防㊶，為人所讒。陛下不察其心，重誨[2]死無日矣㊷。」上以為朋黨㊸，不悅。

【章　旨】以上為第八段，寫安重誨被召還，伐蜀官軍北返。

【注　釋】❶壬戌　正月初三日。❷奉表謝　上表感謝放還夔州戍卒。❸庚午　正月十一日。❹癸酉　正月十四日。❺梟「梟首」之省說，指斬首高懸示眾。❻長者　謹厚有德之人。❼而　通「爾」。你。❽豈不愈於身首異處乎　難道不比頭和身子在兩處為好嗎。❾丙戌　正月二十七日。❿武信軍　方鎮名，唐昭宗光化二年（西元八九九年）置，蜀仍之。治所遂州，在今四川遂寧。合州為其轄區。⓫諂事　諂媚奉承。⓬馬首　馬前。⓭羅拜　四面圍繞著團團下拜。⓮讒人交構　挑撥離間的人交相構罪陷害。⓯幾不免　幾乎未免身死。⓰怨望　怨恨不滿。⓱惡言　壞話。⓲行營　指石敬瑭指揮所。⓳舉措孟浪處理事情輕率鹵莽。⑳宜逆止之　應迎上前去阻止他，讓他回去。㉑徵還　召回。㉒己丑朔　二月初一日。㉓軍前　指西川的前線部隊。㉔我逸彼勞　我安逸，他勞苦。㉕懸軍　孤軍在外。㉖三泉　縣名，在今陝西寧強。㉗不內　不納。內，通「納」。㉘壬辰　二月初四日。㉙甲午　二月初六日。㉚圖之　謀取他。此處意為殺掉他。㉛并兩川之眾　合併東川、西川的軍隊。㉜可以得志於天下　可以在天下建國稱帝，完成大業。㉝留宿　留下住宿一夜。㉞禍難未已　禍患和災難不會停止。㉟庚子　二月十二日。㊱峽路　軍鎮名，亦稱峽西。治所興元，在今陝西漢中。東接三峽，西抵陽平，幅員遼闊。㊲略地　攻取土地。㊳辛丑　二月十三日。㊴護國　方鎮名，即河中節度使。治所蒲州，在今山西永濟。安重誨未至洛陽而除河中，不許其入朝。㊵家臣　家中的奴僕。㊶周防　周密地防護。這裡指善於處理人際關係。㊷死無日矣　指安重誨臨到死日了。㊸朋黨　朋比為黨。指同類的人為自私目的而互相勾結。

【校　記】1同樂　原作「共樂」。據章鈺校，十二行本、乙十一行本皆作「同樂」，今據改。2重誨　原無此二字。據章鈺校，十二行本、乙十一行本皆有此二字，今據補。

【語　譯】二年（辛卯　西元九三一年）

春，正月初三日壬戌，孟知祥上表對唐明宗遣返西川戍兵道謝。十一日庚午，李仁罕攻陷遂州，夏魯奇自殺。十四日癸酉，石敬瑭又率兵到達劍州，駐紮在北山。孟知祥砍下了夏魯奇的人頭讓北軍觀看。夏魯奇的兩個兒子在軍中隨從石敬瑭，哭著請求前去奪取他們父親的人頭回來安葬。石敬瑭說：「孟知祥是一位長者，他一定會安葬你們的父親，這難道不好於身首異處嗎！」不久孟知祥果然把夏魯奇收葬了。石敬瑭與趙廷隱交戰不利，又返回劍門。

正月二十七日丙戌，加封高從誨兼任中書令。〇東川把合州歸還給武信軍。

當初，鳳翔節度使朱弘昭諂媚奉侍安重誨，連續得到大節鎮的職位。安重誨路過鳳翔時，朱弘昭迎拜馬前，讓安重誨下榻到府舍內，把他延請到家中寢室，妻子、兒女圍著參拜，親自敬獻酒食，禮節極為恭謹。安重誨流著淚對朱弘昭說：「讒人交相構害，幾乎不能脫罪，仰賴皇上明察，得以保全我的宗族。」安重誨離開鳳翔後，朱弘昭立刻上奏唐明宗：「安重誨心懷不滿，說朝廷的壞話，不能讓他到行營，恐怕他奪取石敬瑭的兵權。」又寫信告訴石敬瑭，說「安重誨行動輕率鹵莽，如果到了軍中，恐怕將士們驚疑害怕，不戰自潰，應該迎上去阻止他。」石敬瑭大為恐懼，當即向唐明宗上奏說：「安重誨到軍中，恐怕人心有變，最好趕快把他徵召回京。」宣徽使孟漢瓊從西面戰線回到朝廷，也奏說安重誨的過失和罪行，於是唐明宗下詔徵召安重誨回京。

二月初一日己丑，石敬瑭認為遂州、閬州已經陷落，糧食的運輸接繼不上，便燒毀營寨北去。西川的前線部隊把這一情況報告給孟知祥，孟知祥藏起報告文書，對趙季良說：「北軍逐漸推進，怎麼辦才好？」趙季良說：「過不了綿州，他們肯定會逃回去。」孟知祥問是什麼原因，趙季良說：「我們安逸，敵人疲勞，他們孤軍千里之外，糧食沒有了，能不逃回去嗎！」孟知祥大笑，把報告文書拿給他看。

安重誨到達三泉時，得到詔書立即回朝。路過鳳翔，朱弘昭不讓他進城，安重誨很害怕，馳馬東進。

兩川兵追擊石敬瑭到利州，二月初四日壬辰，昭武節度使李彥琦棄城逃走。初六日甲午，兩川兵進入利州城。孟知祥任命趙廷隱為昭武留後，趙廷隱派遣使者祕密地向孟知祥說：「董璋多詐，可以和他同憂患，不可以和他共享樂，日後一定成為您的禍患。乘他到劍州慰勞軍隊，請把他解決了。併吞兩川的部隊，就可以得志於天下。」孟知祥沒有答應。董璋進入趙廷隱的營中，留宿了一個晚上就離開了。趙廷隱歎息說：「不聽我的計謀，禍難沒有止境了！」

二月十二日庚子，孟知祥任命武信留後李仁罕為峽路行營招討使，派他率領水軍東進攻取地盤。

二月十三日辛丑，任命樞密使兼中書令安重誨為護國節度使。趙鳳對唐明宗說：「安重誨是陛下的家臣，他的心裡始終不會背叛陛下，只是因為不會周密地防護，被人詆毀。陛下不明察他的心跡，安重誨就死到臨頭了。」唐明宗認為趙鳳與安重誨結為朋黨，很不高興。

乙巳❶，趙廷隱、李肇自劍州引還❷，留兵五千戍利州。丙午❸，董璋亦還東川，留兵三千戍果、閬❹。○丁巳❺，李仁罕陷忠州。

吳徐知誥欲以中書侍郎、內樞使❻宋齊丘為相。齊丘自以資望❼素淺，欲以退讓為高❽，謁歸洪州❾葬父，因入九華山❿，止于應天寺⓫，啓求隱居。吳主下詔徵之，知誥亦以書招之，皆不至。知誥遣其子景通自入山敦諭，齊丘始還朝，除右僕射致仕，更命應天寺曰徵賢寺。

三月己未朔⓬，李仁罕陷萬州。庚申⓭，陷雲安監⓮。

辛酉⓯，賜契丹東丹王突欲姓東丹，名慕華，以為懷化⓰節度使、瑞⓱・慎等州觀察使。其部曲及先所俘契丹將惕隱等，皆賜姓名。惕隱姓狄，名懷惠[1]。

李仁罕至夔州，寧江⓲節度使安崇阮棄鎮，與楊漢賓自均⓳、房⓴逃歸。壬戌㉑，仁罕陷夔州。

帝既解安重誨樞務，乃召李從珂，泣謂曰：「如重誨意㉒，汝安得復見吾！」丙寅㉓，以從珂為左衛大將軍。○壬申㉔，橫海節度使、同平章事孔循卒。○乙酉㉕，復以錢鏐為天下兵馬都元帥、尚父㉖、吳越國王，遣監門上將軍張籛往諭旨，以鄉日㉗致仕㉘，安重誨矯制也。○丁亥㉙，以太常卿李愚為中書侍郎、同平章事。

夏，四月辛卯㉚，以王德妃為淑妃㉛。

【章旨】以上為第九段，寫唐明宗解除安重誨樞密之職，任命為護國節度使，李從珂為左衛大將軍。孟知祥擴地至夔州。

【注釋】❶乙巳　二月十七日。❷引還　率軍返回成都。❸丙午　二月十八日。❹果閬　果州和閬州。❺丁巳　二月二十九日。❻內樞使　即內樞密使，掌機密。❼資望　資歷和名望。❽高　高潔；高尚。❾洪州　州名，治所豫章，在今江西南昌。❿九華山　山名，在安徽青陽西南。舊名九子山，因有九峰，形似蓮花，李白名之為九華。與峨眉、普陀、五臺合稱中國佛教四大名山。⓫應天寺　為九華山佛教寺廟。⓬己未朔　三月初一日。⓭庚申　三月初二日。⓮雲安監　監名，在今四川雲陽雲安鎮，因產鹽，故置監。⓯辛酉　三月初三日。⓰懷化　方鎮名，後唐所置。治所慎州，在今河北涿州西北。⓱瑞　州名，在今北京市良鄉。⓲寧江　方鎮名，蜀置，治所夔州，在今重慶市奉節。⓳均　州名，在今湖北十堰市。⓴房　州名，在今湖北房縣。㉑壬戌　三月初四日。㉒如重誨意　符合重誨的意願。㉓丙寅　三月初八日。㉔壬申　三月十四日。㉕乙酉　三月二十七日。㉖尚父　本義為可尊尚的父輩。周武王尊稱呂尚為尚父。此為官號。㉗曏日　過去。㉘致仕　指錢鏐退休，見上卷天成四年。㉙丁亥　三月二十九日。㉚辛卯　四月初三日。㉛淑妃　唐嬪妃之制，內宮有貴妃、賢妃、淑妃各一人，正一品。因曹淑妃正位中宮，故升王德妃為淑妃。

【校記】[1]懷惠　原作「懷忠」。據章鈺校，十二行本、乙十一行本皆作「懷惠」，今據改。按，《舊五代史》、《新五代史》亦作「懷惠」。

【語譯】二月十七日乙巳，趙廷隱、李肇從劍州率軍返回成都，留下五千名士兵戍守利州。十八日丙午，董璋也返回東川，留下三千名士兵戍守果州、閬州。〇二十九日丁巳，李仁罕攻陷忠州。

吳國的徐知誥想任命中書侍郎、內樞密使宋齊丘為宰相。宋齊丘自己認為資歷、聲望一向低淺，想用謙讓的姿態來顯示清高，便要求回洪州安葬父親，乘機進入九華山，停留在應天寺，上表請求隱居。吳主下詔徵召他，徐知誥也寫信召請他，他都沒有回來。徐知誥派他的兒子徐景通親進山去敦促勸說，宋齊丘才返回朝廷，任命他為右僕射，然後讓他退休，把應天寺改名為徵賢寺。

三月初一日己未，李仁罕攻陷萬州。初二日庚申，攻陷雲安監。

三月初三日辛酉，唐明宗賜契丹的東丹王突欲姓東丹，名叫慕華，任命他為懷化節度使、瑞・慎等州觀察使。他的家丁以及先前俘虜的契丹將領惕隱等人，都賜給姓名。惕隱賜姓狄，名叫懷惠。

李仁罕到達夔州，寧江節度使安崇阮丟棄鎮所，與楊漢賓從均州、房州逃了回去。三月初四日壬戌，李仁罕攻陷夔州。

唐明宗已經解除了安重誨的樞要職務，就把李從珂召來，流著眼淚對他說：「按照安重誨的意思辦，你哪裡還能見到我！」三月初八日丙寅，任命李從珂為左衛大將軍。〇十四日壬申，橫海節度使、同平章事孔循去世。〇二十七日乙酉，重新任命錢鏐為天下兵馬都元帥、尚父、吳越國王，派遣監門上將軍張篯前往宣諭聖旨，告訴錢鏐過去朝廷讓他退休，是安重誨假傳聖旨。〇二十九日丁亥，任命太常卿李愚為中書侍郎、同平章事。

夏，四月初三日辛卯，冊封王德妃為淑妃。

閩奉國節度使兼中書令王延稟聞閩王延鈞有疾，以次子繼昇知建州留後，帥建州刺史繼雄將水軍襲福州。癸卯❶，延稟攻西門，繼雄攻東門。延鈞遣樓船指揮使❷王仁達❸將水軍拒之。仁達伏甲舟中，偽立白幟❹請降，繼雄喜，屏左右❺，登仁達舟慰撫之。仁達斬繼雄，梟首❻於西門。延稟方縱火❼攻城，見之，慟哭，仁達因縱兵擊之，眾潰，左右以斛❽舁❾延稟而走。甲辰❿，追擒之。延鈞見之曰：

「果煩老兄再下！」延稟慚不能對。延鈞囚于別室⑪，遣使者如建州招撫其黨。其黨殺使者，奉繼昇及弟繼倫奔吳越⑫。仁達，延鈞從子也。

以宣徽北院使趙延壽為樞密使。○己酉⑬，以[1]天雄節度使、同平章事石敬瑭兼六軍諸衛副使⑭。○辛亥⑮，以朱弘昭為宣徽南院使。

五月，閩王延鈞斬王延稟於市，復其姓名曰周彥琛，遣其弟都教練使延政⑯如建州撫慰吏民。

丁卯⑰，罷畝稅麴錢⑱，城中官造麴減舊半價，鄉村聽百姓自造。民甚便之。

己卯⑲，以孟漢瓊知內侍省⑳事，充宣徽北院使。漢瓊，本趙王鎔奴也。時范延光、趙延壽雖為樞密使，懲㉑安重誨以剛愎得罪，每於政事不敢可否。獨漢瓊與王淑妃居中用事，人皆憚之。先是，宮中須索㉒稍踰常度，重誨輒執奏，由是非分之求殆絕。至是，漢瓊直㉓以中宮㉔之命取府庫物，不復關㉕由樞密院及三司，亦無文書㉖，所取不可勝紀。

辛巳㉗，以相州刺史孟鵠為左驍衛大將軍，充三司使。

昭武留後趙廷隱自成都赴利州，踰月㉘，請兵進取興元及秦、鳳㉙。孟知祥以兵疲民困，不許。

護國節度使兼中書令安重誨內不自安，表請致仕。閏月庚寅㉚，制以太子太師㉛致仕。是日，其子崇贊、崇緒㉜逃奔河中。

【章　旨】以上為第十段，寫閩主王延鈞誅殺王延稟。安重誨致仕，明宗王淑妃干預政務，需索府庫財物不可勝紀。

【注　釋】❶癸卯　四月十五日。❷樓船指揮使　水軍將領。❸王仁達　王延鈞姪子，性慷慨，有智略，典親兵。傳見《十國春秋》卷九十四。❹白幟　白旗，投降的標誌。❺屏左右　屏退左右侍從人員。❻梟首　斬頭高懸示眾。❼縱火　放火。❽斛　量器，十斗為斛。❾舁　抬。❿甲辰　四月十六日。⓫別室　府衙的其他房間。⓬奔吳越　逃到吳越國。⓭己酉　四月二十一日。⓮六軍諸衛副使　宮廷禁衛軍副統領。⓯辛亥　四月二十三日。⓰延政　王審知之子。西元九四三年，延政在建州自立為帝，國號大殷，改元天德。西元九四五年被南唐所滅。西元九四三—九四五年在位。降南唐後封鄱陽王，徙封光山王。傳見《舊五代史》卷一百三十四、《新五代史》卷六十八、《十國春秋》卷九十二。⓱丁卯　五月初十日。⓲罷畝稅麴錢　天成三年（西元九二八年）按畝於秋稅時交酒麴錢五錢，至是時罷徵。⓳己卯　五月二十二日。⓴內侍省　侍奉皇帝、后妃官署，掌拱侍殿中、備灑掃役使之職，長官為知內侍省事。㉑懲　鑑於。㉒須索　需求索取。㉓直　直接。㉔中宮　皇后。㉕關　關白；照會。㉖無文書　沒有收據、憑證。㉗辛巳　五月二十四日。㉘踰月　過了一個月。㉙興元及秦鳳　興元府和秦州、鳳州。㉚庚寅　閏五月初三日。㉛太子太師　三公官，加給退休宰臣，以示尊禮榮崇。㉜崇贊崇緒　安重誨二子受人指使，奔至河中，以此證明安重誨欲謀反。

【校　記】①以　原無此字。張敦仁《通鑑刊本識誤》：「『酉』下脫『以』字。」當是，今據補。

【語　譯】閩國的奉國節度使兼中書令王延稟聽說閩王王延鈞有病，委任他的次子王繼昇為建州留後，自己率領建州刺史王繼雄帶領水軍襲擊福州。四月十五日癸卯，王延稟攻打福州西門，王繼雄攻打福州東門。王延鈞派遣樓船指揮使王仁達率領水軍進行抵抗。王仁達在船上埋伏全副武裝的士兵，假裝豎起白旗請求投降。

王繼雄很高興，屏退身邊的人，登上王仁達的船慰撫他。王仁達斬殺了王繼雄，砍下他的頭懸掛在福州西門。當時王延稟正在放火攻城，看見人頭，悲傷地痛哭起來，王仁達便縱兵出城攻擊，王延稟的部隊潰敗，身邊的人使用大斛抬著王延稟逃走。十六日甲辰，王仁達追上活捉了王延稟。王延鈞看到了王延稟，對他說：「果然是又麻煩你老兄再下福州了！」王延稟慚愧得無話可答。王延鈞把他關押在別室，派遣使者到建州招撫他的黨羽。王延稟的黨羽殺了使者，護衛著王繼昇和他的弟弟王繼倫投奔吳越國。王仁達，是王延鈞的姪兒。

任命宣徽北院使趙延壽為樞密使。〇四月二十一日己酉，任命天雄節度使、同平章事石敬瑭兼任六軍諸衛副使。〇二十三日辛亥，任命朱弘昭為宣徽南院使。

五月，閩王王延鈞在街市上斬殺了王延稟，恢復了他原來的姓名叫周彥琛，派遣自己的弟弟都教練使王延政前往建州撫慰官員和百姓。

五月初十日丁卯，廢除按畝徵收酒麴稅錢的辦法，城內官造的酒麴按舊價減半，鄉村聽任百姓自己製造。百姓覺得很方便。

五月二十二日己卯，任命孟漢瓊掌理內侍省的事務，充任宣徽北院使。孟漢瓊，本來是趙王王鎔的家奴。當時范延光、趙延壽雖然擔任樞密使，但是鑑於安重誨因為剛愎自用獲罪，對於朝廷的政事往往不敢可否。只有孟漢瓊和王德妃在宮中當政，人們都害怕他們。此前，宮中的需求稍微超過正常標準，安重誨就上奏，因此非分的需求都幾乎被禁絕。到現在，孟漢瓊直接以皇后的名義取用府庫中的財物，不再照會樞密院和三司，也沒有收據、憑證，所取之物多得無法計算。

五月二十四日辛巳，任命相州刺史孟鵠為左驍衛大將軍，充任三司使。

昭武留後趙廷隱從成都前往利州，過了一個月，請求派兵前去攻取興元府和秦州、鳳州。孟知祥認為士卒疲乏，百姓困頓，沒有同意。

護國節度使兼中書令安重誨心中不安，上表請求退休。閏五月初三日庚寅，唐明宗下詔讓他以太子太師的名銜退休。當天，安重誨的兒子安崇贊、安崇緒逃往河中。

壬辰❶，以保義節度使李從璋❷為護國節度使。甲午❸，遣步軍指揮使藥彥稠將兵趣河中。

安崇贊等至河中，重誨驚曰：「汝安得來❹？」既而曰：「吾知之矣，此非渠意，為人所使耳。吾以死徇國，夫復何言！」乃執❺二子表送詣闕❻。

明日，有中使❼至，見重誨，慟哭久之。重誨問其故，中使曰：「人言令公❽有異志❾，朝廷已遣藥彥稠將兵❿至矣。」重誨曰：「吾受國恩，死不足報，敢有異志！更煩國家發兵，貽⓫主上之憂，罪益重矣。」崇贊等至陝，有詔繫獄⓬。皇城使⓭翟光鄴⓮素惡重誨，帝遣詣河中察之，曰：「重誨果有異志，則誅之。」光鄴至河中，李從璋以甲士圍其第，自入見重誨，拜于庭下。重誨驚，降階答拜，從璋奮檛⓯擊其首。妻張氏驚救，亦檛殺之。

奏至，己亥⓰，下詔，以重誨離間⓱孟知祥、董璋、錢鏐為重誨罪，又誣其欲自擊淮南⓲以圖兵柄，遣元隨⓳竊二子歸本道，并二子誅之。丙午⓴，帝遣西川進奏官蘇愿、東川軍將劉澄各還本道[1]，諭以安重誨專命㉑，興兵致討，今已伏辜㉒。

六月乙丑㉓，復以李從珂同平章事，充西都㉔留守。〇丙子㉕，命諸道均民田稅ㄕㄨㄟˋ㉖。

【章　旨】以上為第十一段，寫唐明宗誅安重誨父子，遣使告東、西兩川，用兵之由委過於安重誨。

【注　釋】❶壬辰　閏五月初五日。❷李從璋　（西元八八七－九三七年）字子良，明宗姪子。少善騎射，平梁有功。官至河中節度使，封洋王。傳見《舊五代史》卷八十八、《新五代史》卷十五。❸甲午　閏五月初七日。❹汝安得來　你們怎麼能來。得，能。❺執　逮捕。❻詣闕　到朝廷去。❼中使　朝廷派出的宮中宦官使者。❽令公　安重誨為中書令，故稱。❾異志　指欲謀反篡位。❿將兵　領兵。⓫貽　遺留；給。⓬繫獄　押在監獄內。⓭皇城使　皇城司長官，掌宮城出入之禁令、宿衛、宮門啟閉等。⓮翟光鄴　字基化，濮州鄄城（今山東鄄城）人，沉默多謀，以孝聞。不營財產，不建私第，常居官舍。官至後周樞密副使。傳見《新五代史》卷四十九。⓯檛　箠鞭。⓰己亥　閏五月十二日。⓱離間　挑撥。⓲淮南　指吳國。⓳元隨　此指原來押解安崇贊兄弟二人的隨從人員。⓴丙午　閏五月十九日。㉑專命　專制君命。㉒伏辜　伏罪而被殺戮。㉓乙丑　六月初九日。㉔西都　長安。後唐以長安為西都。㉕丙子　六月二十日。㉖均民田稅　徵收農民田稅，使之均平。

【校　記】①道　原作「鎮」。據章鈺校，十二行本、乙十一行本皆作「道」，今據改。

【語　譯】閏五月初五日壬辰，任命保義節度使李從璋為護國節度使。初七日甲午，派遣步軍指揮使藥彥稠率兵奔赴河中。

安崇贊等人到了河中，安重誨吃驚地說：「你們怎麼能來這裡？」一會兒又說：「我知道了，這不是你們自己的主意，你們是被別人所利用。我以死殉國，還有什麼好說的！」於是把兩個兒子抓起來，上表，把他們送往朝廷。

第二天，有中使到來，見了安重誨，痛哭了很長時間。安重誨問他是什麼緣故，中使說：「人們說令公要謀反，朝廷已經派遣藥彥稠率兵到來了。」安重誨說：「我蒙受國恩，到死也不足以報答，怎麼敢謀反！又煩勞國家發兵，給皇上添憂，這樣我的罪過就更重了。」安崇贊等人到達陝州時，有詔書命令把他們囚禁在監獄裡。皇城使翟光鄴一向厭惡安重誨，唐明宗派遣他到河中府察看情況，對他說：「安重誨果真有謀反的跡象，就殺了他。」翟光鄴到達河中，李從璋派甲士包圍了安重誨的府第，自己進去見安重誨，拜於庭下。安重誨大驚，趕忙走下臺階答拜，李從璋揮起箠鞭擊向他的頭部。安重誨的妻子張氏驚慌搶救，也被李從璋擊斃。

河中的奏報到了朝廷，閏五月十二日己亥，唐明宗下詔，把安重誨離間孟知祥、董璋、錢鏐與朝廷的關係作為安重誨的罪行，又誣說他想自己攻打吳國，竊取兵權，又派遣原先押解安崇贊、安崇緒的那班人偷偷地帶兩人返回河中，把兩人一起殺了。十九日丙午，唐明宗派遣西川進奏官蘇愿、東川軍將劉澄各自返回本道，告諭兩川說因為安重誨專制君命，朝廷興兵征討兩川，現在安重誨已經伏罪被殺了。

六月初九日乙丑，重新任命李從珂同平章事，充任西都留守。〇二十日丙子，命令各道平均百姓的田稅負擔。

閩王延鈞好❶神仙之術❷，道士陳守元❸、巫者徐彥林與[1]盛韜共誘之作寶皇宮，極土木之盛，以守元為宮主。

秋，九月己亥❹，更賜東丹慕華姓名曰李贊華。

吳鎮南❺節度使、同平章事徐知諫卒。以諸道副都統、鎮海節度使、守中書令徐知詢代之，賜爵東海郡王。徐知誥之召知詢入朝也，知諫豫其謀。知詢遇其喪於塗❻，撫棺泣曰：「弟用心如此，我亦無憾❼，然何面見先王❽於地下乎！」

辛丑❾，加樞密使范延光同平章事。

辛亥⑩，敕解縱五坊鷹隼⑪，內外無得更進。馮道曰：「陛下可謂仁及禽獸⑫。」上曰：「不然。朕昔嘗從武皇獵，時秋稼方熟，有獸逸入⑬田中，遣騎取之，比及得獸，餘稼無幾。以是思之，獵有損無益，故不為耳。」

冬，十月丁卯⑭，洋州⑮指揮使李進唐攻通州⑯，拔之。○壬午⑰，以王延政為建州刺史。

十一月甲申朔⑱，日有食之。○癸巳⑲，蘇愿至成都，孟知祥聞甥妷⑳在朝廷者皆無恙，遣使告董璋，欲與之俱上表謝罪㉑。璋怒曰：「孟公親戚皆完㉒，固宜歸附。璋已族滅㉓，尚何謝為㉔！詔書皆在蘇愿腹中，劉澄安得豫聞，璋豈不知邪！」由是復為怨敵。乙未㉕，李仁罕自夔州引兵還成都。

吳中書令徐知誥表稱輔政㉖歲久，請歸老㉗金陵。乃以知誥為鎮海、寧國節度使，鎮㉘金陵，餘官如故，總錄朝政㉙如徐溫故事。以其子兵部尚書、參政事景通為司徒、同平章事，知中外左右諸軍事，留江都㉚輔政㉛。以內樞使、同平章事王令謀為左僕射兼門下侍郎㉜，以宋齊丘為右僕射兼中書侍郎㉝，並同平章事兼內樞使，以佐㉞景通。

賜德勝㉟節度使張崇爵清河王。崇在廬州貪暴㊱，州人苦之，屢嘗入朝，厚以貨結權要㊲，由是常得還鎮，為廬州患者二十餘年。

十二月甲寅朔㊳，初聽百姓自鑄農器并雜鐵器㊴，每田二畝，夏秋輸農具三錢㊵。

武安、靜江節度使馬希聲聞梁太祖嗜食雞，慕之。既襲位，日殺五十雞為膳，居喪無戚容㊶。庚申㊷，葬武穆王于衡陽㊸，將發引㊹，頓食雞臛㊺數盤。前吏部侍郎潘起㊻譏之曰：「昔阮籍㊼居喪食蒸豚，何代無賢！」

癸亥㊽，徐知誥至金陵。

昭武留後趙廷隱白孟知祥以利州城塹㊾已完，頃在劍州與牙內都指揮使李肇同功，願以昭武讓肇。知祥褒諭㊿，不許。廷隱三讓，癸酉(51)，知祥召廷隱還成都，以肇代之。

閩陳守元等稱寶皇之命，謂閩王延鈞曰：「苟能避位受道(52)，當為天子六十年。」延鈞信之，丙子(53)，命其子節度副使繼鵬(54)權軍府事。延鈞避位受籙(55)，道名玄錫。

愛州(56)將楊廷藝養假子(57)三千人，圖復交州(58)。漢交州守將李進知之，受其賂，不以聞。是歲，廷藝舉兵圍交州，漢主遣承旨程寶(59)將兵[2]救之，未至，城陷。

進逃歸，漢主殺之。寶圍交州，廷藝出戰，寶敗死。

【章旨】以上為第十二段，寫吳國執政徐知誥效徐溫故事，以子徐景通留江都總攬政務，自己出鎮金陵。

【注釋】❶好　喜歡。❷神仙之術　煉丹、養生、延壽等方術。❸陳守元　(？—西元九三九年)　閩縣(今福建閩侯)人，道士，以左道見信於王延鈞，造寶皇宮讓其居住，賜號洞真先生。事載《新五代史》卷六十八〈閩世家〉。《十國春秋》卷九十九有傳。❹己亥　九月十五日。❺鎮南　方鎮名，唐懿宗咸通六年(西元八六五年)，升江南西道團練觀察使為鎮南軍節度使。治所洪州，在今江西南昌。吳、南唐因之。❻塗　通「途」。❼無憾　無恨；無意見。❽先王　指徐溫。❾辛丑　九月十七日。❿辛亥　九月二十七日。⓫解縱五坊鷹隼　釋放豢養在鷹坊供玩賞、狩獵的老鷹等鳥類。隼，各種鳥類的通稱。⓬仁及禽獸　仁愛達於禽獸。⓭逸入　逃入。⓮丁卯　十月十三日。⓯洋州　州名，治所在今陝西洋縣。東南至通州七百三十九里。⓰通州　州名，治所在今四川達縣。⓱壬午　十月二十八日。⓲甲申朔　十一月初一日。⓳癸巳　十一月初十日。⓴甥姪　外甥和姪子。㉑謝罪　認罪致歉。㉒完　完整。這裡指安全。㉓族滅　全族被殺戮。指殺其子董光業全家。㉔尚何謝為　還有什麼可謝罪呢。㉕乙未　十一月十二日。㉖輔政　協助皇帝處理國政。㉗歸老　養老。㉘鎮　鎮守。㉙總錄朝政　總理朝廷的政務。㉚江都　今江蘇揚州。㉛輔政　協助楊溥處理國務。徐知誥襲用徐溫故事，其子景通則襲用他的故事，使吳國的政權移於李氏之手。徐知誥本姓李，為徐溫養子，受禪建南唐後，復姓李，改名昪。㉜左僕射兼門下侍郎　即左丞相。㉝右僕射兼中書侍郎　即右丞相。㉞佐　幫助；協助。㉟德勝　方鎮名，吳置。治所廬州，在今安徽合肥。㊱貪暴　貪婪殘暴。㊲權要　掌握大權的人。㊳甲寅朔　十二月初一日。㊴雜鐵器　指燒飯鐵鍋及各種鐵製用具。㊵三錢　指徵農具稅錢數。二畝徵稅三錢，與夏秋稅同時交納。㊶居喪無戚容　服喪期間沒有悲戚的樣子。㊷庚申　十二月初七日。㊸衡陽　在今湖南衡陽。㊹發引　靈柩啟程。㊺雞臛　雞羹。臛，羹。㊻潘起　官至楚靜江節度判官，為天策府學士。傳見《十國春秋》卷七十二。此稱潘起「前吏部侍郎」，《新五代史》卷六十六〈楚世家〉稱「禮部侍郎」。㊼阮籍　(西元二一〇—二六三年)　三國魏文學家、思想家。母死將葬，食一蒸豚，飲二斗酒，然後與母訣別。㊽癸亥　十二月初十日。㊾城塹　修城牆和挖護城深溝。㊿褒諭　褒彰慰勉。(51)癸酉　十二月二十日。(52)避位受道　離開皇位，接受道教修煉。(53)丙子　十二月二十三日。(54)繼鵬王延鈞長子。西元九三六年即皇帝位，更名昶，改元通文。西元九三九年，控鶴都將連重遇作亂，縊死。西元九三六－九三九年在位。傳見《新五代史》卷六十八。(55)受籙　接受道教的符籙。其受道之法，初受《五千文籙》，次受《三洞籙》，次受《洞玄籙》，次受《上清籙》，以成道。(56)愛州　州名，治所移風，在今越南清化西北。(57)假子　義子。(58)圖復交州　計劃收復交州。因交州為南漢所佔。(59)程寶　（？－西元九三二年）楊廷藝圍攻交州，時交州刺史李進逃走，程寶被遣攻打楊廷藝。事見《新五代史》卷六十五〈南漢世家〉。《十國春秋》卷六十三有程寶傳。

【校　記】[1]與　據章鈺校，十二行本、乙十一行本皆作「興」，以巫者名為「興盛韶」，《通鑑紀事本末》同，《十國春秋》作「盛韶」，未知孰是。[2]將兵　原無此二字。據章鈺校，十二行本、乙十一行本皆有此二字，今據補。

【語　譯】閩主王延鈞愛好神仙之術，道士陳守元、巫師徐彥林與盛韶一起勸誘他興建寶皇宮道觀，工程極盡土木建築之盛，任命陳守元為宮主。

秋，九月十五日己亥，重新賜給東丹慕華姓名叫李贊華。

吳國的鎮南節度使、同平章事徐知諫去世。任命諸道副都統、鎮海節度使、守中書令徐知詢接替他的職務，賜爵號為東海郡王。當初徐知誥徵召徐知詢入朝，徐知諫參與了謀劃。徐知詢赴任時在路上遇見了他的歸葬行列，就手撫著棺材哭泣說：「老弟對我如此用心，我也沒什麼怨恨的了，但你有什麼臉面在地下見到先王呢！」

九月十七日辛丑，加封樞密使范延光同平章事。

九月二十七日辛亥，唐明宗下令放飛內廷五坊的鷹隼，朝廷內外不准再進獻。馮道說：「陛下可以說是仁愛達於禽獸了。」唐明宗說：「不是這樣。朕從前曾跟隨武皇打獵，當時秋天的莊稼剛成熟，有一隻野獸逃進田裡，武皇派遣騎士抓回來，等到抓著野獸，田裡的莊稼已經被踐踏得所剩無幾了。由此想到，打獵有損無益，所以我不做這種事。」

冬，十月十三日丁卯，洋州指揮使李進唐進攻通州，攻了下來。〇二十八日壬午，任命王延政為建州刺史。

都。

十一月初一日甲申，發生日蝕。〇初十日癸巳，蘇愿到達成都，孟知祥聽到自己的甥姪在朝廷任官的都平安無事，就派遣使者告訴董璋，想和他一起向唐明宗上表謝罪。董璋大怒說：「孟公的親戚都完好無損，當然應該歸附朝廷。我董璋已被滅族，還有什麼好請罪的！皇帝的詔書都在蘇愿的肚子裡，劉澄哪裡能夠預聞，我董璋難道還不知道這一點嗎！」從此，兩人又重新成了怨敵。十二日乙未，李仁罕從夔州率兵返回成都。

吳國的中書令徐知誥上表給吳主，說自己輔佐朝政時間太長了，請求告老回金陵。吳主於是任命徐知誥為鎮海、寧國節度使，鎮守金陵，其餘的官職依舊，像他的父親徐溫一樣總攬朝政。任命他的兒子兵部尚書、參政事徐景通為司徒、同平章事，掌理中外左右諸軍事，留在江都輔佐朝政。任命內樞使、同平章事王令謀為左僕射兼任門下侍郎，任命宋齊丘為右僕射兼任中書侍郎，兩人都為同平章事兼任內樞使，一起協助徐景通。

賜與德勝節度使張崇爵位為清河王。張崇在廬州貪婪殘暴，州裡的人深受其害。他曾經多次入朝，用大量的財物結交掌權的人，因此經常能回到原來的鎮所，為患廬州二十多年。

十二月初一日甲寅，開始准許百姓自行鑄造農具和各種鐵器，每兩畝田，在夏秋季交納農具稅三錢。

武安、靜江節度使馬希聲聽說梁太祖朱溫喜歡吃雞，羨慕他。繼承馬殷的王位後，每天殺五十隻雞作為膳食，服喪時面無戚容。十二月初七日庚申，在衡陽安葬武穆王馬殷，靈柩即將啟程，他一次吃了幾盤雞肉羹。前吏部侍郎潘起諷刺他說：「從前阮籍在服喪期間食用蒸小豬，哪一代沒有賢達的人哪！」

十二月初十日癸亥，徐知誥到達金陵。

昭武留後趙廷隱向孟知祥報告說利州的城塹已經完工，不久前在劍州時，與牙內都指揮使李肇有同樣的功勞，願意把昭武軍鎮讓給李肇。孟知祥褒獎慰勉他，但沒有答應他的請求。趙廷隱再三謙讓，十二月二十日癸酉，孟知祥召趙廷隱返回成都，用李肇接替他的職位。

閩國的陳守元等假稱是奉寶皇的命令，對閩王王延鈞說：「您如果能退離王位，接受道教，可以當六十年的天子。」王延鈞相信了這些話，十二月二十三日丙子，命令他的兒子節度副使王繼鵬暫時代理軍府事務。王延鈞退離王位，接受符籙，道名叫玄錫。

愛州的將領楊廷藝養了三千名義子，計劃收復交州。漢國的交州守將李進知道這一情況，因為受了楊廷藝的賄賂，沒向漢主報告。這一年，楊廷藝發兵包圍交州，漢主派遣承旨程寶率軍救援，還沒有趕到，城池陷落。李進逃了回來，漢主把他殺了。程寶圍攻交州，楊廷藝出城迎戰，程寶戰敗死去。

三年（壬辰　西元九三二年）

春，正月，樞密使范延光言：「自靈州❶至邠州方渠鎮❷，使臣及外國入貢者多為党項❸所掠，請發兵擊之。」己丑❹，遣靜難節度使藥彥稠、前朔方節度使康福將步騎七千討党項。

乙未❺，孟知祥妻福慶長公主❻卒。◯孟知祥以朝廷恩意優厚，而董璋塞❼綿州路，不聽❽遣使入謝，與節度副使趙季良等謀，欲發使自峽江❾上表。掌書記李昊曰：「公不與東川謀而獨遣使，則異日❿負約之責在我矣。」乃復遣使語之，璋不從。

二月，趙季良與諸將議遣昭武都監太原高彥儔⓫將兵攻取壁州，以絕山南兵轉入山後諸州⓬者。孟知祥謀於僚佐，李昊曰：「朝廷遣蘇愿等西歸，未嘗報謝。

今遣兵侵軼⑬，公若不顧墳墓、甥妷⑭，則不若傳檄舉兵⑮直取梁、洋⑯，安用壁州乎！」知祥乃止。季良由是惡昊。

辛未⑰，初令國子監⑱校定九經⑲，雕印賣之。

藥彥稠等奏破党項十九族，俘二千七百人。○賜高從誨爵勃海王。

吳徐知誥作禮賢院⑳於府舍，聚圖書，延士大夫，與孫晟㉑及海陵陳覺㉒談議時事。

孟知祥三遣使說董璋，以主上加禮於兩川，苟㉓不奉表謝罪，恐復致討，璋不從。三月辛丑㉔，遣李昊詣梓州，極論利害㉕，璋見昊，詬怒㉖不許。昊還，言於知祥曰：「璋不通謀議，且有窺西川之志㉗，公宜備之。」

甲辰㉘，閩王延鈞復位㉙。

【章　旨】以上為第十三段，寫孟知祥三請董璋上表朝廷謝罪，璋不從，西川異心。

【注　釋】❶靈州　州名，在今寧夏回族自治區靈武。❷方渠鎮　地名，在今甘肅環縣南。❸党項　屬羌族，是我國古代居住在西北的少數民族。五代時散處邠寧、鄜延、靈武、河西一帶，常向中原王朝朝貢。❹己丑　正月初七日。❺乙未　正月十三日。❻福慶長公主　（?—西元九三二年）後唐李克用的姪女，莊宗即位封瓊華長公主，明宗時改封福慶長公主。孟知祥稱帝，追冊為皇后。傳見《十國春秋》卷五十。❼塞　阻塞。❽不聽　不從；不答應。❾峽江　長江自重慶市奉節瞿塘峽以下稱峽江。❿異日　他日，即以後。⓫高彥儔　（?—西元九六五年）山西太原人，後蜀大將，官至昭武軍節度使。傳見

《十國春秋》卷五十四。⑫山後諸州　指巴、蓬、果等州。⑬侵軼　侵犯；侵擾。⑭墳墓甥妷　指孟知祥祖先墳墓在今河北邢臺，孟知祥甥姪在洛陽為官。孟知祥若出兵，恐遭掘墳、滅族之禍。⑮傳檄舉兵　發出聲討檄文，邀集諸鎮，興兵討伐。⑯梁洋　梁州和洋州。⑰辛未　二月十九日。⑱國子監　國家的教育管理機構和最高學府。⑲九經　九部儒家經典，宋以前常以《易》、《書》、《詩》、《周禮》、《儀禮》、《禮記》、《左傳》、《公羊傳》、《穀梁傳》為《九經》。版刻印賣《九經》由此始。⑳禮賢院　用以招待優禮知識分子。㉑孫晟　（？—西元九五六年）初名鳳，又名忌，山東高密人，善文辭，尤工於詩。官至南唐宰相。傳見《舊五代史》卷一百三十一、《新五代史》卷三十三、《十國春秋》卷二十七。㉒陳覺　（？—西元九五八年）江蘇泰州人。傳見《十國春秋》卷二十六。㉓苟　如果。㉔辛丑　三月十九日。㉕極論利害　充分而深刻地論述利害關係。㉖詬怒　發怒大罵。㉗且有窺西川之志　而且有謀取西川的野心。㉘甲辰　三月二十二日。㉙復位　仍為皇帝。原曾避位受籙，賜道名玄錫。

【語譯】三年（壬辰　西元九三二年）

春，正月，樞密使范延光上奏說：「從靈州到邠州的方渠鎮，使臣和外國來進貢的人經常被党項人所搶劫，請求皇帝派兵討伐他們。」初七日己丑，唐明宗派遣靜難節度使藥彥稠、前朔方節度使康福率領七千名步兵、騎兵討伐党項。

正月十三日乙未，孟知祥的妻子福慶長公主去世。○孟知祥認為朝廷對兩川恩惠優厚，而董璋在綿州阻塞了通路，不讓他派遣使者入朝致謝。孟知祥和節度副使趙季良等人商議，想派遣使者從峽江進京上表。掌書記李昊說：「您不和東川商量而獨自派遣使者，那麼日後違反誓約的責任在我們身上了。」於是又派使者告訴董璋，董璋不肯聽從。

二月，趙季良和各位將領商量派遣昭武都監太原人高彥儔率兵攻取壁州，以阻斷山南的部隊轉入山後等州。孟知祥就此事和幕僚商議，李昊說：「朝廷差遣蘇愿等人回來，我們還沒有上表表示謝意。現在派兵侵擾，您如果不顧及祖墳和甥姪，還不如傳檄發兵直取梁州、洋州，何必要攻壁州呢！」於是孟知祥停止了這次軍事行動；趙季良出此忌恨李昊。

二月十九日辛未，初次命令國子監校定《九經》，雕版印製出售。

藥彥稠等人奏報說攻破了党項的十九個部族，俘虜了二千七百人。○賜予高從誨爵位勃海王。

吳國的徐知誥在府舍中建造禮賢院，搜集圖書，延攬士大夫，和孫晟及海陵人陳覺一起討論時事。

孟知祥第三次派遣使者勸說董璋，認為皇上對兩川優禮有加，如果不上表謝罪，恐怕還會遭到朝廷的討伐，董璋不肯聽從。三月十九日辛丑，孟知祥派李昊前往梓州，極力向董璋陳說利害，董璋見到李昊，生氣臭罵一頓不肯答應。李昊回來後，對孟知祥說：「董璋不容商量，而且還有窺伺西川的打算，您應該防備他。」

三月二十二日甲辰，閩王王延鈞復位。

吳越武肅王錢鏐寢[1]疾，謂將吏❶曰：「吾疾必不起，諸兒皆愚懦❷，誰可為帥者？」眾泣曰：「兩鎮令公❸仁孝有功，孰不愛戴！」鏐乃悉出印鑰❹授傳瓘，曰：「將吏推爾，宜善守之。」又曰：「子孫善事中國❺，勿以易姓❻廢事大之禮。」庚戌❼，卒，年八十一。

傳瓘與兄弟同幄行喪❽，內牙指揮使陸仁章❾曰：「今公嗣先王霸業，將吏旦暮趨謁，當與諸公子異處。」乃命主者❿更設一幄，扶傳瓘居之，告將吏曰：「自今惟謁令公，禁諸公子從者無得妄入。」晝夜警衛，未嘗休息。鏐末年，左右皆附傳瓘，獨仁章數以事犯之⓫。至是，傳瓘勞之，仁章曰：「先王在位，仁章不知事令公，今日盡節，猶事先王也。」傳瓘嘉歎⓬久之。

傳瓘既襲位，更名元瓘，兄弟名「傳」者皆更為「元」。以遺命去國儀⑬，用藩鎮法。除民田荒絕⑭者租稅。命處州⑮刺史曹仲達⑯權知政事。置擇能院⑰，掌選舉殿最⑱，以浙西營田副使沈崧⑲領之。

內牙指揮使富陽⑳劉仁杞及陸仁章久用事，仁章性剛，仁杞好毀短人，皆為眾所惡。一日，諸將共詣府門請誅之。元瓘使從子仁俊㉑諭之，曰：「二將事先王久，吾方圖其功，汝曹乃欲逞私憾㉒而殺之，可乎？吾為汝王，汝當稟㉓吾命；不然，吾當歸臨安㉔以避賢路！」眾懼而退。乃以仁章為衢州㉕刺史，仁杞為湖州㉖刺史。中外有上書告訐㉗者，元瓘皆寘不問，由是將吏輯睦㉘。

【章旨】以上為第十四段，寫吳越王錢鏐薨，錢傳瓘繼位，處置適宜，將吏輯睦。

【注釋】❶將吏　將軍和府吏。❷愚懦　愚昧懦弱。❸兩鎮令公　指錢傳瓘。天成三年（西元九二八年），錢鏐以兩鎮授傳瓘，是年秋朝廷加傳瓘中書令，故此稱兩鎮令公。❹印鑰　印，指吳越國印及鎮海、鎮東節度使印。鑰，指內外城各門及宮門鑰匙。❺善事中國　好好地侍奉中原王朝。❻易姓　指中原王朝更替。❼庚戌　三月二十八日。❽同幄行喪　在同一個帳篷裡守靈護喪。幄，帳篷。❾陸仁章　（？—西元九三九年）浙江淳安人，家貧為錢鏐園卒。以功拔擢，官至保大軍節度使，同參相府事。傳見《十國春秋》卷八十六。❿主者　主持操辦錢鏐喪事的人。⓫以事犯之　因處理事務冒犯元瓘。⓬嘉歎　嘉獎讚歎。⓭去國儀　去掉國家的儀制。此指除去吳越國名號。⓮荒絕　荒，指有主而不耕。絕，指戶絕而無主。⓯處州　州名，治所括蒼，在今浙江麗水市東南。⓰曹仲達　（西元八八二—九四三年）性仁厚好施，食不二味，娶錢鏐妹為妻，官至吳越國丞相。傳見《十國春秋》卷八十六。⓱擇能院　吳越國所置機構，掌選拔賢能者。⓲殿最　最好和最差。⓳沈崧

（西元八六三—九三八年）字吉甫，福建人，乾寧二年進士，官至吳越國丞相。傳見《十國春秋》卷八十六。⑳富陽　縣名，在今浙江富陽。㉑仁俊　錢元瓘的姪子，幼警敏有智略，官至威武軍節度使。傳見《十國春秋》卷八十三。㉒私憾　私人的怨憤。㉓稟　稟承；接受。㉔臨安　縣名，在今浙江臨安，為錢鏐故居。㉕衢州　州名，在今浙江衢州。㉖湖州　州名，在今浙江湖州。㉗告訐　攻擊別人的短處或揭發別人的隱私。㉘輯睦　安輯、和睦。

【校　記】1寢　原無此字。據章鈺校，十二行本有此字，張敦仁《通鑑刊本識誤》同，今據補。

【語　譯】吳越武肅王錢鏐臥病在床，對將領府吏們說：「我這次生病一定好不了，我的幾個兒子都愚昧懦弱，有誰能夠當主帥呢？」大家哭著說：「兩鎮令公仁愛孝順，立有功勞，誰不愛戴他！」錢鏐便把所有的印信、鑰匙交給錢傳瓘，對他說：「將領府吏擁戴你，你應好好守住這份基業。」又說：「子孫們要好好地侍奉中原，不要因為中原改朝換代而放棄了侍奉大國的禮節。」三月二十八日庚戌，錢鏐去世，終年八十一歲。

錢傳瓘和兄弟們在同一個幄帳中守喪，內牙指揮使陸仁章說：「令公繼承先王的霸業，將領府吏們早晚前來拜見，應該和諸位公子分開住。」於是命令主持喪事的人另外設置一個幄帳，扶著錢傳瓘住進裡面，對將領府吏宣布說：「從今以後這裡只能謁見令公，禁止諸位公子和隨從們隨便進入。」陸仁章晝夜警衛，未曾休息。在錢鏐晚年，左右的大臣們都歸附了錢傳瓘，只有陸仁章多次因為一些事情冒犯他。到這時，錢傳瓘慰勞他，陸仁章說：「先王在位時，仁章不知道侍奉令公，今日為您盡力，就像是當年侍奉先王一樣。」錢傳瓘聽了，誇獎讚歎了很久。

錢傳瓘繼承王位以後，改名叫元瓘，兄弟們的名字中有「傳」字的全都改為「元」。因為有錢鏐遺命，除去國家的儀制，行用藩鎮之制。免除百姓田地荒蕪和戶絕無主者的租稅。命令處州刺史曹仲達代為掌理政事。設置擇能院，主管甄別選拔人才，任命浙西營田副使沈崧掌理其事。

內牙指揮使富陽人劉仁杞和陸仁章長時間當權，陸仁章性情剛烈，而劉仁杞愛好說別人的壞話，兩個人都被大家所痛恨。一天，將領們一起來到府門前，請求錢元瓘殺了他們兩個人；錢元瓘讓他的姪子錢仁俊勸諭大家，說：「這兩位將軍侍奉先王很長時間，我正指望他們為我做事，你們竟然想逞私憤而殺掉他們，這怎麼行呢？我是你們的王，你們應稟從我的命令。不然的話，我就回我的臨安好給賢能的人讓路！」大家很害怕，退了下去。於是錢元瓘任命陸仁章為衢州刺史，劉仁杞為湖州刺史。朝廷內外有人上書揭短攻擊的，錢元瓘都擱置不問，從此文武百官和睦。

初，契丹舍利[1]萴剌[2]與惕隱皆為趙德鈞所擒，契丹屢遣使請之。上謀於羣臣，德鈞等皆曰：「契丹所以數年不犯邊、數求和者，以此輩[3]在南故也。縱之[4]則邊患復生。」上以問冀州[5]刺史楊檀[6]，對曰：「萴剌，契丹之驍將[7]，曏[8]助王都謀危社稷[9]，幸而擒之，陛下免其死，為賜已多。契丹失之如喪手足。彼在朝廷數年，知中國虛實，若得歸，為患必深。彼纔出塞，則南向發矢[10]矣，恐悔之無及。」上乃止。檀，沙陀人也。

上欲授李贊華以河南藩鎮，羣臣皆以為不可，上曰：「吾與其父約為昆弟[11]，故贊華歸我。吾老矣，後世繼體[12]之君，雖欲招之，其可致乎！」夏，四月癸亥[13]，以贊華為義成節度使，為選朝士[14]為僚屬輔之。贊華但優遊自奉[15]，不豫政事。上嘉之，雖時有不法亦不問，以莊宗後宮夏氏[16]妻之。贊華好[17]飲人血，姬妾多刺臂以吮之。婢僕小過，或抉目[18]，或刀刲火灼[19]。夏氏不忍其殘[20]，奏離昏為尼。

【章　旨】以上為第十五段，寫唐明宗納冀州刺史楊檀之言，不遣還契丹降將。李贊華兇殘。

【注　釋】❶舍利　與下文「惕隱」皆為契丹統軍頭目之稱。❷荝刺　契丹統軍頭目名。❸此輩　這些人。指擔任舍利、惕隱等軍事頭目的人。❹縱之　放了他們。❺冀州　州名，治所信都，在今河北冀州。❻楊檀　即楊光遠（?—西元九四四年），字德明，沙陀人，有口辯，通曉吏治，官至後晉太師，封壽王。傳見《舊五代史》卷九十七、《新五代史》卷五十一。❼驍將　驍勇的將領。❽曏　從前。❾社稷　國家。❿南向發矢　向南射箭。比喻契丹發兵進攻。⓫昆弟　兄弟。⓬繼體　繼承大統。⓭癸亥　四月十一日。⓮朝士　朝中有學問的官員。⓯優遊自奉　自由自在地享受優越的待遇。⓰夏氏　莊宗昭容，封號國夫人。⓱好　喜歡。⓲抉目　挖眼睛。⓳刀刲火灼　刀割、火燒。⓴不忍其殘　難以忍受他的殘暴行為。

【語　譯】起初，契丹的舍利荝刺和惕隱都被趙德鈞所擒獲，契丹多次派遣使者請求遣返他們。唐明宗和群臣們商議，趙德鈞等都說：「契丹之所以幾年來沒有侵犯邊境，多次要求講和，就是因為這些人在我們這裡的緣故。如果放了他們，那麼又會發生邊患。」唐明宗詢問冀州刺史楊檀，楊檀回答說：「荝刺是契丹的驍勇將領，從前幫助王都陰謀危害社稷，幸好活捉了他，陛下免了他一死，賜給他的恩惠已經夠多了。契丹失去了他猶如喪失手足。他在朝廷好幾年了，知道中國的虛實情況，如果得機歸還，對我們的危害一定很大。他一出邊塞，就會南下進攻，恐怕那時我們後悔也來不及了。」唐明宗於是將這事作罷。楊檀，是沙陀人。

唐明宗想授予李贊華河南的藩鎮，群臣都認為不可以，唐明宗說：「我和他的父親相約結為兄弟，所以李贊華才歸附我。我老了，後世繼承大統的國君，即使想招撫他，能把他招得來嗎！」夏，四月十一日癸亥，任命李贊華為義成節度使，為他選派朝中有學問的官吏做幕僚輔佐他。李贊華只是優遊享受，不參與政事。唐明宗認為他很好，即便時常有不法行為也不加追究，把唐莊宗的後宮夏氏嫁給他做妻子。李贊華喜歡喝人血，姬妾們常常刺破手臂讓他吸血。奴婢、僕人微小過失，或者被挖去眼珠，或者被刀割火灼。夏氏難以忍受他的殘暴行為，向唐明宗奏請離婚，出家當尼姑。

乙丑❶，加宋王從厚兼中書令。

東川節度使董璋會諸將謀襲成都，皆曰必克。前陵州刺史王暉曰：「劍南萬里❷，成都為大，時方盛夏，師出無名，必無成功。」璋不從[1]。孟知祥聞之，遣馬軍都指揮使潘仁嗣將三千人詣漢州詗❸之。

璋入境，破白楊林鎮❹，執戍將武弘禮，聲勢甚盛。知祥憂之，趙季良曰：「璋為人勇而無恩❺，士卒不附，城守則難克，野戰則成擒矣。今不守巢穴，公之利也。璋用兵精銳皆在前鋒，公宜以羸兵誘之，以勁兵待之，始雖小衄❻，後必大捷。璋素有威名，今舉兵暴至❼，人心危懼，公當自出禦之，以彊❽眾心。」趙廷隱以季良言為然，曰：「璋輕而無謀❾，舉兵必敗，當為公擒之。」辛巳❿，以廷隱為行營馬步軍都部署，將三萬人拒之。

五月壬午朔⓫，廷隱入辭⓬。董璋檄書至，又有遺季良、廷隱及李肇書，誣之，云季良、廷隱與己通謀，召己令來。知祥以書授廷隱，廷隱不視，投之於地，曰：「不過為反間⓭，欲令公殺副使⓮與廷隱耳。」再拜而行。知祥曰：「事必濟矣。」肇素不知書，視之，曰：「璋教我反耳。」囚其使者，然亦擁眾⓯為自全計⓰。

璋兵至漢州，潘仁嗣與戰于赤水[17]，大敗，為璋所擒，璋遂克漢州[18]。

癸未[19]，知祥留趙季良、高敬柔守成都，自將兵八千趣漢州。至彌牟鎮[20]，趙廷隱陳於鎮北。甲申[21]，遲明，廷隱陳於雞蹤橋[22]，義勝定遠都知兵馬使張公鐸[23]陳於其後。俄而璋望西川兵盛，退陳於武侯廟[24]下。璋帳下驍卒大譟曰：「日中曝我輩何為！何不速戰[2]！」璋乃上馬。前鋒始交[25]，東川右廂馬步都指揮使張守進降於知祥，言璋兵盡此[26]，無復後繼，當急擊之。知祥登高冢[27]督戰，左明義指揮使毛重威、左衝山指揮使李瑭守雞蹤橋，皆為東川兵所殺。趙廷隱三戰不利，牙內都指揮副使侯弘實兵亦卻。知祥懼，以馬箠[28]指後陳。張公鐸帥眾大呼而進，東川兵大敗，死者數千人，擒東川中都指揮使[29]元瓌[30]、牙內副指揮使董光演等八十餘人。璋拊膺[31]曰：「親兵皆盡，吾何依[32]乎！」與數騎遁去，餘眾七千人降，復得潘仁嗣[33]。知祥引兵追璋至五侯津[34]，東川馬步都指揮使元瓌降。西川兵入漢州府第，求璋不得，士卒爭璋軍資[35]，故璋走得免。趙廷隱追至赤水，又降其卒三千人。是夕，知祥宿雒縣[36]。命李昊草牓[37]諭東川吏民，及草書[38]勞問璋，且言將如梓州，詢負約之由[39]，請見伐之罪[40]。乙酉[41]，知祥會廷隱於赤水，遂西還，命廷隱將兵攻梓州。

璋至梓州，肩輿㊷而入，王暉迎問曰：「太尉㊸全軍出征，今還者無十人，何也？」璋涕泣不能對。至府第，方食，暉與璋從子牙內都虞候延浩帥兵三百大譟㊹而入。璋引㊺妻子登城，子光嗣自殺。璋至北門樓，呼指揮使潘稠使討亂兵，稠引十卒登城，斬璋首，及取光嗣首以授王暉，暉舉城迎降㊻。趙廷隱入梓州，封府庫㊼以待知祥。李肇聞璋敗，始斬其使以聞㊽。

丙戌㊾，知祥入成都。丁亥㊿，復將兵八千如梓州。至新都51，趙廷隱獻董璋首。己丑52，發玄武53，趙廷隱帥東川將吏來迎。

康福奏党項鈔盜54者已伏誅，餘皆降附。

【章旨】以上為第十六段，寫董璋為孟知祥所併，割據全蜀成定局。

【注釋】❶乙丑　四月十三日。❷劍南萬里　指整個四川疆域遼闊。唐在四川置劍南節度使，故以劍南指代四川。❸詗　偵察；刺探。❹白楊林鎮　地名，在今四川廣漢境內。❺無恩　無恩德於人。❻小衄　小敗。❼暴至　突然到來。❽彊　振奮。❾輕而無謀　輕率而沒有謀略。❿辛巳　四月二十九日。⓫壬午朔　五月初一日。⓬入辭　進西川節度使府告辭上前線。⓭反間　用計離間敵人，使之內訌。⓮副使　指趙季良。⓯擁眾　率領軍隊。⓰自全計　保全自己的打算。⓱赤水　地名，在漢州東南，在今四川廣漢東南。⓲漢州　州名，治所在今四川廣漢。⓳癸未　五月初二日。⓴彌牟鎮　在今四川新都境內。㉑甲申　五月初三日。㉒雞蹤橋　地名，在今四川成都附近。據胡三省注，應為漢州雒縣（即今廣漢）南之金雁橋，因當時兩軍在漢州對陣。㉓張公鐸　（？—西元九四五年）山西太原人，少涉獵文史，為政清嚴。官至保寧軍節度使。傳見《十國春秋》卷五十一。㉔武侯廟　諸葛亮廟。諸葛亮有功於蜀，所在皆立廟。此為漢州之武侯廟。㉕始交　開始交戰。㉖盡此都在這裡。㉗高冢　高坡。㉘馬箠　馬鞭子。㉙中都指揮使　官名，即中軍都指揮使，高級指揮官。㉚元瓚　董璋大將。㉛拊膺　捶胸。㉜吾何依　我依靠誰呢。㉝復得潘仁嗣　潘仁嗣為西川將，在赤水戰役中被董璋所擒。㉞五侯津　地名，在四川廣漢西南。㉟軍資　軍用物資。㊱雒縣　在今四川廣漢。㊲草牓　起草公告。㊳草書　起草信件。㊴詢負約之由　詢問違背聯盟條約的原由。㊵請見伐之罪　請問被討伐的罪名。㊶乙酉　五月初四日。㊷肩輿　轎子。㊸太尉　指董璋。因董璋帶太尉職銜。㊹大譟　大聲呼叫。㊺引　率領。㊻舉城迎降　獻出梓州城投降孟知祥。㊼封府庫　封存倉庫。㊽以聞　向孟知祥報告。㊾丙戌　五月初五日。㊿丁亥　五月初六日。(51)新都　縣名，在今四川新都。(52)己丑　五月初八日。(53)玄武　縣名，在今四川中江縣。(54)鈔盜　抄掠搶劫。

【校　記】①璋不從　原無此三字。據章鈺校，十二行本、乙十一行本皆有此三字，張敦仁《通鑑刊本識誤》同，今據補。②何不速戰　原無此四字。據章鈺校，十二行本、乙十一行本皆有此四字，張敦仁《通鑑刊本識誤》、張瑛《通鑑校勘記》同，今據補。

【語　譯】四月十三日乙丑，加封宋王李從厚兼任中書令。

東川節度使董璋會集眾將策劃進攻成都，大家說一定能攻下成都。前陵州刺史王暉說：「劍南幅員萬里，以成都最大，現在正值盛夏，師出無名，必定不會成功。」董璋未予採納。孟知祥聽到消息，派遣馬軍都指揮使潘仁嗣率領三千人前往漢州刺探他。

董璋進入西川境內，攻破白楊林鎮，抓獲了戍守將領武弘禮，聲勢極大。孟知祥很擔憂。趙季良說：「董璋為人勇猛而沒有恩德，士卒不願依附。他據城固守，就很難攻破，在野外作戰，就會被活捉。現在他不守衛老巢，這對您是有利的。董璋用兵，精銳部隊全放在前鋒，您應該用老弱殘兵引誘他們，用精兵強將等待敵軍，開始階段雖然小敗，後來一定大勝。董璋一向有威武的名聲，現在他起兵突然到達，我們人心惶恐，您應當親自出去抵禦敵軍，以此振奮大家的信心。」趙廷隱認為趙季良的話有道理，也說：「董璋輕率無謀，這次舉兵必定失敗，我該替您活捉了他。」四月二十九日辛巳，任命趙廷隱為行營馬步軍都部署，率領三萬人抵禦董璋。

五月初一日干午，趙廷隱來府署向孟知祥辭行。正恰董璋的挑戰檄書送到這裡，還有給趙季良、趙廷隱和李肇的私人信件，誣蔑他，說趙季良、趙廷隱和他董璋串通商量，召他帶兵前來進攻西川。孟知祥把信交給趙廷隱，趙廷隱不看，把信扔在地上，說：「不過是使用反間，想讓您殺了副使和我廷隱而已。」趙廷隱向孟知祥再拜後就起程了。孟知祥說：「事情一定能夠成功。」李肇一向不認得字，看了來信，便說：「董璋這是叫我造反。」於是囚禁了董璋的使者，但也率軍做了自我保護的計畫。

董璋的部隊到達漢州，潘仁嗣和他在赤水交戰，大敗，人也被董璋俘虜了，董璋隨即攻克了漢州城。

五月初二日癸未，孟知祥留下趙季良、高敬柔守備成都，自己率領八千名士兵奔赴漢州。到了彌牟鎮，趙廷隱的部隊在鎮北紮營。初三日甲申，天剛矇矇亮，趙廷隱在雞蹤橋擺開陣勢，義勝定遠都知兵馬使張公鐸則把部隊部署在他的陣地後面。不一會兒，董璋遠遠望見西川的部隊氣勢很盛，就把部隊撤退到武侯廟下列陣。董璋帳下的驍勇兵卒大聲喊叫說：「太陽正當午，把我們曬在太陽底下幹什麼！怎麼還不速速一戰！」董璋便上馬進軍。前鋒部隊剛剛交戰，東川的右廂馬步都指揮使張守進就投降了孟知祥，說董璋的部隊都在這裡了，再也沒有後繼部隊，應該趕快攻打他。孟知祥登上高坡督戰，左明義指揮使毛重威、左衝山指揮使李瑭把守雞蹤橋，全都被東川部隊所殺。趙廷隱三次交戰失利，牙內都指揮副使侯弘實的部隊也向後退卻。孟知祥很害怕，用馬鞭指著後面的預備部隊。張公鐸率領部隊大聲呼喊著向前衝鋒，東川的部隊大敗，死了幾千人，活捉了東川的中軍都指揮使元瓌、牙內副指揮使董光演等八十餘人。董璋捶打胸脯說：「我的親信部隊全光了，我還依靠誰呢！」於是和幾名騎兵逃走，剩下的七千名士卒投降了，從降兵中得到了潘仁嗣。孟知祥率兵追擊董璋到了五侯津，東川的馬步都指揮使元瓌投降。西川的部隊進入了漢州的府第，尋找董璋，沒有找到，士卒們爭搶董璋的軍用物資，所以使董璋得以逃脫。趙廷隱率兵追到赤水，又招降了董璋的士卒三千人。當晚，孟知祥留宿在雒縣。命令李昊草擬榜文告諭東川的官吏百姓，又起草信件慰勞問候董璋，並且說他自己就要前往梓州，當面問問他背棄誓約的原因，請教一下自己被征伐的罪名。初四日乙酉，孟知祥和趙廷隱在赤水會合，於是自己西還成都，命令趙廷隱率軍攻打梓州。

董璋到了梓州，坐著轎子進城，王暉前來迎接問候，說：「太尉您帶領全部人馬出征，現在回來的不到十個人，這是怎麼了？」董璋涕哭不能回答。到了府第，正在吃飯，王暉和董璋的姪子牙內都虞候董延浩帶著三百名士兵大聲嚷叫著闖了進來。董璋帶著妻兒登上城垣，兒子董光嗣自殺身亡。董璋到了北門城樓，呼叫指揮使潘稠，讓他去討伐亂兵，潘稠帶著十名士卒登上城樓，砍了董璋的頭，又割下董光嗣的頭，一起交給王暉，王暉帶領全城迎接趙廷隱，向他投降。趙廷隱進入梓州城，查封府庫，等待孟知祥。李肇聽說董璋失敗了，才斬殺了董璋的使者，並報告孟知祥。

五月初五日丙戌，孟知祥回到成都。初六日丁亥，又率領八千名士兵前往梓州。到達新都時，趙廷隱派人向他獻上董璋的首級。初八日己丑，從玄武出發，趙廷隱率領東川的將領和官吏們前來迎接。

康福奏報党項抄掠搶劫的人已被處死，其餘的人都投降歸附了朝廷。

壬辰❶，孟知祥有疾。癸巳❷，疾甚。中門副使王處回侍左右，庖人❸進食，必空器❹而出，以安眾心。李仁罕自遂州來，趙廷隱迎于板橋❺。仁罕不稱❻東川之功，侵侮廷隱，廷隱大怒。乙未❼，知祥疾瘳❽。丁酉❾，入梓州。戊戌❿，犒賞將士，既罷，知祥謂李仁罕、趙廷隱曰：「二將誰當鎮此？」仁罕曰：「今公⓫再與蜀州⓬，亦行耳。」廷隱不對。知祥愕然⓭，退，命李昊草牒，俟二將有所推⓮，則命一人為留後。昊曰：「昔梁祖、莊宗皆兼領四鎮⓯，今二將不讓，惟公自領之為便耳。公宜亟還府⓰，更與趙僕射⓱議之。」

己亥[18]，契丹使者迭羅卿辭歸國，上曰：「朕志在安邊，不可不少副其求[19]。」乃遣蒯骨舍利與之俱歸。契丹以不得蒯剌，自是數寇雲州及振武。孟知祥命李仁罕歸遂州，留趙廷隱東川巡檢，以李昊行梓州軍府事。昊曰：「二虎[20]方爭，僕不敢受命，願從公還。」乃以都押牙王彥銖為東川監押[21]。癸卯[22]，知祥至成都，趙廷隱尋亦引兵西還。

知祥謂李昊曰：「吾得東川，為患益深[23]。」昊請其故，知祥曰：「自吾發梓州，得仁罕七狀，皆云『公宜自領東川，不然諸將不服。』廷隱言『本不敢當東川，因仁罕不讓，遂有爭心耳。』君為我曉[24]廷隱，復以閬州為保寧軍[25]，益[26]以果、蓬、渠、開四州，往鎮之。吾自領東川，以絕仁罕之望。」廷隱猶不平，請與仁罕鬬，勝者為東川，昊深解[27]之，乃受命。六月，以廷隱為保寧留後。戊午[28]，趙季良帥將吏請知祥兼鎮東川，許之。季良等又請知祥稱王，權行制書[29]，賞功臣，不許。

董璋之起兵[1]攻知祥也，山南西道節度使王思同以聞，范延光言於上曰：「若兩川併於一賊[30]，撫眾守險[31]，則取之益難。宜及其交爭，早圖之。」上命思同以興元之兵密規進取[32]。未幾，聞璋敗死，延光曰：「知祥雖據全蜀，然士卒皆東方人，知祥恐其思歸為變，亦欲倚朝廷之重以威其眾，陛下不屈意撫之㉝，彼則無從自新。」上曰：「知祥吾故人，為人離間至此，何屈意之有！」乃遣供奉官李存瓌賜知祥詔曰：「董璋狐狼㉞，自貽㉟族滅。卿丘園親戚㊱皆保安全，所宜成家世之美名，守君臣之大節㊲。」存瓌，克寧之子，知祥之甥也。

閩王延鈞謂陳守元曰：「為我問寶皇㊳：既為六十年天子，後當何如？」明日，守元入白：「昨夕奏章，得寶皇旨，當為大羅仙主㊴。」徐彥林[2]等亦曰：「北廟崇順王嘗見寶皇，其言與守元同。」延鈞益自負，始謀稱帝。表朝廷云：「錢鏐卒，請以臣為吳越王。馬殷卒，請以臣為尚書令。」朝廷不報，自是職貢遂絕㊵。

【章　旨】以上為第十七段，寫蜀將趙廷隱與李仁罕二人爭功不睦，孟知祥自領東川節度使，用以平息二將之爭。

【注　釋】❶壬辰　五月十一日。❷癸巳　五月十二日。❸庖人　廚師。❹空器　空碗、空盤。表示食物已被孟知祥吃盡，以安眾心。❺板橋　在今四川三臺東南。❻不稱　不稱讚。❼乙未　五月十四日。❽疾瘳　病癒。❾丁酉　五月十六日。❿戊戌　五月十七日。⓫令公　指孟知祥。因孟知祥曾加中書令銜，故稱之。⓬再與蜀州　此前李仁罕曾領蜀州，所以這裡有「再與」之言。蜀州，州名，在今四川崇州。⓭愕然　驚奇的樣子。⓮推　推舉。⓯梁祖莊宗皆兼領四鎮　朱溫兼領宣武、宣義、天平、護國四鎮，李存勗兼領河東、魏博、盧龍、成德四鎮。⓰府　指成都府。⓱趙僕射　指趙季良。⓲己亥　五月十八日。

⑲少副其求　稍稍滿足他的要求。⑳二虎　指李仁罕與趙廷隱。㉑監押　後蜀官名，監管州府政務。㉒癸卯　五月二十一日。㉓為患益深　更加擔心。㉔曉　告訴。㉕保寧軍　方鎮名，蜀以閬州為保寧軍，董璋取閬州，廢保寧軍。孟知祥仍復閬州為保寧軍。㉖益　增加。㉗深解　深入解釋。㉘戊午　六月初七日。㉙權行制書　暫時用皇帝的制令。㉚併於一賊　合併給一個賊人統治。㉛撫眾守險　安撫百姓，扼守險地。㉜密規進取　嚴密規劃，收取兩川。㉝屈意撫之　違背自己本意而安撫他。㉞狐狼　指董璋依憑窟穴，抗厲犯上。㉟自貽　自己招來。㊱丘園親戚　祖先墳墓、親人戚屬。㊲守君臣之大節　恪守作為臣子的節操，盡臣子的義務。㊳寶皇　道教聖主。㊴大羅仙主　神仙名號。㊵職貢遂絕　向後唐稱臣進貢的事中斷。

【校　記】①起兵　原無此二字。據章鈺校，十二行本、乙十一行本皆有此二字，今據補。②徐彥林　據章鈺校，十二行本、乙十一行本皆無「林」字。按，本卷上年作「徐彥林」，《新五代史・閩世家》作「徐彥」，《十國春秋》作「徐彥朴」，未知孰是。

【語　譯】五月十一日壬辰，孟知祥生病。十二日癸巳，病情加重。中門副使王處回侍奉左右，廚師送來的食物，一定要讓食器空著拿出來，藉此安定眾心。李仁罕從遂州前來，趙廷隱在板橋迎接他。李仁罕沒有稱讚趙廷隱在東川的功勞，反而侵侮他，趙廷隱大怒。十四日乙未，孟知祥的病好了。十六日丁酉，進入梓州城。十七日戊戌，犒賞參戰將士，事畢之後，孟知祥對李仁罕、趙廷隱說：「兩位將軍應該由誰鎮守這裡？」李仁罕說：「令公如果再把蜀州交給我，我也可以去。」趙廷隱不回答。孟知祥很驚奇，回來後，命令李昊起草任命書，等兩位將軍有一人推讓，就任命另一人為留後。李昊說：「從前梁太祖、唐莊宗都是兼領四個軍鎮，現在兩位將軍互不相讓，只有您自己兼領才合適。您最好趕快回成都府去，再和趙僕射商量此事。」

五月十八日己亥，契丹使者迭羅卿向唐明宗辭別回國，唐明宗說：「朕的想法在於安定邊境，不能不稍微滿足他們的請求。」於是就遣返荊骨舍利，讓他和使者一道回國。契丹因為沒有得到荊剌回國，從此以後多次侵犯雲州和振武。

孟知祥命令李仁罕回遂州去，留下趙廷隱擔任東川巡檢，任命李昊代理梓州軍府的事務。李昊說：「兩隻老虎正在爭鬥，在下不敢接受任命，願意跟您返回成都。」於是任命都押牙王彥銖為東川監押。五月二十二日癸卯，孟知祥到了成都，趙廷隱不久也率兵西返。

孟知祥對李昊說：「我雖然取得了東川，但是所擔心的更多了。」李昊問是什麼原因，孟知祥說：「自從我離開梓州，收到了李仁罕的七次報告，都是說『您應該親自兼領東川，不然的話，將領們心裡不服氣。』趙廷隱則說『我本來不敢說任職東川，因為李仁罕不謙讓，才有了和他爭奪的念頭。』你替我告訴趙廷隱，我要把閬州再恢復為保寧軍，增加果、蓬、渠、開四個州，派他前去鎮守。我親自兼領東川，好讓李仁罕絕了望。」趙廷隱還是不滿意，他要求和李仁罕決鬥，得勝的一方鎮守東川。李昊深入解釋，他才接受任命。六月，任命趙廷隱為保寧留後。初七日戊午，趙季良帶領文武官員請求孟知祥兼領東川，孟知祥答應了。趙季良等人又請求孟知祥稱王，暫時使用皇帝的制令，賞賜功臣，孟知祥則沒有答應。

董璋起兵進攻孟知祥時，山南西道節度使王思同把這一情況報告了朝廷，范延光對唐明宗說：「如果兩川被一個賊人兼併，安撫民眾，據守險要，那麼我們攻取他更加困難。應該乘著他們互相爭鬥，早點收拾他們。」唐明宗命令王思同利用興元的部隊暗中安排進擊事宜。沒過多久，得知董璋失敗死去，范延光對唐明宗說：「孟知祥雖然佔據了全部蜀地，但士兵都是東方人，孟知祥害怕他們想回家鄉會釀成叛亂，也想依靠朝廷的威望來震懾他們，陛下如果不違背自己本意安撫他一番，那麼他就無從自新。」唐明宗說：「孟知祥是我的老朋友，被人離間才造成今天這種局面，有什麼違背本意可言的！」於是派遣供奉官李存瓌向孟知祥頒賜詔書說：「董璋是狐狼之輩，自招族滅。愛卿的祖宗墓園和親人戚屬都安然無恙，你應該好好保持你們家世的美名，謹守君臣的大節。」李存瓌，是李克寧的兒子，孟知祥的外甥。

閩王王延鈞對道士陳守元說：「替我問問寶皇：我當了六十年天子之後，又會怎麼樣？」第二天，陳守元進宮向他報告說：「昨天晚上我上了奏章，得到寶皇的降旨，說您六十年後可以當大羅仙主。」徐彥林等人也說：「北廟的崇順王曾經見到寶皇，他說的話和陳守元一樣。」王延鈞聽了更加自命不凡了，開始謀劃稱帝。他上表朝廷說：「錢鏐去世了，請冊封臣為吳越王。馬殷去世了，請任命臣為尚書令。」朝廷沒有回覆，從此他就不再向朝廷稱臣納貢了。

【研　析】本卷研析孟知祥以誠得人死力、安重誨跋扈、孟知祥割據西川三件史事。

孟知祥以誠得人死力。明宗長興元年二月初四日戊戌，西川都指揮使李仁罕、張業設宴請節度使孟知祥會飲。孟知祥從容赴宴，不帶一個保鏢，獨身前往，李仁罕感動得磕頭流涕說：「老兵惟有以死報答主公的恩德。」孟知祥為何單身赴會？李仁罕為何感動流涕？因在兩天之前發生了重大的告密事件。有一個尼姑舉報李仁罕、張業兩位將軍圖謀反叛，設鴻門宴加害孟知祥。孟知祥嚴加追究，查出是兩個中級軍官都延昌、王行本編造的謊言，他們要假借孟知祥的手來除掉李仁罕、張業。二月初三日丁酉，孟知祥將都延昌、王行本兩人明正典刑，腰斬於市。第二天孟知祥獨身赴宴，示以誠心。孟知祥如此果決地處理要案，又如此自信地獨身赴宴，充分展示了他的明察善斷以及勇敢無畏的人格魅力，這就是超凡入聖的帝王氣度，不是常人所有的。孟知祥能割據西川，以小喻大，確實是一時人傑。

安重誨跋扈。明宗養子李從珂英勇善戰，建立了許多軍功，明宗憐愛有加。莊宗同光二年，明宗鎮真定。有一天安重誨與李從珂飲酒，酒席間二人發生口角，李從珂與安重誨起了衝突，酒醒後，李從珂向安重誨道歉，安重誨仍然懷恨在心，念念不忘除之而後快。李從珂專方面為河東節度使，封潞王，安重誨一次又一次在明宗面前打小報告，說李從珂的壞話，明宗不為所動。安重誨居然假傳明宗詔令，曉諭河東牙內指揮使楊彥溫驅逐李從珂。李從珂被逐，逃到虞鄉上書聞於明宗，明宗質問安重誨，安重誨反咬楊彥溫是奸人。明宗要立案審訊，安重誨力主發兵征討。明宗要求生擒楊彥溫，安重誨竟然指使西都留守索自通、步軍都指揮使藥彥稠破城後斬殺楊彥溫滅口。明宗一再退讓，安重誨得寸進尺，又指使宰相馮道、趙鳳上奏李從珂擅離職守，必欲置之死地而後快。馮道、趙鳳兩人上言遭到明宗斥責，兩人惶恐而退。又一天，趙鳳再次言及，明宗沉默不語。安重誨還不死心，又親自為言，明宗說：「朕昔日為小軍官，家裡貧困，依靠從珂拾馬糞才維持生計，朕如今貴為天子，難道還不能保護一個患難相共的兒子嗎？」此時的安重誨居功自負，簡直不把明宗皇帝看在眼裡，竟然一再逼迫皇帝處置皇子以洩私憤。安重誨跋扈如此，不學無術如此，最終慘遭冤殺，自取之也。

孟知祥割據西川。孟知祥是後蜀的創業者，字保胤，邢州龍崗人。孟知祥叔父孟遷，唐末據邢、洺、磁三州，為晉王李克用所併。知祥長成，品貌非凡，李克用以其弟李克讓之女妻孟知祥，入唐封為瓊華長公主；李克用另一弟李克寧娶孟知祥之妹為妻。李、孟二姓政治聯姻，不論尊卑，孟知祥作為外戚，是莊宗的舅父；作為女婿，是莊宗的堂妹夫。莊宗建號，孟知祥以其特殊關係，以及個人才華，任太原尹，為北京留守。郭崇韜伐蜀，與莊宗臨別，推薦孟知祥為蜀帥。莊宗於是改任孟知祥為成都尹、劍南西川節度副大使。同光四年正月，孟知祥入蜀，其時郭崇韜已死。不久，莊宗崩，明宗立，孟知祥見中原多事，暗中已下定決心，割據西川稱王，擴軍備戰，訓練士卒，增設義勝、定遠、驍銳、義寧、飛棹等軍七萬餘人。明宗長興三年，孟知祥併東川，殺董璋，自兼西川節度使。第二年，明宗封孟知祥為蜀王。同年十一月明宗崩，三個月後，孟知祥即皇帝位，國號蜀，史稱後蜀。孟知祥能成就大事，主要有以下三個原因。第一，以恩信籠絡諸將，得人死力。孟知祥冒死單人赴宴，示誠於李仁罕、張業，後來二人多建奇功。第二，廣收人才，留趙季良為謀主。唐伐蜀先鋒康延孝反叛，孟知祥與諸軍合擊，斬殺康延孝，孟知祥趁機納降，得其將李肇、侯弘實及其兵數千以歸。唐明宗任太僕卿趙季良為三川制置使入蜀，賜孟知祥官印，制置兩川徵賦。孟知祥拒不奉詔，截留兩川徵賦，上表以節度副使留趙季良為謀主，既搪塞了朝廷，又得良師，真是一箭雙雕。第三，欲擒故縱，聯姻董璋反叛朝廷，而且併之。孟知祥原本厭惡董璋，兩人不通音問，早有吞併之意。為了合縱對抗朝命，孟知祥用趙季良策，與董璋聯姻，誘使董璋先反。安重誨興兵伐蜀，原本是聯合董璋誅討孟知祥，反過來成了董璋替孟知祥打頭陣，對抗朝廷。明宗還師，孟知祥三次邀約董璋上表朝廷謝恩，董璋親屬為朝廷誅滅，孟知祥親屬為朝廷放歸，兩相對照，董璋憤怒孟知祥賣己，自不量力興兵攻蜀，孟知祥名正言順滅董璋，併東川，不但沒有上表朝廷謝恩，反而據地稱王稱帝。孟知祥雖非命世大才，不能統一中原，但不失時機偏安一隅，也算是一個非常之人。

卷第二百七十八

後唐紀七　起玄黓執徐（壬辰　西元九三二年）七月，盡閼逢敦牂（甲午　西元九三四年）閏正月，凡一年有奇。

【題解】本卷記事起西元九三二年七月，迄西元九三四年閏正月，凡一年又八個月。當後唐明宗長興三年七月至後唐末帝清泰元年閏正月。唐明宗本代北胡人，武勇不知書，性忠厚，因亂為眾所推，不意得皇帝位，不懂治國之術，權落群小。先是安重誨執政，而有伐蜀之舉，促成孟知祥據蜀，繼又夏州守將李彝超不奉詔移鎮，官軍往討無功，朝廷威信下落。秦王李從榮輕佻峻急，大臣畏避，明宗知其不才而不能裁制，導致從榮反叛被誅。明宗崩，第五子宋王李從厚即位，從厚仁弱，不能掌控朝政，胥史小人朱弘昭、馮贇等專權，忌賢妒能，朝廷威信掃地。孟知祥稱帝於蜀。石敬瑭得機為北京留守，為後晉建立張本。

明宗聖德和武欽孝皇帝下

長興三年（壬辰　西元九三二年）

秋，七月[1]，朔方奏夏州党項入寇，擊敗之，追至賀蘭山❶。○己丑❷，加鎮海、鎮東[2]節度使錢元瓘守中書令。○庚寅[3]，李存瓌至成都，孟知祥拜泣受詔。

武安、靜江節度使馬希聲以湖南比年大旱[4]，命閉南嶽[5]及境內諸神祠門，竟不雨。辛卯[6]，希聲卒，六軍使[7]袁詮、潘約等迎鎮南節度使希範[8]於朗州而立之。

乙未[9]，孟知祥遣李存瓌還，上表謝罪[10]，且告福慶公主之喪。自是復稱藩[11]，然益驕倨矣[3]。○庚子[12]，以西京留守、同平章事李從珂為鳳翔節度使。○廢武興軍[13]，復以鳳、興、文三州隸山南西道。○丁未[14]，以門下侍郎、同平章事趙鳳同平章事，充安國節度使。

八月庚申[15]，馬希範至長沙。辛酉[16]，襲位[17]。

甲子[18]，孟知祥令李昊為武泰趙季良等五留後草表[19]，請以知祥為蜀王，行墨制[20]，仍自求旌節[21]。昊曰：「比者[22]諸將攻取方鎮，即有其地，今又自求朝廷[4]節鉞及明公[23]封爵，然則輕重之權[24]皆在羣下矣。借使明公自請，豈不可邪！」知祥大悟，更令昊為己草表，請行墨制，補兩川刺史已下[25]。又表請以季良等五留後為節度使[26]。

初，安重誨欲圖兩川[27]，自知祥殺李嚴，每除刺史，皆以東兵衛送之[28]。小州不滅㉙五百人，夏魯奇、李仁矩、武虔裕各數千人，皆以牙隊㉚為名。及知祥克遂、閬、利、夔、黔、梓六鎮，得東兵無慮㉛三萬人，恐朝廷徵還㉜，表請其妻子㉝。

吳徐知誥廣㉞金陵城㉟周圍二十里。

【章旨】以上為第一段，寫孟知祥請旨為蜀王。楚國馬殷第四子馬希範繼馬希聲為節鎮。徐知誥大築金陵城。

【注釋】❶賀蘭山　一稱阿拉善山，在今寧夏回族自治區西北邊境和內蒙古自治區接界處。❷己丑　七月初九日。❸庚寅　七月初十日。❹比年大旱　連年大旱。❺命閉南嶽　下令關閉南嶽廟廟門。南嶽，衡山，在今湖南衡山縣西，山勢雄偉。古稱衡山為南嶽，山上有南嶽廟。這裡指衡山上的南嶽廟。❻辛卯　七月十一日。❼六軍使　皇宮禁衛軍的統領官。❽希範　馬希範（西元八九九—九四七年），字寶規，馬殷第四子，以鎮南節度使繼楚王位，好學、善詩，性剛愎，奢靡而喜淫。西元九三二—九四七年在位。卒謚文昭。事見《舊五代史》卷一百三十三、《新五代史》卷六十六，《十國春秋》卷六十八有傳。❾乙未　七月十五日。❿上表謝罪　上表文悔過去年與唐兵採取敵對行動的罪行。⓫稱藩　稱臣；成為藩鎮。⓬庚子　七月二十日。⓭廢武興軍　前蜀於永平五年（西元九一五年）置武興軍於鳳州，割文、興二州為屬州。今廢除，州還山南西道舊屬。⓮丁未　七月二十七日。⓯庚申　八月十一日。⓰辛酉　八月十二日。⓱襲位　繼承武安、靜江節度使位。⓲甲子　八月十五日。⓳草表　起草請以孟知祥為蜀王的表文，上報後唐朝廷。⓴行墨制　用黑墨書寫的制書。意即非正式公文。㉑自求旌節　謂五留後自己也向後唐請求賜給節度使的旌旗和符節。㉒比者　近年。㉓明公　指孟知祥。㉔輕重之權　大小權力。㉕補兩川刺史已下　有權用墨制任命西川、東川刺史以下的官吏。㉖五留後為節度使　即武泰留後趙季良、武信留後李仁罕、保寧留後趙廷隱、寧江留後張業、昭武留後李肇為節度使。㉗圖兩川　打算收取西川和東川。㉘東兵衛送之　後唐兵保衛他們，送他們至任所。東兵，因後唐在四川之東，故稱東兵。㉙不滅　不少於。㉚牙隊　即衙隊。州刺史的禁衛兵。㉛無慮大約。㉜徵還　徵召他們回去。㉝表請其妻子　上表章請求將東兵的妻子和子女送到兩川來。㉞廣　擴充。㉟金陵城　在今江蘇南京。

【校　記】①七月　原作「七月朔」。據章鈺校，十二行本、乙十一行本「朔」字皆不重，張敦仁《通鑑刊本識誤》：「『月』下脫『辛巳』二字。」即補朔日干支。《冊府元龜》記此事作「七月靈武奏夏州党項……」，不言朔日，故當以章鈺校為是，今據刪。②鎮東　原作「鎮東軍」。據章鈺校，十二行本、乙十一行本皆無「軍」字，今據刪。③然益驕倨矣　原無此五字。據章鈺校，十二行本、乙十一行本皆有此五字，張敦仁《通鑑刊本識誤》、張瑛《通鑑校勘記》同，今據補。④朝廷　原無此二字。據章鈺校，十二行本、乙十一行本皆有此二字，張敦仁《通鑑刊本識誤》同，今據補。

【語　譯】明宗聖德和武欽孝皇帝下

長興三年（壬辰　西元九三二年）

秋，七月，朔方守軍上奏說夏州的党項人侵，已經打敗了他們，追擊到賀蘭山。〇初九日己丑，加封鎮海、鎮東節度使錢元瓘為中書令。〇初十日庚寅，李存瓌到達成都，孟知祥哭著拜伏於地接受詔書。

武安、靜江節度使馬希聲因為湖南連年大旱，下令關閉南嶽廟和境內各神祠的廟門，到最後還是沒下雨。十一日辛卯，馬希聲去世，六軍使袁詮、潘約等人在朗州迎接鎮南節度使馬希範，擁立他為王。

七月十五日乙未，孟知祥派遣李存瓌返回洛陽，向唐明宗上表謝罪，並報告了福慶長公主的死訊。從此以後又成為朝廷的藩臣，但卻愈加的驕縱了。〇二十日庚子，任命西京留守、同平章事李從珂為鳳翔節度使。〇廢除武興軍，又把鳳、興、文三州歸屬山南西道。〇二十七日丁未，任命門下侍郎、同平章事趙鳳為同平章事，充任安國節度使。

八月十一日庚申，馬希範到達長沙。十二日辛酉，繼承王位。

八月十五日甲子，孟知祥讓李昊替武泰留後趙季良等五位留後起草奏章，請求朝廷任命孟知祥為蜀王，使用墨制詔書，並且各人自己也向朝廷請求賜給節度使的旌節。李昊說：「近年將領們攻取了一個方鎮，就佔有其地，現在又自己向朝廷請求節鉞，以及您的封爵，這樣一來大小權力都落在下屬手裡。如果您自己向皇帝請求，難道不可以嗎！」孟知祥徹底明白過來，重新讓李昊替自己起草一份奏章，請求使用墨制詔書，補授兩川刺史以下官員。又上表請求任命趙季良等五個留後為節度使。

當初，安重誨想收取兩川，自從孟知祥殺死了李嚴之後，朝廷每次任命刺史，都要用後唐兵護送他們赴任。小的州不少於五百人，夏魯奇、李仁矩、武虔裕等人上任各有幾千人，都是用牙隊的名義。等到孟知祥攻取遂、閬、利、夔、黔、梓六個軍鎮，得到了後唐士卒大約三萬人，他害怕朝廷把這些人徵召回去，就上表請求把這些士卒的妻子、兒女都接到兩川來。

吳國的徐知誥把金陵城四周擴建了二十里。

初，契丹既彊，寇抄❶盧龍諸州皆徧。幽州城門之外，虜騎充斥。每自涿州運糧入幽州，虜多伏兵於閻溝❷，掠取之。及趙德鈞為節度使，城閻溝而戍之，為良鄉縣❸，糧道稍通。幽州東十里之外，人不敢樵牧❹。德鈞於州東五十里城潞縣❺而戍之，近州之民始得稼穡。至是，又於州東北百餘里城三河縣❻以通薊州運路。虜騎❼來爭，德鈞擊卻之。九月庚辰朔❽，奏城三河畢❾。邊人賴之❿。

壬午⓫，以鎮南節度使馬希範為武安節度使兼侍中。○孟知祥命其子仁贊⓬攝行軍司馬⓭，兼都總轄兩川牙內馬步都軍事。

冬，十月己酉朔⓮，帝復遣李存瓌如成都，凡劍南⓯自節度使、刺史以下官，聽知祥差署訖奏聞⓰，朝廷更不除人⓱。唯⓲不遣戍兵妻子⓳，然其兵亦不復徵也。

秦王從榮喜為詩，聚浮華之士[20]高輦等於幕府[21]，與相唱和[22]，頗自矜伐[23]。每置酒，輒[24]令僚屬賦詩，有不如意者，面毀裂抵棄[25]。壬子[26]，從榮入謁，帝語之曰：「吾雖不知書，然喜聞儒生講經義，開益人智思[27]。吾見莊宗好為詩，將家子[28]文非素習，徒取人竊笑，汝勿效也。」

丙辰[29]，幽州奏契丹屯捺剌泊[30]。

前彰義節度使李金全屢獻馬，上不受，曰：「卿在鎮為治何如[31]？勿但以獻馬為事[32]！」金全，吐谷渾人也。

壬申[33]，大理少卿康澄上疏[1]曰：「臣聞童謠[34]非禍福之本[35]，妖祥豈隆替之源[36]！故雊雉升鼎而桑穀生朝[37]，不能止殷宗之盛；神馬長嘶而玉龜告兆[38]，不能延晉祚之長。是知國家有不足懼者五，有深可畏者六：陰陽不調[39]不足懼，三辰失行[40]不足懼，小人訛言[41]不足懼，山崩川涸[42]不足懼，蟊賊傷稼[43]不足懼。賢人藏匿[44]深可畏，四民遷業[45]深可畏，上下相徇[46]深可畏，廉恥道消[47]深可畏，毀譽亂真[48]深可畏，直言蔑聞[49]深可畏。不足懼者，願陛下存而勿論[50]。深可畏者，願陛下修而靡忒[51]！」優詔獎之。

【章　旨】以上為第二段，寫趙德鈞守幽州，繕守備，制止了契丹侵擾。大理少卿康澄上奏五不足懼、六深可畏，明宗優詔褒之。

【注　釋】❶寇抄　侵犯、抄掠。❷閻溝　地名，在今河北易縣境內。❸城閻溝而戍之二句　在閻溝築城牆派兵鎮守，並置閻溝為良鄉縣。❹樵牧　打柴和放牧。❺潞縣　縣名，在今北京市通州東。❻三河縣　縣名，因地近泃、洳、鮑丘三水而得名，在今河北三河市。❼虜騎　契丹的騎兵。❽庚辰朔　九月初一日。❾奏城三河畢　上奏朝廷，報告三河縣建城完畢。❿賴之　依靠它。⓫壬午　九月初三日。⓬仁贊　即蜀後主孟昶。⓭行軍司馬　節度使府高級屬官，掌軍務。⓮己酉朔　十月初一日。⓯劍南　方鎮名，唐玄宗開元七年（西元七一九年）升劍南支度、營田、處置、兵馬經略使為節度使，治所益州，在今四川成都。⓰聽知祥差署訖奏聞　聽任孟知祥委任後上表申報。差署，派遣任命。⓱更不除人　不再任命他人。⓲唯　只。⓳不遣戍兵妻子　不把戍兵的妻子和子女送到西川來。⓴浮華之士　華而不實的讀書人。㉑幕府　節度使府。㉒與相唱和　指秦王與幕府所聚的一群浮華之士吟詩唱和。㉓頗自矜伐　很是自我誇耀。㉔輒　便；就。㉕有不如意者二句　如果詩寫得不中其意便當面撕毀詩稿擲在地上。㉖壬子　十月初四日。㉗開益人智思　擴大人的智慧和思索能力。㉘將家子　武將家的子弟。㉙丙辰　十月初八日。㉚捺剌泊　契丹語，也作「捺鉢」、「納捺」，即漢語行在的意思。其地在今山西大同附近。㉛為治何如　治理得怎麼樣。㉜為事　作為主要任務。㉝壬申　十月二十四日。㉞童謠　兒童唱的歌謠。㉟禍福之本　禍祟和幸福的根本。㊱妖祥豈隆替之源　妖異和祥瑞難道是興盛和衰落的根源。㊲雊雉升鼎而桑穀生朝　雊雉升鼎，相傳殷武丁祭成湯時，有飛雉停在鼎耳上鳴叫。雊，雉雞叫。桑穀生朝，殷王太戊時，國都亳桑、穀二木共生於朝。「雊雉升鼎」、「桑穀生朝」，均非吉兆，武丁、太戊懼而修德，使殷朝振興。㊳神馬長嘶而玉龜告兆　神馬長嘶，晉懷帝永嘉六年（西元三一二年）二月，有神馬在南城門長鳴。玉龜告兆，魏明帝時，張掖柳谷水湧，有石馬、石牛、石龜湧出，時人認為是上天報告吉祥的消息。「神馬長嘶」、「玉龜告兆」，均為吉祥徵兆，但魏與晉都很快滅亡。㊴陰陽不調　這裡指天地氣候變化無常。㊵三辰失行　謂日、月、星運行失次。㊶小人訛言　小人的流言蜚語。㊷山崩川涸　山嶽崩潰，河流乾涸。㊸蟊賊傷稼　昆蟲損害莊稼。蟊，吃根的害蟲。賊，吃節的害蟲。㊹賢人藏匿　有道德、有賢能的人隱居不願出仕。㊺四民遷業　士、農、工、商不安本業。四民，指士、農、工、商。㊻上下相徇　上下互相徇私勾結。㊼廉恥道消　喪失廉恥之心。㊽毀譽亂真　好壞失真，是非顛倒。㊾直言蔑聞　聽不到正直的話。㊿存而勿論　保留著不必去理會。(51)修而靡忒　留心而不出差誤。

【校　記】[1]上疏　原作「上書」。據章鈺校，十二行本、乙十一行本皆作「上疏」，今據改。

【語　譯】當初，契丹強盛以後，把盧龍各州都搶掠遍了。幽州城門之外，布滿契丹騎兵。每次從涿州把糧食運進幽州，契丹人大多在閻溝埋伏兵馬，把糧食掠走。等到趙德鈞擔任節度使，在閻溝修建城牆，設立良鄉縣，運糧的道路漸漸打通。幽州城東十里以外，人們不敢去打柴放牧。趙德鈞在州城東面五十里修建了潞城，派兵守衛，靠近州城的百姓始得耕種。到這時候，又在州城東北一百多里的地方修建了三河縣城，用來打通到薊州的運輸道路。契丹的騎兵前來搶掠，趙德鈞打退了他們。九月初一日庚辰，上奏朝廷說三河縣城修建完畢。邊境的居民靠這些城池得到保護。

九月初三日壬午，任命鎮南節度使馬希範為武安節度使兼任侍中。〇孟知祥任命他的兒子孟仁贊代理行軍司馬，兼任都總轄兩川牙內馬步都軍事。

冬，十月初一日己酉，唐明宗又派遣李存瓌前往成都，凡是劍南從節度使、刺史以下的官員，都聽任孟知祥委任後再奏報朝廷，朝廷不再任命他人。只是不讓戍守士兵的妻子、兒女去西川，但是那些士兵也不再徵召東還。

秦王李從榮喜歡作詩，在幕府中聚集了浮華文士高輦等人，同他們相互作詩唱和，他很是自我誇耀。每次擺酒設宴，就讓幕僚作詩，詩作得不合他意的，當面把詩稿撕毀擲在地上。十月初四日壬子，李從榮進宮謁見，唐明宗對他說：「我雖然不認得字，但是喜歡聽儒生們講解經文的意義，擴大人的智慧和思考。我見到唐莊宗喜歡作詩，但武將家的子弟舞文弄墨本來就不在行，只能讓人背地裡笑話，你不要仿效。」

十月初八日丙辰，幽州方面奏報說契丹人屯兵捺刺泊。

前彰義節度使李金全一再向朝廷進獻馬匹，唐明宗不肯接受，對他說：「你在軍鎮治理得怎麼樣？不要一心只想著進獻馬匹！」李金全，是吐谷渾人。

十月二十四日壬申，大理少卿康澄上疏說：「臣聽說童謠不是判斷禍福的根據，妖異和祥瑞豈能當做興衰的本原！所以飛雉落於鼎耳，桑穀共生於朝，不能阻止殷王把國家復興起來；神馬長嘶、水湧玉龜吉兆的出現，並沒有延長晉朝的國運。由此可知，國家有五件事不值得害怕，有六件事令人深為畏懼：氣候變化無常不值得害怕，日月星辰運行失次不值得害怕，小人的流言蜚語不值得害怕，山崩河涸不值得害怕，害蟲損害莊稼不值得害怕。賢人深藏不出值得害怕，士農工商不安居樂業值得害怕，上下互相徇私勾結值得害怕，喪失廉恥之心值得害怕，好壞失真值得害怕，聽不到直言讜論值得害怕。不值得害怕的事情，希望陛下把它擺在一邊，不加理會。很值得害怕的事情，希望陛下留意，不出差錯！」唐明宗頒下嘉許的詔書褒獎了康澄。

秦王從榮為人鷹視❶，輕佻峻急。既判六軍諸衛事，復參朝政，多驕縱不法❷。

初，安重誨為樞密使，上專屬任之❸。從榮及宋王從厚❹自襁褓與之親狎❺，雖典兵❻，常為重誨所制❼，畏事之❽。重誨死，王淑妃與宣徽使孟漢瓊宣傳帝命，范延光、趙延壽為樞密使，從榮皆輕侮之❾。河陽節度使、同平章事石敬瑭兼六軍諸衛副使，其妻永寧公主與從榮異母，素相憎疾❿。從榮以從厚聲名出己右⓫，尤忌之⓬。從厚善以卑弱奉之⓭，故嫌隙不外見⓮。石敬瑭不欲與從榮共事，常思外補⓯以避之。范延光、趙延壽亦慮及禍，屢辭機要，請與舊臣迭⓰為之，上不許。會契丹欲入寇，上命擇帥臣鎮河東，延光、延壽皆曰：「當今帥臣可往者獨石敬瑭、康義誠耳。」敬瑭亦願行，上即命除之。既受詔，不落六軍副使⓱，敬瑭復辭，上乃以宣徽使朱弘昭知山南東道⑱，代義誠詣闕。

十一月辛巳⑲，以三司使孟鵠為忠武節度使，以忠武節度使馮贇充宣徽南院使、判三司。鵠本刀筆吏⑳，與范延光鄉里厚善，數年間引擢㉑至節度使。上雖知其太速，然不能違㉒也。

乙酉㉓，上以胡㉔寇浸㉕逼北邊，命趣㉖議河東帥㉗。石敬瑭欲之㉘，而范延光、趙延壽欲用康義誠，議久不決。權㉙樞密直學士㉚李崧以為非石太尉㉛不可，延光曰：「僕㉜亦累奏用之，上欲留之宿衛㉝耳。」會上遣中使趣之，眾乃從崧議。丁亥㉞，以石敬瑭為北京留守、河東節度使，兼大同・振武・彰國㉟・威塞等軍蕃漢馬步總管、加兼侍中。

【章　旨】以上為第三段，寫秦王李從榮輕佻峻急，大臣畏之。石敬瑭為北京留守，為後晉建立張本。

【注　釋】❶鷹視　形容人的目光兇狠，有如老鷹視物。❷驕縱不法　驕奢、放縱，不守法紀。❸上專屬任之　明宗專一信任他。❹宋王從厚　（西元九一四—九三四年）明宗第五子。小字菩薩奴。好讀《春秋》，略通大義。明宗崩後第四日，宋王由魏州至京，至三日即皇帝位。西元九三三—九三四年在位。被李從珂鴆死。諡閔。傳見《舊五代史》卷四十五、《新五代史》卷七。❺親狎　親近。❻典兵　統帥軍隊。❼制　制約；約束。❽畏事之　敬畏而侍奉、聽從他。❾輕侮之　輕蔑他、欺侮他。❿憎疾　憎恨。⓫右　上。古人以右為上。⓬尤忌之　特別忌恨他。⓭以卑弱奉之　以低下弱勢的姿態侍奉他。⓮不外見　不暴露在外面。見，通「現」。⓯外補　補缺外任。⓰迭　輪換。⓱不落六軍副使　不免去六軍諸衛副使官職。⓲山南東道　方鎮名，唐肅宗至德二載（西元七五七年），升襄陽防禦使為山南東道節度使，治所襄州，在今湖北襄樊。⓳辛巳　十一月初三日。⑳刀筆吏 辦理文書事務的小吏。㉑引擢 薦引拔擢。㉒不能違 因礙於范延光的引薦而難以違背。㉓乙酉 十一月初七日。㉔胡 指契丹。㉕浸 漸進；逐漸。㉖趣 通「促」。趕快。㉗河東帥 河東主帥；河東節度使。㉘欲之 希望擔任河東帥。㉙權 暫代。㉚樞密直學士 官名，充皇帝侍從，備顧問應對。㉛石太尉 指石敬瑭。太尉當是石敬瑭之加官。㉜僕 自我之謙稱。㉝宿衛 警衛皇宮。㉞丁亥 十一月初九日。㉟彰國 方鎮名，後唐明宗置彰國軍，治所應州，在今山西應縣東。

【語譯】秦王李從榮為人目光兇狠如鷹，性情輕佻冷酷。自從掌理六軍諸衛事務以後，又參與朝政，往往驕縱不守法紀。當初，安重誨擔任樞密使，唐明宗把一切大權都委託給他。李從榮和宋王李從厚自從孩提時代就和他親昵，李從榮雖然掌握了兵權，仍然時常被安重誨所轄制，以敬畏之心侍奉他。安重誨死了以後，王淑妃和宣徽使孟漢瓊宣布唐明宗的意旨，范延光、趙延壽擔任樞密使，李從榮對他們都很蔑視。河陽節度使、同平章事石敬瑭兼任六軍諸衛副使，他的妻子永寧公主和李從榮是異母所生，平時相互憎恨。李從榮認為李從厚的聲望超過自己，特別忌恨他。李從厚很會用謙卑弱勢的姿態侍奉李從榮，所以兩人之間的矛盾沒有顯露出來。石敬瑭不想和李從榮共事，常想補任外職好迴避他。范延光、趙延壽兩人也顧忌招惹災禍，一再要求辭去樞要職務，請求能和勳舊大臣輪流擔任，唐明宗沒有同意。適逢契丹人準備入侵，唐明宗命令挑選一個元帥大臣前去鎮守河東，范延光、趙延壽都說：「當今的元帥大臣可以前往的只有石敬瑭、康義誠而已。」石敬瑭也願意前去，唐明宗當即就任命了他。接受了詔命以後，沒有免除六軍副使的職位，石敬瑭又向唐明宗請辭，唐明宗於是任命宣徽使朱弘昭掌理山南東道，以接替康義誠的職務，讓康義誠到朝廷來。

十一月初三日辛巳，任命三司使孟鵠為忠武節度使，任命原忠武節度使馮贇充任宣徽南院使、判理三司。孟鵠本來是一個辦理文書事務的小吏，與范延光在鄉間的時候交情深厚，幾年之間推薦提拔到節度使。唐明宗雖然知道他提升得太快，但是沒有辦法阻止。

十一月初七日乙酉，唐明宗因為契丹人漸漸進逼北部邊境，命令趕快議定河東主帥人選。石敬瑭希望能得到這個職務，而范延光、趙延壽想任用康義誠，議論了很長時間沒有決定下來。代行樞密直學士李崧認為擔任此職的非石太尉不可，范延光說：「在下也多次向皇上上表請求任用他，但是皇上想把他留下警衛宮禁。」正好這時唐明宗派遣中使前來催促，大家就採納了李崧的建議。初九日丁亥，任命石敬瑭為北京留守、河東節度使、兼任大同・振武・彰國・威塞等軍蕃漢馬步總管、加任兼侍中。

己丑❶，加樞密使趙延壽同平章事。○吳以諸道都統徐知誥為大丞相、太師，加領德勝❷[1]節度使。知誥辭丞相、太師。

大同節度使張敬達❸聚兵要害，契丹竟不敢南下而還。敬達，代州人也。○蔚州刺史張彥超❹本沙陀人，嘗為帝養子，與石敬瑭有隙。聞敬瑭為總管，舉城附於契丹，契丹以為大同節度使。○石敬瑭至晉陽，以部將劉知遠、周瓌❺為都押衙❻，委以心腹。軍事委知遠，帑藏❼委瓌。瓌，晉陽人也。

十二月戊午❽，以康義誠為河陽節度使兼侍衛親軍馬步都指揮使❾，以朱弘昭為山南東道節度使。

是歲，漢主❿立其子耀樞⓫為雍王，龜圖為康王，弘度為賓王，弘熙為晉王，弘昌為越王，弘弼為齊王，弘雅為韶王，弘澤為鎮王，弘操為萬王，弘杲為循王，弘暐為思王，弘邈為高王，弘簡為同王，弘建為益王，弘濟為辯王，弘道為貴王，弘昭為宜王，弘政為通王，弘益為定王。未幾，徙弘度為秦王。

【章旨】以上為第四段，寫徐知誥領德勝節度使，南漢主大封諸子為王。

【注釋】❶己丑　十一月十一日。❷德勝　方鎮名，吳楊行密置，治所廬州，在今安徽合肥。❸張敬達　（?—西元九三六年）字志通，代州（今山西代縣）人，小字生鐵，少以騎射著名，官至應州節度使。抗契丹，不屈死。傳見《舊五代史》卷七十。❹張彥超　（?—西元九五六年）沙陀人，腳跛，明宗養子。歷事後唐、契丹、後漢、後周蕃漢四朝，官至後周神武統軍。傳見《舊五代史》卷一百二十九。❺周瓌　（?—西元九三七年）晉陽（今山西太原）人，少端厚，善書計，為石敬瑭掌財政，毫釐不差。官至安州節度使，被叛將王暉所殺。傳見《舊五代史》卷九十五。❻都押衙　官名，掌管節度府庶務。❼帑藏　國庫。這裡指總管節度府公家財物。❽戊午　十二月十一日。❾侍衛親軍馬步都指揮使　後唐禁衛軍高級將領。❿漢主　即南漢主劉龑。⓫耀樞　為劉龑長子。與其諸弟共十九人，皆被封王。耀樞與劉龑次子龜圖早卒。三子弘度，初封賓王，改封秦王，以次繼劉龑為南漢主，改名玢。西元九四二—九四三年在位，為弟弘熙所弒，史稱殤帝。弘熙，劉龑第四子，殺兄自立，為南漢中宗，更名晟。劉晟以下諸弟，除九弟弘操戰死外，其餘十四弟皆被中宗所害。耀樞與諸弟傳見《新五代史》卷六十五，又見《十國春秋》卷六十一。

【校記】①德勝　原作「得勝」。胡三省注云：「『得勝』當作『德勝』。」據章鈺校，乙十一行本作「德勝」，當是，今據改。

【語譯】十一月十一日己丑，加封樞密使趙延壽同平章事。〇吳國任命諸道都統徐知誥為大丞相、太師，加領德勝節度使。徐知誥辭去丞相、太師二職。

大同節度使張敬達在要害之地屯聚部隊，契丹兵最終不敢南下，退了回去。張敬達，是代州人。〇蔚州刺史張彥超原本是沙陀人，曾經是唐明宗的養子，與石敬瑭有矛盾。他聽說石敬瑭任北方各軍鎮的馬步總管，就帶領全城軍民歸附了契丹，契丹任命他為大同節度使。〇石敬瑭到了晉陽，任命部將劉知遠、周瓌為都押衙，把他們當做心腹。軍事委託給劉知遠，財政委託給周瓌。周瓌，是晉陽人。

十二月十一日戊午，任命康義誠為河陽節度使兼任侍衛親軍馬步都指揮使，任命朱弘昭為山南東道節度使。

這一年，漢主劉龑封他的兒子劉耀樞為雍王，劉龜圖為康王，劉弘度為賓王，劉弘熙為晉王，劉弘昌為越王，劉弘弼為齊王，劉弘雅為韶王，劉弘澤為鎮王，劉弘操為萬王，劉弘杲為循王，劉弘暐為思王，劉弘邈為高王，劉弘簡為同王，劉弘建為益王，劉弘濟為辯王，劉弘道為貴王，劉弘昭為宜王，劉弘政為通王，劉弘益為定王。沒多久，徙封劉弘度為秦王。

四年（癸巳　西元九三三年）

春，正月戊子❶，加秦王從榮守尚書令兼侍中。庚寅❷，以端明殿學士歸義劉昫❸為中書侍郎、同平章事。

閩人有言真封宅❹龍見者，閩王延鈞[1]更命❺其宅曰龍躍宮。遂詣寶皇宮受冊，備儀衛，入府，即皇帝位，國號大閩，大赦，改元龍啓，更名璘。追尊父祖，立五廟。以其僚屬李敏為左僕射、門下侍郎，其子節度副使繼鵬為右僕射、中書侍郎，並同平章事，以親吏吳勗為樞密使。唐冊禮使❻裴傑、程侃適至海門❼，閩主以傑為如京使❽，侃固求北還，不許。閩主自以國小地僻，常謹事四鄰，由是境內差安❾。

二月戊申❿，孟知祥墨制以趙季良等為五鎮節度使。

涼州⓫大將拓跋承謙及耆老上表，請以權知留後孫超為節度使。上問使者：

「超為何人？」對曰：「張義潮⑫在河西⑬，朝廷以天平軍二千五百人戍涼州。自黃巢之亂，涼州為党項所隔，鄆人⑭稍稍物故⑮皆盡，超及城中之人皆其子孫也。」

乙卯⑯，以馬希範為武安、武平節度使，兼中書令。○戊午⑰，定難⑱節度使李仁福⑲卒。庚申⑳，軍中立其子彝超㉑為留後。○癸亥㉒，以孟知祥為東、西川節度使、蜀王。

先是，河西諸鎮㉓皆言李仁福潛通㉔契丹，朝廷恐其與契丹連兵，併吞河右㉕，南侵關中。會仁福卒，三月癸未㉖，以其子彝超為彰武㉗留後，徙彰武節度使安從進為定難留後。仍命靜難㉘[2]節度使藥彥稠將兵五萬，以宮苑使安重益為監軍，送從進赴鎮。從進，索葛㉙人也。

乙酉㉚，始下制除趙季良等為五鎮節度使㉛。

丁亥㉜，敕諭夏、銀、綏、宥㉝將士吏民，以夏州窮邊，李彝超年少，未能扞禦，故徙[3]之延安，從命則有李從曮㉞、高允韜㉟富貴之福，違命則有王都㊱、李匡賓㊲覆族之禍。夏，四月，彝超上言，為軍士百姓擁留，未得赴鎮，詔遣使趣㊳之。

言事者㊴請為親王置師傅，宰相畏秦王從榮，不敢除人，請令王自擇。秦王府判官、太子詹事㊵王居敏薦兵部侍郎劉瓚㊶於從榮，從榮表請之。癸丑㊷，以瓚為祕書監、秦王傅，前襄州支使㊸山陽㊹魚崇遠為記室㊺。瓚自以左遷㊻，泣訴，不得免。王府參佐皆新進少年，輕脫諂諛㊼，瓚獨從容規諷㊽，從榮不悅。瓚雖為傅，從榮一概以僚屬待之，瓚有難色㊾。從榮覺之，自是戒門者勿為通㊿，月聽(51)一至府，或竟日不召，亦不得食(52)。

李彝超不奉詔(53)，遣其兄阿囉王守青嶺門(54)，集境內党項諸胡(55)以自救。藥彥稠等進屯蘆關(56)，彝超遣党項抄(57)糧運及攻具，官軍自蘆關退保金明(58)。

閩主璘立子繼鵬為福王，充寶皇宮使(59)。

【章　旨】以上為第五段，寫閩主王延鈞即皇帝位，更名璘；秦王李從榮不禮王傅；定難留後李彝超不奉詔移鎮，明宗用兵。

【注　釋】❶戊子　正月十一日。❷庚寅　正月十三日。❸劉昫（西元八八八—九四七年）涿州歸義（今河北雄縣）人，好學知名，官至宰相，監修《舊唐書》。傳見《舊五代史》卷八十九、《新五代史》卷五十五。❹真封宅　宅名，王延鈞未即位時舊居。❺更命　改名。❻冊禮使　代皇帝行冊封禮的使者。❼海門　地名，在今福建福清。❽如京使　到後唐京都洛陽報告稱帝的使者。❾差安　粗安；稍略安定。❿戊申　二月初二日。⓫涼州　州名，治所武威，在今甘肅武威。⓬張義潮　唐沙州敦煌（今甘肅敦煌）人，唐宣宗大中年間，他乘吐蕃內亂，領導沙州民眾起事，歸附唐朝，被任命為歸州防禦使，旋為節度使。事見《新唐書》卷二百十六下。⑬河西　地區名，指涼州黃河以西、祁連山以北通西域的走廊地帶，又稱河西走廊。⑭鄆人　指天平軍去涼州戍守的人。因天平軍治所鄆州，故稱鄆人。⑮物故　死亡。⑯乙卯　二月初九日。⑰戊午　二月十二日。⑱定難　方鎮名，唐僖宗中和二年（西元八八二年），夏州節度賜號定難節度。治所夏州，在今陝西橫山縣西。後梁、後唐仍之。⑲李仁福　（？—西元九三四年）官至定難軍節度使，封朔方王。傳見《舊五代史》卷一百三十二、《新五代史》卷四十。⑳庚申　二月十四日。㉑彝超　（？—西元九三五年）李仁福子。傳附《舊五代史》卷一百三十二、《新五代史》卷四十〈李仁福傳〉。㉒癸亥　二月十七日。㉓河西諸鎮　指朔方及關中諸鎮。故胡注云：「河西當作關西。」㉔潛通　暗中勾結。㉕河右　即河西。此河西指今陝北黃河西岸地區，為最古之河西地區。㉖癸未　三月初七日。㉗彰武　方鎮名，唐僖宗中和二年（西元八八二年），以延州置保塞軍節度。後唐改為彰武軍，治所仍在延州，即今陝西延安。㉘靜難　靜難軍，治所邠州，在今陝西彬縣。㉙索葛　村名，在今山西朔州境內。㉚乙酉　三月初九日。㉛始下制除趙季良等為五鎮節度使　明宗於乙酉始下詔任命蜀中趙季良等為五鎮節度使。始，才。此指繼孟知祥墨制命趙季良等為五鎮留後之後，朝廷始下制承認。孟知祥以墨制除五鎮留後見本卷長興三年。㉜丁亥　三月十一日。㉝夏銀綏宥　皆州名。夏州治所巖綠，在今陝西靖邊西。銀州治所在今內蒙古鄂托克旗東南。綏州治所在今陝西綏德。宥州治所長澤，在今內蒙古鄂托克旗東南。㉞李從曮　李茂貞長子，長興元年（西元九三〇年）由鳳翔徙宣武節度使。㉟高允韜　長興元年由鄜延徙安國節度使。㊱王都　拒命被攻殺。事見本書卷二百七十六後唐明宗天成四年。㊲李匡賓　據保靜鎮拒命被殺。㊳趣　通「促」。催促。㊴言事者　諫官。㊵太子詹事　官名，東宮屬官，掌太子庶務。㊶劉瓚　（？—西元九三五年）或作「劉贊」。魏州（今河北大名）人，明宗時為中書舍人、御史中丞、刑部侍郎，守官以法，官至祕書監。傳見《舊五代史》卷六十八、《新五代史》卷二十八。㊷癸丑　四月初七日。㊸支使　官名，節度使屬官，掌助節度使處理政務。無出身者任此官。㊹山陽　縣名，在今江蘇淮安。㊺記室　官名，親王府屬官，掌書寫箋奏。㊻左遷　降職。劉瓚原官祕書監為從四品，徙為王傅為從三品。一般王傅為閒官，故視為左遷。當時，秦王位居儲副，秦王傅並非閒職，不得言左遷。只是因為太子從榮輕佻峻急，劉瓚恐受禍，藉口左遷以求脫身。㊼輕脫諂諛　輕佻狡黠而又阿諛奉承。㊽規諷　規勸諷諫。㊾難色　面有為難之色。㊿通　通報。(51)聽　聽任；允許。(52)不得食　不得陪太子飲食。即太子從榮不與王傅劉瓚一起進餐，冷待之也。(53)不奉詔　不接受詔書。即李彝超拒絕徙鎮彰武。(54)青嶺門　胡三省注認為係漢代上郡橋山之長城門。橋山在今陝西黃陵北。(55)党項諸胡　党項族的各部落。(56)蘆關　關名，在今陝西安塞北。(57)抄　抄掠。(58)金明　古縣名，在今陝西安塞北。(59)寶皇宮使　官名，寶皇宮的主管。寶皇宮為閩主王延鈞所造道教宮觀。

【校記】①閩王延鈞 原無此四字。據章鈺校，十二行本、乙十一行本、孔天胤本皆有此四字，張敦仁《通鑑刊本識誤》同，今據補。②靜難 原作「靜塞」。據章鈺校，十二行本、乙十一行本皆作「靜難」，今據改。③徙 原作「使」。據章鈺校，十二行本、乙十一行本、孔天胤本皆作「徙」，張敦仁《通鑑刊本識誤》同，今據改。

【語譯】四年（癸巳 西元九三三年）

春，正月十一日戊子，加封秦王李從榮代理尚書令兼任侍中。十三日庚寅，任命端明殿學士歸義人劉昫為中書侍郎、同平章事。

閩國人有的說在真封宅看見了龍，閩王王延鈞把這所宅子改名叫龍躍宮。接著就到寶皇宮接受寶皇的冊命，準備了儀仗衛隊，回到王府，即位稱帝，國號叫大閩，大赦，改年號為龍啓，把自己的名字改為璘。上尊號追諡自己的父親和祖父，設置五廟。任命他的幕僚李敏為左僕射、門下侍郎，他的兒子節度副使王繼鵬為右僕射、中書侍郎，兩人都為同平章事，任命親信官吏吳勗為樞密使。唐朝的冊禮使裴傑、程侃恰巧來到海門，閩主任命裴傑為如京使，程侃堅持要求北返，閩主不答應。閩主自認為國小地偏，經常謹慎地對待四面鄰國，因此閩國境內大體上保持安定。

二月初二日戊申，孟知祥以墨制詔書的形式任命趙季良等五位留後為五個軍鎮的節度使。

涼州的大將拓跋承謙和當地的父老上表，請求任命暫時代行留後的孫超為節度使。唐明宗詢問來使：「孫超是什麼人？」使者回答說：「張義潮當年在河西時，朝廷用天平軍二千五百人戍守涼州，自從黃巢之亂，涼州和朝廷的往來被党項人阻絕，戍守當地的鄆州人漸漸地死光了，孫超和城中居民都是這些人的子孫。」

二月初九日乙卯，任命馬希範為武安、武平節度使，兼任中書令。〇十二日戊午，定難節度使李仁福去世。十四日庚申，軍中擁立他的兒子李彝超為留後。〇十七日癸亥，任命孟知祥為東・西川節度使、蜀王。

此前，河西的各個藩鎮都說李仁福暗中勾結契丹，朝廷害怕他和契丹的軍隊聯合，吞併河右，南侵關中。

適逢李仁福去世，三月初七日癸未，朝廷任命他的兒子李彝超為彰武留後，調彰武節度使安從進為定難留後。同時命令靜難節度使藥彥稠率領五萬名士兵，以宮苑使安重益為監軍，護送安從進前往軍鎮。安從進，是索葛人。

三月初九日乙酉，初次下詔任命趙季良等人為五個軍鎮的節度使。

三月十一日丁亥，下詔告諭夏、銀、綏、宥諸州的將士吏民，稱夏州是偏遠的邊鎮，李彝超年紀太輕，不能抵禦外敵，所以讓他去延安，服從朝廷的命令就有李從曮、高允韜那樣的富貴福分，違抗命令則有王都、李匡賓那樣的滅族之禍。夏，四月，李彝超上書說，他被當地的軍士、百姓所擁戴挽留，未能赴鎮就任，唐明宗下詔派使者催促他赴任。

言官建議替親王設置師傅，宰相害怕秦王李從榮，不敢委任人員，請求讓他自己挑選師傅。秦王府判官、太子詹事王居敏向李從榮推薦兵部侍郎劉瓚，李從榮上表請求任命他來當師傅。四月初七日癸丑，任命劉瓚為祕書監、秦王傅，前襄州支使山陽人魚崇遠為記室。劉瓚自認為是被貶了官，哭著向唐明宗申訴，但沒有推辭掉。秦王府裡的幕僚佐吏都是新進少年之輩，為人輕佻諂媚，只有劉瓚能從容冷靜地進行規勸，李從榮非常不高興。劉瓚雖然是師傅，但李從榮一直當做僚屬對待他，劉瓚面有難色。李從榮覺察到了這一點，從此告誡守門人不要給他通報，每月只允許他來王府一次，有時一整天不召見他，也不讓他陪太子吃飯。

李彝超不肯接受詔書的任命，派遣他的哥哥阿囉王把守青嶺門，聚集境內党項諸部胡人進行自保。藥彥稠等進駐蘆關，李彝超派遣党項人抄掠官軍的糧運和攻城器具，官軍從蘆關退守金明。

閩主王璘冊封他的兒子王繼鵬為福王，充任寶皇宮使。

五月戊寅❶，立皇子從珂為潞王，從益為許王，從子天平節度使從溫❷為兗王，護國節度使從璋❸為洋王，成德節度使從敏❹為涇王。

庚辰[5]，閩地震，閩主璘避位脩道[6]，命福王繼鵬權總萬機[7]。初，閩王審知性節儉，府舍皆庳陋[8]。至是，大作宮殿，極土木之盛。

甲申[9]，帝暴得風疾[10]。庚寅[11]，小愈，見羣臣於文明殿[12]。○壬辰[13]夜，夏州城上舉火[14]，比明[15]，雜虜[16]數千騎救之，安從進遣先鋒使宋溫擊走之。

吳宋齊丘勸徐知誥徙[17]吳主都金陵，知誥乃營宮城於金陵。

帝旬日不見羣臣，都人[18]恟懼[19]，或潛竄山野[20]，或寓止軍營[21]。秋，七月庚辰[22]，帝力疾[23]御[24]廣壽殿，人情始安。

安從進攻夏州。州城赫連勃勃[25]所築，堅如鐵石，斸鑿[26]不能入。又党項萬餘騎徜徉四野[27]，抄掠糧餉，官軍無所芻牧[28]。山路險狹，關中民輸[29]斗粟束藁費錢數緡，民間困竭不能供。李彝超兄弟登城謂從進曰：「夏州貧瘠[30]，非有珍寶蓄積可以充朝廷貢賦也，但以祖父世守此土[31]，不欲失之。蕞爾孤城[32]，勝之不武[33]，何足[34]煩國家勞費如此！幸為表聞，若許其自新，或使之征伐，願為眾先。」上聞之，壬午[35]，命從進引兵還。

其後有知李仁福陰事[36]者，云：「仁福畏朝廷除移[37]，揚言[38]結契丹為援，契丹實不與之通也，致朝廷誤興是役，無功而還。」自是夏州輕朝廷，每有叛臣，必陰㊴與之連以邀賂遺㊵。上疾久未平，征夏州無功，軍士頗有流言㊶。乙酉㊷，賜在京諸軍優給有差㊸，既賞賚無名㊹，士卒由是益驕㊺。

【章　旨】以上為第六段，寫明宗染疾，人情恟懼；朝廷用兵夏州，無功而返。

【注　釋】❶戊寅　五月初三日。❷從溫　明宗姪子，字德基，為人貪鄙。封兗王。傳見《新五代史》卷十五。❸從璋　（西元八八七—九三七年）明宗姪子，字子良，少善騎射。封洋王。傳見《新五代史》卷十五。❹從敏　（？—西元九五一年）明宗姪子，字叔達，封涇王。傳見《新五代史》卷十五。❺庚辰　五月初五日。❻避位脩道　離開帝位，從道士陳守元學道術。❼權總萬機　暫時總理全部政務。❽庳陋　低矮簡陋。❾甲申　五月初九日。❿暴得風疾　突然得了中風病。⓫庚寅　五月十五日。⓬文明殿　宮殿名，梁開平三年（西元九〇九年），改洛陽貞觀殿為文明殿。⓭壬辰　五月十七日。⓮夏州城上舉火　夏州城守者舉火示警。⓯比明　天剛剛亮。⓰雜虜　党項各族人。⓱徙　遷。⓲都人　國都民眾。⓳恟懼　喧鬧而害怕。⓴或潛竄山野　有的人暗中逃到荒野。㉑或寓止軍營　有的人躲到軍營裡，不敢出來。㉒庚辰　七月初六日。㉓力疾　竭力支撐著病體。㉔御　登。㉕赫連勃勃　（？—西元四二五年）十六國時期夏國的建立者，西元四〇七—四二五年在位。傳見《晉書》卷一百三十、《魏書》卷九十五、《北史》卷九十三。㉖斸鑿　挖掘。斸，大鋤。鑿，鑿子。㉗徜徉四野　在四郊安詳地遊動。㉘芻牧　放牧戰馬。㉙輸　運送。㉚貧瘠　人民貧困，土地瘠瘦。㉛祖父世守此土　祖父輩世世代代守著這塊地方。即唐僖宗時拓跋思恭據夏州，傳思諫、彝昌、仁福至彝超。㉜蕞爾孤城　小小的一座孤城。蕞爾，細小的樣子。㉝不武　不能稱威武。㉞何足　不值得。㉟壬午　七月初八日。㊱陰事　不為人知的隱私。㊲除移　指從夏州除移他鎮。㊳揚言　宣揚而讓他人知道。㊴陰　暗暗地。㊵以邀賂遺　用來索要財物。邀，通「要」。㊶流言　不滿的謠言。㊷乙酉　七月十一日。㊸優給有差　優加賞給，各有等級。㊹賞賚無名　賞賜沒有名義可依。㊺益驕　更加驕縱。

【語　譯】五月初三日戊寅，冊封皇子李從珂為潞王，李從益為許王，皇姪天平節度使李從溫為兗王，護國節度使李從璋為洋王，成德節度使李從敏為涇王。

五月初五日庚辰，閩國地震，閩主王璘避位修道，命令福王王繼鵬暫時總理全部事務。當初，閩王王審知生性節儉，官府館舍都很低矮簡陋。到了這時候，閩主王璘大肆興建宮殿，極盡土木建築之盛。

五月初九日甲申，唐明宗突然得了中風病。十五日庚寅，稍微好一些，在文明殿接見群臣。○十七日壬辰夜間，夏州城上點起了火把，天剛亮，各部落胡人騎兵數千人救援夏州城，安從進派遣先鋒使宋溫把他們打跑了。

吳國的宋齊丘勸徐知誥把吳主遷徙到金陵建都，徐知誥於是在金陵營建宮城。

唐明宗有十來天沒有接見群臣，京城裡的人喧鬧恐懼，有人跑到山野躲了起來，有人待在軍營裡。秋，七月初六日庚辰，唐明宗帶病強撐著駕臨廣壽殿，人心才安定下來。

安從進攻打夏州。夏州城是赫連勃勃所建造的，堅如鐵石，大鋤、鑿子都鑿不進去。又有党項人的一萬多名騎兵在四野遊蕩，搶掠官軍的糧餉，官軍無法放牧戰馬。那裡的山路又險峻又狹窄，關中的百姓往那裡運輸一斗粟、一捆柴要耗費幾緡錢，民間困乏，不能供應。李彝超兄弟登上城牆對城外的安從進說：「夏州貧瘠，沒有珍寶蓄積可以作為朝廷的貢賦，我們只是因為祖父、父親世代戍守在這塊土地，不想失去它。一座小小的孤城，戰勝了它不足以顯示威武，何必這樣煩費國家興師動眾、耗損錢財呢！希望你能替我們上表報告皇帝，如果允許我們改過自新，或者派遣我們去征戰，我們願意作為大家的先鋒。」唐明宗聽到這一情況，七月初八日壬午，命令安從進率兵返回。

此後有個瞭解李仁福隱私的人說：「李仁福害怕朝廷把他調任他處，就聲揚要聯合契丹作為後援，契丹人實際上沒有和他來往，致使朝廷錯誤地發動這次戰事，無功而返。」從此夏州瞧不起朝廷，每逢大臣叛變，一定暗中與之聯絡交通，來邀取賄賂。唐明宗的病拖了很久沒有痊癒，征討夏州又無戰績，軍中頗多謠言。七月十一日乙酉，唐明宗按等級優厚地賞賜了在京城的各路軍隊，既然賞賜無名，因此士卒更加驕縱了。

丁亥❶，賜錢元瓘爵吳王。元瓘於兄弟甚厚，其兄中吳❷・建武節度使元璙❸

自蘇州入見，元瓘以家人禮[4]事之，奉觴為壽[5]，曰：「此兄之位也，而小子[6]居之，兄之賜也。」元璙曰：「先王[7]擇賢而立之，君臣位定，元璙知忠順[8]而已。」因相與對泣。

戊子[9]，閩主璘復位。初，福建中軍使[10]薛文傑[11]，性巧佞，璘喜奢侈，文傑以聚斂求媚[12]，璘以為國計使[13]，親任之。文傑陰求[14]富民之罪，籍沒其財，被榜捶者胸背分受[15]，仍以銅斗火熨之[16]。建州土豪吳光入朝，文傑利其財[17]，求其罪，將治之。光怨怒，帥其眾且[18]萬人叛奔吳。

帝以工部尚書盧文紀[19]、禮部郎中呂琦[20]為蜀王冊禮使，并賜蜀王一品朝服。知祥自作九旒冕[21]、九章衣[22]，車服旌旗皆擬王者[23]。八月乙巳朔[24]，文紀等至成都。戊申[25]，知祥服袞冕[26]，備儀衛[27]詣驛，降階[28]北面受冊，升玉輅[29]，至府門，乘步輦[30]而[1]歸。文紀，簡求[31]之孫也。

戊申[32]，羣臣上尊號曰聖明神武廣道法天文德恭孝皇帝，大赦。在京及諸道將士各等第優給[33]。時一月之間再行優給，由是用度益窘[34]。

太僕少卿致仕[2]何澤見上寢疾[35]，秦王從榮權勢方盛，冀[36]己復進用，表請立從榮為太子。上覽表泣下，私謂左右曰：「羣臣請立太子，朕當歸老[37]太原舊第[00]

耳。」不得已，壬戌㊴[3]，詔宰相、樞密使議之。丁卯㊵，從榮見上，言曰：「竊聞有姦人請立臣為太子，臣幼少，且願學治軍民㊶，不願當此名。」上曰：「羣臣所欲也。」從榮退，見范延光、趙延壽曰：「執政欲以吾為太子，是欲奪我兵柄㊷，幽㊸之東宮耳。」延光等知上意，且懼從榮之言，即具以白上。辛未㊹，制㊺以從榮為天下兵馬大元帥。

【章旨】以上為第七段，寫吳越王錢元瓘友愛兄弟，明宗冊禮孟知祥為蜀王，秦王李從榮進位天下兵馬大元帥。

【注釋】❶丁亥　七月十三日。❷中吳　方鎮名，吳越國錢鏐寶大元年（西元九二四年），升蘇州為中吳軍節度，治所蘇州，在今江蘇蘇州。❸元瓘　錢元瓘（西元八八一—九四一年），字德輝，錢鏐第六子，楊行密婿。性儉約而恭謹。晉封為廣陵郡王。傳見《十國春秋》卷八十三。❹家人禮　家內兄弟相見之禮。❺奉觴為壽　舉杯祝福。❻小子　元瓘自稱。謙詞。❼先王　指錢鏐。❽忠順　忠於君主，順守臣節。❾戊子　七月十四日。❿中軍使　官名，行營中軍的統兵官。⓫薛文傑　性巧佞，善應對，盜弄國權，枉害無辜。傳見《十國春秋》卷九十八。⓬以聚斂求媚　以搜刮錢財獻給王璘而求寵。⓭國計使　官名，掌財政。⓮陰求　隱祕地探求；暗中搜索。⓯被榜捶者胸背分受　被拷打的人，胸部和背部都要挨打。⓰以銅斗火熨之　用銅斗盛火，燙被打者的傷痕。⓱利其財　貪他的財富。⓲且　將近。⓳盧文紀　（西元八七六—九五一年）字子持，舉進士，仕後梁為刑部侍郎，後唐為宰相。傳見《舊五代史》卷一百二十七、《新五代史》卷五十五。⓴呂琦　（？—西元九四三年）字輝山，幽州安次（今河北廊坊）人，官至端明殿學士。傳見《舊五代史》卷九十二、《新五代史》卷五十六。㉑九旒冕　真王帽子。以絲繩串玉垂於帽的前後，共九條，故稱九旒冕。㉒九章衣　真王章服。上衣畫龍、山、華蟲、火、宗彝，下衣畫藻、粉米、黼、黻，共九章。㉓車服旌旗皆擬王者　輦車、章服、旌旗都比之於天子。㉔乙巳朔　八月初一日。㉕戊申　八月初四日。㉖袞冕　王的冠服。㉗儀衛　儀仗隊。㉘降階　下到臺階上。㉙玉輅　天子乘坐的車。㉚步輦　用人挽著的小轎。㉛簡求　盧簡求，盧文紀之祖，中唐詩人盧綸之子。簡求歷官涇原、義武、鳳翔、河東等鎮節度使，為唐宣宗時名臣。傳見《舊唐書》卷一百六十三、《新唐書》卷一百七十七。㉜戊申　八月初四日。㉝各等第優給　各按不同等級優加賞給。㉞窘　窘迫；拮据。㉟寢疾　臥病在床。㊱冀　希望。㊲歸老　致仕養老。㊳太原舊第　唐明宗即帝位前，奉侍太祖、莊宗，起於太原，故人原有舊宅。㊴壬戌　八月十八日。㊵丁卯　八月二十三日。㊶學治軍民　學習管理軍事和民事。㊷兵柄　兵權。㊸幽　關閉。㊹辛未　八月二十七日。㊺制　降制書。

【校　記】①而　原作「以」。據章鈺校，十二行本、乙十一行本皆作「而」，今據改。②致仕　原無此二字。據章鈺校，十二行本、乙十一行本皆有此二字，張敦仁《通鑑刊本識誤》同，今據補。③壬戌　原作「丙戌」。張敦仁《通鑑刊本識誤》作「壬戌」，今據改。按，是年八月乙巳朔，無丙戌。

【語　譯】七月十三日丁亥，賜給錢元瓘吳王的爵位。錢元瓘對待兄弟們很厚道，他的哥哥中吳・建武節度使錢元璙從蘇州前來朝見，錢元瓘用對待家人的禮節接待他，舉杯為他祝福，說道：「這是哥哥的王位，而小弟佔據了，這是哥哥賜給我的。」錢元璙說：「先王挑選了賢能的人冊立為王，君臣之位已定，元璙我知道忠於君主、順守臣節就行了。」於是倆人相對而泣。

七月十四日戊子，閩主王璘復位。當初，福建中軍使薛文傑，為人奸巧諂媚，王璘喜歡奢侈，薛文傑就搜刮民財來討好他，王璘便任命他為國計使，親近信任他。薛文傑暗中搜索有錢人的罪過，抄沒他們的財產，被他拷打的人，胸部和背部都要挨拷打，還用銅斗盛火燙他們。建州的土豪吳光前來朝見，薛文傑貪圖他的財產，就找他的罪過，準備治他的罪。吳光又怨恨又憤怒，就率領他的部眾將近一萬人反叛，投奔吳國。

唐明宗任命工部尚書盧文紀、禮部郎中呂琦為蜀王冊禮使，並且賜給蜀王一品朝服。孟知祥自己製作了九旒冠冕、九章衣，車輿、服飾、旌旗都依照天子的樣式。八月初一日乙巳，盧文紀等人到達成都。初四日戊申，孟知祥穿上袞服、戴上冠冕，備好了儀仗衛隊，來到驛館，走到臺階下，面向北，接受唐明宗的冊封，然後坐上玉輅，到達王府門前，換坐人挽著的小轎回到府中。盧文紀，是盧簡求的孫子。

八月初四日戊申，群臣給唐明宗奉上尊號為聖明神武廣道法天文德恭孝皇帝，大赦天下。在京城和各道的將士都各按照不同的等級給與優厚的賞賜。當時在一個月的時間內兩次頒發優厚的賞賜，因此朝廷的用度就更加困窘了。

以太僕少卿退休的何澤看到唐明宗臥病在床，秦王李從榮的權勢正盛極一時，就希望自己再次得到進用，便上表請求唐明宗冊立李從榮為太子。唐明宗看了奏表，流下了眼淚，私下裡對身邊的人說：「群臣請求冊立太子，朕應回太原的舊宅養老去了。」不得已，八月十八日壬戌，下詔讓宰相和樞密使討論此事。二十三日丁卯，李從榮拜見唐明宗，說道：「臣私下裡聽說有奸人請求冊立臣為太子，臣還年輕，況且願意學習治理軍務民政，不願承受太子之名。」唐明宗說：「這是群臣們所要求的。」李從榮退下來以後，見到了范延光、趙延壽，說：「你們執政大臣想讓我做太子，這是打算奪我的兵權，把我幽禁在東宮而已。」范延光等人知道唐明宗的心意，而且害怕李從榮說的那些話，於是立刻把那些話報告了唐明宗。二十七日辛未，皇帝下制書任命李從榮為天下兵馬大元帥。

九月甲戌朔❶，吳主立德妃王氏❷為皇后。○戊寅❸，加范延光、趙延壽兼侍中。○癸未❹，中書奏節度使見元帥儀❺，雖帶平章事❻，亦以軍禮廷參❼，從之。

帝欲加宣徽使、判三司馮贇同平章事。贇父名章，執政誤引故事，庚寅，加贇同中書門下二品❽，充三司使。

秦王從榮請嚴衛、捧聖步騎兩指揮為牙兵。每入朝，從數百騎，張弓挾矢❾，馳騁衢路。令文士試草❿檄淮南書⓫，陳己將廓清⓬海內之意。從榮不快⓭於執政，私謂所親曰：「吾一旦南面⓮，必族之。」范延光、趙延壽懼，屢求外補以避之。

上以為見己病而求去，甚怒，曰：「欲去自去，奚用表為[15]！」齊國公主[16]復為延壽言於禁中，云延壽實有疾，不堪機務。丙申[17]，二人復言於上曰：「臣等非敢憚勞[18]，願與勳舊迭為之[19]。亦不敢俱去，願聽一人先出。若新人不稱職，復召臣，臣即至矣。」上乃許之。戊戌[20]，以延壽為宣武節度使，以山南東道節度使朱弘昭為樞密使、同平章事。制下，弘昭復辭，上叱[21]之曰：「汝輩皆不欲在吾側，吾蓄養汝輩何為！」弘昭乃不敢言。

吏部侍郎張文寶泛海[22]使杭州，船壞，水工以小舟濟[23]之，風飄至天長[24]，從者二百人，所存者五人。吳主厚禮之，資[25]以從者儀服錢幣數萬，仍為之牒[26]錢氏，使於境上迎候。文寶獨受飲食，餘皆辭之，曰：「本朝與吳久不通問，今既非君臣，又非賓主，若受茲物[27]，何辭以謝[28]！」吳主嘉之，竟達命[29]於杭州而還。

庚子[30]，以前義成節度使李贊華[31]為昭信[32]節度使，留洛陽食其俸。○辛丑[33]，詔大元帥從榮位在宰相上。

吳徐知誥以國中水火屢為災，曰：「兵民困苦，吾安可獨樂！」悉縱遣侍妓[34]，取樂器焚之。

閩內樞密使薛文傑說[35]閩王抑挫[36]諸宗室。從子繼圖[37]不勝忿[38]，謀反，坐誅，連坐者[39]千餘人。

冬，十月乙卯[40]，范延光、馮贇奏：「西北諸胡賣馬者往來如織[41]，日用絹無慮[42]五千匹，計耗國用什之七。請委緣邊鎮戍擇諸胡所賣馬良者給券[43]，具數以聞。」從之。○戊午[44]，以前武興節度使孫岳[45]為三司使。范延光屢因[46]孟漢瓊、王淑妃以求出，庚申[47]，以延光為成德節度使，以馮贇為樞密使。帝以親軍都指揮使、河陽節度使、同平章事康義誠為朴忠[48]，親任之。時要近之官[49]多求出以避秦王[50]之禍，義誠度不能自脫，乃令其子事秦王，務以恭順持兩端[51]，冀得自全[52]。

權知夏州事李彝超上表謝罪，求昭雪。壬戌[53]，以彝超為定難[1]節度使。

十一月甲戌[54]，上餞[55]范延光，酒罷，上曰：「卿今遠去，事宜盡言。」對曰：「朝廷大事，願陛下與內外輔臣[56]參決[57]，勿聽羣小[58]之言。」遂相泣而別。時孟漢瓊用事，附之者共為朋黨[59]以蔽惑上聽，故延光言及之。

庚辰[60]，改慎州懷化軍[61]。置保順軍於洮州，領洮[62]、鄯[63]等州。

【章　旨】以上為第八段，寫秦王李從榮跋扈乖張，大臣畏避，范延光等求任外鎮。明宗知從榮兇頑而不能裁制。

【注釋】❶甲戌朔　九月初一日。❷德妃王氏　初事睿帝為德妃，太和五年（西元九三三年）九月冊立為皇后。及南唐受禪，睿帝死，不知所終。傳見《十國春秋》卷四。❸戊寅　九月初五日。❹癸未　九月初十日。❺儀　儀式。❻帶平章事　即帶宰執銜的節度使。❼廷參　在階下具軍禮參見。❽執政誤引故事三句　唐制，中書、門下二省，惟中書令、侍中為正二品。同中書門下平章事為兩省侍郎兼宰相之職，職任同中書門下，而品秩仍為正三品，今執政頒制「同中書門下二品」，是為誤引故事。誤引故事，錯誤地沿用了舊例。庚寅，九月十七日。❾張弓挾矢　拉開弓，帶著箭，耀武揚威。❿試草　打草稿；草擬。⓫檄淮南書　討伐吳國的檄文。⓬廓清　掃清；肅清。⓭不快　不滿意。⓮一旦南面　一旦登基即皇帝位。⓯奚用表為　何必用表奏。⓰齊國公主　明宗第十三女，嫁趙延壽。初封興平公主，長興四年（西元九三三年）改封齊國公主，清泰二年（西元九三五年）進封燕國長公主。見《五代會要》卷二。⓱丙申　九月二十三日。⓲憚勞　害怕勞苦。⓳迭為之　交替擔任宰執。⓴戊戌　九月二十五日。㉑叱　大聲呵斥。㉒泛海　浮海；從海道行。㉓濟　渡。㉔天長　地名，可能是今上海市崇明，吳之靜海軍。㉕資　資助。㉖牒　文牒。吳王替張文寶照會吳越國的牒文。㉗茲物　這些東西。㉘何辭以謝　用什麼話來表示感謝呢。㉙達命　此謂把唐王的命令傳達到杭州，完成了使命。㉚庚子　九月二十七日。㉛李贊華　即契丹東丹王突欲。㉜昭信　方鎮名，後唐明宗長興二年（西元九三一年），升虔州為昭信節度，治所贛，在今江西贛縣。贊華為遙領。㉝辛丑　九月二十八日。㉞悉縱遣侍妓　將侍候的歌伎全部遣送回家。㉟說　勸說。㊱抑挫　抑制。㊲繼圖　王繼圖，工延鈞姪子，封琅邪王。傳見《十國春秋》卷九十四。㊳不勝忿　憤怒得不能克制。㊴連坐者　因相牽連而入罪的人。㊵乙卯　十月十二日。㊶往來如織　形容來往的賣馬商人甚多。㊷無慮　大約。㊸給券　給票據憑證。㊹戊午　十月十五日。㊺孫岳（？—西元九三三年）冀州（今河北冀州）人，強幹有才用，官至三司使。傳見《舊五代史》卷六十九。㊻因　通過。㊼庚申　十月十七日。㊽朴忠　樸實忠誠。㊾要近之官　近身機要的官員。㊿秦王　即李從榮。(51)持兩端　腳踏兩條船；左右逢源。(52)冀得自全　希望能夠保全自己。(53)壬戌　十月十九日。(54)甲戌　十一月初二日。(55)餞　設宴送行。(56)內外輔臣　內輔臣指樞密使，外輔臣指宰相。(57)參決　參酌決定。(58)羣小　眾多的奸佞小人，此處指孟漢瓊等。(59)朋黨　同類人為個人目的而互相勾結形成的小集團。(60)庚辰　十一月初八日。(61)改慎州懷化軍　胡三省注云：「《五代會要》，是年十一月庚辰，改慎州懷化軍為昭化軍。史於此蓋佚『為昭化軍』四字。」(62)洮　洮州，治所美相，在今甘肅臨潭西南。(63)鄯　鄯州，治所西都，在今青海樂都。

【校 記】①定難 原作「定難軍」。據章鈺校，十二行本、乙十一行本皆無「軍」字，今據刪。

【語 譯】九月初一日甲戌，吳主冊立德妃王氏為皇后。○初五日戊寅，加封范延光、趙延壽兼任侍中。○初十日癸未，中書上奏節度使謁見元帥的禮儀，雖然節度使兼帶平章事的職名，也應當用軍禮參見，唐明宗同意了。

唐明宗想加封宣徽使、判三司馮贇同平章事。馮贇父親的名字叫馮章，執政大臣錯誤地引用了過去的舊制，九月十七日庚寅，加封馮贇同中書門下二品，充任三司使。

秦王李從榮請求把嚴衛、捧聖步騎兩指揮作為自己的牙兵。他每次入朝，跟隨幾百名騎兵，張弓帶箭，在大路上奔馳。命令文士草擬討伐淮南的檄文，文中表達自己將要掃蕩天下的意思。李從榮不滿於執政大臣，私下裡對自己的親信說：「我一旦南面為帝，一定要族滅他們。」范延光、趙延壽很害怕，一再請求補任外官，躲避李從榮。唐明宗認為他們是看到自己生病了要求離去，十分惱怒，說：「想走自己就走，還上表幹什麼！」趙延壽的妻子齊國公主又替趙延壽在內宮說情，說延壽確實有病，不能勝任機要政務。九月二十三日丙申，范、趙二人又對唐明宗說：「臣等不是害怕辛勞，是希望能和勳舊大臣輪流擔任這個職務。我們也不敢全都離開，希望能允許一人先出任外職。如果新上任的人不稱職，再徵召臣，臣即刻就到。」唐明宗這才答應了他們的請求。二十五日戊戌，任命趙延壽為宣武節度使，任命山南東道節度使朱弘昭為樞密使、同平章事。詔書下達，朱弘昭也請辭不受，唐明宗大聲呵斥他說：「你們都不想在我身邊，我供養你們這些人幹什麼！」朱弘昭便不敢說話了。

吏部侍郎張文寶航海出使吳越國的杭州，船壞了，水手用小船載他渡海，被風吹著漂流到了吳國的天長，隨從的有二百人，剩下五個人。吳主用厚禮接待他，資助他和隨從人員禮服以及數萬錢幣，還為他寫文牒通知吳越的錢氏，讓他們在邊境上迎候。張文寶只接受了飲食，其餘的都辭謝了，說：「本朝和吳國長期未通消息，現在既不是君臣關係，又不是賓主關係，如果接受了這些物品，用什麼言辭來感謝呢！」吳主很讚賞他說的話。張文寶到達杭州完成了使命而回朝。

九月二十七日庚子，任命前義成節度使李贊華為昭信節度使，把他留在洛陽享受俸祿。〇二十八日辛丑，下詔規定大元帥李從榮的地位在宰相之上。

吳國的徐知誥因為國內一再發生水災、火災，就說：「軍民生活困苦，我怎麼能獨自享樂！」便放走所有的侍伎，把樂器拿來燒掉。

閩國的內樞密使薛文傑勸說閩王抑制宗室的力量。閩王的姪子王繼圖不勝氣憤，陰謀造反，獲罪被殺，受牽連入罪的有一千多人。

冬，十月十二日乙卯，范延光、馮贇上奏說：「西北的各部胡人前來京城賣馬的人往來如梭，朝廷每天買馬的絹大約五千匹，計算下來耗費了國家費用的十分之七。請朝廷委託沿邊各處鎮所，選擇胡人所賣馬中優良的發給憑證，把數量呈報朝廷。」唐明宗同意了這一建議。〇十五日戊午，任命前武興節度使孫岳為三司使。

范延光多次通過孟漢瓊、王淑妃向唐明宗請求出任外官；十月十七日庚申，任命范延光為成德節度使，任命馮贇為樞密使。唐明宗認為親軍都指揮使、河陽節度使、同平章事康義誠為人樸實忠誠，親近他，任用他。當時唐明宗近身機要的大臣大多要求出任外官以躲避秦王之禍，康義誠估計自己不得脫身，就讓他的兒子侍奉秦王，力求恭敬順從、左右逢源，希望能夠保全自己。

臨時代理夏州事務的李彝超上表謝罪，請求為他平反昭雪。十月十九日壬戌，任命李彝超為定難節度使。

十一月初二日甲戌，唐明宗為范延光餞行，酒宴結束，唐明宗說：「愛卿現在要遠離了，有什麼事情都要說出來。」范延光回答說：「朝廷的大事，希望陛下能和樞密使、宰相商議決定，不要聽那一幫小人的話。」於是二人泣別。當時孟漢瓊主事，依附於他的人一起結為朋黨，蒙蔽迷惑唐明宗的聽聞，所以范延光談到了他們。

十一月初八日庚辰，把慎州懷化軍改為昭化軍。在洮州設置保順軍，管轄洮、鄯等州。

戊子❶，帝疾復作。己丑❷，大漸❸，秦王從榮入問疾，帝俛首不能舉❹。王淑妃曰：「從榮在此。」帝不應。從榮出，聞宮中皆哭，從榮意帝已殂❺，明旦，稱疾不入。是夕，帝實小愈，而從榮不知。從榮自知不為時論所與❻，恐不得為嗣❼，與其黨謀，欲以兵入侍❽，先制權臣❾。

辛卯❿，從榮遣都押牙馬處鈞謂朱弘昭、馮贇曰：「吾欲帥牙兵入宮中侍疾，且備非常⓫，當止於何所⓬？」二人曰：「王自擇之。」既而私於處鈞曰：「主上萬福⓭，王宜竭心忠孝，不可妄信人浮言⓮。」從榮怒，復遣處鈞謂二人曰：「公輩殊⓯不愛家族邪？何敢拒我！」二人患之⓰，入告王淑妃及宣徽使孟漢瓊，咸曰：「茲事不得康義誠不可濟⓱。」乃召義誠謀之。義誠竟無言，但曰⓲：「義誠將校耳，不敢預議，惟相公所使⓳。」弘昭疑義誠不欲眾中言之⓴，夜，邀至私第㉑問之，其對如初。

壬辰㉒，從榮自河南府常服㉓將步騎千人陳於天津橋㉔。是日黎明，從榮遣馬處鈞至馮贇第，語之曰：「吾今日決入㉕，且居興聖宮㉖。公輩各有宗族，處事亦宜詳允㉗，禍福在須臾㉘耳。」又遣處鈞詣康義誠，義誠曰：「王來則奉迎㉙。」贇馳入右掖門㉚，見弘昭、義誠、漢瓊及三司使孫岳方聚謀於中興殿㉛門外，贇具道㉜處鈞之言，因讓㉝義誠曰：「秦王言『禍福在須臾』，其事可知㉞。公勿以兒在秦府，左右顧望㉟！主上拔擢吾輩，自布衣至將相，苟使秦王兵得入此門，置主上何地？吾輩尚有遺種㊱乎？」義誠未及對，監門㊲白秦王已將兵至端門㊳外。漢瓊拂衣起㊴曰：「今日之事，危及君父㊵，公㊶猶顧望擇利邪？吾何愛餘生，當自帥兵拒之耳！」即入殿門，弘昭、贇隨之，義誠不得已，亦隨之入。

漢瓊見帝曰：「從榮反，兵已攻端門，須臾入宮，則大亂矣。」宮中相顧號哭㊷。帝曰：「從榮何苦乃爾㊸！」問弘昭等：「有諸㊹？」對曰：「有之，適㊺已令門者闔門矣。」帝指天泣下，謂義誠曰：「卿自處置㊻，勿驚百姓！」控鶴指揮使李重吉⑰，從珂之子也，時侍側，帝曰：「吾與爾父，冒矢石定天下，數脫吾於厄㊽。從榮輩得何力，今乃為人所教，為此悖逆！我固知此曹㊾不足付大事，當呼爾父授以兵柄耳。汝為我部閉諸門㊿。」重吉即帥控鶴兵守宮門。孟漢瓊被甲乘馬，召馬軍都指揮使朱洪實(51)，使將五百騎以[1]討從榮。

從榮方據(52)胡牀(53)，坐橋上，遣左右召康義誠。端門已閉，叩左掖門(54)，從門隙中窺之，見朱洪實引騎兵北來，走白從榮。從榮大驚，命取鐵掩心擐之(55)，坐調弓矢(56)。俄而騎兵大至，從榮走(57)歸府(58)，僚佐皆竄匿，牙兵(59)掠嘉善坊(60)潰去。

從榮與妃劉氏匿牀下，皇城使安從益就[61]斬之，并殺其子，以其首獻。初，孫岳頗得豫[62]內廷密謀，馮、朱患從榮狼伉[63]，岳嘗為之極言禍福之歸[64]，康義誠恨之。至是，乘亂密遣騎士射殺之。帝聞從榮死，悲駭[65]，幾落御榻，絕而復蘇[66]者再[67]，由是疾復劇[68]。從榮一子尚幼，養宮中，諸將請除之，帝泣曰：「此何罪！」不得已，竟與之[69]。癸巳[70]，馮道帥羣臣入見帝於雍和殿，帝雨泣嗚咽，曰：「吾家事至此，慚見卿等！」

時[2]宋王從厚為天雄節度使，甲午[71]，遣孟漢瓊徵從厚，且權知天雄軍府事。丙申[72]，追廢從榮為庶人。執政共議從榮官屬之罪，馮道曰：「從榮所親者，高輦、劉陟、王說[73]而已。任贊到官纔半月，王居敏、司徒詡在病告[74]已半年，豈豫其謀！居敏尤為從榮所惡，昨舉兵向闕[75]之際，與輦、陟並轡而行，指日景[76]曰：『來日及今[77]，已誅王詹事[78]矣。』自非與之同謀者，豈得一切誅之乎！」朱弘昭曰：「使[79]從榮得入光政門[80]，贊等當如何任使[81]，而吾輩猶有種乎！且首從差一等[82]耳，今首已孥戮[83]而從皆不問，主上能不以吾輩為庇姦人乎！」馮贇力爭之，始議流貶[84]，時諮議[85]高輦已伏誅。丁酉[86]，元帥府判官、兵部侍郎任贊、祕書監兼王傅劉瓚、友[87]蘇瓚、記室魚崇遠、河南少尹劉陟、判官司徒詡、推官王說等八人並長流(88)，河南巡官李澣(89)、江文蔚(90)等六人勒歸田里(91)，六軍判官、太子詹事王居敏、推官郭晙(92)並貶官。澣，回之族曾孫也。詡，貝州人。文蔚，建安人也。文蔚奔吳，徐知誥厚禮之。

初，從榮失道(93)，六軍判官、司諫郎中(94)趙遠(95)諫曰：「大王(96)地居上嗣(97)，當勤修令德(98)，柰何所為如是(99)！勿謂父子至親為可恃，獨不見恭世子(100)、戾太子(101)乎！」從榮怒，出為涇州(102)判官。及從榮敗，遠以是知名。遠，字上交，幽州人也。

【章旨】以上為第九段，寫唐明宗病重，李從榮反叛被誅。

【注釋】❶戊子　十一月十六日。❷己丑　十一月十七日。❸大漸　病勢沉重。❹俛首不能舉　垂著頭無力抬起。❺殂死。❻不為時論所與　不被當時社會輿論所讚許。❼嗣　繼承人。❽以兵入侍　用軍隊進入皇宮侍候皇帝。❾先制權臣　先控制掌權的大臣。指孟漢瓊、朱弘昭、馮贇等。❿辛卯　十一月十九日。⓫且備非常　並且防備意外所應對。⓬止於何所　住在宮中什麼地方。⓭主上萬福　指明宗身體健康，起居正常。⓮浮言　胡言亂語；空虛不實的話。⓯殊　很；特別。⓰患之　擔心。⓱濟　成功。⓲但曰　只說。⓳惟相公所使　只聽你們差遣。⓴不欲眾中言之　不想在眾人的面前說這件事。㉑私第　自己家裡。㉒壬辰　十一月二十日。㉓常服　穿著便服。㉔天津橋　橋名，在洛陽西南二十里。為隋煬帝所建，唐貞觀十四年（西元六四〇年）令石工以方石加固橋墩。㉕決入　決定進入宮中。㉖且居興聖宮　將住在興聖宮。因明帝嗣位，先入居興聖宮，從榮也擬出此即位。㉗詳允　詳密而允妥。㉘須臾　瞬間。謂時間短暫。㉙王來則奉迎　你來就奉迎。言下之意，不來就不敢輕動。㉚右掖門　宮城南面西邊城門。㉛中興殿　殿名，唐莊宗同光二年（西元九二四年）改崇勳殿為中興殿。㉜具道　詳細述說。㉝讓　責備。㉞其事可知　意謂篡位的後果可以想見。㉟左右顧望　左右觀望，舉棋不定。㊱遺種子孫。(37)監門　監門衛將軍。(38)端門　宮城正南門。(39)拂衣起　振衣而起立。憤激的樣子。(40)危及君父　危害到君主。(41)公　指康義誠。(42)相顧號哭　相互顧視，號啕大哭。(43)何苦乃爾　意謂本來已取得繼承人地位，何必這個樣子。(44)有諸　有之乎；有這等事嗎。(45)適　剛才。(46)卿自處置　你自己處理這件事情吧。即授權由你處理。(47)李重吉　（?—西元九三四年）李從珂長子。為控鶴都指揮使，閔帝嗣位，出為亳州團練使。傳見《舊五代史》卷五十一、《新五代史》卷十六。(48)數脫吾於厄　李從珂多次從危險中將我救出來。(49)此曹　他，指李從榮。(50)部閉諸門　部署關閉各個宮門。(51)朱洪實　（?—西元九三四年）官至後唐馬軍都指揮使。傳見《舊五代史》卷六十六。(52)據　坐。(53)胡牀　亦稱交床、交椅、繩床。一種可以折疊的輕便坐具。(54)左掖門　宮城南面東邊城門。(55)鐵掩心擐之　將護胸的鐵甲穿上。(56)坐調弓矢　坐著調整弓箭的射程。(57)走　逃。(58)府　指河南府。(59)牙兵　從榮的警衛軍。(60)嘉善坊　洛陽坊市名。(61)就　靠近床邊。(62)豫　預聞。(63)馮朱患從榮狼伉　馮贇、朱弘昭擔心秦王李從榮乖戾跋扈。狼伉，也作狼抗，乖戾跋扈。(64)岳嘗為之極言禍福之歸　孫岳曾為馮贇、朱弘昭極力說明禍福的歸向。(65)悲駭　既悲傷又驚恐。(66)絕而復蘇　死而復活。絕，昏死；休克。(67)再　再次。指明宗休克了兩次。(68)劇　加重。(69)竟與之　終於交給他們處死。(70)癸巳　十一月二十一日。(71)甲午　十一月二十二日。(72)丙申　十一月二十四日。(73)說　通「悅」。(74)在病告　有病告假在家休養。(75)舉兵向闕　帶兵進攻皇宮。(76)日景　太陽所示晷刻。(77)來日及今　明天這個時候。(78)王詹事　指王居敏。(79)使　假使。(80)光政門　即長樂門。唐昭宗人洛，改稱光政門。(81)贇等當如何任使　任贇等將會得到怎樣的任命。(82)首從差一等　凡定罪，為首者與脅從者不同，從者減為首者一等。(83)孥戮　孥，刑為奴。戮，殺頭。孥戮，這裡為偏義，指李從榮授首。(84)流貶　流放和貶斥。(85)諮議　官名，掌顧問諮詢。(86)丁酉　十一月二十五日。(87)友　皇弟、皇子屬官，掌陪侍規諷。(88)長流　流徙到遠方。唐法，長流人稱「長流百姓」。(89)李澣　河南府尹李從榮之巡官，為唐武宗時宰相李回之族曾孫。(90)江文蔚　（西元九〇一—九五二年）字君章，建安（今福建建甌）人，博學，工文學，後唐長興進士。官南唐御史中丞，直聲震江左。傳見《十國春秋》卷二十五。(91)勒歸田里　勒令回鄉，削職為民。(92)郭晙　李從榮判六軍諸衛事府推官。(93)失道　失去正道，不修德行。(94)司諫郎中　官名，掌規諫諷諭。(95)趙遠　字上交，幽州（今北京市）人，事後漢高祖劉知遠，避諱，以字行。(96)大王　指李從榮。(97)上嗣　年齡在明宗諸子之上，名正言順可以繼承帝位。(98)當勤修令德　應當勤奮地培養優良的道德品質。(99)柰何所為如是　為什麼所作所為竟是這個樣子。(100)恭世子　即晉獻公太子申生，因受獻公寵姬驪姬誣陷，被迫自殺。事見《史記》卷三十九〈晉世家〉。恭，申生死後謚號。世子，即太子。(101)戾太子　漢武帝太子劉據，遭權臣江充陷害，謀反，兵敗自殺。傳見《漢書》卷六十三〈武五子傳〉。戾，謚號。(102)涇州　州名，治所涇川，在今甘肅涇川縣。

【校　記】①以　原無此字。張敦仁《通鑑刊本識誤》：「『騎』下脫『以』字。」當是，今據補。②時　原無此字。據章鈺校，十二行本有此字，今據補。

【語　譯】十一月十六日戊子，唐明宗的病又復發了。十七日己丑，病情加劇，秦王李從榮進宮探病，唐明宗低著頭，不能抬起來。王淑妃說：「從榮在這裡。」唐明宗沒有回應。李從榮出宮，聽到宮裡的人都在哭，他心裡想，唐明宗已經死了，第二天早晨，他就說自己有病，不再進宮。當天晚上，唐明宗的病情實際上已經稍見好轉，而李從榮並不知道。李從榮自己知道不為當時的輿論所讚許，害怕不能繼承帝位，就和他的黨羽密謀，準備帶兵進宮侍衛，首先控制掌權的大臣。

十一月十九日辛卯，李從榮派遣都押牙馬處鈞去對朱弘昭、馮贇說：「我想率領牙兵進入宮中侍候皇帝的疾病，並且防備意外，我應住在何處？」朱、馮兩人回答說：「大王自己選擇地方。」接著兩人又私下對馬處鈞說：「皇帝康泰，大王應該盡忠盡孝，不應該輕信別人的胡言亂語。」李從榮大怒，又派馬處鈞對兩人說：「你們兩位特別不愛惜自己的家族吧？怎麼敢拒絕我！」兩人聽後很擔心，進宮告訴了王淑妃和宣徽使孟漢瓊，大家都說：「這事沒有康義誠是不會成功。」於是叫來康義誠商議辦法。康義誠竟然不說話，只是說：「義誠是個將校而已，不敢預議朝政，我只聽從相公的差遣。」朱弘昭懷疑康義誠是不想在眾人中說這件事，夜裡，把他邀請到自己家裡詢問他，他的回答和原來一樣。

十一月二十一日壬辰，李從榮穿著平常的服裝，從河南府帶領著步兵、騎兵馬一千人列陣於天津橋。這天黎明，李從榮派馬處鈞來到馮贇家，對他說：「我今天決定進宮，並且住在興聖宮。你們各自都有家族，做事應該詳密穩妥，是福是禍就在轉瞬之間罷了。」又派馬處鈞到康義誠那裡，康義誠說：「秦王來了就奉迎。」

馮贇飛馬進入右掖門，看見朱弘昭、康義誠、孟漢瓊以及三司使孫岳正聚集在中興殿門外，馮贇把馬處鈞所講的話一五一十地告訴了他們，接著就責備康義誠說：「秦王說『是福是禍就在轉瞬之間』，這事是可想而知的。你不要因自己的兒子在秦王府，就左右觀望！皇上提拔我們這些人，從平民百姓升至將相，如果讓秦王的兵馬走進這個門，把皇上往哪裡擺？我們這些人還有子孫後代嗎？」康義誠沒來得及答話，監門衛將軍報告說秦王已經帶兵到了端門之外。孟漢瓊拂袖而起，說：「今天的事情，危及君主，你康義誠還猶豫觀望，選擇個人利害得失嗎？我絕不愛惜自己的餘生，自當親自率兵抵抗！」他立刻進入了中興殿門，朱弘昭、馮贇都跟著他，康義誠不得已，也隨著他們進去了。

孟漢瓊見到唐明宗，說道：「李從榮造反了，士兵已經進攻端門，轉眼進入宮內，就要大亂了。」宮裡的人相視號哭。唐明宗說：「從榮何苦要這個樣子！」就問朱弘昭等人：「真有這事嗎？」大家回答說：「有這事，剛才已命令守門人把宮門關上了。」唐明宗指天淚下，對康義誠說：「愛卿自己做主處理吧，不要驚擾百姓！」控鶴指揮使李重吉，是李從珂的兒子，當時侍奉在唐明宗身邊，唐明宗對他說：「我和你的父親，冒著戰場上的矢石平定天下，他多次在危急之中救過我。李從榮這等人又出過什麼力，現在卻被人唆使，幹出這樣悖逆不道的事！我本來就知道他不足以託付大事，真應該把你父親召來把掌兵的大權交給他。你去替我部署關閉各個宮門。」李重吉當即率領控鶴兵把守宮門。孟漢瓊披上鎧甲，騎上戰馬，召喚馬軍都指揮使朱洪實，讓他率領五百名騎兵以討伐李從榮。

李從榮這時正坐著胡床，坐在天津橋上，派左右侍從召康義誠前來。端門已經關閉，侍從們就叩打左掖門，從門縫中向裡窺看，看見朱洪實帶著騎兵從北面而來，侍從跑回去告訴李從榮。李從榮大吃一驚，命令手下拿來護胸的鐵甲穿上，坐著調理弓矢。一會兒朱洪實的騎兵大批到來，李從榮逃回河南府，他的幕僚佐吏都逃竄躲藏起來，牙兵搶掠嘉善坊後也潰散離去。李從榮和他的妃子劉氏藏匿床下，皇城使安從益靠近床把他們殺了，同時殺了他的兒子，把他們的首級進獻朝廷。當初，孫岳常能參與內廷的密謀，馮贇、朱弘昭擔心李從榮乖戾跋扈，孫岳曾經為他們極力說明禍福的歸向，康義誠很憎恨他。到了這個時候，乘著混亂，祕密地派遣騎士射殺了他。唐明宗得知李從榮死了，非常驚駭悲傷，幾乎跌落御榻，昏死又蘇醒過來二次，從此病情又加重了。李從榮有一個兒子還很幼小，養在宮中，將領們要求除掉他，唐明宗哭著說：「這孩子有什麼罪！」迫不得已，最終把孩子交給了他們。十一月二十一日癸巳，馮道率領群臣進宮，在雍和殿晉見唐明宗，唐明宗淚如雨下，話聲嗚咽，說：「我家的事情到了這種地步，無臉見你們！」

此時宋王李從厚擔任天雄節度使，十一月二十二日甲午，唐明宗派遣孟漢瓊徵召李從厚，並且暫時掌理天雄軍府的事務。

十一月二十四日丙申，唐明宗下詔追廢李從榮為庶人。執政大臣共同商議李從榮屬官的罪責，馮道說：「李從榮所親信的，只有高輦、劉陟、王說而已。任贊到職才半個月，王居敏、司徒詡有病告假已經半年，這些人怎麼能夠參與謀劃！王居敏更是被李從榮所厭惡，昨天李從榮率兵向宮中進攻的時候，和高輦、劉陟並馬而行，他指著日影說：『明天到這個時候，已經把王詹事給殺了。』這自然說明王居敏不是他的同謀者，怎麼能夠把所有的人都誅殺了呢！」朱弘昭說：「假如李從榮能夠進入光政門，任贊等人該怎樣任命，而我們這些人還能有子孫後代嗎！況且首犯和從犯只能罪差一等，現在首犯已經殺死了，而從犯全不追究，皇上能不認為我們這些人是在包庇奸人嗎！」馮贇極力爭辯，這才議定對這批人實行流放和貶官，當時諮議高輦已經伏罪被殺。二十五日丁酉，元帥府判官、兵部侍郎任贊，祕書監兼王傅劉瓚，友蘇瓚，記室魚崇遠，河南府少尹劉陟，判官司徒詡，推官王說等八人都被流放遠方，河南巡官李澣、江文蔚等六人被勒令回歸田里，六軍判官、太子詹事王居敏，推官郭晙一起被貶官。李澣，是李回的同族曾孫。司徒詡，是貝州人。江文蔚，是建安人。江文蔚逃奔吳國，徐在誥厚禮相待。

當初，李從榮失去正道，六軍判軍、司諫郎中趙遠勸諫說：「大王您身處嗣子的地位，應當努力修養優秀的品德，為什麼所作所為竟是這個樣子！不要認為父子關係是至親就可依恃，難道沒有看到恭世子和戾太子的往事嗎！」李從榮聽了很生氣，把他外放為涇州判官。到了李從榮失敗以後，趙遠因此知名於世。趙遠，字上交，是幽州人。

戊戌❶，帝殂。帝性不猜忌，與物無競❷，登極❸之年已踰六十，每夕於宮中焚香祝天曰：「某胡人，因亂為眾所推。願天早生聖人❹，為生民主❺。」在位年穀屢豐，兵革罕用，校❻於五代，粗為小康❼。○辛丑❽，宋王❾至洛陽。

閩主尊魯國太夫人黃氏❿為皇太后。

閩主好鬼神，巫⓫盛韜等皆有寵。薛文傑言於閩主曰：「陛下左右多姦臣，非質⓬諸鬼神，不能知也。盛韜善視鬼，宜使察之。」閩主從之。文傑惡樞密使吳勗，勗有疾，文傑省之，曰：「主上以公久疾，欲罷公近密⓭，僕言公但小苦頭痛耳，將愈矣。主上或遣使來問，慎勿以它疾對也。」勗許諾。明日，文傑使韜言於閩主曰：「適見北廟崇順王⓮訊吳勗謀反，以銅釘釘其腦，金椎擊之。」閩主以告文傑，文傑曰：「未可信也，宜遣使問之。」果以頭痛對，即收下獄。遣文傑及獄吏雜治⓯之，勗自誣服⓰，并其妻子誅之。由是國人益怒。

吳光請兵於吳，吳信州刺史蔣延徽⓱不俟朝命⓲，引兵會光攻建州，閩主遣使求救於吳越。

十二月癸卯朔⓳，始發明宗喪，宋王⓴即皇帝位。

秦王從榮既死，朱洪實妻入宮，司衣㉑王氏與之[1]語及秦王，王氏曰：「秦王為人子，不在左右侍疾㉒，致人歸禍，是其罪也。若云大逆，則厚誣㉓矣。朱司徒㉔最受王恩，當時不為[2]之辨，惜哉！」洪實聞之，大懼，與康義誠以其語白閔帝，且言王氏私於從榮㉕，為之詗㉖宮中事。辛亥㉗，賜王氏死。事連王淑妃㉘，淑妃素厚於從榮，帝由是疑之。

丙辰㉙，以天雄左都押牙宋令詢㉚為磁州刺史。朱弘昭以誅秦王立帝為己功，欲專朝政。令詢侍帝左右最久，雅㉛為帝所親信，弘昭不欲舊人在帝側，故出之。帝不悅，而無如[3]之何。

孟知祥聞明宗殂，謂僚佐曰：「宋王幼弱，為政者皆胥史[4]小人㉜，其亂可坐俟㉝也。」

辛未㉞，帝始御中興殿。帝自終易月之制㉟，即召學士讀貞觀政要㊱、太宗實錄㊲，有致治之志㊳。然不知其要㊴，寬柔少斷㊵。李愚私謂同列曰：「吾君延訪，鮮及吾輩㊶，位高責重，事亦堪憂。」眾惕息㊷不敢應。

【章　旨】以上為第十段，寫明宗崩，宋王李從厚即位，是為閔帝。閩王信巫殺良，百姓離心。

【注　釋】❶戊戌　十一月二十六日。❷與物無競　與人無爭。❸登極　稱帝。❹聖人　有道德、有學識的超乎常人的人。這裡指明宗祈求太子聖明。❺為生民主　做老百姓的主宰者。❻校　比之於。❼粗為小康　粗略地說，可以稱之為小康的局面。小康，小安。❽辛丑　十一月二十九日。❾宋王　指李從厚。❿黃氏　泉州（今福建泉州）人，黃滔的姪女。初為王審知側室，王延鈞之母。唐明宗封之為魯國夫人。通文元年（西元九三六年）尊為太皇太后。傳見《十國春秋》卷九十四。⓫巫　通鬼神的人。⓬質　正；求證。⓭近密　指樞密使。⓮北廟崇順王　北廟廟神。王延鈞信北廟崇順王事見上卷長興三年。⓯雜治　聯合審訊。⓰勗自誣服　吳勗受刑不過，自己誣稱謀反。⓱蔣延徽　楊行密女婿，與楊濛友好。官右威衛大將軍。傳見《十國春秋》卷九。⓲不俟朝命　吳光自閩奔吳，請兵伐閩，蔣延徽等不及吳主的正式命令即引兵攻閩。⓳癸卯朔　十二月初一日。⓴宋王　李從厚。㉑司衣　宮官名，屬尚服局，掌宮內御服、首飾。㉒不在左右侍疾　不在明宗身邊侍奉病人。㉓厚誣　嚴重地誣衊。㉔朱司徒　指朱洪實。曾加檢校司徒銜。㉕私於從榮　私通李從榮。㉖詗　偵察；刺探。㉗辛亥　十二月初九日。㉘事連王淑妃　司衣王氏為王淑妃養子李從益乳母，王氏與秦王從榮私通，並為秦王耳目，故王氏被賜死，事連王淑妃。事詳《新五代史》卷十五〈淑妃王氏傳〉。㉙丙辰　十二月十四日。㉚宋令詢　（？—西元九三四年）閔帝在藩時舊臣，知書樂善，動皆有禮。傳見《舊五代史》卷六十六。㉛雅　向來。㉜為政者皆胥史小人　指朱弘昭、馮贇等都以胥史小吏事明宗於藩邸而逐步掌權秉政。㉝坐俟　坐而等待。意為可能立即發生。㉞辛未　十二月二十九日。㉟帝自終易月之制　閔帝遵循漢、晉喪制，三年之喪，以日代月，服喪二十七日而除服。㊱貞觀政要　書名，唐吳兢撰。十四卷四十篇，記述唐太宗君臣治理國家之事。㊲太宗實錄　即《唐太宗實錄》，史官所撰。㊳有致治之志　有達到天下大治的志向。㊴要　要領。㊵寬柔少斷　寬容優柔而少決斷。㊶鮮及吾輩　很少找我們。時李愚為相，閔帝很少與宰相商量政事。㊷惕息　屏住呼吸，害怕的樣子。

【校　記】①與之　原無此二字。據章鈺校，十二行本、乙十一行本皆有此二字，今據補。②不為　二字中間原有空格。據章鈺校，十二行本、乙十一行本、孔天胤本皆無空格，今據刪。③如　原無此字。據章鈺校，十二行本、乙十一行本、孔天胤本皆有此字，熊羅宿《胡刻資治通鑑校字記》同，今據補。④胥史　原作「胥吏」。據章鈺校，十二行本、乙十一行本皆作「胥史」，今據改。

【語　譯】十一月二十六日戊戌，唐明宗去世。唐明宗平生不猜疑忌恨，與人無爭，即帝位那一年已經過了六十歲，每晚在宮中焚香向上天禱告說：「我是個胡人，由於動亂被眾人所推舉。願上天早降聖人，好當百姓的君主。」在位期間連年豐收，很少用兵，在五代中比較起來，大致是個小康局面。〇二十九日辛丑，宋王到達洛陽。

閩主尊奉魯國太夫人黃氏為皇太后。

閩主喜歡相信鬼神，巫人盛韜等人都受寵信。薛文傑向閩主建議說：「陛下的身邊奸臣很多，如果不向鬼神請示，是不能瞭解的。盛韜善於看鬼，應該派他去察看。」閩主聽從了他的建議。薛文傑很厭惡樞密使吳勗，吳勗有病，薛文傑去探視他，對他說：「主上因為你長期生病，想免去你的樞密職務，在下說你只是患了頭痛而已，即將痊癒。主上如果派使者來探問，千萬不要回答是其他的病。」吳勗答應了。第二天，薛文傑讓盛韜對閩主說：「剛才看見北廟的崇順王審問吳勗謀反之事，用銅釘釘在他的腦門，拿金椎錘擊。」閩主把這件事告訴了薛文傑，薛文傑說：「不可相信，應該派使者查問此事。」吳勗果然回答使者說是頭痛，當即就把他收捕下獄。閩主派薛文傑和獄吏聯合審訊他，吳勗自誣認罪，連同他的妻子兒女一起誅殺了。從此，閩國的百姓更加憤怒了。

吳光請求吳國派兵攻閩，吳國的信州刺史蔣延徽不等朝廷正式命令的到達，就率兵會合吳光攻打建州，閩主派遣使者向吳越國求救。

十二月初一日癸卯，開始發布唐明宗的死訊，宋王即皇帝位。

秦王李從榮死了以後，一次朱洪實的妻子進入宮中，司衣王氏和她說到秦王，王氏說：「秦王作為人子，不在皇帝身邊侍候疾病，以致被人嫁禍，這是他的過錯。如果說他大逆不道，那是嚴重誣衊他了。朱司徒平時是最受秦王恩寵，當時沒有為他辯明，太可惜了啊！」朱洪實聽到這話，大為恐懼，就和康義誠把這話告訴了唐閔帝，並且說王氏私通李從榮，替他刺探宮中的情況。十二月初九日辛亥，唐閔帝下詔賜王氏死。這件事牽連到王淑妃，王淑妃一向厚待李從榮，唐閔帝由此懷疑王淑妃。

十二月十四日丙辰，任命天雄左都押牙宋令詢為磁州刺史。朱弘昭把誅滅秦王、迎立閔帝當做自己的功勞，想要專擅朝政。宋令詢在唐閔帝身邊侍奉時間最久，一向被唐閔帝所信任，朱弘昭不願意舊人待在唐閔帝身邊，所以就把他調出外任。唐閔帝很不高興，但也無可奈何。

孟知祥聽到明宗去世，對他的僚佐說：「宋王年幼懦弱，當政的都是胥史小人，動亂馬上就會發生。」

十二月二十九日辛未，唐閔帝第一次駕臨中興殿。唐閔帝自從服完了以日代月的喪制後，就召來學士為他講讀《貞觀政要》、《太宗實錄》，懷有使天下大治的志向。但是他不知道為政要領，寬容優柔，缺乏決斷。李愚私下裡對同僚說：「我們的皇上有事諮詢，很少找我們，我們地位高，責任重大，這事也真讓人擔心。」大家悶聲靜氣，不敢回答。

順化❶節度使、同平章事、判明州❷錢元珦❸驕縱不法，每請事於王府❹不獲❺，輒上書悖慢❻。嘗怒一吏❼，置鐵牀炙之❽，臭滿城郭。吳王元瓘遣牙將仰仁詮❾詣明州召之，仁詮左右慮元珦難制，勸為之備，仁詮不從，常服徑造聽事❿。元珦見仁詮至，股慄⓫，遂還錢塘⓬，幽於別第⓭。仁詮，湖州人也。

閩主[1]改福州為長樂府。○親從都指揮使王仁達⓮有擒王延稟之功，性慷慨，言事無所避。閩主惡之，嘗私謂左右曰：「仁達智有餘⓯，吾猶能御之⓰，非少主臣也。」至是，竟誣以叛，族誅之。

初，馬希聲、希範同日生，希聲母曰袁德妃⓱，希範母曰陳氏⓲。希範怨希聲先立不讓，及嗣位，不禮⓳於袁德妃。希聲母弟希旺⓴為親從都指揮使，希範多譴責之。袁德妃請納希旺官為道士，不許，解其軍職，使居竹屋草門，不得預兄弟燕集㉑。德妃卒，希旺憂憤而卒。

【章　旨】以上為第十一段，寫吳越順化節度使錢元珦驕縱不法被解職，閩主猜忌殺功臣，楚主馬希範虐待兄弟。

【注　釋】❶順化　方鎮名，後唐明宗長興三年（西元九三二年）升楚州為順化軍。❷明州　州名，在今浙江寧波。當時錢元珦判明州，係遙領。❸錢元珦　錢鏐子，驕恣不法，廢為庶人。傳見《十國春秋》卷八十三。❹王府　指吳越國王府。❺不獲　未獲允許。❻悖慢　狂悖傲慢。❼嘗怒一吏　曾經對部下的一個小吏發怒。❽炙之　烘烤他。❾仰仁詮　湖州（今浙江湖州）人，幹練豁達，官至吳越寧國軍節度使。傳見《十國春秋》卷八十八。❿徑造聽事　直接到明州府處理公事的處所。⓫股慄　兩腿發抖。⓬錢塘　即今浙江杭州。⓭幽於別第　關在王宮以外的房子裡。⓮王仁達　（？—西元九三三年）王延鈞姪子，有智略，敢直言，積功至樓船指揮使。傳見《十國春秋》卷九十四。⓯智有餘　智謀多。⓰猶能御之　還能駕御他。⓱袁德妃　馬殷妃，累封德妃，有寵，生馬希聲。傳見《十國春秋》卷七十一。⓲陳氏　馬殷妃，生馬希範。傳見《十國春秋》卷七十一。⓳不禮　無禮貌。⓴希旺　馬殷子，袁德妃所生，官至親從都指揮使。傳見《十國春秋》卷七十一。㉑燕集　歡宴集會。

【校　記】[1]閩主　原作「閩王」。據章鈺校，十二行本、乙十一行本皆作「閩主」，張敦仁《通鑑刊本識誤》同，今據改。下之「閩主」同。

【語　譯】順化節度使、同平章事、判明州錢元珦驕橫放縱，不守法度，每次向王府請求事情未獲允許，就上書，態度狂悖傲慢。曾經對一個小吏發怒，把他放在鐵床上烘烤，焦臭的氣味瀰漫全城。吳王錢元瓘派遣牙將仰仁詮前往明州徵召他，仰仁詮的身邊人員擔心錢元珦難以制服，勸他做好防備，仰仁詮沒有聽從，穿著日常服裝直接走到官府辦公的處所。錢元珦看見仰仁詮到來，兩腿發抖，接著就把錢元珦送回錢塘，被幽禁在王宮以外的房子裡。仰仁詮，是湖州人。

閩主把福州改為長樂府。〇親從都指揮使王仁達有擒獲王延稟的功勞，生性慷慨，談論事情無所迴避。

閩主很厭惡他，有一次私下裡對身邊的人說：「仁達智謀很多，我還能駕御他，但他不會做少主的臣子。」到這時，竟然誣陷他叛亂，誅滅了他的全族。

當初，馬希聲和馬希範同一天出生，馬希聲的母親是袁德妃，馬希範的母親是陳氏。馬希範怨恨馬希聲先被立為世子而不讓給他，等到自己繼承了王位，便對袁德妃不禮貌。馬希聲的同母弟弟馬希旺擔任親從都指揮使，馬希範經常斥責他。袁德妃請求准許馬希旺把官職交還，讓他做道士，馬希範不答應，解除了他的軍職，讓他居住竹屋草門，不准參加兄弟們的飲宴聚會。袁德妃死了以後，馬希旺憂憤而死。

潞王❶上

清泰元年（甲午　西元九三四年）

春，正月戊寅❷，閔帝大赦，改元應順。○壬午❸，加河陽節度使兼侍衛都指揮使康義誠兼侍中，判六軍諸衛事。

朱弘昭、馮贇忌侍衛馬軍都指揮使・寧國節度使[1]安彥威❹、侍衛步軍都指揮使・忠正❺節度使張從賓❻。甲申❼，出彥威為護國節度使，以捧聖馬軍都指揮使朱洪實代之。出從賓為彰義節度使，以嚴衛❽步軍都指揮使皇甫遇❾代之。彥威，崞人。遇，真定人也。

戊子❿，樞密使・同平章事朱弘昭、同中書門下二品馮贇、河東節度使兼侍中石敬瑭並兼中書令。贇以超遷太過⑪，堅辭不受。己丑⑫，改兼侍中。壬辰⑬，以荊南節度使高從誨⑭為南平王，武安、武平節度使馬希範為楚王。

○甲午⑮，以鎮海、鎮東節度使吳王元瓘為吳越王。

吳徐知誥別治私第⑯於金陵，乙未⑰，遷居私第，虛府舍以待吳主⑱。

鳳翔節度使兼侍中潞王從珂，與石敬瑭少從明帝征伐，有功名，得眾心。朱弘昭、馮贇位望⑲素出二人下遠甚⑳，一旦執朝政，皆忌之。明宗有疾，潞王屢遣其夫人入省侍。及明宗殂，潞王辭疾不來，使臣至鳳翔者或自言伺㉑得潞王陰事㉒。時潞王長子重吉㉓為控鶴都指揮使，朱、馮不欲其典禁兵㉔，己亥㉕，出為亳州㉖團練使。潞王有女惠明為尼，在洛陽，亦召入禁中。潞王由是疑懼㉗。

吳蔣延徽敗閩兵於浦城㉘，遂圍建州。閩主璘遣上軍使㉙張彥柔、驃騎大將軍王延宗㉚將兵萬人救建州。延宗軍及中塗㉛，士卒不進，曰：「不得薛文傑，不能討賊。」延宗馳使以聞，國人震恐。太后及福王繼鵬泣謂璘曰：「文傑盜弄國權㉜，枉害無辜，上下怨怒久矣。今吳兵深入，士卒不進，社稷一旦傾覆，留文傑何益！」文傑亦在側，互陳利害。璘曰：「吾無如卿何，卿自為謀㉝！」文傑出，繼鵬伺之於啟聖門㉞外，以笏㉟擊之仆地，檻車㊱送軍前，市人爭持瓦礫㊲

擊之。文傑善術數[38]，自云過三日則無患。部送者[39]聞之，倍道兼行，二日而至。士卒見之踊躍[40]，臠食之[41]，閩主亟遣赦之，不及。初，文傑以為古制檻車疏闊[42]，更為之，形如木匱，攢以鐵鋩[43]，內向，動輒觸之。車成，文傑首自入焉。并誅盛韜。

蔣延徽攻建州垂克[44]，徐知誥以延徽吳太祖之壻，與臨川王濛素善[45]，恐其克建州，奉濛以圖興復[46]，遣使召之。延徽亦聞閩兵及吳越兵將至，引兵歸。閩人追擊，敗之，士卒死亡甚眾，歸罪於都虞候張重進，斬之。知誥貶延徽為右威衛將軍，遣使求好于閩。

閏月[47]，以左諫議大夫唐汭[48]、膳部郎中·知制誥陳乂皆為給事中，充樞密直學士。汭以文學從帝，歷三鎮[49]在幕府。及即位，將佐之有才者，朱、馮皆斥逐之。汭性迂疏[50]，朱、馮恐帝含怒有時而發，乃引汭於密近[51]，以其黨陳乂監之[52]。〇丙午[53]，尊皇后[54]為皇太后。

安遠[55]節度使符彥超奴王希全、任賀兒見朝廷多事，謀殺彥超，據安州附於吳。夜，叩門[56]稱有急遞[57]，彥超出至聽事，二奴殺之。因以彥超之命召諸將，有不從己者輒殺之。己酉[58]旦，副使[59]李端帥州兵討誅之，并其黨。

甲寅⑥⓪，以王淑妃為太妃。

蜀將吏勸蜀王知祥稱帝，己巳⑥①，知祥即皇帝位于成都。

【章旨】以上為第十二段，寫唐閔帝為群小所控，藩鎮觀望，孟知祥稱帝。吳兵圍閩建州，閩兵憤怨，薛文傑被誅。

【注釋】❶潞王　即後唐末帝李從珂（西元八八五—九三六年），鎮州平山（今河北平山縣）人，本姓王，明宗為將時過平山掠得，養為子，驍勇。西元九三三—九三六年在位。傳見《舊五代史》卷四十六至四十八、《新五代史》卷七。❷戊寅　正月初七日。❸壬午　正月十一日。❹安彥威　崞（今山西代縣）人，善射，頗知兵法，官至後晉西京留守。傳見《舊五代史》卷九十一。❺忠正　方鎮名，後唐明宗天成二年（西元九二七年）升壽州為忠正節度。在今安徽壽縣。壽縣屬吳，張從賓鎮忠正，係遙領。❻張從賓　（？—西元九三七年）素便佞，官至靈武節度使。後叛晉，溺水死。傳見《舊五代史》卷九十七。❼甲申　正月十三日。❽嚴衛　禁衛軍名，閔帝改左、右羽林軍為嚴衛，左、右龍武、神武軍為捧聖。❾皇甫遇　（？—西元九四七年）常山（今河北正定）人，官至後晉同平章事。契丹滅後晉，皇甫遇義不受辱，自絕吭而死。傳見《舊五代史》卷九十五。❿戊子　正月十七日。⓫超遷太過　提升得過快。⓬己丑　正月十八日。⓭壬辰　正月二十一日。⓮高從誨　（西元八九〇—九四八年）高季興長子。為人明敏，多權計。季興死，襲位。西元九二八—九四八年在位。卒諡文獻。傳見《舊五代史》卷一百三十三、《新五代史》卷六十九、《十國春秋》卷一百一。⓯甲午　正月二十三日。⓰別治私第　在官衙府宅外另造私人住宅。⓱乙未　正月二十四日。⓲虛府舍以待吳主　空著原來的金陵軍府舍，以等待吳王楊溥居住。⓳位望　地位和聲望。⓴遠甚　很遠。㉑伺　窺伺；刺探。㉒陰事　不為人知的私事。此指企圖謀反之事。㉓重吉　（？—西元九三四年）李從珂長子，為閔帝所殺。傳見《舊五代史》卷五十一。㉔典禁兵　統領禁衛軍。㉕己亥　正月二十八日。㉖亳州　州名，治所譙縣，在今安徽亳州。㉗疑懼　懷疑和懼怕。此為潞王舉兵張本。㉘浦城　縣名，在今福建浦城。㉙上軍使　官名，閩置上軍使、中軍使、下軍使三官，各掌一軍。㉚王延宗　王審知子，有政聲。傳見《十國春秋》卷九十四。㉛及中塗　到了半路上。塗，通「途」。㉜盜弄國權　盜竊、玩弄國家的權力。㉝吾無如卿何二句　意謂我不能把你怎麼樣，你自己去考慮吧。㉞啓聖門　宮門名。㉟笏　朝笏。古時大臣朝見時手中所執的狹長板子，用玉、象牙或竹片製成，以備記事之用。㊱檻車　關押犯人的囚車。這裡指將薛文傑關在囚車裡。㊲瓦礫　瓦片和石塊。㊳術數　方術和氣數，指占卜、命相等迷信活動。㊴部送者　押送的人。㊵踴躍　群情感奮的樣子。㊶臠食之　切成肉塊吃掉。㊷疏闊　不精緻。㊸攢以鐵鋌　插上鐵針。㊹垂克　即將攻下。㊺素善　向來要好。㊻奉濛以圖興復　尊奉楊濛為吳王，恢復吳國的王權。㊼閏月　是年閏正月。㊽唐汭　閔帝舊時幕府官員。㊾歷三鎮　閔帝曾出任宣武、河東、天雄三鎮。㊿迂疏　迂闊而不切實際。(51)密近　指樞密直學士，因其常侍皇帝左右，故稱密近。(52)監之　監視唐汭的行動。(53)丙午　閏正月初五日。(54)皇后　指明宗曹皇后。天成三年（西元九二八年）冊為淑妃，長興元年（西元九三〇年）冊為皇后。清泰三年（西元九三六年）閏十一月，隨末帝自焚於玄武樓。傳見《舊五代史》卷四十九。(55)安遠　方鎮名，唐末置。治所安州，在今天津市薊縣西北。(56)叩門　敲門。(57)急遞　緊急文書。遞，郵傳。(58)己酉　閏正月初八日。(59)副使　節度副使。(60)甲寅　閏正月十三日。(61)己巳　閏正月二十八日。

【校　記】[1]寧國節度使　原無此五字。據章鈺校，十二行本有此五字，張敦仁《通鑑刊本識誤》同，今據補。

【語　譯】潞王上

清泰元年（甲午　西元九三四年）

春，正月初七日戊寅，唐閔帝下詔大赦，改年號為應順。〇十一日壬午，加封河陽節度使兼侍衛都指揮使康義誠兼任侍中，判六軍諸衛事。

朱弘昭、馮贇忌恨侍衛馬軍都指揮使．寧國節度使安彥威、侍衛步軍都指揮使．忠正節度使張從賓。正月十三日甲申，把安彥威調出外任護國節度使，任命捧聖馬軍都指揮使朱洪實接替他的職務。把張從賓調出外任彰義節度使，任命嚴衛步軍都指揮使皇甫遇接替他的職務。安彥威，是崞縣人。皇甫遇，是真定人。

正月十七日戊子，樞密使、同平章事朱弘昭，同中書門下二品馮贇，河東節度使兼侍中石敬瑭，一起兼任中書令。馮贇認為自己升遷得過快，堅決推辭不肯接受。十八日己丑，改為兼任侍中。

正月二十一日壬辰，封荊南節度使高從誨為南平王，封武安、武平節度使馬希範為楚王。〇二十三日甲午，封鎮海、鎮東節度使吳王錢元瓘為吳越王。

吳國的徐知誥在金陵另外修建私宅，正月二十四日乙未，他遷居到私宅，把府舍騰空，等待吳主的到來。

鳳翔節度使兼侍中潞王李從珂與石敬瑭從少年時就跟隨唐明宗四處征伐，立有戰功，負有聲望，又得人心。朱弘昭、馮贇的地位和聲望一直在他們二人之下很遠，朱、馮一下子執掌了朝政，都忌憚他們二人。唐明宗生病時，潞王多次派他的夫人進宮看望侍奉。等到明宗逝世，潞王說是有病，不肯前來，去過鳳翔的使臣中有人說偵察到了潞王的陰私。當時潞王的長子李重吉擔任控鶴都指揮使，朱弘昭、馮贇不想讓他掌領禁兵，正月二十八日己亥，把他調出外任為亳州團練使。潞王有個女兒叫惠明出家當尼姑，住在洛陽，把她召進宮中。潞王由此產生了懷疑和恐懼。

吳國的蔣延徽在浦城打敗了閩國的部隊，接著圍攻建州。閩主王璘派遣上軍使張彥柔、驃騎大將軍王延宗率領士兵一萬人救援建州。王延宗的部隊走到半路，士卒們不肯前進，說：「如果得不到薛文傑，就不能討伐賊軍。」王延宗派使者急馳，把情況報告朝廷，閩國的百姓都很震驚和恐懼。太后和福王王繼鵬哭著對王璘說：「薛文傑竊國弄權，冤枉死了很多無辜的人，上下怨憤已經很久了。現在吳兵深入境內，我們的士兵不願前進，國家一旦顛覆，留著薛文傑有什麼好處！」薛文傑當時也在場，雙方互相陳說著利害關係。王璘對薛文傑說：「我不能把你怎麼樣，你自己考慮吧！」薛文傑走出宮廷，王繼鵬在啓聖門外候著他，用朝笏把他打倒在地，用囚車押送至軍前，街市上的人爭著拿石頭、瓦片向他投擲。薛文傑擅長術數，自稱過了三天自己就沒有災禍了。押送他的人聽了這話，就兼程趕路，兩天就到了軍前。士卒們看見把他押來了，群情振奮，把他切成肉塊吃掉了；閩主急忙派出使者前去赦免他，已經來不及了。當初，薛文傑認為按照古代規格製造的囚車不夠精緻，就重新對囚車做了改造，新囚車形如木櫃，四面插上鐵針，針鋒內向，裡面的人一動就觸及鐵針。這種囚車剛製成，薛文傑自己第一個進去了。同時誅殺了盛韜。

蔣延徽攻打建州，即將攻下時，徐知誥認為蔣延徽是吳太祖楊行密的女婿，和臨川王楊濛很要好，擔心他攻下建州後，擁戴楊濛籌劃恢復吳國的王權，於是就派遣使者把他召回。蔣延徽也聽說閩國和吳越國的軍隊快要到了，就帶兵返回。閩兵追擊，打敗了吳兵，士卒死亡了很多，蔣延徽把兵敗的責任歸罪於都虞候張重進，把他殺了。徐知誥把蔣延徽貶為右威衛將軍，派遣使者去向閩國請求修好。

閏正月，任命左諫議大夫唐汭，膳部郎中、知制誥陳乂都擔任給事中，充任樞密直學士。唐汭靠他的文學才能侍從唐閔帝，歷經三鎮都在幕府中。到了唐閔帝繼位，將領和佐吏中有才能的人，朱弘昭、馮贇都把他們排斥出外了。唐汭生性迂闊，朱弘昭、馮贇擔心唐閔帝心中對他們的怒氣有朝一日會發作，於是就引薦唐汭為樞密直學士，利用他們的同黨陳乂監視唐汭。〇初五日丙午，尊奉皇后為皇太后。

安遠節度使符彥超的奴僕王希全、任賀兒看到朝廷政局動盪，就謀劃殺害符彥超，佔據安州歸附吳國。一天夜裡，兩人敲門說有緊急文書，符彥超出門來到廳堂，兩個奴僕就把他殺了。乘機借用符彥超的命令把將領們召集來，有不服從他們的馬上就把他殺掉。閏正月初八日己酉的早晨，節度副使李端率領本州的士兵討伐他們，把他們殺了，他們的同黨也一起處死。

閏正月十三日甲寅，封王淑妃為太妃。

蜀國的將領和官吏勸孟知祥稱帝，閏正月二十八日己巳，孟知祥在成都即皇帝位。

【研　析】本卷研析五不足懼、六深可畏、秦王李從榮之死兩件史事。

五不足懼、六深可畏。明宗長興三年（西元九三二年）十月二十四日壬申，大理少卿康澄上奏，提出天變災異有五種情況不足畏懼，人事作為有六個方面令人擔心。康澄說：「氣候變化無常不值得害怕，日月星辰運行不正常不值得害怕，社會上的流言不值得害怕，山崩河涸不值得害怕，蟲害為災不值得害怕。」這就是五不足懼。康澄又說：「賢人隱退令人擔憂，士農工商不能安居樂業令人擔憂，上下串通作弊令人擔憂，社會大眾寡廉鮮恥令人擔憂，是非混淆黑白顛倒令人擔憂，聽不到直言正論令人擔憂。」這就是六深可畏。五代亂世，人們唯利是圖，以力相尚，誠信的道德底線被踐踏，世衰道喪，人之聚散，以利相蒙，全無君臣之義、父子之親，淪落到禽獸的境界。康澄之論，石破天驚，明宗下詔褒獎。在古代天災變異被認為是上天在警告人世間的執政者，使之知懼以期改善政治。因此康澄所說的五不足懼，不是真的不足戒懼，而是說人事作為的六種情況更為可怕，警醒明宗用心於人間事務，言詞抑揚之間說得有些絕對，蓋矯枉過正而已。

秦王李從榮之死。秦王李從榮，明宗第二子。明宗長子李從璟，為人驍勇善戰，謙退謹厚，追隨莊宗征戰，多次立功，任金槍指揮使。李從璟死於莊宗之難，從榮在諸皇子中居長，明宗深愛之。明宗踐祚，大成初授從榮鄴都留守、天雄軍節度使。天成三年移北都留守，充河南節度使。天成四年入為河南尹，加尚書令，長興中又加天下兵馬大元帥，封秦王。從榮為人輕佻而自傲，張狂狠戾，入朝嚴衛，從騎數百，張弓挾矢，橫行道路，朝士側目。從榮藐視大臣，曾對左右說：「等我當了皇帝，一定要將他們滿門抄斬。」樞密使范延光、趙延壽多次向明宗請求外任，外臣也不願入朝任宰輔。從榮在宰臣眼中簡直就是一個避之不及的惡魔。一些趨炎附勢之徒，如太僕少卿何澤，為了討好李從榮為日後之資，奏請明宗立從榮為太子，明宗害怕喪失權力，泣對奏表，對親近的人說：「群臣議立太子，嫌我老朽，朕應當回到太原看守老房子。」從榮得知，對范延光、趙延壽說：「執政想立我當太子，是要奪我兵權幽囚在東宮嗎？」范延光等大臣從明宗父子話中知道了父子兩人的心病。明宗不想早立太子，推遲一天是一天；李從榮想要掌控兵權，不必計較太子虛名。父子兩人貪於權勢如此，心理都發生了變態扭曲。明宗染病，從榮兵變，不怕擔篡弒之名以奪取權力，無奈太沒有人緣，一起事就失敗了。明宗也在驚嚇之中一命嗚呼。

卷第二百七十九

後唐紀八

起閼逢敦牂（甲午　西元九三四年）二月，盡旃蒙協洽（乙未　西元九三五年），凡一年有奇。

【題解】本卷記事起西元九三四年二月，迄西元九三五年，凡一年又十一個月。當後唐潞王清泰元年二月至清泰二年。此時期為後唐政治又一劇變。閔帝仁弱，大權旁落朱弘昭、馮贇兩小人之手，猜疑石敬瑭、潞王李從珂，政未穩而下徙鎮詔令，潞王抗命，閔帝征討，諸軍潰於鳳翔城下。潞王東進，一路受降，康義誠率禁軍征討，卻一心投誠潞王。閔帝倉皇北逃，不帶將相隨從，到衛州遇石敬瑭，下詔勤王，石敬瑭不奉詔，一路奔洛陽投降潞王。潞王李從珂兵不血刃入洛陽，即帝位，是為末帝。末帝弒閔帝於衛州，全境歸服。末帝亦非命世之主，只會在馬背上逞勇，不會在馬背下服人，竟然抓鬮選宰相。末帝無知人之明，輔臣不敢言事，政事可想而知。石敬瑭返北都，藉契丹犯邊為名，多儲兵馬糧秣以自保。吳國徐知誥加緊禪代活動。閩國王繼鵬弒父自立。荊南孫光憲見微能諫，高從誨聞善改過，司馬光評論說：君臣都像這樣，哪還會有亡國敗家的事件發生。

潞（ㄌㄨˋ）王（ㄨㄤˊ）下（ㄒㄧㄚˋ）

清泰元年（甲午　西元九三四年）

二月癸酉[1]，蜀主以武泰節度使趙季良為司空兼門下侍郎、同平章事，領節度使如故。

吳人多不欲遷都[2]者，都押牙[3]周宗言於徐知誥曰：「主上西遷[4]，公復須東行[5]，不惟勞費甚大，且違眾心。」丙子[6]，吳主遣宋齊丘如金陵，諭知誥罷遷都。

先是，知誥久有傳禪之志[7]，以吳主無失德[8]，恐眾心不悅，欲待嗣君[9]。宋齊丘亦以為然。一旦，知誥臨鏡鑷白髭[10]，歎曰：「國家安而吾老矣，柰何？」周宗知其意[11]，請如江都，微以傳禪諷吳主[12]，且告齊丘。齊丘以宗先己[13]，心疾之[14]，遣使馳詣金陵，手書切諫[15]，以為天時人事未可。知誥愕然[16]。後數日，齊丘至，請斬宗以謝[17]吳主，乃黜宗為池州副使。久之，節度副使李建勳[18]、行軍司馬徐玠等屢陳知誥功業，宜早從民望[19]，召宗復為都押牙。知誥由是疏[20]齊丘。

朱弘昭、馮贇不欲石敬瑭久在太原，且欲召孟漢瓊。己卯[21]，徙成德節度使范延光為天雄節度使，代漢瓊；徙潞王從珂為河東節度使兼北都留守；徙石敬瑭為成德節度使。皆不降制書，但各遣使臣持宣[22]監送赴鎮[23]。

吳主詔徐知誥還府舍㉔。甲申㉕，金陵大火。乙酉㉖，又火。知誥疑有變，勒兵自衛㉗。己丑㉘，復入府舍[1]。

【章旨】以上為第一段，寫吳徐知誥圖謀禪讓。

【注釋】❶癸酉　二月初三日。❷不欲遷都　徐知誥擬遷吳都於金陵，吳人多不願遷都。❸都押牙　亦作都押衙，職掌衙內諸事，管領儀仗、侍衛。❹西遷　金陵在揚州之西，如遷都，吳王應西遷。❺東行　如遷都，徐知誥須移鎮揚州，故東行。❻丙子　二月初六日。❼傳禪之志　想要吳王楊溥禪位給自己。❽無失德　德行沒有缺失。❾欲待嗣君　想等新君繼位時再行禪讓。❿臨鏡鑷白髭　照著鏡子拔白的鬍鬚。髭，口上的鬚。⓫知其意　領會他的意思。⓬微以傳禪諷吳主　略微用應該傳位給徐知誥的事規勸吳王楊溥。⓭先己　先於自己提出禪讓之議。⓮心疾之　內心忌恨他。⓯切諫　極力規勸；深切勸諫。⓰愕然　驚奇的樣子。因宋齊丘主張徐知誥稱帝。⓱謝　致歉；謝罪。⓲李建勳　（?—西元九五二年）字致堯，少好學，能屬文，尤工詩。官至南唐宰相。傳見《十國春秋》卷二十一。⓳早從民望　早點順從人民的願望，禪位給徐知誥。⓴疏遠　疏遠。㉑己卯　二月初九日。㉒宣　樞密院所行文書。㉓監送赴鎮　由使臣監護著送他們到各個軍鎮。㉔還府舍　回到金陵軍府住所。㉕甲申　二月十四日。㉖乙酉　二月十五日。㉗勒兵自衛　調動軍隊保衛自己。㉘己丑　二月十九日。

【校記】[1]己丑復入府舍　原無此六字。據章鈺校，十二行本、乙十一行本皆有此六字，張敦仁《通鑑刊本識誤》、張瑛《通鑑校勘記》同，今據補。

【語譯】潞王下

清泰元年（甲午　西元九三四年）

二月初三日癸酉，蜀主孟知祥任命武泰節度使趙季良為司空兼門下侍郎、同平章事，依舊兼領節度使。

吳國人大多不想遷都，都押牙周宗對徐知誥說：「主上如果西遷金陵，您又要東去，不僅耗費人力物力巨大，而且也違背了人們的意願。」二月初六日丙子，吳主派宋齊丘前往金陵，告訴徐知誥停止遷都。

此前，徐知誥很早就有了讓吳主把皇位傳讓給他自己的想法，因為吳主沒有失德的地方，害怕大家心裡不高興，就想等嗣君繼位之後再說。宋齊丘也認為這樣好。一天早晨，徐知誥對著鏡子夾白鬍鬚，歎息說：「國家安定了而我卻老了，怎麼辦？」周宗瞭解他的想法，就請求前往江都，稍微把禪位的意思暗示吳主，並把這件事告訴了宋齊丘。宋齊丘認為周宗搶了他的先，心裡很忌恨他，派使者馳往金陵，帶著他的親筆信極力勸阻徐知誥，認為天時、人心都不允許。徐知誥很吃驚。幾天之後，宋齊丘來到金陵，向徐知誥請求殺了周宗好向吳主謝罪，於是徐知誥把周宗貶為池州團練副使。過了很長時間，節度副使李建勳、行軍司馬徐玠等人一再陳述徐知誥的功業，認為應該早日順從民眾意願，於是召回周宗又任他為都押牙。徐知誥從此疏遠宋齊丘。

朱弘昭、馮贇不想讓石敬瑭久在太原，並且想把孟漢瓊召回朝廷。二月初九日己卯，把成德節度使范延光改任為天雄節度使，代替孟漢瓊，把潞王李從珂改任為河東節度使兼任北都留守，把石敬瑭改任為成德節度使。全部不頒發正式的詔書，只是分別派遣使者拿著樞密院的文書監護著送往各個軍鎮。

吳主下詔命徐知誥搬回到原來的府舍中去住。二月十四日甲申，金陵發生大火。十五日乙酉，又發生了大火。徐知誥懷疑會有變故，就調動軍隊保衛自己。十九日己丑，回到原來的府舍居住。

潞王既與朝廷猜阻，朝廷又命洋王從璋權知鳳翔。從璋性粗率樂禍❶，前代安重誨鎮河中，手殺之❷。潞王聞其來，尤惡之❸，欲拒命❹則兵弱糧少，不知所為。謀於將佐，皆曰：「主上富於春秋❺，政事出於朱、馮，大王功名震主，離鎮必無全理❻，不可受❼也。」王問觀察判官滴河馬胤孫❽曰：「今道過京師，當何向⑨為便？」對曰：「君命召，不俟駕⑩。臨喪赴鎮⑪，又何疑焉！諸人凶謀⑫，不可從也。」眾哂⑬之。王乃移檄鄰道，言「朱弘昭等乘先帝疾亟⑭，殺長立少⑮，專制朝權，別疏骨肉，動搖藩垣，懼傾覆社稷。今從珂將入朝以清君側⑯之惡，而力不能獨辦，願乞靈⑰鄰藩以濟之。」

潞王以西都留守王思同⑱當⑲東出之道，尤欲與之相結。遣推官郝詡、押牙朱廷乂等相繼詣長安，說以利害⑳，餌以美妓㉑，不從則令就圖之㉒。思同謂將吏曰：「吾受明宗大恩，今與鳳翔同反，借使事成而榮，猶為一時之叛臣，況事敗而辱，流千古之醜跡乎！」遂執詡等，以狀聞㉓。時潞王使者多為鄰道所執㉔，不則㉕依阿操兩端㉖，惟隴州防禦使相里金㉗傾心附之㉘，遣判官薛文遇往來計事。金，并州人也。

朝廷議討鳳翔。康義誠不欲出外，恐失軍權，請以王思同為統帥，以羽林都指揮使㉙侯益為行營馬步都虞候[1]。益知軍情將變，辭疾[2]不行㉚。執政怒之，出為商州刺史。辛卯㉛，以王思同為西面行營馬步軍都部署㉜，前靜難節度使藥彥稠副之，前絳州刺史萇從簡為馬步都虞候，嚴衛步軍左廂指揮使尹暉㉝、羽林指揮使楊思權等皆為偏裨。暉，魏州人也。

蜀主以中門使王處回為樞密使。

丁酉[34]，加王思同同平章事、知鳳翔行府[35]，以護國節度使安彥威為西面行營都監。思同雖有忠義之志，而御軍無法[36]。潞王老於行陳[37]，將士儌幸[38]富貴者，心皆向之[39]。詔遣殿直楚匡祚執亳州團練使李重吉，幽[40]於宋州。洋王從璋行至關西[41]，聞鳳翔拒命[42]而還。

三月，安彥威與山南西道張虔釗、武定孫漢韶[43]、彰義張從賓、靜難康福等五節度使奏合兵討鳳翔。漢韶，李存進之子也。乙卯[44]，諸道兵大集於鳳翔城下攻之，克東、西關城，城中死者甚眾。丙辰[45]，復進攻城[46]，期於必取[47]。鳳翔城塹卑淺[48]，守備俱乏[49]，眾心危急。潞王登城泣謂外軍[50]曰：「吾未冠從先帝[51]百戰，出入生死，金創滿身[52]，以立今日之社稷。汝曹從我，目睹其事。今朝廷信任讒臣，猜忌骨肉，我何罪而受誅乎！」因慟哭[53]。聞者哀之。

張虔釗性褊急[54]，主攻城西南，以白刃[55]驅士卒登城。士卒怒，大詬[56]，反攻之，虔釗躍馬走免[57]。楊思權因[58]大呼曰：「大相公[59]，吾主也。」遂帥諸軍解甲投兵[60]，請降於潞王。自西門入，以幅紙[61]進潞王曰：「願王克京城日，以臣為節度使，勿以為防、團[62]。」潞王即書[63]「思權可[64]邠寧節度使」授之。王思同猶未之知，趣65士卒登城，尹暉大呼曰：「城西軍已入城受賞矣。」眾爭3棄甲投兵66而降，其聲震地。日中，亂兵悉入67，外軍亦潰，思同等六節度使皆遁去。潞王悉斂68城中將吏士民之財以犒軍，至於鼎釜69皆估直70以給之。丁巳71，王思同、藥彥稠等走72至長安，西京副留守劉遂雍73閉門不內74，乃趣75潼關。遂雍，鄩之子也。

【章旨】以上為第二段，寫潞王李從珂遣使四出謀起兵，閔帝徵兵討鳳翔，反戈為潞王所用。

【注釋】❶樂禍　喜歡幸災樂禍。❷手殺之　親手殺了安重誨。❸尤惡之　尤其厭恨他。❹拒命　拒絕執行調動命令。❺富於春秋　年紀很輕。❻必無全理　一定沒有全身之理。❼不可受　不能接受調離的命令。❽馬胤孫　字慶先，棣州滴河（今山東商河縣）人，為人懦暗迂愚，舉進士，官至後唐宰相。撰《法喜集》、《佛國記》行世。傳見《新五代史》卷五十五。❾何向　向哪個方向走。❿不俟駕　不等待車馬來接。意即急速啟程。⓫臨喪赴鎮　到京師參加明宗喪禮，然後到新的任所。⓬凶謀　壞主意。指拒絕執行調動的意見。⓭哂　笑。⓮疾亟　疾病沉重。⓯殺長立少　指殺從榮，立從厚。⓰清君側　清除皇帝左右的佞臣。一般作為起兵篡位的藉口。⓱乞靈　請求。⓲王思同　幽州（今北京市）人，為人勇敢，善騎射，好學，頗喜為詩，輕財重義。官至西京留守。傳見《新五代史》卷三十三。⓳當　通「擋」。阻擋。⓴說以利害　為他分析利害關係。㉑餌以美妓　送他美麗的女伎作誘餌。㉒令就圖之　命令使者就地除掉他。㉓以狀聞　將從珂勸反事寫成奏章上聞。㉔執　拘留。㉕不則　否則。㉖依阿操兩端　依違兩端，不置可否。㉗相里金　字奉金，并州（今山西太原）人，為人勇悍，能折節下士。官保義軍節度使。傳見《新五代史》卷四十七。㉘傾心附之　全心全意歸附他。㉙羽林都指揮使　禁衛軍軍官名，長興二年（西元九三一年）二月，改衛軍神捷、神威、雄武及魏府廣捷以下指揮為左、右羽林，置四十指揮，每十指揮立為一軍，每一軍置都指揮使一人，兼分為左、右廂。㉚辭疾不行　託稱有病而不願出征。㉛辛卯　二月二十一日。㉜都部署　即元帥。㉝尹暉　魏州大名（今河北大名）人，官應州節度使。傳見《新五代史》卷四十八。㉞丁酉　二月二十七日。㉟知

鳳翔行府　鳳翔為李從珂所據，故稱知行府。㊱御軍無法　控制軍隊沒有章法。㊲老於行陳　熟悉行軍打仗。陳，通「陣」。㊳徼幸　希望不費氣力而偶然獲得成功。㊴向之　向著他。㊵幽　關押。㊶關西　地區名，即函谷關以西關中地。㊷拒命　拒絕接受調動的命令。㊸孫漢韶　字享天，李存進長子。天成初，復姓孫。末帝即位，奔蜀，官至後蜀中書令，封樂安郡王。傳見《舊五代史》卷五十三。㊹乙卯　三月十五日。㊺丙辰　三月十六日。㊻城　指鳳翔府城。㊼期於必取　希望一定攻取城池。㊽城塹卑淺　城低，護城河淺。㊾守備俱乏　守備器材都缺少。㊿外軍　指圍城軍隊。(51)先帝　指明宗。(52)金創滿身　傷痕滿身。金創，刀槍傷。(53)慟哭　嚎啕大哭。(54)性褊急　性子很急。(55)白刃　雪亮的刀。(56)大詬　大罵。(57)走免　逃走而免於被殺。(58)因　乘機。(59)大相公　指李從珂。李從珂在明宗諸子中居長，故稱大相公。(60)解甲投兵　解除盔甲，丟掉武器。(61)幅紙　紙片。(62)防團　防禦使、團練使。(63)即書　立即寫批文。(64)可　可任；同意擔任。(65)趣　催促。(66)棄甲投兵　拋棄盔甲，丟掉兵器。(67)悉入　全部進入鳳翔城。(68)斂　搜刮。(69)鼎釜　盛菜的鼎和燒飯的鍋。(70)估直　估價。直，通「值」。(71)丁巳　三月十七日。(72)走　逃。(73)劉遂雍　劉鄩之子，以長安迎降李從珂，官淄州刺史。傳附《新五代史》卷二十二〈劉鄩傳〉。(74)內　通「納」。(75)趣　通「趨」。奔向。

【校　記】①行營馬步都虞候　原作「行營馬步軍都虞候」。據章鈺校，十二行本、乙十一行本皆無「軍」字，《舊五代史‧晉書‧高祖紀》亦作「行營馬步都虞候侯益」，今據刪。②疾　原無此字。據章鈺校，十二行本、乙十一行本皆有此字，今據補。③爭　原作「皆」。據章鈺校，十二行本、乙十一行本皆作「爭」，張敦仁《通鑑刊本識誤》同，今據改。

【語　譯】潞王李從珂已經與朝廷相互猜疑有隔閡，朝廷又任命洋王李從璋暫時主持鳳翔事務。李從璋生性粗率，幸災樂禍，以前代替安重誨鎮守河中，親手殺了安重誨。潞王得知他要前來，心裡對他特別厭惡，想要抗拒朝廷命令，而自己卻兵弱糧少，不知道怎麼辦才好。潞王和自己的將領幕僚們商議，大家都說：「皇上年輕，國家大事都由朱弘昭、馮贇決斷，大王您功名震主，離開軍鎮肯定沒有全身之理，不能接受調離的命令。」潞王詢問觀察判官滴河人馬胤孫說：「我現在如果奉命調職，經過京師洛陽，應當朝哪個方向為好？」馬胤孫回答說：「君主有命相召，不等車馬準備好就要出發。到京師參加先皇的葬禮，然後去河東軍鎮赴任，又有什麼好猶豫的呢！大家的壞主意，不能聽從。」眾人都譏笑他。潞王於是移送檄文到鄰近各道，說「朱弘昭等人乘著先帝病重之際，殺死長子擁立少子，獨攬朝廷大權，離間皇室骨肉，動搖藩鎮，我害怕他們傾覆江山社稷。現在我李從珂即將入朝清除君主身邊的壞人，而我的力量不能辦得到，希望請求鄰近方鎮來幫助我。」

潞王因為西都留守王思同擋住從鳳翔往東到洛陽的道路上，所以特別想和他聯合。潞王派推官郝詡、押牙朱廷乂等人相繼前往長安，向王思同陳說利害關係，饋贈美貌的女伎作誘餌，如果他不順從，就讓兩人就地把他解決了。王思同對自己的將領官吏們說：「我受過明宗皇帝的大恩，現在和鳳翔一起造反，即使事情成功了，得到榮華富貴，仍然是一代的叛逆之臣，更何況事情失敗了而蒙受恥辱，在千古留下醜惡行跡呢！」當即把郝詡等人抓了起來，把情況向朝廷報告。當時潞王的使者大多被鄰近各道所拘留，不然的話就是依違兩端，惟獨只有隴州防禦使相里金是全心全意地依附他，派判官薛文遇往來商議具體事宜。相里金，是并州人。

朝廷商議討伐鳳翔。康義誠不想出任在外，怕失去了兵權，就請求任命王思同為統帥，任命羽林都指揮使侯益為行營馬步都虞候。侯益知道軍情將會發生變故，就以疾病為藉口不願出征。執政大臣們對他很生氣，就把他外任為商州刺史。二月二十一日辛卯，任命王思同為西面行營馬步軍都部署，前靜難節度使藥彥稠為他的副手，任命前絳州刺史萇從簡為馬步都虞候，嚴衛步軍左廂指揮使尹暉、羽林指揮使楊思權等人都擔任偏裨將佐。尹暉，是魏州人。

蜀主任命中門使王處回為樞密使。

二月二十七日丁酉，加任王思同為同平章事、主持鳳翔行府，任命護國節度使安彥威為西面行營都監。王思同雖然有忠義之志，但是統御軍隊卻沒有章法。潞王熟悉行軍打仗，將士們希望幸運得到富貴榮華的，內心都願意依附他。唐閔帝下詔派遣殿直楚匡祚抓捕了亳州團練使李重吉，關押在宋州。洋王李從璋受命赴任走到函谷關西，聽說鳳翔軍鎮抗拒朝廷命令，就回去了。

三月，安彥威和山南西道節度使張虔釗、武定節度使孫漢韶、彰義節度使張從賓、靜難節度使康福等五個節度使向唐閔帝上奏請求兵力聯合討伐鳳翔。孫漢韶，是李存進的兒子。十五日乙卯，各道的軍隊會集在鳳翔城下，攻打城池，攻下了東、西關城，城裡的人死了很多。十六日丙辰，又進攻鳳翔城，希望一定把城池攻下來。鳳翔城牆低矮，護城河淺，守備器材都很缺乏，大家感到形勢危急。潞王登上城牆流著淚對城外的軍隊說：「我還沒成年的時候就跟隨先帝身經百戰，出生入死，滿身槍傷，這才創立了今天的國家。你們跟隨著我，親眼看見過這些事實。現在朝廷信任讒臣，猜忌自家骨肉，我有什麼罪過，卻要被誅殺啊！」於是嚎啕大哭。聽了這話的人都很同情他。

張虔釗性情急躁，負責攻打城西南，他拿著雪亮的刀驅逼士卒登城。士卒大怒，對他大罵，掉頭攻擊他，張虔釗躍馬逃走，才免一死。楊思權乘機大聲喊叫說：「大相公才是我們的主公。」隨即率領軍士們解下盔甲，丟下兵器，向潞王請求歸降。從西門進入城中，他拿著一張紙奉送給潞王說：「希望大王在攻下京城的那一天，任命臣為節度使，不要讓臣擔任防禦使、團練使。」潞王立刻就在紙上寫了「思權可以擔任邠寧節度使」交給他。王思同還不知道這一情況，仍在催促士卒攻城，尹暉大聲喊叫著說：「城西面的軍隊已經進城接受獎賞了。」於是大家爭相丟下盔甲兵器投降，聲響震地。中午，亂兵全都進了城，城外面的軍隊也潰散了，王思同等六名節度使全部逃離。潞王把城中將士吏民的所有財物都徵集起來犒賞軍隊，以至於鼎、釜之類器物都估了價用來賞給軍隊。三月十七日丁巳，王思同、藥彥稠等人逃到長安，西京副留守劉遂雍關閉城門不讓他們進城，他們就奔往潼關。劉遂雍，是劉鄩的兒子。

潞王建大將旗鼓❶，整眾而東❷，以孔目官虞城劉延朗❸為腹心。潞王始憂王思同等併力據長安拒守，至岐山❹，聞劉遂雍不內思同，甚喜，遣使慰撫之。遂雍悉出府庫之財於外，軍士前至者即給賞令過❺。比❻潞王至，前軍賞遍，皆不入城。庚申⑦，潞王至長安，遂雍迎謁⑧，率民財⑨以充賞。

是日，西面步軍都監王景從等自軍前奔還⑩，中外大駭⑪。帝不知所為，謂康義誠等曰：「先帝棄萬國⑫，朕外守藩方。當是之時，為嗣者在諸公所取耳，朕實無心與人爭國。既承大業，年在幼沖⑬，國事皆委諸公。朕於兄弟間不至榛梗⑭，諸公以社稷大計見告，朕何敢違！軍興之初，皆自夸大，以為寇不足平。今事至於此，何方可以轉禍⑮？朕欲自迎潞王，以大位讓之，若不免於罪⑯，亦所甘心。」朱弘昭、馮贇大懼，不敢對。義誠欲悉以宿衛兵⑰迎降為己功，乃曰：「西師⑱驚潰，蓋主將失策耳。今侍衛諸軍尚多，臣請自往扼其衝要⑲，招集離散以圖後效⑳，幸陛下勿為過憂㉑！」帝遣使召石敬瑭，欲令將兵拒之。義誠固請自行，帝乃召將士慰諭㉒，空府庫以勞之㉓，許以平鳳翔，人更賞二百緡，府庫不足，當以宮中服玩㉔繼之。軍士益驕，無所畏忌，負賜物㉕，揚言於路曰：「至鳳翔更請一分㉖。」

遣楚匡祚殺李重吉於宋州。匡祚榜棰㉗重吉，責㉘其家財。又殺尼惠明。

初，馬軍都指揮使朱洪實為秦王從榮所厚。及朱弘昭為樞密使，洪實以宗兄事之。從榮勒兵天津橋，洪實首為孟漢瓊擊從榮，康義誠由是恨之。辛酉㉙，帝親至左藏[30]，給將士金帛。義誠、洪實共論用兵利害[31]，洪實欲以禁軍固守洛陽，曰：「如此，彼亦未敢徑前[32]，然後徐圖進取[33]，可以萬全。」義誠怒曰：「洪實為此言，欲反邪！」洪實曰：「公自欲反，乃謂誰反！」其聲漸厲[34]。帝聞，召而訊之。二人訟[35]於帝前，帝不能辨其是非，遂斬洪實，軍士益憤怒。

壬戌[36]，潞王至昭應[37]。聞前軍獲[38]王思同，王曰：「思同雖失計[39]，然盡心所奉[40]，亦可嘉[41]也。」癸亥[42]，至靈口[43]，前軍執思同以至。王責讓[44]之，對曰：「思同起行間[45]，先帝擢之，位至節將[46]，常愧無功以報大恩。非不知附大王立得富貴，助朝廷自取禍殃，但恐死之日無面目見先帝於泉下[47]耳。敗而釁鼓[48]，固其所也。請早就死！」王為之改容[49]，曰：「公且休矣。」王欲宥之[50]，而楊思權之徒恥見其面。王之過長安，尹暉盡取思同家貲及妓妾，屢言於劉延朗曰：「若留思同，慮失士心。」屬王醉[51]，不待報，擅殺思同及其妻子。王醒，怒延朗，嗟惜[52]者累日。

癸亥[53]，制以康義誠為鳳翔行營都招討使，以王思同副之。

甲子[54]，潞王至華州[55]，獲藥彥稠，囚之。乙丑[56]，至閿鄉[57]。朝廷前後所發諸軍，遇西軍皆迎降，無一人戰者。丙寅[58]，康義誠引侍衛兵發洛陽。詔以侍衛馬軍指揮使安從進為京城巡檢，從進已受潞王書，潛布腹心[59]矣。

是日，潞王至靈寶[60]，護國節度使安彥威、匡國節度使安重霸皆降，惟保義節度使康思立[61]謀固守陝城以俟康義誠。先是，捧聖五百騎戍陝西，為潞王前鋒，至城下，呼城上人曰：「禁軍十萬已奉新帝，爾輩數人奚為[62]！徒[63]累一城人塗地[64]耳。」於是捧聖卒爭出迎，思立不能禁，不得已亦出迎。

丁卯[65]，潞王至陝[66]，僚佐說[67]王曰：「今大王將及京畿[68]，傳聞乘輿[69]已播遷，大王宜少留於此，先移書慰安京城士庶[70]。」王從之，移書諭洛陽文武士庶，惟朱弘昭、馮贇兩族不赦外，自餘勿有憂疑。

康義誠軍至新安[71]，所部將士[72]自相結[73]，百什為羣，棄甲兵[74]，爭先詣陝降，纍纍不絕[75]。義誠至乾壕[76]，麾下[77]纔餘[1]數十人。遇潞王候騎[78]十餘人，義誠解所佩弓劍為信[79]，因[80]候騎請降於潞王。

戊辰[81]，閔帝聞潞王至陝，義誠軍潰，憂駭[82]不知所為。急遣中使[2]召朱弘昭謀所向[83]，弘昭曰：「急召我，欲罪之也。」赴井死[84]。安從進聞弘昭死，殺馮贇於第，滅其族，傳弘昭、贇首於潞王。帝欲奔魏州，召孟漢瓊使詣魏州為先置[85]。漢瓊不應召。單騎奔陝。

【章　旨】以上為第三段，寫潞王起兵東向，一路受降至陝州，閔帝派康義誠領禁軍出征，也全部投降。

【注　釋】❶建大將旗鼓　樹立大將的旗幟、金鼓。❷整眾而東　整頓隊伍向東進軍。❸劉延朗　（？—西元九三六年）宋州虞城（今河南開封）人，為李從珂心腹，官副樞密使。傳見《舊五代史》卷六十九。❹岐山　縣名，在今陝西岐山縣。❺即給賞令過　立刻發給賞賜令其過境。❻比　及至。❼庚申　三月二十日。❽迎謁　拜迎謁見。❾率民財　聚斂老百姓的財物。率，本為鳥網，引申為網羅、聚斂。❿奔還　逃回。⓫中外大駭　朝廷內外大為驚懼。⓬棄萬國　指死去。⓭年在幼沖　年紀還很小。當時閔宗二十一歲。⓮榛梗　阻塞而不通。⓯何方可以轉禍　用什麼方法可以轉禍為福。⓰若不免於罪　如果不能免去罪行。⓱宿衛兵　禁衛軍。⓲西師　指王思同圍鳳翔的軍隊。⓳扼其衝要　把守緊要的地方。⓴以圖後效　用來圖謀以後的功效。後效，後功。㉑過憂　過分的憂慮。㉒慰諭　慰勉和曉諭。㉓空府庫以勞之　拿空國家府庫的財物，用以慰勞士兵。㉔宮中服玩　宮廷中錦帛及珍玩。㉕負賜物　背著賜給的財物。㉖至鳳翔更請一分　到鳳翔投降李從珂再領一份獎賞。說明軍隊毫無鬥志。㉗榜棰　拷打。㉘責　索取。㉙辛酉　三月二十一日。㉚左藏　府庫名，藏國家財物。㉛共論用兵利害　一起議論出兵的有利條件和不利條件。㉜徑前　直接到洛陽來。㉝徐圖進取　慢慢地想辦法反擊。㉞其聲漸厲　爭論聲逐漸大起來。㉟訟　爭辯是非。㊱壬戌　三月二十二日。㊲昭應　縣名，在今陝西臨潼。㊳獲　擒獲。㊴失計　失於計算，謀劃錯誤。㊵盡心所奉　盡心竭力地侍奉君主。㊶嘉　嘉獎；讚賞。㊷癸亥　三月二十三日。㊸靈口　地名，在今陝西臨潼靈口鎮。㊹責讓　責備。㊺行間　行伍之間。指出身卒伍。㊻節將　建節而為大將。㊼泉下　九泉之下。㊽釁鼓　古代將牲口血塗在鼓上，用以祭祀。這裡指願意被殺，將血塗鼓祭神。㊾改容　因感動而改變態度。㊿宥之　寬恕他。(51)屬王醉　適值王酒醉。(52)嗟惜　嗟歎可惜。(53)癸亥　三月二十三日。(54)甲子　三月二十四日。(55)華州　州名，在今陝西華縣。(56)乙丑　三月二十五日。(57)閿鄉　古縣名，在今河南靈寶。(58)丙寅　三月二十六日。(59)潛布腹心　暗暗地布置心腹之人，準備迎降。(60)靈寶　縣名，在今河南靈寶。(61)康思立　（西元八七四—九三六年）晉陽（今山西太原）人，少善騎射，官至檢校太傅，封會稽郡開國侯。傳見《舊五代史》卷七十。(62)奚為　幹什麼；有什麼作為。(63)徒　白白地。(64)塗地　被殺害。(65)丁卯　三月二十七日。(66)陝　陝州，在今河南陝縣。(67)說　勸說。(68)將及京畿　將到京城的郊區。(69)乘輿　皇帝。(70)士庶　士大夫和庶民，泛指官民。(71)新安　縣名，在今河南新安。(72)所部將士　康義誠所統率的將軍和士兵。(73)自相結　自相結合；各自組成團伙。(74)棄甲兵　丟掉武器裝備。(75)纍纍不絕　一群一群沿路不斷。(76)乾壕　地名，在河南陝縣境內。(77)麾下　部下。(78)候騎　偵察騎兵。79信　信物；憑信。80因　通過。81戊辰　三月二十八日。82憂駭　擔憂驚怕。83謀所向　謀劃到哪裡去。04赴井死　投井自殺。85先置　事先作布置。

【校　記】1餘　原無此字。據章鈺校，十二行本有此字，張敦仁《通鑑刊本識誤》同，今據補。2中使　原無「中」字。據章鈺校，十二行本、乙十一行本有「中」字，當是，今據補。

【語　譯】潞王設立大將的旗鼓，整頓部眾東進，把孔目官虞城人劉延朗當做心腹。潞王起初擔心王思同等人合力據守長安抵抗，到了岐山縣，得知劉遂雍不讓王思同進城，十分高興，就派使者前去慰撫劉遂雍。劉遂雍把府庫中的財物全部搬到外面來，軍士有先到的立刻發給獎賞，讓他們通過。等潞王到達時，前面的部隊普遍獎賞了，都沒有進城騷擾。三月二十日庚申，潞王到達長安，劉遂雍迎接拜見，聚斂民財來作為獎賞部隊所需。

這一天，西面步軍都監王景從等人從前線逃回京城，朝廷內外大為驚懼。唐閔帝一時不知該怎麼辦才好，就對康義誠等人說：「先帝去世的時候，朕正在外面鎮守方鎮。在那時，由誰來繼承帝位，在於諸位明公的選擇而已，朕實在沒有心思與人爭奪國家大權。朕繼承了大業以後，年紀還輕，把國家大事都委託給諸位明公。朕和兄弟們之間不至於有隔閡，諸位明公把國家大計告訴給朕，朕又哪裡敢違背眾意！當初出兵，全都誇大其辭，認為平定亂寇不成問題。現在事情到了這個地步，用什麼方法可以轉禍為福？朕想親自迎接潞王，把皇帝大位讓給他，如果不能免罪，朕也甘心情願。」朱弘昭、馮贇極為恐懼，不敢回答。康義誠想帶著全部宿衛部隊迎降潞王作為自己的功勞，就說：「西征部隊驚散潰退，是由於主將失策罷了。現在侍衛諸軍還很多，臣請求親自前去扼守住衝要之地，召集流散士卒，以便籌劃後面的事情，請陛下不要過分憂慮！」唐閔帝派使者徵召石敬瑭，想讓他率領部隊抵抗潞王。康義誠堅持請求自己帶兵前去，唐閔帝便召集將士們進行慰勉和曉諭，把府庫裡的東西全部拿出來慰勞將士，答應平定了鳳翔後，每人再賞賜二百緡錢，如果府庫裡的錢不夠，就用宮中的錦帛珍玩來接濟。於是軍士們更加驕縱，無所畏忌，他們背著賞賜的東西，在路上揚言說：「到了鳳翔另要一份賞。」

唐閔帝派遣楚匡祚在宋州殺了李重吉。楚匡祚對李重吉嚴刑拷打，索取他的家財。又把潞王女兒尼姑惠明殺了。

當初，馬軍都指揮使朱洪實被秦王李從榮所厚待。到了朱弘昭擔任樞密使以後，朱洪實把他當做同宗兄弟來侍奉。李從榮把軍隊部署在天津橋的時候，朱洪實第一個替孟漢瓊攻擊李從榮，康義誠因此很憎恨他。三月二十一日辛酉，唐閔帝親自到左藏，給將士發放金銀、絹帛。康義誠、朱洪實一起議論這次用兵的利與弊，朱洪實想用禁軍固守洛陽，就說：「如果這樣，他們也不敢直接前來進攻洛陽，然後慢慢想辦法反攻，可以萬無一失。」康義誠生氣地說：「朱洪實說這話，是想造反！」朱洪實說：「你自己想造反，還要說別人造反！」兩人爭吵的聲音漸漸大了起來。唐閔帝聽到了，把兩人叫過來問話。兩人繼續在唐閔帝面前爭辯是非，唐閔帝不能辨別是非，就把朱洪實斬殺了，軍士們更加憤怒了。

三月二十二日壬戌，潞王到了昭應。聽說先頭部隊抓獲了王思同，潞王說：「王思同雖然失策，但對主上盡心盡力，這也是值得讚賞的。」二十三日癸亥，到達靈口，先頭部隊把王思同押到了。潞王責問他，王思同回答說：「思同出身行伍，先帝提拔我，位至建節大將，經常慚愧沒有建立功勞報答先帝的大恩大德。我並不是不知道歸附大王立刻就能夠得到富貴，幫助朝廷是自取禍殃，只是擔心身死那天沒有臉面在九泉之下見到先帝。現在失敗了，以血塗鼓，本是死得其所。請早些赴死！」潞王聽了，為之動容，就說：「您暫時下去休息吧。」潞王想寬恕他，但楊思權這幫人卻沒臉再見他的面。當潞王經過長安時，尹暉全部佔取了王思同的家產和伎妾，他多次對劉延朗說：「如果留下王思同，恐怕失去軍心。」適逢潞王酒醉，不等待上報，就擅自殺了王思同和他的妻子兒女。潞王酒醒後，對劉延朗很惱怒，嗟歎惋惜了很多天。

三月二十三日癸亥，唐閔帝任命康義誠為鳳翔行營都招討使，任命王思同為副招討使。

三月二十四日甲子，潞王到達華州，抓獲了藥彥稠，囚禁了他。二十五日乙丑，到達閿鄉。朝廷前後所派出的軍隊，遇到鳳翔來的軍隊全都迎降，沒有一個人作戰。二十六日丙寅，康義誠帶領侍衛兵從洛陽出發。

唐閔帝下詔任命侍衛馬軍指揮使安從進為京城巡檢。安從進已經接到潞王的書信，暗中布置了心腹之人。

這一天，潞王到達靈寶，護國節度使安彥威、匡國節度使安重霸都投降了，只有保義節度使康思立籌劃固守陝城，等待康義誠前來增援。在此以前，捧聖軍有五百名騎兵戍守陝西，這時成為了潞王的前鋒，他們到了陝州城下，呼喊城上的人說：「禁軍十萬人已經擁立新皇帝了，你們這幾個能幹什麼！白白地連累一城人肝腦塗地而已。」於是捧聖軍的士卒爭先恐後地出來迎降，康思立不能禁止，不得已，自己也出城迎降。

三月二十七日丁卯，潞王到達陝州，幕僚佐吏勸潞王說：「現在大王即將到達京畿，傳聞說唐閔帝已經離開京師，大王應在此稍事停留，先送去文告安撫京城吏民。」潞王聽從了這個建議，發布文告曉諭洛陽的文武官員和吏民百姓，除了對朱弘昭、馮贇兩個家族不赦免外，其餘的人不要擔心疑慮。

康義誠的軍隊到達新安，他所率領的將士都自相結合，成十上百個人為一群，丟棄盔甲兵器，爭先恐後地前往陝州投降，一群一群絡繹不絕。康義誠到達乾壕，部下僅剩下幾十個人。這時碰上了潞王的偵察騎兵十多個人，康義誠解下自己佩帶的弓劍作為信物，通過這些偵察騎兵向潞王請求投降。

三月二十八日戊辰，唐閔帝聽說潞王到了陝州，康義誠的軍隊已經潰散，又擔憂又驚怕，不知怎麼辦才好。閔帝急忙派遣使者召來朱弘昭商議到哪裡去，朱弘昭說：「這麼急切地召見我，是想加罪於我。」便投井死了。安從進聽說朱弘昭死了，就把馮贇殺死在他的家中，滅掉他的全族，把朱弘昭、馮贇的首級傳送給潞王。唐閔帝想逃往魏州，徵召孟漢瓊，讓他到魏州先作安置。孟漢瓊沒理會唐閔帝的召命，一個人騎馬投奔陝州。

初，帝在藩鎮，愛信❶牙將慕容遷，及即位，以為控鶴指揮使。帝將北度河，密與之謀，使帥部兵守玄武門❷。是夕，帝以五十騎出玄武門，謂遷曰：「朕且幸魏州，徐圖興復，汝帥有馬控鶴從我。」遷曰：「生死從大家[3]。」乃陽為團結[4]。帝既出，即闔門[5]不行。

己巳[6]，馮道等入朝，及[7]端門[8]，聞朱、馮死，帝已北走。道及劉昫欲歸，李愚曰：「天子之出，吾輩不預謀。今太后在宮，吾輩當至中書[9]，遣小黃門取太后進止[10]，然後歸第，人臣之義[11]也。」道曰：「主上失守社稷[12]，人臣惟君是奉[13]。無君而入宮城[14]，恐非所宜。潞王已處處張榜，不若歸俟教令[15]。」乃歸。至天宮寺[16]，安從進遣人語之曰：「潞王倍道[17]而來，且[18]至矣，相公宜帥百官至穀水[19]奉迎。」乃止[20]於寺中，召百官。中書舍人盧導[21]至，馮道曰：「俟舍人久矣，所急者勸進文書[22]，宜速具草[23]。」導曰：「潞王入朝，百官班迎[24]可也。設[25]有廢立，當俟太后教令[26]，豈可遽[27]議勸進乎？」道曰：「事當務實。」導曰：「安有天子在外，人臣遽以大位勸人者邪！若潞王守節北面[28]，以大義見責，將何辭以對！公不如帥百官詣宮門，進名問安[29]，取太后進止，則去就[30]善矣。」道未及對，從進屢遣人趣之曰：「潞王至矣，太后、太妃已遣中使迎勞矣，安得百官無班！」道等即紛然而去。既而潞王未至，三相[31]息於上陽門[32]外，盧導過於前，道復召而語之，導對如初。李愚曰：「舍人之言是也。吾輩之罪，擢髮不足數㉝。」

康義誠至陝待罪㉞，潞王責之曰：「先帝晏駕，立嗣在諸公。今上亮陰㉟，政事出諸公。何為不能終始㊱，陷吾弟至此乎？」義誠大懼，叩頭請死。王素惡㊲其為人，未欲遽誅㊳，且宥之㊴。馬步都虞候萇從簡、左龍武統軍王景戡皆為部下所執，降於潞王，東軍㊵盡降。潞王上牋於太后取進止㊶，遂自陝而東㊷。

夏，四月庚午朔㊸，未明，閔帝至衛州東數里，遇石敬瑭。帝大喜，問以社稷大計，敬瑭曰：「聞康義誠西討，何如？陛下何為至此？」帝曰：「義誠亦叛去矣。」敬瑭俛首長歎數四，曰：「衛州刺史王弘贄，宿將習事㊹，請與圖㊺之。」乃往見弘贄問之，弘贄曰：「前代天子播遷多矣，然皆有將相、侍衛、府庫、法物㊻，使羣下有所瞻仰。今皆無之，獨以五十騎自隨，雖有忠義之心，將若之何㊼？」敬瑭還，見帝於衛州驛㊽，以弘贄之言告。弓箭庫使㊾沙守榮、奔洪進前責敬瑭曰：「公明宗愛壻㊿，富貴相與共之，今之[1]憂患亦宜相恤(51)。今天子播越(52)，委計於公(53)，冀圖興復，乃以此四者為辭(54)，是直(55)欲附賊賣天子耳！」守榮抽佩刀欲刺之，敬瑭親將陳暉救之，守榮與暉鬬死，洪進亦自刎。敬瑭牙內指揮使劉知遠引兵入，盡殺帝左右及從騎，獨置帝而去(56)。敬瑭遂趣(57)洛陽。

【章　旨】以上為第四段，寫閔帝出奔，將相大臣無一追隨。閔帝至衛州路遇石敬瑭，石敬瑭不奉詔勤王而趕往洛陽投降。

【注　釋】❶愛信　寵愛信任。❷玄武門　洛陽宮城北門。❸大家　指皇帝。❹陽為團結　假裝聚攏軍隊。❺闔門　關閉玄武門。❻己巳　三月二十九日。❼及　到。❽端門　洛陽宮城南門。❾中書　中書省。宰相辦公處。❿取太后進止　聽取太后進退的意見，即請示太后該怎麼辦。⓫人臣之義　作為臣子的大義。⓬社稷　國家。⓭人臣惟君是奉　作為臣子只是侍奉皇帝的。⓮宮城　皇宮。因唐之二都、三省及寺監都在宮城之內。⓯歸俟教令　回家等待潞王的命令。教令，親王所出命令。⓰天宮寺　洛陽寺院名。⓱倍道　兼程。⓲且　將。⓳穀水　在洛陽城西。⓴止　停留。㉑盧導　（西元八六六—九四一年）字熙化，唐天祐進士，美詞翰，善談論，官至後晉吏部侍郎。傳見《舊五代史》卷九十二。㉒勸進文書　勸潞王登基為皇帝的表文。㉓具草　起草；草擬。㉔班迎　按官階高低排列班次迎接。㉕設　假設。㉖當俟太后教令　應當等待太后的命令。㉗遽　匆忙。㉘守節北面　遵守臣節，北面稱臣。㉙進名問安　通報姓名，向太后問安。㉚去就　擁戴或不擁戴。㉛三相　指馮道、李愚、劉昫。㉜上陽門　上陽宮門，在洛陽宮城西。㉝擢髮不足數　拔盡頭髮來數都數不清楚。指罪惡之多。㉞待罪　等候降罪，聽候處分。㉟亮陰　服喪期間。㊱終始　指始終如一地侍奉皇帝。㊲素惡　向來厭恨。㊳遽誅　立即殺戮。㊴且宥之　暫且寬恕了他。㊵東軍　指洛陽來的軍隊。㊶取進止　聽候進退的命令。㊷自陝而東　從陝州向東面洛陽進軍。㊸庚午朔　四月初一日。㊹宿將習事　老將懂事。㊺圖　商量。㊻法物　祭祀禮器。㊼將若之何　將會怎麼辦呢。㊽衛州驛　衛州的館驛。㊾弓箭庫使　官名，掌弓箭庫。㊿公明宗愛壻　你是明宗所愛的女婿。因石敬瑭娶明宗長女永寧公主。(51)相恤　互相體恤。(52)播越　流離失所。(53)委計於公　向你求計。(54)以此四者為辭　以沒有將相、侍衛、府庫、法物從行為藉口。(55)直　特；只。(56)置帝而去　把閔帝放在一邊，揚長而去。(57)趣　趕往。

【校　記】[1]今之　原無此二字。張敦仁《通鑑刊本識誤》：「『之』下脫『今之』二字。」當是，今據補。

【語　譯】當初，唐閔帝在藩鎮時，寵信牙將慕容遷，等到即位後，任命他為控鶴指揮使。唐閔帝即將向北渡過黃河，祕密地和他商議，讓他率領所屬士兵把守玄武門。當天晚上，唐閔帝帶著五十名騎兵出玄武門，對慕容遷說：「朕暫去魏州，慢慢再圖復興，你率領有馬的控鶴隨我走。」慕容遷說：「是生是死都追隨皇上。」

於是假裝聚攏軍隊。唐閔帝出了城門，他立即關上城門不走了。

三月二十九日己巳，馮道等人入宮朝見，到了端門，聽說朱弘昭、馮贇死了，唐閔帝已經向北逃走。馮道和劉昫打算回家，李愚說：「天子出行，我們這些人沒有參與謀劃。如今太后還在宮中，我們應該到中書省去，派小黃門去向太后請示該怎麼辦，然後再回家，這是人臣的大義。」馮道說：「主上失守社稷，作為臣子的只是侍奉君主。沒有了君主而再進入宮城，恐怕不合適。潞王已經到處張貼榜文，我們不如回家等候命令。」於是回家去了。走到天宮寺，安從進派人告訴馮道說：「潞王兼程前來，快要到了，相公應該率領百官到穀水迎接。」於是馮道就停留在寺中，召集百官。中書舍人盧導到了，馮道說：「等候舍人很久了，現在急需的是對潞王的勸進文書，應該趕快草擬。」盧導說：「潞王來朝廷，百官列班相迎就可以了。假如有廢立國君的事情，應當等待太后的教令，怎麼可以匆忙商議勸進的事呢？」馮道說：「做事要講求實際。」盧導說：「哪裡有天子在外，人臣急忙拿皇帝大位去向人勸進的呢！如果潞王遵守臣節北面稱臣，用君臣大義來責求我們，我們將用什麼話來回答他！您不如率領百官前往皇宮門口，通報姓名向太后問安，聽取太后的定奪，那麼或進或退就很妥善了。」馮道還沒有來得及回答，安從進多次派人來催促他說：「潞王到了，太后、太妃已經派遣宮中的使者前去迎接慰勞了，百官怎麼可以不列班迎接！」馮道等人當即紛紛前往。過了一會兒潞王沒有來到，三個宰相停留在上陽門外，盧導從他們面前經過，馮道又把他叫來談勸進的事，盧導的回答還是和當初一樣。李愚說：「舍人的話是對的。我們這些人的罪過，拔盡了頭髮來數都數不清。」

康義誠到了陝州等候降罪，潞王責備他說：「先帝去世，擁立嗣君由你們作主。當今皇上在居喪期間，國家的政事也由你們安排。為什麼不能始終如一地侍奉皇帝，把我弟弟坑害到這種地步呢？」康義誠大為恐懼，磕頭請死。潞王向來厭恨康義誠的為人，但是也沒想馬上就把他殺掉，暫時寬恕了他的罪責。馬步都虞候萇從簡、左龍武統軍王景戡都被他們的部下活捉，向潞王投降，至此，洛陽派來的軍隊全部投降了。潞王上書太后，請示太后的安排，接著就率領大軍從陝州向東進發。

夏，四月初一日庚午，天還沒有亮，唐閔帝到了衛州東面幾里路的地方，遇上了石敬瑭。唐閔帝大為高興，向他詢問軍國大計，石敬瑭說：「聽說康義誠率兵向西討伐，怎麼樣了？陛下為什麼到這裡來了？」唐閔帝說：「康義誠也叛變離去了。」石敬瑭一再地低頭長歎，說：「衛州刺史王弘贄，是位老將，懂事，請讓我和他商議一下。」於是石敬瑭前去會見王弘贄，向他徵詢，王弘贄說：「前代天子出奔的情況很多，但是都帶有將相、侍衛、府庫、法物，讓臣下有所瞻仰。現在這些都沒有，只是帶著五十名騎兵隨行，即使我們有忠義之心，將會怎麼樣呢？」石敬瑭回去，在衛州的驛站見到了唐閔帝，把王弘贄的話向唐閔帝報告了。弓箭庫使沙守榮、奔洪進走上前責備石敬瑭說：「你是明宗皇帝的愛婿，皇家富貴與你一起共有，如今患難時也應該互相體恤。現在天子流離在外，向你求計，希望謀劃復興之事，而你竟用這四件事來做託辭，這只是要依附叛賊，出賣天子！」沙守榮拔出佩刀想要刺殺石敬瑭，石敬瑭的親信將領陳暉救護他，沙守榮與陳暉格鬥而死，奔洪進也自刎了。石敬瑭的牙內指揮使劉知遠帶著士卒進來，把唐閔帝身邊的侍衛和隨從騎兵全部殺死，只撇下唐閔帝一個人離去了。石敬瑭於是趕往洛陽。

是日，太后令內諸司❶至乾壕❷迎潞王，王亟❸遣還洛陽。

初，潞王罷河中，歸私第，王淑妃數遣孟漢瓊存撫❹之。漢瓊自謂於王有舊恩，至澠池❺西，見王大哭，欲有所陳❻，王曰：「諸事不言可知。」仍自預從臣之列❼，王即命斬於路隅❽。

山南西道節度使張虔釗之討鳳翔也，留武定節度使孫漢韶守興元❾。虔釗既敗，奔歸興元，與漢韶舉兩鎮之地降于蜀。蜀主命奉鑾肅衛馬步都指揮使、昭武節度使李肇將兵五千還利州，右匡聖馬步都指揮使、寧江節度使張業將兵一萬屯大漫天⑩以迎之。

壬申⑪，潞王至蔣橋⑫。百官班迎於路，傳教⑬以未拜梓宮⑭，未可相見。馮道等皆上牋勸進⑮。王入謁太后、太妃，詣西宮⑯，伏梓宮慟哭，自陳詣闕之由⑰。馮道帥百官班見，拜，王答拜。道等復上牋勸進，王立謂道等[1]曰⑱：「予之此行，事非獲已⑲。俟皇帝歸闕⑳，園寢禮終㉑，當還守藩服。羣公遽言及此，甚無謂也㉒！」

癸酉㉓，太后下令廢少帝㉔為鄂王，以潞王知軍國事㉕，權以書詔印㉖施行。百官詣至德宮㉗門待罪，王命各復其位。甲戌㉘，太后令潞王宜即皇帝位。乙亥㉙，即位於柩前㉚。

帝之發鳳翔也，許軍士以入洛人賞錢百緡。既至，問三司使王玫以府庫之實㉛，對有數百萬在。既而閱實㉜，金、帛不過三萬兩、匹，而賞軍之費計應用五十萬緡。帝怒，玫請率㉝京城民財以足之。數日，僅得數萬緡。帝謂執政曰：「軍不可不賞，人不可不恤㉞，今將柰何？」執政請據屋為率㉟，無問士庶自居及僦者㊱，預借五月僦直㊲，從之。

王弘贄遷㊳閔帝於州廨㊴，帝遣弘贄之子殿直巒往酖之㊵。戊寅㊶，巒至衛州謁見[42]，閔帝問來故，不對。弘贄數進酒[43]，閔帝知其有毒，不飲，縊殺之[44]。閔帝性仁厚，於兄弟敦睦[45]，雖遭秦王忌疾[46]，閔帝坦懷待之[47]，卒免於患[48]。及嗣位，於潞王亦無嫌[49]。而朱弘昭、孟漢瓊之徒橫生猜間[50]，閔帝不能違[51]，以致禍敗[52]焉。

孔妃[53]尚在宮中，王巒既還〔2〕，潞王使人[54]謂之曰：「重吉[55]輩〔3〕何在？」遂殺妃，并其四子。

閔帝之在衛州也，惟磁州刺史宋令詢遣使問起居[56]，聞其遇害，慟哭半日，自經死[57]。

【章旨】以上為第五段，寫潞王入洛即皇帝位，是為末帝，閔帝被弒於衛州。

【注釋】❶內諸司　宮內承奉部門的官員。❷乾壕　乾壕鎮，在今河南陝縣東。❸亟　急。❹存撫　存問慰撫。❺澠池　縣名，在今河南澠池縣。❻欲有所陳　想要有所陳述。❼自預從臣之列　自己排列到隨從人員的班列中。❽路隅　路邊。❾興元　興元府，治南鄭，為山南西道治所，在今陝西南鄭。❿大漫天　地名，在今四川廣元北朝天鎮。⓫壬申　四月初三日。⓬蔣橋　地名，在洛陽西郊。⓭傳教　傳潞王教令。⓮梓宮　明宗的棺木。⓯上牋勸進　上表請求即皇帝位。⓰詣西宮　到西宮。明宗靈柩停在西宮。⓱自陳詣闕之由　自己說明到朝廷來的原因。⓲立謂道等曰　起立，對馮道等人說。⓳事非獲已　事情出於不得已。⓴歸闕　回朝。㉑園寢禮終　埋葬明宗之後。㉒甚無謂也　實在沒有意思。㉓癸酉　四月初四日。㉔少帝　即閔帝。㉕知軍國事　暫時代行國家大事。㉖書詔印　皇帝畫可所用之印。因八寶印被閔帝帶走。㉗至德宮　天成元年（西元九二六年），依中書門下奏請，以洛陽明宗即位前舊宅為至德宮。㉘甲戌　四月初五日。㉙乙亥　四月初六日。㉚柩前明宗的靈柩前。㉛府庫之實　府庫存錢的實際數字。㉜閱實　核實。打開府庫，察看實物。㉝率　聚斂；搜刮。㉞人不可不恤　民眾不能不慰撫。㉟據屋為率　根據房屋為計算標準。㊱僦者　租賃的。㊲僦直　租房費。㊳遷　遷移。㊴州廨　衛州官署。㊵酖之　用毒酒毒死他。㊶戊寅　四月初九日。㊷謁見　拜見。㊸數進酒　多次進酒。㊹縊殺之　用繩子勒死閔帝。㊺敦睦　友愛、和睦。㊻忌疾　忌恨。㊼坦懷待之　襟懷坦誠地對待他。㊽卒免於患　終於免去了災患。㊾無嫌　無矛盾；無嫌隙。㊿橫生猜間　平白無故地製造猜疑和矛盾。(51)違　違背；違抗。(52)以致禍敗　因而招致禍祟而敗亡。(53)孔妃　閔帝皇后，孔循之女。生四子。末帝入立，母子均被殺。傳見《新五代史》卷十五。(54)潞王使人　謂潞王派人詰問孔妃，重吉安在。按《資治通鑑》書法，潞王已即位，應稱「帝使人」。(55)重吉　李從珂長子。(56)問起居　問安。(57)自經死　自己上吊而死。

【校記】①等　原無此字。據章鈺校，十二行本、乙十一行本皆有此字，今據補。②王巒既還　原無此四字。據章鈺校，十二行本、乙十一行本、孔天胤本皆有此四字，張敦仁《通鑑刊本識誤》、張瑛《通鑑校勘記》同，今據補。③輩　原無此字。據章鈺校，十二行本、乙十一行本、孔天胤本皆有此字，張敦仁《通鑑刊本識誤》同，今據補。

【語譯】這一天，太后命令宮內承奉部門的官員到乾壕迎接潞王，潞王趕忙把他們遣還洛陽。

當初，潞王在河中被罷官，回到洛陽私宅，王淑妃多次派遣孟漢瓊存問慰撫他。孟漢瓊自認為對潞王有舊恩，到了澠池西邊，見到潞王大哭起來，想要有所陳述，潞王說：「一些事情不用說我也可想而知了。」孟漢瓊依然自認為可以置身隨從臣吏之列，潞王立即命令在路邊把他斬殺了。

山南西道節度使張虔釗討伐鳳翔時，留下武定節度使孫漢韶守衛興元。張虔釗打了敗仗以後，逃回興元，和孫漢韶率兩鎮之地投降了蜀國。蜀主命令奉鑾肅衛馬步都指揮使、昭武節度使李肇率領五千名士兵回利州，命令右匡聖馬步都指揮使、寧江節度使張業率領一萬名士兵屯駐大漫天來迎接他們。

四月初三日壬申，潞王到達蔣橋。朝廷百官列隊在路邊迎接，潞王傳令說，因為沒有拜謁先帝的靈柩，所以不能和大家相見。馮道等人都上書勸進大位。潞王進宮拜見了太后、太妃，前往西宮，伏在先帝的靈柩上痛哭，自己述說這次到朝廷來的原因。馮道率領百官按班次謁見，行拜禮，潞王答拜。馮道等人又上書勸進，潞王起立，對馮道等人說：「我這次前來，是事情出於不得已。等皇帝回到朝廷，先帝安葬好以後，我當返回鎮守藩鎮。各位突然談及此事，實在是沒什麼意思！」

四月初四日癸酉，太后下令把少帝廢為鄂王，任命潞王主持軍國大事，暫時用書詔印發布命令。百官前往至德宮門前待罪，潞王命令他們都各還原職。初五日甲戌，太后下令潞王應該即皇帝位。初六日乙亥，潞王在明宗靈柩前即位。

唐末帝從鳳翔發兵時，答應軍士們進入洛陽後每人賞一百緡錢。到了洛陽以後，詢問三司使王玫府庫實況，王玫說有幾百萬的庫存。很快查實，黃金和絹帛的數量沒有超過三萬，而賞賜給軍士們的費用估計需要五十萬緡錢。唐末帝非常生氣，王玫建議聚斂京城百姓的錢財來補足。幾天下來，只得到幾萬緡。唐末帝對執政大臣們說：「軍隊不能不賞賜，民眾不能不體恤，現在該怎麼辦？」執政大臣們建議根據房屋數量為計算標準，不論官民是住著自己的房子的還是向人租賃房子居住的，預交五個月的租房費，唐末帝同意了這一建議。

王弘贄把唐閔帝遷到州舍住下，唐末帝派遣王弘贄的兒子殿直王巒前去用毒酒把他毒死。四月初九日戊寅，王巒到衛州謁見唐閔帝，唐閔帝問他前來的原因，王巒不回答。王弘贄一再向唐閔帝進酒，唐閔帝知道酒裡有毒，不喝，王巒就把他勒死了。

唐閔帝生性仁慈誠厚，和兄弟們關係和睦，雖然受到秦王的忌恨，但唐閔帝卻以坦誠的胸懷對待他，最終得以避免災患。等到繼承帝位，對潞王也沒有什麼猜嫌。而朱弘昭、孟漢瓊之徒平白無故地製造猜疑和矛盾，唐閔帝不能違抗他們，因而招致禍敗。

孔妃當時還在宮裡，王巒回來以後，潞王派人問她說：「李重吉他們在哪裡？」於是殺了孔妃，連同她的四個兒子也一起殺了。

唐閔帝在衛州期間，只有磁州刺史宋令詢派遣使者問安，聽到唐閔帝遇害，痛哭了半天，自己上吊死了。

己卯❶，石敬瑭入朝。○庚辰❷，以劉昫判三司。○辛巳❸，蜀大赦，改元明德❹。

帝之起鳳翔也，召興州❺刺史劉遂清❻，遲疑不至。聞帝入洛，乃悉集三泉❼、西縣❽、金牛❾、桑林戍兵以歸，自散關以南城鎮悉棄之，皆為蜀人所有。癸未❿，入朝，帝欲治其[1]罪，以其能自歸，乃赦之。遂清，鄩之姪也。甲申⓫，蜀將張業將兵入興元、洋州。

乙酉⓬，改元⓭，大赦。○丁亥⓮，以宣徽南院使郝瓊權判樞密院，前三司使王玫為宣徽北院使，鳳翔節度判官韓昭胤為左諫議大夫，充端明殿學士。○戊子⓯，斬河陽節度使、判六軍諸衛兼侍中康義誠，滅其族。○己丑⓰，誅藥彥稠。○庚寅⓱，釋王景戡、萇從簡。

有司百方斂⓲民財，僅得六萬。帝怒，下軍巡使獄⓳，晝夜督責。囚繫滿獄⓴，貧者[2]至自經、赴井㉑，而軍士遊市肆皆有驕色㉒。市人㉓聚詬之㉔曰：「汝曹㉕為主力戰，立功良苦㉖，反使我輩鞭胸杖背，出財為賞。汝曹猶揚揚自得，獨不愧天地乎㉗！」

是時，竭左藏舊物㉘及諸道貢獻，乃至太后、太妃器服簪珥㉙皆出之，纔及二十萬緡，帝患㉚之。李專美㉛夜直㉜，帝讓之曰：「卿名有才，不能為我謀此，留才安所施乎㉝！」專美謝曰：「臣駑劣㉞，陛下擢任過分㉟，然軍賞不給㊱，非臣之責也。竊思自長興之季㊲，賞賚亟行㊳，卒以是驕。繼以山陵㊴及出師，帑藏遂涸。雖有無窮之財，終不能滿驕卒之心，故陛下拱手㊵於危困之中而得天下。夫國之存亡，不專繫於㊶厚賞，亦在修法度㊷，立紀綱㊸。陛下苟不改覆車之轍㊹，臣恐徒困百姓㊺，存亡未可知也。今財力盡於此矣，宜據所有均給之㊻，何必踐初言㊼乎！」帝以為然。壬辰㊽，詔禁軍在鳳翔歸命㊾者，自楊思權、尹暉等各賜二馬、一駝、錢七十緡，下至軍人錢二十緡，其在京者各十緡。軍士無厭㊿，猶怨望，為謠言曰：「除去菩薩(51)，扶立生鐵(52)。」以閔帝仁弱，帝剛嚴，有悔心(53)故也。

【章　旨】以上為第六段，寫唐末帝搜刮民財以賞軍。

【注　釋】❶己卯　四月初十日。❷庚辰　四月十一日。❸辛巳　四月十二日。❹明德　後蜀孟知祥年號，起於四月，止於同年七月。❺興州　州名，治所漢曲，在今陝西略陽。❻劉遂清　（?—西元九四六年）字得一，青州北海（今山東昌樂）人，劉鄩姪子，性至孝。歷官淄、興、登州刺史。傳見《舊五代史》卷九十六。❼三泉　縣名，在今陝西略陽。❽西縣　縣名，在今陝西勉縣西。❾金牛　縣名，在今陝西略陽東北。❿癸未　四月十四日。⓫甲申　四月十五日。⓬乙酉　四月十六日。⓭改元　改元清泰。⓮丁亥　四月十八日。⓯戊子　四月十九日。⓰己丑　四月二十日。⓱庚寅　四月二十一日。⓲斂搜刮。⑲下軍巡使獄　凡繳錢稽違者，均下軍巡使監獄，督責繳納。軍巡使，掌警衛京城。⑳因繫滿獄　因犯關滿了監獄。㉑至自經赴井　以致被逼迫到上吊、投井。㉒驕色　洋洋得意的樣子。㉓市人　街市上的民眾。㉔聚詬之　聚集在一起罵他們。㉕汝曹　你們。㉖良苦　確實辛苦。㉗獨不愧天地乎　難道不愧對天地良心嗎。㉘舊物　原有的庫存。㉙器服簪珥　法器、服飾、頭簪、耳環等。㉚患　憂慮；擔心。㉛李專美（約西元八八四—九四五年）字翊高，京兆萬年（今陝西西安）人，少篤學，性廉謹，有政聲。官大理卿。傳見《舊五代史》卷九十三。㉜夜直　值夜班。㉝留才安所施乎　留著才能用到什麼地方去呢。㉞駑劣　才能愚劣低下。㉟擢任過分　提拔的職務超過了我的能力。㊱不給　不足。㊲長興之季　長興後期。㊳賞賚亟行　賞賜很多。㊴山陵　明宗之喪，修建陵寢。㊵拱手　指不費氣力。㊶繫於　取決於。㊷修法度　修訂規章制度。㊸立紀綱　建立綱常倫理秩序。㊹覆車之轍　指長興賞賚過度的歷史教訓。㊺徒困百姓　白白困擾老百姓。㊻均給之　傾其所有全部賞賜給軍士。均，全部。㊼踐初言　兌現當初說過的話。㊽壬辰　四月二十三日。㊾歸命　歸順；投降。㊿無厭　不滿足。(51)菩薩　指閔帝。因閔帝小字菩薩奴。(52)生鐵　指李從珂。因從珂性剛似鐵。(53)有悔心　有懊悔推戴李從珂為皇帝的情緒。

【校　記】①其　原無此字。據章鈺校，十二行本、乙十一行本皆有此字，今據補。②貧者　原無此二字。據章鈺校，十二行本、乙十一行本、孔天胤本皆有此二字，張敦仁《通鑑刊本識誤》同，今據補。

【語　譯】四月初十日己卯，石敬瑭進京朝見唐末帝。〇十一日庚辰，任命劉昫判理三司。〇十二日辛巳，蜀國大赦，改年號為明德。

唐末帝從鳳翔起兵時，召喚興州刺史劉遂清，他遲疑沒有到來。聽說唐閔帝進入了洛陽，於是就把三泉、西縣、金牛、桑林戍守士卒全部集中起來回到朝廷，把散關以南的城鎮全部放棄了，都被蜀國人佔有了。四月十四日癸未，劉遂清進京朝見皇帝，唐末帝想追究他的罪責，但因為他能自動回來，就赦免了他。劉遂清，是劉鄩的姪子。十五日甲申，蜀國將領張業率兵進入興元、洋州。

四月十六日乙酉，改年號，大赦。〇十八日丁亥，任命宣徽南院使郝瓊暫時判理樞密院，任命前三司使王玫為宣徽北院使，鳳翔節度判官韓昭胤為左諫議大夫，充任端明殿學士。〇十九日戊子，斬殺河陽節度使、判六軍諸衛兼侍中康義誠，誅滅全族。○二十日己丑，誅殺藥彥稠。○二十一日庚寅，釋放了王景戡、萇從簡。

有關部門千方百計地聚斂民財，只得到六萬緡。唐末帝大怒，把拖欠稅金的人關進軍巡使的獄中，日夜不停地催索。監獄中都關滿了人，窮人被逼到上吊、投井，而軍士們到街市上遊蕩滿臉都是一副驕橫的樣子。街市上的民眾聚在一塊兒，罵他們說：「你們為主上奮力作戰，立功確實辛苦，但是反過來讓我們前胸挨鞭子後背受棍子，拿出錢財作為獎賞。你們還洋洋自得，難道不愧對天地嗎！」

當時，拿出了左藏裡所有的舊物和各道貢獻的物品，甚至連太后、太妃所用器物、服飾、頭簪、耳環也都拿了出來，才夠二十萬緡，唐末帝很憂慮。當時李專美夜間值班，唐末帝責備他說：「你號稱有才，卻不能替我謀劃解決這個問題，你留著才幹往哪裡用！」李專美謙謝說：「臣愚劣低下，陛下提拔任用我超過了界限，但是軍賞不足，不是臣的責任。我私下認為，自從長興末年以來，賞賜很多，士卒們也因此而驕縱起來。接著又修建皇帝陵寢和出兵打仗，國庫中的錢財就枯竭了。即便有無盡的財富，最終也不能滿足這些驕縱士卒們的貪欲，因此，陛下才能夠在國家危困之中拱手而得天下。大凡一個國家的存與亡，並不單純取決於優厚的賞賜，還在於修明法度，建立紀綱。陛下如果不更改前朝覆車的老路，臣擔心白白困擾百姓，國家的存亡難以預料。現今的財力全在這裡了，應該根據現有的財物把它全部賞賜給軍士，何必一定要兌現當初說的話！」唐末帝認為他說得對。四月二十三日壬辰，下詔禁軍中凡是在鳳翔就歸順的，從楊思權、尹暉等人開始每人賜給馬二匹、駱駝一頭、錢七十緡，以下軍士們每人賜錢二十緡，那些在京城歸順的人每人十緡。軍士們不滿足，仍然有怨言，編造歌謠說：「除去菩薩，扶立生鐵。」因為唐閔帝生性仁慈懦弱，唐末帝卻剛毅嚴苛，大家有懊悔之意。

丙申❶，葬聖德和武欽孝皇帝于徽陵❷，廟號明宗。帝衰絰❸護從至陵所，宿❹

焉。

五月丙午⑤，以韓昭胤為樞密使，以莊宅使劉延朗為樞密副使，權知樞密院房暠⑥為宣徽北院使。暠，長安人也。

帝與石敬瑭皆以勇力善鬭，事明宗為左右。然心競⑦，素不相悅⑧。帝即位，敬瑭不得已入朝，山陵既畢⑨，不敢言歸。時敬瑭久病羸瘠⑩，太后及魏國公主⑪屢為之言。而鳳翔舊[1]將佐多勸帝留之，惟韓昭胤、李專美以為趙延壽在汴⑫，不宜猜忌敬瑭。帝亦見其骨立⑬，不以為虞⑭，乃曰：「石郎⑮不惟密親，兼自少與吾同艱難。今我為天子，非石郎尚誰託哉⑯！」乃復以為河東節度使。

戊午⑰，以隴州防禦使相里金為保義節度使。○丁未⑱，階州刺史趙澄降蜀。○戊申⑲，以羽林軍使楊思權為靜難節度使。○己酉⑳，張虔釗、孫漢韶舉族㉑還于成都。○庚戌㉒，以司空兼門下侍郎、同平章事馮道同平章事，充匡國節度使。○以天雄節度使兼侍中范延光為樞密使。

帝之起鳳翔也，悉取天平節度使李從曮㉓家財甲兵以供軍。將行，鳳翔之民遮馬㉔請復以從曮鎮鳳翔，帝許之。至是，徙從曮為鳳翔節度使。

初，明宗為北面招討使，平盧節度使房知溫為副都部署，帝以別將㉕事之。

嘗被酒忿爭㉖，拔刃相擬㉗。及帝舉兵入洛，知溫密與行軍司馬李沖謀拒之。沖請先奉表以觀形勢㉘，還，言洛中已安定。知溫懼[2]，壬戌㉙，入朝謝罪，帝優禮㉚之。知溫貢獻甚厚。

吳鎮南節度使、守中書令東海康王徐知詢卒。

蜀人取成州。

六月甲戌㉛，以皇子左衛上將軍重美㉜為成德節度使、同平章事，兼河南尹，判六軍諸衛事。

文州都指揮使成延龜舉州附蜀。

吳徐知誥將受禪，忌昭武㉝節度使兼中書令臨川王濛，遣人告㉞濛藏匿亡命，擅造兵器。丙子㉟，降封歷陽公，幽㊱于和州㊲，命控鶴軍使王宏將兵二百衛之㊳。

【章旨】以上為第七段，寫唐末帝安葬明宗，調整人事，全境粗安。吳徐知誥加緊受禪事宜。

【注釋】❶丙申 四月二十七日。❷徽陵 明宗陵墓名，在今河南洛陽。❸衰絰 喪服。❹宿 過夜。❺丙午 五月初七日。❻房暠 （？—西元九四四年）京兆長安（今陝西西安）人，官至樞密使。傳見《舊五代史》卷九十六。❼心競 內心有競爭。❽素不相悅 向來不和睦。❾山陵既畢 明宗的喪禮完畢。❿久病羸瘠 長久患病，身體瘦弱。⓫魏國公主 即明宗女永寧公主，石敬瑭之妻。⓬趙延壽在汴 趙延壽在汴梁任宣武節度使，若留石敬瑭，會引起他的疑懼。⓭骨立 骨瘦如柴，人成為一個骨架子。⓮虞 憂慮；擔心。⓯石郎 指石敬瑭。⓰尚誰託哉 還依靠誰呢。⓱戊午 五月十九日。⓲丁未五月初八日。⑲戊申　五月初九日。⑳己酉　五月初十日。㉑舉族　率領全族人。㉒庚戌　五月十一日。㉓李從曮　李茂貞子。雖鎮天平，而家財、甲兵還在鳳翔。㉔遮馬　攔住馬頭。㉕別將　客將；不屬於本系統的另外將領。㉖嘗被酒忿爭　曾經喝了酒發忿爭吵。㉗拔刃相擬　拔刀互相對抗。㉘以覲形勢　用以觀察形勢的變化。㉙壬戌　五月二十三日。㉚優禮　優待禮遇。㉛甲戌　六月初五日。㉜重美　（？—西元九三六年）李從珂次子，幼明敏。封雍王。傳見《新五代史》卷十六。㉝昭武　方鎮名，治所利州，時屬蜀，楊濛為遙領。㉞告　告發。㉟丙子　六月初七日。㊱幽　囚禁。㊲和州　州名，治所歷陽，在今安徽和縣。㊳衛之　保衛他。以保衛為名，實為監視。

【校　記】①舊　原無此字。據章鈺校，十二行本、乙十一行本皆有此字，今據補。②知溫懼　原無此三字。據章鈺校，十二行本、乙十一行本、孔天胤本皆有此三字，張敦仁《通鑑刊本識誤》同，今據補。

【語　譯】四月二十七日丙申，把聖德和武欽孝皇帝安葬在徽陵，廟號叫明宗。唐末帝穿著喪服護送靈柩來到陵寢，在那裡住了一夜。

五月初七日丙午，任命韓昭胤為樞密使，任命莊宅使劉延朗為樞密副使，權知樞密院房暠為宣徽北院使。房暠，是長安人。

唐末帝和石敬瑭都是憑著勇敢善戰，侍奉唐明宗為左右近臣。但是兩人心裡在相互競爭，向來不和睦。唐末帝即位，石敬瑭迫不得已入京朝見，唐明宗的喪事完畢，不敢說返回鎮所。當時石敬瑭長久患病，身體瘦弱，曹太后和魏國公主多次替他講情。而從鳳翔來的舊將領幕僚們很多人都勸皇帝把他羈留在洛陽，只有韓昭胤、李專美認為趙延壽在汴梁，不宜猜忌石敬瑭。唐末帝也看到石敬瑭骨瘦如柴，並不憂慮他，於是就說：「石郎不僅是內親，從少時就和我同甘共苦。現在我當了天子，不依靠石郎還依靠誰呢！」於是又任命他為河東節度使。

五月十九日戊午，任命隴州防禦使相里金為保義節度使。○初八日丁未，階州刺史趙澄投降了蜀國。○初九日戊申，任命羽林軍使楊思權為靜難節度使。○初十日己酉，張虔釗、孫漢韶帶領全族的人遷徙到成都。○十一日庚戌，任命司空兼門下侍郎、同平章事馮道為同平章事，充任匡國節度使。○任命天雄節度使兼侍中范延光為樞密使。

唐末帝從鳳翔起兵的時候，把天平節度使李從曮家中的錢財、盔甲、兵器全部拿來作為軍需。大軍即將出發時，鳳翔的百姓攔住馬頭請求再讓李從曮鎮守鳳翔，唐末帝答應了他們。到這時候，徙任李從曮為鳳翔節度使。

當初，唐明宗擔任北面招討使，平盧節度使房知溫為副都部署，唐末帝作為別將受房知溫統領。兩人曾經喝了酒發怒爭吵，拔刀相對。等到唐末帝起兵進入洛陽，房知溫祕密地和行軍司馬李沖謀劃要抗拒他。李沖建議先上表到洛陽觀察一下形勢，李沖回來，說洛陽已經安定了。房知溫憂懼不安，五月二十三日壬戌，入朝請罪，唐末帝優待禮遇他。房知溫貢獻的財物非常豐厚。

吳國的鎮南節度使、守中書令東海康王徐知詢去世。

蜀國人攻取了成州。

六月初五日甲戌，任命皇子左衛上將軍李重美為成德節度使、同平章事，兼任河南尹，判理六軍諸衛事。

文州都指揮使成延龜率領全州歸附蜀國。

吳國的徐知誥即將接受吳主的禪讓，他忌憚昭武節度使兼中書令臨川王楊濛，就派人告發楊濛藏匿亡命之徒，擅自製造兵器。六月初七日丙子，吳主把楊濛降封為歷陽公，幽禁在和州，命令控鶴軍使王宏率領二百名士卒護衛他。

劉昫與馮道昏姻❶。昫性苛察❷，李愚剛褊❸，道既出鎮❹，二人論議多不合。事有應改者，愚謂昫曰：「此賢親家所為，更之不亦便乎❺！」昫恨之，由是動成忿爭❻，至相詬罵❼，各欲非時求見❽，事多凝滯❾。帝患❿之，欲更命相，問所親信以朝臣聞望⑪宜為相者。皆以尚書左丞姚顗、太常卿盧文紀、祕書監崔居儉⑫對。論其才行⑬，互有優劣，帝不能決。乃置其名於琉璃瓶⑭，夜焚香祝天，且以筯⑮挾之，首得文紀，次得顗。秋，七月辛亥⑯，以文紀為中書侍郎、同平章事。居儉，蕘之子也。

帝欲殺楚匡祚⑰，韓昭胤曰：「陛下為天下父，天下之人皆陛下子，用法宜存至公⑱。匡祚受詔檢校⑲重吉家財，不得不爾⑳。今族匡祚，無益死者，恐不厭㉑眾心。」乙卯㉒，長流匡祚於登州㉓。○丁巳㉔，立沛國夫人劉氏㉕為皇后。

回鶻㉖入貢者多為河西雜虜㉗所掠，詔將軍牛知柔帥禁兵衛送，與邠州兵共討之。

吳徐知誥召右僕射[1]兼中書侍郎、同平章事宋齊丘還金陵，以為諸道都統判官，加司空，於事皆無所關預㉘。齊丘屢請退居，知誥以南園給之。

護國節度使洋王從璋、歸德節度使涇王從敏，皆罷鎮居洛陽私第，帝待之甚薄。從敏在宋州預殺重吉，帝尤惡之㉙。嘗侍宴禁中，酒酣㉚，顧二王曰：「爾等皆何物㉛，輒據雄藩！」二王大懼，太后叱㉜之曰：「帝醉矣，爾曹㉝速去！」

蜀置永平軍㉞於雅州，以孫漢韶為節度使。復以張虔釗為山南西道節度使、同平章事。虔釗固辭㉟，不行。

【章　旨】以上為第八段，寫唐末帝抓鬮擇相。

【注　釋】❶昏姻　結成兒女親家。昏，通「婚」。❷苛察　苛刻煩瑣，顯示精明。❸剛褊　強硬而偏激。❹出鎮　指馮道出鎮同州，為匡國軍節度使。❺更之不亦便乎　更改它不是很好嗎。❻動成忿爭　動輒發怒爭論。❼至相詬罵　直至相互破口大罵。❽非時求見　不在正式上朝時求見皇帝。❾凝滯　遲滯；拖延。❿患　擔憂；為難。⓫聞望　聲譽威望。⓬崔居儉（西元八七〇—九三九年）清河（今山東臨清）人，出身名門士族，官後唐刑部侍郎。居顯官，衣常乏，死之日貧不能葬。傳見《新五代史》卷五十五。⓭才行　才識和品行。⓮琉璃瓶　一種礦石質的有色半透明體材料的瓶子。⓯筯　筷子。⓰辛亥　七月十三日。⓱楚匡祚　閔帝殿直，曾遣其殺李從珂長子重吉。⓲宜存至公　應該具有最大的公心。⓳檢校　檢查校閱。⓴不得不爾　不得不這樣做。㉑不厭　不服；不合。㉒乙卯　七月十七日。㉓登州　州名，治所蓬萊，在今山東蓬萊。㉔丁巳　七月十九日。㉕劉氏　（？—西元九三六年）劉茂威女，為人強悍，末帝害怕她。初封沛國夫人。傳見《新五代史》卷十六。㉖回鶻　即回紇，維吾兒族的古稱。五代時居甘州（今甘肅張掖）、西州（今新疆吐魯番、鄯善等縣），常來進貢。㉗河西雜虜　指羌、吐谷渾等少數民族。㉘無所關預　不讓參與。㉙尤惡之　尤其厭恨他。㉚酒酣　飲酒酣暢。㉛何物　什麼東西。㉜叱　呵責。㉝爾曹　你們。㉞永平軍　方鎮名，唐僖宗文德元年（西元八八八年），置永平軍節度使，治所邛州，在今四川邛崍。後徙雅州，後蜀仍之，在今四川雅安。㉟固辭　堅決推辭。因無面目見梁州人士。

【校　記】①右僕射　原作「左僕射」。據章鈺校，十二行本、乙十一行本皆作「右僕射」，張敦仁《通鑑刊本識誤》同，《新五代史・吳世家》亦作「右僕射」，今據改。

【語　譯】劉昫和馮道是兒女親家。劉昫生性苛細精明，李愚剛愎偏激，馮道出任外鎮以後，劉昫和李愚兩人的見解很多都不一致。遇到有的事情需要改變，李愚就對劉昫說：「這是你的親家翁所辦的，改變一下不是很好嗎！」劉昫對李愚很惱恨，從此兩人動不動就發怒爭吵，以致互相謾罵，都想在不是朝見的時候謁見皇帝，很多政事遲滯。唐末帝為此很憂慮，想另行任命宰相，就詢問身邊的親信，朝臣中有誰的威望聲譽適宜當宰相的。大家都以尚書左丞姚顗、太常卿盧文紀、祕書監崔居儉來回答。如果論起三人的才識和品行，互有優劣，唐末帝不能決定下來。於是就把這三個人的名字放入琉璃瓶中，晚上焚香向上天禱告，再用筷子到瓶中去夾，首先夾到的是盧文紀的名字，其次夾到姚顗。秋，七月十三日辛亥，任命盧文紀為中書侍郎、同平章事。崔居儉，是崔蕘的兒子。

唐末帝想要殺楚匡祚，韓昭胤說：「陛下是天下人之父，天下人都是陛下之子，施用法律應該至公無私。楚匡祚是接受了詔命去查驗李重吉的家財，不得不這樣做。現在族滅楚匡祚，無益於死者，恐怕讓眾心不服。」七月十七日乙卯，下令把楚匡祚遠流登州。〇十九日丁巳，冊立沛國夫人劉氏為皇后。

回鶻來入貢的使者大多被河西一帶的雜胡所搶掠，唐末帝下詔命令將軍牛知柔率領禁兵護送使者，會同邠州部隊一起討伐雜胡。

吳國的徐知誥徵召右僕射兼中書侍郎、同平章事宋齊丘返回金陵，任命他為諸道都統判官，加任司空，對於政事都一概不讓他參與。宋齊丘多次請求退休，徐知誥就把南園給了他。

護國節度使洋王李從璋、歸德節度使涇王李從敏，都被罷去軍鎮的職務住在洛陽的私宅中，唐末帝對他們很淡薄。李從敏在宋州曾參與殺害李重吉，唐末帝尤其厭惡他。兩人曾經在宮中陪著唐末帝宴飲，正喝得酒酣耳熱，唐末帝回過頭看著二王說：「你們都是些什麼東西，竟然也佔據著宏大的藩鎮！」兩人大為恐懼。太后呵責他們說：「皇帝醉了，你們趕快離去！」

蜀國在雅州設置永平軍，任命孫漢韶為節度使。又任命張虔釗擔任山南西道節度使、同平章事。張虔釗堅決推辭，不去赴任。

蜀主得風疾踰年❶，至是增劇❷。甲子❸，立子東川節度使、同平章事、親衛馬步都指揮使仁贊❹為太子，仍監國❺。召司空、同平章事趙季良、武信節度使李仁罕、保寧節度使趙廷隱、樞密使王處回、捧聖控鶴都指揮使張公鐸、奉鑾肅衛指揮副使侯弘實受遺詔輔政❻。是夕殂❼，祕不發喪❽。王處回夜啟義興門❾告❿趙季良，處回泣不已⓫。季良正色⓬曰：「今彊將⓭握兵，專伺時變⓮，宜速立嗣君以絕覬覦⓯，豈可但相泣⓰邪！」處回收淚謝⓱之。季良教處回見李仁罕，審其詞旨⓲，然後告之。處回至仁罕第，仁罕設備而出⓳，遂不以實告⓴。丙寅㉑，宣遺制㉒，命太子仁贊更名昶。丁卯㉓，即皇帝位。

【章　旨】以上為第九段，寫蜀主孟知祥駕崩，孟昶即位。

【注　釋】❶踰年　超過一年。❷增劇　病情加重。❸甲子　七月二十六日。❹仁贊　即孟昶，孟知祥第三子。母瓊華長公主。孟知祥卒，嗣位蜀王，西元九三四—九六五年在位。❺監國　監理國政。皇帝因事外出或患疾，由太子暫時代行職務，處理軍國大事。❻受遺詔輔政　接受孟知祥的遺命，輔佐孟昶。❼是夕殂　當天晚上去世。❽祕不發喪　封鎖孟知祥死亡的消息。❾義興門　蜀宮門。❿告　報告孟知祥死訊。⓫泣不已　哭個不停。⓬正色　神色莊重、嚴肅。⓭彊將　指李仁罕、李肇等。⓮專伺時變　專門等待局勢的變化。⓯覬覦　非分的企圖和妄想。⓰但相泣　只是相對而哭。⓱謝　感激。⓲審其詞旨　仔細地審視他的語意。⓳設備而出　布置了防衛而外出。⓴遂不以實告　就不將孟知祥已死的實際情況告訴他。㉑丙寅　七月二十八日。㉒宣遺制　宣布孟知祥留下的命令。㉓丁卯　七月二十九日。

【語　譯】蜀主患風疾超過一年，到這時病情加劇。七月二十六日甲子，冊立他的兒子東川節度使、同平章事、親衛馬步都指揮使孟仁贊為太子，仍舊監理國政。召來司空、同平章事趙季良，武信節度使李仁罕，保寧節度使趙廷隱，樞密使王處回，捧聖控鶴都指揮使張公鐸，奉鑾肅衛指揮副使侯弘實接受遺詔，輔佐朝政。當晚蜀主孟知祥去世，保密沒對外發布死訊。

王處回在晚上打開義興門出宮來告訴趙季良，王處回哭個不停。趙季良面色嚴肅地說：「如今強悍的將領們手握兵權，一心等待時局的變化，應該趕快扶立嗣君，來斷絕非分之想，怎麼能只是相對哭泣呢！」王處回止住了眼淚表示感激。趙季良讓王處回去面見李仁罕，仔細審視他的語意，然後把死訊告訴他。王處回到了李仁罕的宅第，李仁罕布置了防備措施後才出來，王處回就沒有把實情告訴李仁罕。七月二十八日丙寅，宣讀孟知祥的遺命，命令太子孟仁贊改名為昶。二十九日丁卯，即皇帝位。

初，帝以王玫對左藏見財失實[1]，故以劉昫代判三司。昫命判官高延賞鉤考窮覈[2]，皆積年逋欠[3]之數，姦吏利其徵責句取[4]，故存之[5]。昫具奏其狀，且請察其可徵者[6]急督之，必無可償者悉蠲[7]之，韓昭胤極言其便。八月庚午[8]，詔長興以前戶部及諸道逋租[9]三百三十八萬，虛煩簿籍[10]，咸蠲免勿徵。貧民大悅，而三司吏怨之。

辛未[11]，以姚顗為中書侍郎、同平章事。○右龍武統軍索自通，以河中之隙[12]，心不自安。戊子[13]，退朝過洛[14]，自投于水而卒。帝聞之，大驚，贈太尉。○丙申[15]，以前安國節度使、同平章事趙鳳為太子太保。

九月癸卯[16]，詔鳳翔益兵[17]守東安鎮[18]以備蜀。

蜀衛聖諸軍都指揮使、武信節度使李仁罕自恃宿將[19]有功，復受顧託[20]，求判六軍，令進奏吏㉑宋從會以意諭樞密院，又至學士院偵草麻㉒。蜀主不得已，甲寅㉓，加仁罕兼中書令、判六軍事，以左匡聖都指揮使、保寧節度使趙廷隱兼侍中，為之副。

己未㉔，雲州奏契丹入寇，北面招討使石敬瑭奏自將兵屯百井㉕以備契丹。辛酉㉖，敬瑭奏振武節度使楊檀擊契丹於境上㉗，卻之。

蜀奉鑾肅衛都指揮使、昭武節度使兼侍中李肇聞蜀主即位，顧望㉘，不時入朝㉙。至漢州，留與親戚燕飲踰旬㉚。冬，十月庚午㉛，始至成都，稱足疾，扶杖㉜入朝[1]，見蜀主不拜。

戊寅㉝，左僕射、門下侍郎、同平章事李愚罷守本官㉞，吏部尚書兼門下侍郎、同平章事、判三司劉昫罷為右僕射。三司吏聞昫罷相，皆相賀㉟，無一人從歸第㊱者。

【章　旨】以上為第十段，寫劉昫、李愚罷相，人皆相賀。

【注　釋】❶王玫對左藏見財失實　左藏庫貯存的實際數字與王玫回答的不符。見，通「現」。❷鉤考窮覈　詳加鉤稽考核。❸積年逋欠　多年拖欠。❹姦吏利其徵責句取　奸吏因其徵收拖欠可以勒索財物從中漁利。句取，勒索。❺故存之　所以將拖欠之數仍列在帳面上。❻可徵者　尚能徵收的錢、物。❼蠲　免除。❽庚午　八月初二日。❾逋租　積欠租稅。❿虛煩簿籍　白白地登錄在帳簿上。⓫辛未　八月初三日。⓬河中之隙　指明宗長興元年（西元九三〇年），索自通受安重誨指使，告李從珂私造兵甲事。⑬戊子　八月二十日。⑭洛　洛水。流貫於洛陽城中。⑮丙申　八月二十八日。⑯癸卯　九月初六日。⑰益兵　增加兵力。⑱東安鎮　約在今陝西鳳翔以西。⑲宿將　老將。⑳復受顧託　又受孟知祥囑託輔佐孟昶。㉑進奏吏　官名，掌傳遞上奏章疏。㉒偵草麻　偵察是否寫好任命為判六軍的委任狀的草稿。因唐制，拜免將相的詔令用白麻紙書寫，故其草稿稱草麻。㉓甲寅　九月十七日。㉔己未　九月二十二日、㉕百井　百井鎮，在今山西太原東北。㉖辛酉　九月二十四日。㉗境上　邊境。即振武節度使境內。㉘顧望　內心舉棋不定的樣子；觀望。㉙不時入朝　不按時入朝。㉚踰旬　超過十天。㉛庚午　十月初三日。㉜扶杖　拄著手杖。㉝戊寅　十月十一日。㉞罷守本官　罷相，仍守特進、太微宮使、弘文館太學士本官。㉟相賀　互相慶賀。劉昫奏免諸道逋租，使三司吏無利可圖。故劉昫罷相，三司吏相賀。㊱從歸第　伴送劉昫回歸私第。

【校　記】①入朝　「朝」下原有「見」字。據章鈺校，十二行本、乙十一行本皆無「見」字，今據刪。

【語　譯】當初，唐末帝因為王玫回答左藏現存錢財情況失實，所以任命劉昫代為判理三司。劉昫命令判官高延賞詳加核查，發現都是多年拖欠的數量，奸吏們因為徵拖欠可以勒索財物從中漁利，所以把所欠數目保留著。劉昫把情況詳細地向唐末帝作了彙報，並且請求經過查實可以徵收到的抓緊督促繳納，實在繳納不出的全部免除，韓昭胤極力說這個辦法好。八月初二日庚午，唐末帝下詔，規定凡是明宗長興年間以前戶部和各道所拖欠的租稅三百三十八萬緡，虛列簿籍，徒增煩亂，全部免除，不再徵收。貧困百姓大為高興，而三司的官吏們卻埋怨不滿。

八月初三日辛未，任命姚顗為中書侍郎、同平章事。○右龍武統軍索自通因為過去在河中軍府時與唐末帝的矛盾，內心覺得不安。二十日戊子，退朝之後路經洛水，投水自殺。唐末帝聽到後，大驚，追贈他為太尉。○二十八日丙申，任命前安國節度使、同平章事趙鳳為太子太保。

九月初六日癸卯，唐末帝下詔命令鳳翔增派兵力守衛東安鎮，用以防備蜀國。

蜀國的衛聖諸軍都指揮使、武信節度使李仁罕自恃宿將有功，又受先帝囑託輔政，就請求判理六軍，他讓進奏吏宋從會把他這個意思曉示樞密院，又到學士院探聽委任狀起草情況。蜀主不得已，九月十七日甲寅，加封李仁罕兼中書令、判六軍事，任命左匡聖都指揮使、保寧節度使趙廷隱兼侍中，當他的副手。

九月二十二日己未，雲州奏報契丹入侵，北面招討使石敬瑭上奏說要親自率兵屯駐百井，以防備契丹人。二十四日辛酉，石敬瑭上奏說振武節度使楊檀在邊境上攻擊契丹，擊退了他們。

蜀國的奉鑾肅衛都指揮使、昭武節度使兼侍中李肇聽說蜀主孟昶即位，徘徊觀望，不按時入京朝見。到達漢州時，滯留在那裡和親戚歡宴飲酒超過了十天。冬，十月初三日庚午，才到達成都，聲稱腳有病，扶著手杖入朝，看到蜀主不施跪拜。

十月十一日戊寅，左僕射、門下侍郎、同平章事李愚被罷免相職，仍守特進、太微宮使、弘文館太學士本官，吏部尚書兼門下侍郎、同平章事、判三司劉昫罷職改任右僕射。三司的官吏聽說劉昫被罷去了宰相的職務，都相互稱賀，沒有一個人肯送他回家的。

蜀捧聖控鶴都指揮使張公鐸與醫官使❶韓繼勳、豐德庫使❷韓保貞❸、茶酒庫使❹安思謙❺等，皆事蜀主於藩邸❻，素怨李仁罕，共譖之❼，云仁罕有異志❽。蜀主令繼勳等與趙季良、趙廷隱謀，因仁罕入朝，命武士執而殺之。癸未❾，下詔暴其罪❿，并其子繼宏及宋從會等數人皆伏誅。是日，李肇釋杖而拜⓫。

蜀源州⓬都押牙文景琛據城叛，果州刺史李延厚討平之。○蜀主左右以李肇倨慢⓭，請誅之。戊子⓮，以肇為太子少傅致仕，徙⓯邛州。

吳主加徐知誥大丞相、尚父⓰、嗣齊王、九錫⓱，辭不受。

雄武⑱節度使張延朗將兵圍文州，階州刺史郭知瓊拔尖石寨。蜀李延厚將果州兵屯興州，遣先登指揮使范延暉將兵救文州，延朗解圍而歸。興州刺史馮暉自乾渠⑲引戍兵歸鳳翔。

十一月，徐知誥召其子司徒、同平章事景通⑳還金陵，為鎮海・寧國節度副大使、諸道副都統、判中外諸軍事。以次子牙內馬步都指揮使、海州團練使景遷㉑為左右軍都軍使、左僕射、參政事，留江都輔政。

十二月己巳㉒，以易州刺史安叔千㉓為振武節度使，齊州防禦使尹暉為彰國㉔節度使。叔千，沙陀人也。○壬申㉕，石敬瑭奏契丹引去，罷兵歸。○乙亥㉖，徵㉗雄武節度使張延朗為中書侍郎、同平章事、判三司。

辛巳㉘，漢皇后馬氏㉙殂。○甲申㉚，蜀葬文武聖德英烈明孝皇帝于和陵㉛，廟號高祖。○乙酉㉜，葬鄂王㉝于徽陵城南㉞，封㉟纔數尺，觀者悲之㊱。

是歲秋、冬旱，民多流亡，同、華、蒲、絳尤甚。

漢主命判六軍秦王弘度募宿衛㊲兵千人，皆市井無賴子弟，弘度昵之。同平章事楊洞潛諫曰：「秦王，國之冢嫡㊳，宜親端士㊴。使之治軍已過㊵矣，況昵群小乎！」漢主曰：「小兒教以戎事，過煩公憂㊶。」終不戒弘度。洞潛出，見衛士掠商人金帛，商人不敢訴，歎曰：「政亂如此，安用宰相！」因謝病歸第。久之，不召，遂卒。

【章　旨】以上為第十一段，寫蜀主孟昶誅跋扈臣李仁罕。是年秋冬中原大旱，同、華、蒲、絳四州尤為嚴重。

【注　釋】❶醫官使　宮廷官，掌醫藥。❷豐德庫使　宮廷官，掌府庫財物。❸韓保貞　字永吉，潞州長子（今山西長治）人，官至山南節度使。傳見《十國春秋》卷五十五。❹茶酒庫使　宮廷官，掌茶酒。❺安思謙　（？—西元九五四年）官保寧軍節度使。傳見《十國春秋》卷五十七。❻藩邸　藩王的官舍。❼譖之　造謠詆毀他。❽有異志　有謀反之心。❾癸未　十月十六日。❿暴其罪　公布他的罪狀。⓫釋杖而拜　丟掉手杖朝拜。⓬源州　州名，五代後蜀改洋州為源州，在今陝西洋縣。⓭倨慢　傲慢無禮。⓮戊子　十月二十一日。⓯徙　遷移。⓰尚父　相當於父輩。⓱九錫　古代帝王賜給有大功或有權勢的諸侯大臣的九種物品。即車馬、衣服、樂則、朱戶、納陛、虎賁、弓矢、斧鉞、秬鬯。後賜九錫為權臣篡位信號。⓲雄武　方鎮名，唐宣宗大中三年（西元八四九年）升秦州防禦守捉使為秦成兩州經略、天雄軍使。治所秦州，在今甘肅天水市。後唐改為雄武節度。⓳乾渠　馮暉為興州刺史，以乾渠為治所，在今陝西略陽。⓴景通　（西元九一八—九六一年）名璟，初名景通，字伯玉，徐知誥長子。徐知誥死，即南唐帝位。西元九四三—九六一年在位。傳見《十國春秋》卷十六。㉑景遷　徐知誥次子。幼警敏，讀書一覽不忘。年十九卒。傳見《十國春秋》卷十八。㉒己巳　十二月初三日。㉓安叔千　（西元八八〇—九五一年）字胤宗，沙陀人，少善騎射，官後晉鎮國軍節度使。不通文字，人稱「沒字碑」。傳見《舊五代史》卷一百二十三、《新五代史》卷四十八。㉔彰國　方鎮名，後唐置，治所應州，在今山西應縣。㉕壬申　十二月初六日。㉖乙亥　十二月初九日。㉗徵　召。㉘辛巳　十二月十五日。㉙馬氏　（？—西元九三四年）劉龑妻，楚馬殷女。封越國夫人，漢乾亨三年（西元九一九年）冊為皇后。傳見《十國春秋》卷六十一。㉚甲申　十二月十八日。㉛和陵　孟知祥墳墓名。㉜乙酉　十二月十九日。㉝鄂王　即閔帝李從厚。㉞徽陵城南　徽陵，後唐明宗陵墓名。城南，柏城之南。唐園陵之制，兆域之外圈以圍牆，種植柏樹，叫做柏城。㉟封　墳堆。㊱悲之　為之傷感。㊲宿衛　禁衛兵。㊳冢嫡　嫡長子。㊴宜親端士　應該親近品行端正的士人。㊵過　錯。㊶過煩公憂　過於煩勞你擔心。

【語　譯】蜀國的捧聖控鶴都指揮使張公鐸和醫官使韓繼勳、豐德庫使韓保貞、茶酒庫使安思謙等人，都侍奉蜀主於藩邸，一向怨恨李仁罕，一起詆毀他，說他有謀反之心。蜀主命令韓繼勳等人和趙季良、趙廷隱謀劃，乘著李仁罕入京朝見，命令武士把他抓起來殺掉。十月十六日癸未，蜀主下詔公布李仁罕的罪狀，連同他的兒子李繼宏和宋從會等幾個人全都被誅殺。當天，李肇丟掉手杖，向蜀主跪拜。

蜀國的源州都押牙文景琛佔據州城反叛，果州刺史李延厚出兵征討，平定了叛亂。〇蜀主的身邊近臣認為李肇傲慢無禮，請求殺了他。十月二十一日戊子，任命李肇為太子少傅，讓他退休，遷往邛州。

吳主加封徐知誥為大丞相、尚父、嗣齊王，賜九錫；徐知誥推辭不受。

雄武節度使張延朗率兵包圍文州，階州刺史郭知瓊攻克了尖石寨。蜀國的李延厚率領果州的軍隊屯駐在興州，派遣先登指揮使范延暉率兵救援文州，張延朗撤除了對文州的包圍後回去了。興州刺史馮暉從乾渠帶領戍守的士兵回到鳳翔。

十一月，徐知誥徵召他的兒子司徒、同平章事徐景通返回金陵，擔任鎮海・寧國節度副大使、諸道副都統、判中外諸軍事。任命次子牙內馬步都指揮使、海州團練使徐景遷為左右軍都軍使、左僕射、參政事，留在江都輔佐朝政。

十二月初三日己巳，任命易州刺史安叔千為振武節度使，齊州防禦使尹暉為彰國節度使。安叔千，是沙陀人。〇初六日壬申，石敬瑭上奏說契丹人率軍離去，他撤兵返回晉陽。〇初九日乙亥，徵召雄武節度使張延朗為中書侍郎、同平章事、判理三司。

十二月十五日辛巳，漢國皇后馬氏去世。〇十八日甲申，蜀國在和陵安葬了文武聖德英烈明孝皇帝孟知祥，廟號為高祖。〇十九日乙酉，把鄂王安葬在徽陵的柏城之南，墳堆才幾尺高，看到的人都為之傷感。

這一年的秋、冬兩季乾旱，百姓大多流亡，同、華、蒲、絳四州尤為嚴重。

漢主命令判理六軍的秦王劉弘度招募宿衛兵一千名，都是一些市井無賴子弟，劉弘度對他們很親昵。同平章事楊洞潛向漢主進諫說：「秦王，是國家的嫡長子，應該親近品行端正的士人。讓他治理軍隊已經錯了，何況他還親昵一幫小人呢！」漢主說：「教小孩子一點軍事，過於煩勞你擔心了。」最終沒有告誡劉弘度。楊洞潛從宮中出來，看見這些衛士搶劫商人的金銀、絹帛，商人不敢投訴，楊洞潛歎息說：「政事如此混亂，還要宰相幹什麼！」於是就稱病回家休養。好長時間，漢主沒有徵召他，不久就去世了。

二年（乙未　西元九三五年）

春，正月丙申朔❶，閩大赦，改元永和❷。

二月丙寅朔❸，蜀大赦。○甲戌❹，以樞密使、天雄節度使兼侍中范延光為宣武節度使兼中書令。○丁丑❺，夏州節度使李彝超上言疾病❻，以兄行軍司馬彝殷權知軍州事，彝超尋❼卒。○戊寅❽，蜀主尊母李氏❾為皇太后。太后，太原人，本莊宗後宮也，以賜蜀高祖。○己丑❿，追尊帝母魯國夫人魏氏⓫曰宣憲皇太后。

閩主立淑妃陳氏⓬為皇后。初，閩主兩娶劉氏，皆士族，美而無寵。陳后，本閩太祖侍婢金鳳也，陋而淫，閩主嬖之⓭，以其族人⓮守恩、匡勝為殿使⓯。

三月辛丑⓰，以前宣武節度使兼侍中趙延壽⓱為忠武節度使兼樞密使。○以李彝殷⑱為定難節度使。○己酉⑲，贈吳越王元瓘母陳氏⑳為晉國太夫人。元瓘性孝，尊禮母黨㉑，厚加賜與，而未嘗遷官授以重任。○壬戌㉒，以彰聖㉓都指揮使安審琦㉔領順化㉕節度使。審琦，金全之子也。

太常丞㉖史在德㉗，性狂狷㉘，上書歷詆㉙內外文武之士，請偏加考試，黜陟能否㉚。執政及朝士大怒，盧文紀及補闕劉濤、楊昭儉等皆請加罪㉛。帝謂學士馬胤孫曰：「朕新臨天下㉜，宜開言路㉝，若朝士以言獲罪，誰敢言者！卿為朕作詔書，宣㉞朕意。」乃下詔，略曰：「昔魏徵請賞皇甫德參㉟，今濤等請黜史在德，事同言異㊱，何其遠哉㊲！在德情在傾輸㊳，安可責也㊴！」昭儉，嗣復之曾孫也。

吳加徐景遷同平章事、知左右軍事。徐知誥令尚書郎陳覺輔之㊵，謂覺曰：「吾少時與宋子嵩㊶論議，好相詰難㊷，或吾捨子嵩還家㊸，或子嵩拂衣而起㊹。子嵩攜衣笥㊺望秦淮門㊻欲去者數矣，吾常戒門者㊼止之㊽。吾今老矣，猶未偏達時事㊾，況景遷年少當國㊿，故屈(51)吾子(52)以誨之(53)耳。」

夏，四月庚午(54)，蜀以御史中丞(55)龍門(56)毋昭裔(57)為中書侍郎、同平章事。

癸未(58)，加樞密使、刑部尚書韓昭胤中書侍郎、同平章事。辛卯(59)，以宣徽南院使劉延皓[60]為刑部尚書，充樞密使。延皓，皇后之弟也。癸巳[61]，以左領軍衛大將軍劉延朗為本衛上將軍，充宣徽北院使，兼樞密副使。

五月丙申[62]，契丹寇新州及振武。○庚戌[63]，賜振武節度使楊檀名光遠[64]。

六月，吳德勝節度使兼中書令柴再用卒。先是，史官王振嘗詢其戰功，再用曰：「鷹犬微效[65]，皆社稷之靈[66]，再用何功之有！」竟不報。

契丹寇應州。

【章旨】以上為第十二段，寫定難節度使李彝超病逝，以其兄李彝殷繼之。吳執政徐知誥為子擇師傅。唐末帝下詔開言路。

【注釋】❶丙申朔 正月初一日。❷永和 閩王璘第二個年號，起於西元九三五年正月，止於同年十月。❸丙寅朔 二月初一日。❹甲戌 二月初九日。❺丁丑 二月十二日。❻疾病 病很嚴重。疾甚為病。❼尋 不久。❽戊寅 二月十三日。❾李氏 （?—西元九六五年）太原人，唐莊宗嬪御，賜孟知祥。性慈儉，常規勸後主節儉。傳見《十國春秋》卷五十。❿己丑 二月二十四日。⓫魏氏 鎮州平山（今河北平山縣）人，初嫁平山王氏，生李從珂，後為明宗所掠，封魯國夫人。傳見《新五代史》卷十五。⓬陳氏 （西元八九三—九三五年）小名金鳳，善歌舞，為王審知才人，王延鈞即位，封為淑妃。傳見《十國春秋》卷九十四。⓭嬖之 寵愛她。⓮族人 同一祖先的人。⓯殿使 官名，閩置。⓰辛丑 三月初七日。⓱趙延壽 （?—西元九四八年）本姓劉，為趙德鈞養子。契丹封之為燕王。傳見《舊五代史》卷九十八。⓲李彝殷 以避宋朝廟諱，改名彝興，為西夏建立者李繼捧、李繼遷之父。⓳己酉 三月十五日。⓴陳氏 錢元瓘生母，贈晉國太夫人，卒諡昭懿。傳見《十國春秋》卷八十三。㉑母黨 母親家族的人。㉒壬戌 三月二十八日。㉓彰聖 禁衛軍名，清泰元年（西元九三四年）六月，改捧聖馬軍為彰聖左、右軍，嚴衛步軍為寧衛左、右軍。㉔安審琦 （西元八九七—九五九年）字國瑞，沙陀人，父安金全。少以良家子為莊宗義直軍使。官後周平盧軍節度使，封齊王。傳見《舊五代史》卷一百二十三。㉕順化　方鎮名，此為楚之順化軍。㉖太常丞　太常寺屬官，掌寺中庶務。㉗史在德　曾上書揭露當時文恬武嬉，建議通過考試拔擢人才。㉘狂狷　狂傲而潔身自好，不肯同流合汙。㉙歷詆　一樁一樁地指責。㉚黜陟能否　提拔有才能的，黜退不稱職的。㉛加罪　處分；治罪。㉜新臨天下　開始做皇帝，君臨天下。㉝宜開言路　應該廣開進言之路。㉞宣　宣諭。㉟賞皇甫德參　皇甫德參，唐太宗時中牟縣丞，上書請罷洛陽宮，太宗欲罪之，魏徵諫而賞之。事見本書卷一百九十四唐太宗貞觀八年。㊱事同言異　進言的事相同，朝臣的評價不一樣。㊲何其遠哉　相差為什麼這樣遠啊。㊳情在傾輸　內心之情在於傾吐胸中之言，輸誠於國家。㊴安可責也　怎麼可以責備他呢。㊵輔之　輔導他。㊶宋子嵩　即宋齊丘。㊷好相詰難　喜歡互相辯駁詰難。㊸或吾捨子嵩還家　有時話不投機，我氣得撇下宋子嵩回家。㊹或子嵩拂衣而起　有時宋子嵩氣得拂袖而去。㊺衣笥　衣箱。㊻秦淮門　金陵城門。㊼門者　守門的人。㊽止之　阻擋他；留住他。㊾猶未徧達時事　還沒有完全通曉世事。㊿當國　治國。(51)屈　委屈。(52)吾子　您老先生。(53)誨之　教誨他。(54)庚午　四月初六日。(55)御史中丞　御史臺副長官，佐御史大夫，掌刑獄。(56)龍門　縣名，在今山西河津。(57)毌昭裔　河中龍門（今山西河津）人，博學有才名。官至後蜀左僕射。曾命張德釗書《九經》，刻石於成都學宮。並刻《文選》、《初學記》、《白氏六帖》行於世。傳見《十國春秋》卷五十二。(58)癸未　四月十九日。(59)辛卯　四月二十七日。(60)劉延皓　（？—西元九三六年）應州渾元（今山西渾源）人，劉皇后之弟，官鄴都留守。傳見《舊五代史》卷六十九。(61)癸巳　四月二十九日。(62)丙申　五月初三日。(63)庚戌　五月十七日。(64)光遠　（？—西元九四四年）本名檀，以明宗名亶，避諱改名光遠。沙陀人，官至後晉平盧軍節度使，封東平王。以勾結契丹叛，被誅。傳見《舊五代史》卷九十七。(65)鷹犬微效　指自己像鷹犬一樣為主人出獵，立些小功。(66)社稷之靈　國家的幸運。

【語　譯】二年（乙未　西元九三五年）

春，正月初一日丙申，閩國大赦境內，改年號為永和。

二月初一日丙寅，蜀國大赦境內。〇初九日甲戌，任命樞密使、天雄節度使兼侍中范延光為宣武節度使兼中書令。〇十二日丁丑，夏州節度使李彝超上奏說自己患病，讓他的哥哥行軍司馬李彝殷暫時主持軍州的事務，李彝超不久就去世了。〇十三日戊寅，蜀主尊奉他的母親李氏為皇太后。李太后是太原人，本來是唐莊宗後宮的妃子，把她賜給了蜀高祖。〇二十四日己丑，追尊唐末帝的母親魯國夫人魏氏為宣憲皇太后。

閩主冊立淑妃陳氏為皇后。當初，閩主兩度娶劉氏之女為妻，都是士族，長得很漂亮，卻得不到閩主的寵愛。陳皇后本來是閩太祖的侍婢叫金鳳，長得醜陋卻很淫蕩，閩主很寵愛她，又任命她的族人陳守恩、陳匡勝為殿使。

三月初七日辛丑，任命前宣武節度使兼侍中趙延壽為忠武節度使兼樞密使。〇任命李彝殷為定難節度使。〇十五日己酉，贈封吳越王錢元瓘的母親陳氏為晉國太夫人。錢元瓘生性孝順，尊敬禮遇母親家族，厚加賞賜，但未曾給他們升官或委以重任。〇二十八日壬戌，任命彰聖都指揮使安審琦兼領順化節度使。安審琦，是安金全的兒子。

太常丞史在德，生性狂傲，潔身自好，上書一一指責朝廷內外的文武大臣，請求全部進行考試，提拔有才能的人，罷黜不稱職的人。執政大臣和朝中文武官員大怒，盧文紀和補闕劉濤、楊昭儉等人都請求唐末帝對他治罪。唐末帝對翰林學士馬胤孫說：「朕剛剛君臨天下，應該廣開言路，如果朝廷之士因為言論獲罪，誰還敢說話！你替朕草擬詔書，宣諭朕的意思。」於是頒下詔書，大意是說：「從前魏徵為皇甫德參請求獎賞，現在劉濤等人請求罷黜史在德，事情相同，評價不一樣，相差為什麼這樣遠啊！史在德的心情在於傾吐內心之言，輸誠於國家，怎麼可以責備他呢！」楊昭儉，是楊嗣復的曾孫。

吳國加封徐景遷同平章事、知左右軍事。徐知誥命令尚書郎陳覺輔佐他，徐知誥對陳覺說：「我年輕的時候和宋子嵩討論，喜歡互相詰難，有時是我撇下宋子嵩回家，有時是宋子嵩拂袖而起。宋子嵩有多次帶著衣箱朝著秦淮門想要走了，我常常告誡守門的人留住他。我現在老了，還沒有完全通曉世事，何況徐景遷年紀輕輕就治理國家，所以要委屈先生來教誨他。」

夏，四月初六日庚午，蜀國任命御史中丞龍門人毋昭裔為中書侍郎、同平章事。

四月十九日癸未，加封樞密使、刑部尚書韓昭胤為中書侍郎、同平章事。二十七日辛卯，任命宣徽南院使劉延皓為刑部尚書，充任樞密使。劉延皓，是皇后的弟弟。二十九日癸巳，任命左領軍衛大將軍劉延朗為本衛的上將軍，充任宣徽北院使，兼任樞密副使。

五月初三日丙申，契丹侵犯新州和振武。○十七日庚戌，賜給振武節度使楊檀名叫光遠。

六月，吳國的德勝節度使兼中書令柴再用去世。此前，史官王振曾經詢問他的戰功，柴再用說：「不過是鷹犬為國家立些小功，都是國家的幸運，再用有什麼功勞！」最終還是沒有告訴他。

契丹侵犯應州。

河東節度使、北面總管石敬瑭既還鎮，陰[1]為自全之計[2]。帝好咨訪外事[3]，常命端明殿學士李專美、翰林學士李崧、知制誥呂琦、薛文遇、翰林天文[4]趙延乂等更直[5]於中興殿庭，與語或至夜分[6]。時敬瑭二子為內使[7]，曹太后則晉國長公主之母也，敬瑭賂太后左右，令伺[8]帝之密謀，事無巨細皆知之。敬瑭多於賓客前自稱羸瘠不堪為帥，冀朝廷不之忌。

時契丹屢寇北邊，禁軍多在幽、并[9]，敬瑭與趙德鈞求益兵運糧[10]，朝夕相繼。甲申[11]，詔借河東人有蓄積者菽粟[12]。乙酉[13]，詔鎮州輸絹五萬匹於總管府[14]，糴[15]軍糧，率鎮、冀人車千五百乘運糧於代州，又詔魏博市糴[16]。時水旱民饑，敬瑭遣使督趣嚴急，山東[17]之民流散，亂始兆矣[18]。

敬瑭將大軍屯忻州[19]，朝廷遣使賜軍士夏衣，傳詔撫諭，軍士呼萬歲者數四[20]。敬瑭懼，幕僚河內段希堯[21]請誅其唱首者[22]，敬瑭命都押衙劉知遠斬挾馬都將李暉等三十六人以徇㉓。希堯，懷州人也。帝聞之，益疑敬瑭。

壬辰㉔，詔竊盜不計贓㉕多少，并縱火㉖彊盜，並行極法㉗。

閩福王繼鵬私於宮人李春鷰㉘，繼鵬請之於陳后，后白閩主而賜之。

【章旨】以上為第十三段，寫石敬瑭回到北都，藉契丹屢次犯邊為口實，多儲兵馬糧秣以自保。

【注釋】❶陰　暗暗地。❷自全之計　自我保全的計策。❸好咨訪外事　喜歡打聽外面的事情。❹翰林天文　官名，在翰林院掌天文。唐時司天臺有天文博士二人，正八品下，掌天文。❺更直　輪流值夜班。❻夜分　半夜。❼內使　官名，內諸司使。❽伺　刺探。❾幽并　幽州和并州，在今北京市和山西太原。❿益兵運糧　增加兵力運送糧食。⓫甲申　六月二十一日。⓬菽粟　泛指糧食。菽，豆類。粟，小米。⓭乙酉　六月二十二日。⓮總管府　在晉陽，即今太原。因石敬瑭為北面總管。⓯糴　購買。⓰市糴　公家在市場上購買糧食。⓱山東　地區名，泛指太行山、常山之東地區。⓲亂始兆矣　叛亂的苗頭開始出現了。⓳忻州　州名，治所秀容，在今山西忻州。⓴數四　多次；一再。㉑段希堯　（西元八七八—九五六年）河內（今河南沁陽）人，官至後周禮部尚書。傳見《舊五代史》卷一百二十八。㉒唱首者　領頭呼萬歲口號的人。㉓徇　示眾。㉔壬辰　六月二十九日。㉕贓　贓款；贓物。㉖縱火　放火。㉗並行極法　一起處以極刑，即斬首處死。㉘李春鷰　（？—西元九三九年）本惠宗宮人，王昶即位，立為賢妃，行則同輿，坐則同席，立為皇后。傳見《十國春秋》卷九十四。

【語譯】河東節度使、北面總管石敬瑭回到鎮所太原，暗中做自我保全的計策。唐末帝喜歡打聽外面的事情，經常讓端明殿學士李專美，翰林學士李崧，知制誥呂琦、薛文遇，翰林天文趙延乂等人輪流在中興殿庭值班，和他們談話有時到半夜。當時石敬瑭的兩個兒子擔任內諸司使，曹太后又是晉國長公主的母親，石敬瑭賄賂太后身邊的人，讓他們刺探唐末帝的祕密計畫，所以不論大小事情他都知道。石敬瑭多次在賓客面前說自己瘦弱，不勝任為帥，以期朝廷不猜忌他。

當時契丹屢次侵犯北方邊境，朝廷的禁軍大多在幽州、并州，石敬瑭和趙德鈞向朝廷請求增派軍隊，運送糧食，日夜不停地催促。六月二十一日甲申，唐末帝下詔向河東有積蓄的人家借用菽粟。二十二日乙酉，下詔令鎮州輸納五萬匹絹給總管府，用來購買軍糧，徵調鎮州、冀州的人力、車輛一千五百輛運送軍糧到代州，又下詔命令魏博在市場收購軍糧。當時鬧水災、旱災，百姓飢餓，石敬瑭派遣使者督促運送非常緊急，太行山以東的百姓都流離失散，動亂的苗頭開始出現了。

石敬瑭率領大軍屯駐忻州，朝廷派使者賜給軍士們夏衣，發布詔書慰撫，軍士們一再地呼喊萬歲。石敬瑭害怕起來，他的幕僚河內人段希堯請求誅殺那些帶頭呼喊的人，石敬瑭便命令都押衙劉知遠斬殺了挾馬都將李暉等三十六個人示眾。段希堯，是懷州人。唐末帝聽到這個事情後，更加懷疑石敬瑭。

六月二十九日壬辰，下詔令盜竊不論贓物多少，以及放火為盜，一起處以極刑。

閩國的福王王繼鵬和宮女李春鷰私通，王繼鵬向陳皇后請求把李春鷰賜給他，陳皇后告訴閩主後就把宮女賜給了他。

秋，七月，以樞密使劉延皓為天雄節度使。○乙巳❶，以武寧節度使張敬達❷為北面行營副總管，將兵屯代州，以分石敬瑭之權。

帝深以時事為憂，嘗從容讓❸盧文紀等以無所規贊❹。丁巳❺，文紀等上言：「臣等每五日起居❻，與兩班❼旅見❽，暫獲對揚❾，侍衛滿前，雖有愚慮，不敢敷陳❿。竊見前朝自上元⓫以來，置延英殿，或宰相欲有奏論，天子欲有咨度⓬，皆非時召對[1]，旁無侍衛，故人得盡言。望復⓭此故事⓮，惟聽機要之臣侍側。」詔以舊制五日起居，百僚俱退，宰相獨升⓯，若常事自可敷奏⓰。或事應嚴密、不以其日⑰，或異日⑱，聽⑲於閤門⑳奏牓子㉑，當盡屏侍臣，於便殿相待，何必襲延英之名也！」

吳潤州團練使徐知諤㉒，狎昵㉓小人，游燕廢務㉔，作列肆㉕於牙城西，躬自貿易㉖。徐知誥聞之，怒，召知諤左右詰責㉗。知諤懼。或謂知誥曰：「忠武王最愛知諤，而以後事㉘傳於公。往年知詢失守㉙，論議至今未息。借使知諤治有能名㉚，訓兵養民，於公何利？」知誥感悟，待之加厚。

九月丙申㉛，吳大赦，改元天祚㉜。

己酉㉝，以宣徽南院使房暠為刑部尚書、充樞密使，宣徽北院使劉延朗為南院使，仍兼樞密副使。於是延朗及樞密直學士薛文遇等居中用事㉞，暠與趙延壽雖為使長㉟，其聽用之言什不三四。暠隨勢可否㊱，不為事先㊲。每幽、并遣使入奏，樞密諸人環坐議之，暠多俛首而寐，比覺㊳，引頸振衣㊴，則使者去矣。啓奏除授，一歸延朗。諸方鎮、刺史自外入者㊵，必先賂延朗，後議貢獻㊶。賂厚者先，得內地，賂薄者晚，得邊陲㊷。由是諸將帥皆怨憤，帝不能察。

【章　旨】以上為第十四段，寫唐末帝無知人之明，輔臣不敢言事。宣徽北院使劉延朗枉法為奸，末帝不能察。

【注釋】❶乙巳　七月十三日。❷張敬達　（？—西元九三五年）字子通，代州（今山西代縣）人，小字生鐵，官至大同、彰國、振武、威塞等軍蕃漢馬步都部署。被叛將趙延壽、范延光所殺。傳見《舊五代史》卷七十、《新五代史》卷三十三。❸讓　責備。❹規贊　建議和幫助。❺丁巳　七月二十五日。❻五日起居　每五天一次問候皇上起居。❼兩班　文武官員分東、西兩班。❽旅見　共同相見。❾對揚　面對。面對皇帝回答問題。❿敷陳　仔細奏陳。⓫上元　唐肅宗年號，起於西元七六〇年，止於西元七六一年。⓬咨度　諮詢。⓭復　恢復。⓮故事　制度。⓯獨升　單獨登殿。⓰敷奏　敷陳上奏。⓱不以其日　不在五日起居時（上奏）。⓲異日　他日。⓳聽　任憑；聽任。⓴閤門　通便殿小門。㉑牓子　公文書的一種，用於奏事。㉒徐知誥　徐溫第六子。著文賦歌詩十卷，號《閣中集》。傳見《十國春秋》卷二十。㉓狎昵　親近。㉔游燕廢務　遊玩宴會，荒廢政務。燕，通「宴」。㉕作列肆　建造一排店鋪。㉖躬自貿易　親自作買賣。躬自，親身。㉗詰責　盤問責備。㉘後事　身後大業。㉙知詢失守　指自昇州召知詢回揚州，奪知詢昇州節度使官爵。㉚治有能名　治理政務具有才幹和名望。㉛丙申　九月初四日。㉜天祚　吳楊溥第五個年號，起於西元九三五年，止於西元九三七年。㉝己酉　九月十七日。㉞居中用事　在朝中掌握實權。㉟使長　樞密院首長。㊱隨勢可否　隨大流置可否。㊲不為事先　凡事不爭先。㊳比覺　等到醒來。㊴引頸振衣　伸伸脖子，整理衣服。睡眠剛醒的樣子。㊵自外入者　從外面入朝的。㊶貢獻　向朝廷獻禮物。㊷邊陲　邊疆遼遠地區。

【校記】①皆非時召對　原無此五字。據章鈺校，十二行本、乙十一行本、孔天胤本皆有此五字，張敦仁《通鑑刊本識誤》、張瑛《通鑑校勘記》同，今據補。

【語譯】秋，七月，任命樞密使劉延皓為天雄節度使。〇十三日乙巳，任命武寧節度使張敬達為北面行營副總管，率兵屯駐代州，以此分散石敬瑭的兵權。

唐末帝對時局深為憂慮，曾經閒談時責備盧文紀等人沒有好的建議和幫助。七月二十五日丁巳，盧文紀等人上書說：「臣等每五天一次問候皇上起居，和文武兩班大臣一起進見，只能得到短暫的當面對答。眼前全是侍衛，即使有愚見，也不敢仔細奏陳。臣私下見到前朝從上元年間以後，設置了延英殿，有時宰相欲有奏言，天子欲有諮詢，並不按固定的時間，因為旁邊沒有侍衛，所以人們得以傾盡所欲言。希望能夠恢復這一舊制，只讓機要大臣在旁邊侍奉。」於是下詔，認為過去的制度每五天進宮問候一次起居，百官全都退朝，只有宰相單獨登殿，一般事情自然可以奏陳。有時事關機密，刻意避開五日起居時，或奏事之日恰好不是五日起居時，聽任在閤門奏上牓子，屆時朕當屏退侍衛之臣，在便殿裡接見，何必沿用延英殿這一名稱！

吳國的潤州團練使徐知諤，親昵小人，遊玩飲宴，荒廢政務，在牙城的西邊修建了一排店鋪，親自作買賣。徐知誥得知後，很生氣，叫來徐知諤的左右近臣盤問責罵了一通。徐知諤很害怕。有人對徐知誥說：「忠武王最喜歡徐知諤，然而卻把身後的大業傳給了您。前幾年徐知詢失去鎮所，議論到現在沒有停止。如果徐知諤治理政務具有才幹和聲望，訓練士卒休養百姓，這對您有什麼好處？」徐知誥有所領悟，從此對待徐知諤更加優厚。

九月初四日丙申，吳國大赦，改年號為天祚。

九月十七日己酉，任命宣徽南院使房暠為刑部尚書、充任樞密使，宣徽北院使劉延朗為南院使，仍兼任樞密副使。於是劉延朗和樞密直學士薛文遇等人在朝中掌握實權，房暠和趙延壽雖然是樞密院的長官，但是他們的意見被採納的不到十分之三四。房暠隨大流表示贊同與否，凡事不爭先。每次幽州、并州派遣使者入朝上奏，樞密院的一班大臣環坐討論，房暠大多低頭打盹，等他醒來，伸伸脖子，整整衣裳，而使者已經離去了。上奏和任免官吏，一律都歸劉延朗辦理。各地的方鎮、刺史從外面入朝的，一定先賄賂劉延朗，然後再商量呈獻給朝廷的禮物。賄賂多的就優先，可以得到內地官職，賄賂少的就後辦，只能得到邊遠的職位。因此將帥們都憤恨不平，唐末帝卻沒有察覺。

蜀金州防禦使全師郁寇金州，拔水寨❶。城中兵纔千人，都監陳知隱託它事將兵三百沿流遁去，防禦使馬全節❷罄私財❸以給軍，出奇❹死戰，蜀兵乃退。戊寅[5]，詔斬知隱。

初，閩主有幸臣[6]曰歸守明，出入臥內[7]。閩主晚年得風疾[8]，陳后與守明及百工院使[9]李可殷私通，國人皆惡[10]之，莫敢言。可殷嘗譖[11]皇城使李倣[12]於閩主，后族[13]陳匡勝無禮於福王繼鵬，倣及繼鵬皆恨之。閩主疾甚[14]，繼鵬有喜色[15]。倣以閩主為必不起[16]，冬，十月己卯[17]，使壯士數人持白梃[18]擊李可殷，殺之，中外震驚。庚辰[19]，閩主疾少間[20]，陳后訴之。閩主力疾視朝[21]，詰可殷死狀，倣懼而出，俄頃[22]，引部兵[23]鼓譟[24]入宮。閩主聞變，匿於九龍帳下，亂兵刺之而出。閩主宛轉未絕[25]，宮人不忍見，竟為絕之[26][1]。倣與繼鵬殺陳后、陳守恩、陳匡勝、歸守明及繼鵬弟繼韜[27]，繼韜素與繼鵬相惡故也。辛巳[28]，繼鵬稱皇太后令監國。是日，即皇帝位，更名昶。諡其父曰齊肅明孝皇帝，廟號惠宗。既而自稱權知福建節度事，遣使奉表於唐。大赦境內，立李春鷰為賢妃。

初，閩惠宗娶漢主女清遠公主[29]，使宦者閩清林延遇[30]置邸[31]於番禺[32]，專掌國信[33]。漢主賜以大第，稟賜[34]甚厚，數[35]問以閩事。延遇不對，退，謂人曰：「去閩語閩，去越語越[36]，處人宮禁，可如是乎！」漢主聞而賢之，以為內常侍，使鉤校㊲諸司事。延遇聞惠宗遇弒，求歸，不許，素服㊳向其國三日哭。

【章　旨】以上為第十五段，寫閩國政變，王繼鵬弒父自立，改名王昶。

【注　釋】❶拔水寨　金州治所金城，在漢水岸上，今陝西安康。後唐建水寨以防蜀兵。拔，攻取。❷馬全節　（西元八九一—九四五年）字大雅，魏郡元城（今河北大名）人，少從軍旅，官至鄴都留守。傳見《舊五代史》卷九十、《新五代史》卷四十七。❸罄私財　拿出全部家產。罄，盡；全部。❹出奇　出其不意；出奇兵。❺戊寅　九月癸巳朔，無戊寅，疑為甲寅，九月二十二日。❻幸臣　寵幸的臣子。❼臥內　臥室內。❽風疾　指風痺、半身不遂等症。❾百工院使　宮廷官，掌木、金等百工。❿惡　厭惡。⓫譖　說壞話誣陷別人。⓬李倣　（？—西元九三五年）官閩皇城使。弒王延鈞，為王繼鵬所殺。傳見《十國春秋》卷九十八。⓭后族　閩主王后的族人，即陳氏外戚。⓮疾甚　病重。⓯有喜色　臉上高興的樣子。⓰必不起　一定不能恢復。⓱己卯　十月十八日。⓲白梃　棍棒。⓳庚辰　十月十九日。⓴疾少間　疾病稍有好轉。㉑力疾視朝　勉強支撐著病體臨朝視事。㉒俄頃　過了一會兒。㉓部兵　皇城使所屬禁衛兵。㉔鼓譟　大聲吶喊。㉕宛轉未絕　輾轉反覆而沒有斷氣。㉖絕之　絕了他的命。㉗繼韜　（？—西元九三五年）王延鈞次子。傳見《十國春秋》卷九十四。㉘辛巳　十月二十日。㉙清遠公主　劉龑女，適閩主王延鈞。傳見《十國春秋》卷六十一。㉚林延遇　（？—西元九五六年）閩清（今福建閩侯）人，為人陰險多計。傳見《十國春秋》卷六十五。㉛邸　官舍。㉜番禺　縣名，在今廣東番禺。㉝國信　兩國信使的傳遞文書。㉞稟賜　俸給、賞賜。稟，通「廩」。俸祿。㉟數　多次。㊱去閩語閩二句　離開閩國就議論閩國，離開越國就議論越國。語，議論。這裡有說壞話，透露機密等意思。㊲鉤校　管理；考核。㊳素服　孝服。

【校　記】①不忍見竟為絕之　原作「不忍其苦，為絕之」。張敦仁《通鑑刊本識誤》：「『其苦』作『見竟』。」《通鑑紀事本末》同，今據改。

【語　譯】蜀國的金州防禦使全師郁入侵金州，攻下了水寨。城中的士卒只有一千人，都監陳知隱假借他事率領三百名士卒沿河逃走，防禦使馬全節把自己的全部家財都拿出來供給軍用，出奇兵拼命死戰，蜀兵這才撤退。九月戊寅日，唐末帝下詔處斬陳知隱。

當初，閩主有個受寵幸的臣子叫歸守明，出入閩主臥內。閩主晚年患了風疾，陳皇后和歸守明以及白工院使李可殷私通，閩國人都厭惡他們，但是沒有人敢說出來。

李可殷曾經在閩主面前詆毀皇城使李倣，王后的族人陳匡勝對福王王繼鵬無禮，李倣和王繼鵬都痛恨他們。閩主病情加重，王繼鵬面有喜色。李倣認為閩主肯定不能恢復，冬，十月十八日己卯，他指使幾名壯士手持棍棒攻擊李可殷，把李可殷打死了，朝廷內外震驚。十九日庚辰，閩主的病稍微好了一點，陳皇后向他說了這件事。閩主強撐著病體臨朝視事，追問李可殷被打死的情況，李倣心裡害怕，出了宮，一會兒，帶著他屬下的士卒大聲吶喊著闖進宮中，閩主聽說發生了叛亂，藏在九龍帳下，亂兵刺他，然後出了皇宮。閩主輾轉掙扎，沒有斷氣，宮女們不忍心看著他痛苦的慘狀，索性幫他斷了氣。李倣和王繼鵬殺死了陳皇后、陳守恩、陳匡勝、歸守明以及王繼鵬的弟弟王繼韜，王繼韜被殺是因為他一向和王繼鵬交惡。二十日辛巳，王繼鵬聲稱皇太后命令他監國。當天，即皇帝位，改名叫王昶。追諡他的父親為齊肅明孝皇帝，廟號為惠宗。接著又自稱權知福建節度事，派遣使者向唐朝上表。大赦境內，冊立李春鷰為賢妃。

當初，閩惠宗娶了漢主的女兒清遠公主，派宦官閩清人林延遇在番禺建立府邸，專門掌管兩國信使的傳遞文書。漢主賜給他一所大宅，俸給賞賜非常豐厚，多次向他詢問閩國的情況。每當此時，林延遇不作回答，退下後，他對別人說：「離開閩國就議論閩國，離開越國就議論越國，身處別人的宮禁之中，怎麼能這樣呢！」漢主聽到這話後很賞識他，任命他為內常侍，讓他負責考核宮內各司的事務。林延遇得知閩惠宗王璘被臣下所殺，請求返回閩國，漢主不同意，他便穿上素服，向著自己國家的方向哭了三天。

荊南節度使高從誨，性明達❶，親禮賢士。委任梁震，以兄事之❷，震常謂從誨為郎君❸。

楚王希範好奢靡[4]，游談者[5]共誇其盛。從誨謂僚佐曰：「如馬王可謂大丈夫[6]矣。」孫光憲[7]對曰：「天子諸侯，禮有等差。彼乳臭子驕侈僭忲[8]，取快一時，不為遠慮，危亡無日，又足慕乎！」從誨久而悟，曰：「公言是也。」它日，謂梁震曰：「吾自念平生奉養，固已過矣[9]。」乃捐去[10]玩好，以經史自娛，省刑薄賦，境內以安。

梁震曰：「先王待我如布衣交[11]，以嗣王屬我[12]。今嗣王能自立，不墜[13]其業。吾老矣，不復事人[14]矣。」遂固請退居。從誨不能留，乃為之築室於土洲[15]。震披鶴氅[16]，自稱荊臺隱士，每詣府，跨黃牛至聽事[17]。從誨時過[18]其家，四時賜與甚厚。自是悉以政事屬孫光憲。

臣光曰：「孫光憲見微而能諫[19]，高從誨聞善而能徙[20]，梁震成功而能退，自古有國家者能如是[21]，夫何亡國敗家喪身之有[22]！」

吳加中書令徐知誥尚父、太師、大丞相、大元帥，進封齊王，備殊禮[23]，以昇、潤、宣、池、歙、常、江、饒、信、海十州[24]為齊國。知誥辭尚父、丞相，殊禮不受。

閩皇城使、判六軍諸衛李倣專制朝政，陰養死士[25]，閩主昶與拱宸指揮使林延皓等圖之。延皓等詐親附倣，倣待之不疑。十一月壬子㉖，倣入朝，延皓等伏衛士數百於內殿，執斬之，梟首㉗朝門。倣部兵千餘持白梃攻應天門㉘，不克，焚啓聖門㉙，奪倣首奔吳越。詔暴倣弒君及殺繼韜等罪，告諭㉚中外。以建王繼嚴㉛權判六軍諸衛，以六軍判官永泰葉翹㉜為內宣徽使、參政事。

翹博學質直㉝，閩惠宗擢為福王㉞友，昶以師傅禮待之，多所裨益㉟，宮中謂之「國翁」。昶既嗣位，驕縱，不與翹議國事。一旦，昶方視事㊱，翹衣道士服過庭中趨出㊲。昶召還，拜之，曰：「軍國事殷㊳，久不接對，孤之過也。」翹頓首曰：「老臣輔導無狀，致陛下即位以來無一善可稱，願乞骸骨㊴。」昶曰：「先帝以孤屬公㊵，政令不善，公當極言，柰何棄孤去！」厚賜金帛，慰諭令復位。昶元妃梁國夫人李氏㊶，同平章事敏之女，昶嬖李春鷰，待夫人甚薄。翹諫曰：「夫人先帝之甥，聘之以禮，柰何以新愛而棄之！」昶不悅，由是疏之。未幾，復上書言事，昶批其紙尾㊷曰：「一葉隨風落御溝㊸。」遂放歸永泰，以壽終。

帝嘉馬全節之功，召詣闕㊹。劉延朗求賂，全節無以與之。延朗欲除全節絳州刺史，羣議沸騰。帝聞之，乙卯㊺，以全節為橫海留後。

十二月壬申㊻，以中書侍郎、同平章事、充樞密使韓昭胤同平章事、充護國節度使。

乙酉㊼，以前匡國節度使、同平章事馮道為司空。時久無正拜三公㊽者，朝議疑㊾其職事。盧文紀欲令掌祭祀掃除，道聞之曰：「司空掃除，職也，吾何憚㊿焉。」既而文紀自知不可，乃止。

閩主賜洞真先生陳守元號天師，信重51之，乃至更易52將相、刑罰、選舉，皆與之議。守元受賂請託，言無不從，其門如市53。

【章旨】以上為第十六段，寫荊南主高從誨納諫改過，閩主王昶拒諫飾過。

【注釋】❶明達　開明通達。❷以兄事之　把他當兄長對待。❸郎君　門生故吏常呼其主之子為郎君。❹奢靡　奢侈靡費。❺游談者　遊樂閒聊的人。❻大丈夫　有作為、有抱負的人。❼孫光憲　（？—約西元九六八年）字孟文，貴平（今四川仁壽東北）人，家世業農。事南平三世，皆處幕中，累官荊南節度副使。性嗜經籍，以文學自負。聚書數千卷，所著有《荊臺集》、《桔齋集》、《玩筆傭集》、《鞏湖編玩》、《北夢瑣言》、《蠶書》等。傳見《十國春秋》卷一百二十。❽僭忲　僭越奢侈。❾固已過矣　本來已經過分了。❿捐去　除去；捨棄。⓫如布衣交　像普通老百姓一樣的交情。⓬屬我　囑託我。屬，通「囑」。⓭墜　墜毀。⓮事人　侍奉別人。⓯土洲　江陵有九十九洲，土洲為其中一洲。⓰鶴氅　鳥羽所製的裘。⓱聽事　處理政務的大廳。聽，通「廳」。⓲過　到。⓳見微而能諫　看到微小的壞苗頭便能諫阻。⓴能徙　能改過從善。㉑能如是　能夠這樣。㉒夫何亡國敗家喪身之有　哪裡會有亡國、敗家、身死的事情。㉓備殊禮　準備了特殊的禮數。㉔十州　即昇、潤、宣、池、歙、常、江、饒、信、海等十州之地，當今江蘇全省及安徽、江西之一部，為吳全境之地。昇州，在今南京。潤州，在今江蘇鎮江市。宣州，在今安徽宣州。池州，在今安徽銅陵。歙州，在今安徽歙縣。常州，在今江蘇常州。江州，在今江西九江市。饒州，在今江西鄱陽。信州，在今江西上饒。海州，在今江蘇東海縣。㉕陰養死士　暗中豢養敢死之士。㉖壬子　十一月二十一日。㉗梟首　高懸其頭以示眾。㉘應天門　閩皇城門名。㉙啓聖門　閩皇城門名。㉚告諭　布告曉諭。㉛繼嚴　王延鈞子，封建王。為政得人心，被王延羲鴆死。傳見《十國春秋》卷九十四。㉜葉翹　永泰（今福建永泰）人，博學質直。傳見《十國春秋》卷九十六。㉝質直　質樸正直。㉞福王　即王昶，初封福王。㉟裨益　補益；幫助。㊱方視事　剛在處理政務。㊲趨出　快步走出。㊳殷　多。㊴乞骸骨　退休。㊵以孤屬公　將我託付給你。屬，通「囑」。囑託。㊶李氏　王昶原配，累封梁國夫人。傳見《十國春秋》卷九十四。㊷紙尾　奏章的末尾。㊸一葉隨風落御溝　意即將葉翹放逐回鄉。㊹詣闕　到朝廷面見皇帝。㊺乙卯　十一月二十四日。㊻壬申　十二月十一日。㊼乙酉　十二月二十四日。㊽正拜三公　正式任命司徒、司馬、司空。㊾疑　疑惑；不確定。㊿憚　懼怕。(51)信重　信任而倚重。(52)更易　更換。(53)其門如市　他的門庭像市場一樣熱鬧。

【語　譯】荊南節度使高從誨，性情開明通達，親近禮遇賢能之士。政事委任梁震，把他當兄長一樣對待，梁震經常稱呼高從誨為郎君。

楚王馬希範喜歡奢侈靡費，和他遊樂閒聊的人都誇讚他的奢靡之盛。高從誨對自己的幕僚佐吏們說：「像馬王那樣，可以稱為大丈夫了。」孫光憲回答說：「天子和諸侯，在禮儀上是有等級差別的。他一個乳臭未乾的小兒驕奢僭越，圖一時之快，不做長遠考慮，不久就要傾滅，又有什麼值得羨慕的！」高從誨過了好久才醒悟，就說：「您的話是對的。」另一天，高從誨對梁震說：「我自己反省平日的享受，本來已經是很過分了。」於是捨棄了珍玩和喜好的東西，把閱讀經史當做自己的樂趣，減少刑罰，減輕賦稅，國境之內得以安定。

梁震說：「先王待我如同布衣之交，把嗣王囑託給我。現在嗣王能夠自立了，可以使先王的事業不敗毀。我老了，不能再侍奉人了。」於是堅決請求退休。高從誨挽留不住他，就替他在土洲修築了房子。梁震身披鶴羽裘，自稱是荊臺隱士，每次到王府，騎著黃牛到達大廳。高從誨時常到他的家中，一年四季的賜贈非常豐厚。從此，高從誨把全部政務委託給孫光憲。

司馬光說：「孫光憲看到微小的苗頭就能勸諫，高從誨聽到正確意見就能夠改過從善，梁震功成之後而能夠引退，自古以來擁有國家的人能夠如此，又哪裡會有亡國、敗家、喪身的事情！」

吳國加封中書令徐知誥為尚父、太師、大丞相、大元帥，進封齊王，為他準備了特殊的禮數，劃出昇、潤、宣、池、歙、常、江、饒、信、海十個州為齊國。徐知誥推辭了尚父、丞相，沒有接受特殊的禮數。

閩國的皇城使、判六軍諸衛李倣獨攬朝政，暗中蓄養敢死之士，閩主王昶和拱宸指揮使林延皓等人謀劃除掉他。林延皓等人假意親近依附於李倣，李倣對他們不加懷疑。十一月二十一日壬子，李倣入宮朝見閩主，林延皓等人在內殿埋伏了幾百名衛士，把李倣抓起來殺了，把首級懸掛在朝門示眾。李倣的部下士兵一千多人手拿棍棒攻打應天門，沒能攻下來，放火焚燒啓聖門，搶走了李倣的首級投奔吳越國。閩主下詔公布李倣以臣弒君和殺死王繼韜等罪狀，告諭朝廷內外。任命建王王繼嚴暫時判理六軍諸衛的事務，任命六軍判官永泰人葉翹為內宣徽使、參政事。

葉翹學識淵博，質樸正直，閩惠宗提升他為福王友，王昶用師傅的禮儀對待他，他對王昶有很多幫助，宮裡的人稱他為「國翁」。王昶繼承王位以後，驕橫放縱，不和葉翹商議國事。一天早晨，王昶剛在處理政務，葉翹穿著道士服經過庭中快步向外面走去。王昶把他召了回來，向他行拜禮，說：「軍國事務繁多，很久沒能向您請教了，這是我的過錯。」葉翹叩首說：「老臣輔導無方，致使陛下即位以來，沒有一項善政可以稱讚，希望退休還鄉。」王昶說：「先帝把我囑託給您，國家政令不好的地方，您應當極力進言，怎麼能丟下我離去！」王昶賜給他很多金銀、絹帛，安慰勸解他，讓他繼續擔任原來的職位。王昶的原配梁國夫人李氏，是同平章事李敏的女兒，王昶寵愛李春鷰，對待夫人很冷淡。葉翹勸諫他說：「夫人是先帝的外甥女，是依禮聘娶的，怎麼能夠因為有了新歡就拋棄她呢！」王昶聽了很不高興，從此就疏遠了葉翹。沒過多久，葉翹又上書言事，王昶在奏章的末尾批寫說：「一葉隨風落御溝。」於是把葉翹放歸永泰，以壽卒於家。

唐末帝褒獎馬全節的功勞，把他徵召到朝廷。劉延朗向他要求賄賂，馬全節沒有什麼東西可以給他的。劉延朗想把他任為絳州刺史，群臣議論紛紛。唐末帝得知這一情況，十一月二十四日乙卯，任命馬全節為橫海留後。

十二月十一日壬申，任命中書侍郎、同平章事、充樞密使韓昭胤仍為同平章事、充任護國節度使。

十二月二十四日乙酉，任命前匡國節度使、同平章事馮道為司空。當時已經很久沒有正式拜授三公的，朝臣的議論中對其職掌也犯疑惑。盧文紀想讓他掌管祭祀掃除，馮道得知後說：「司空負責掃除，這是他的職責，我有什麼好害怕的。」很快盧文紀自己也知道這樣做不可以，就停止了這件事。

閩主賜洞真先生陳守元稱號為天師，非常信任倚重他，甚至更換將相、施用刑罰、選擇賢能，都和他商議。陳守元接受賄賂，為人請託，閩主對他言無不從，他的門庭像市場一樣熱鬧。

【研　析】本卷研析閔帝出奔，無將相相隨、唐末帝抓鬮擇相、司馬光論荊南君臣三件史事。

閔帝出奔，無將相相隨。後唐閔帝，諱從厚，小字菩薩奴，明宗第三子，秦王李從榮同母弟。長興元年（西元九三〇年），從厚年十七，封宋王，鎮鄴都。長興四年秦王誅，明宗崩，宋王自鄴入都，十二月初一日癸卯，宋王李從厚發喪於西宮，在明宗柩前即帝位，年二十。歐史稱其「為人形質豐厚，寡言好禮」，薛史稱閔帝年幼時就「好讀《春秋》，略通大義」。閔帝為宋王時，在大臣中有很好的口碑，遭秦王從榮之忌，從厚百般承順，得免於禍。從厚雖然才能平庸，但無過錯，加之性柔寬厚，若得良輔，不失為一個賢君。從厚無意得大位，年少居外藩，朝中無根基。樞密使朱弘昭、馮贇，以及三宰臣司空馮道、右僕射李愚、吏部尚書劉昫，皆明宗舊臣，無一是社稷之臣。鎮守鳳翔的潞王李從珂，本姓王，鎮州平山人。明宗為李克用騎將，過平山，掠得從珂，養以為子。原名阿三，明宗賜名李從珂。李從珂英勇善戰，常立戰功，頗得莊宗嘉獎。明宗入洛，李從珂以兵從，建立首功。是以李從珂在朝內外享有很高威望。閔帝即位，李從珂年已五十，在明宗諸子中最為年長。李從珂起兵鳳翔，唐兵往討而降之。從珂東出，傳檄諸鎮，一路望風歸降。從珂至陝，閔帝出奔，欲至魏州以圖復興，召大宦官孟漢瓊使詣魏州為先導，孟漢瓊不應召，單騎奔陝。閔帝在藩鎮時的親信牙將慕容遷時任控鶴指揮使帥兵守玄武門，閔帝出奔，密與之謀，令其帥從扈駕。清泰元年三月二十八日戊辰，閔帝以五十騎出玄武門，慕容遷隨即閉門不行。慕容遷不扈從閔帝而待潞王，自古以來眾叛親離未有甚於此者。四月初一日庚午，閔帝至衛州東衛州驛，遇石敬瑭，帝問瑭以大計。瑭謀及衛州刺史王弘贄，二人議曰：「前代天子播遷，皆有將相、侍衛、府庫、法物，四者今皆無之，獨有五十騎，即使有忠義之心，也沒辦法表現。」石敬瑭，明宗之婿，以王弘贄所言四者為辭，其實是出賣天子的託詞。石敬瑭的牙內指揮使劉知遠引兵盡殺閔帝左右及五十騎隨從，丟下一個孤零零的閔帝前去投效潞王。潞王入洛，百官奉迎。四月初六日乙亥，潞王以太后令在明宗靈柩前即位，是為末帝，史又稱廢帝。末帝遣人殺閔帝於衛州。長興四年十二月初一日至清泰元年四月初六日，閔帝在位前後僅一百二十四日，死時年二十一。李從厚的人生和帝王夢，恰似曇花一現。一個花樣年華的青年，一個沒有過惡的帝王，不由自主地被權力的惡浪吞沒，在五代帝王中最為悲劇，令人可憫。

唐末帝抓鬮擇相。馮道、劉昫、李愚三宰臣在朝，尚能平衡。馮道出鎮同州，劉昫和李愚二人不相容。劉昫生性苛刻精明，李愚剛愎急躁，許多時候兩人意見都相左，紅著臉爭吵是家常便飯，耽誤和拖延了政事的實施。末帝很是頭疼，想另外再任命一個宰相，末帝不知道該任用誰，就徵詢左右親信的意見。左右親信也拿不定主意，一共推薦了三個人：尚書左丞姚顗、太常卿盧文紀、祕書監崔居儉，三人各有長短。唐末帝想了一個辦法，把三個人的名字寫在小紙條上放入琉璃瓶中，在晚上焚香向上天禱告，然後用筷子到瓶中夾紙條，首先夾到的是盧文紀，其次是姚顗。秋七月二十三日辛亥，任命盧文紀為中書侍郎、同平章事。唐末帝抓鬮擇相，古今奇聞。治國如同兒戲，兩年後身死國滅，宜矣。

司馬光論荊南君臣。荊南節度使高從誨，性情開朗通達，親近禮遇賢能之士，政事悉委之於梁震，兄事之，主臣之間，如魚與水。楚王馬希範喜歡奢侈華靡，高從誨十分羨慕，對僚屬說：「能像馬王那樣氣派才是一個真正的男子漢。」僚屬孫光憲接過話茬說：「天子和諸侯，在禮儀上有很大的差等。馬王他還是一個乳臭未乾的小兒，如此驕奢僭越，只圖一時之快樂，不顧長遠的利害，危亡就在眼前，哪裡值得羨慕。」高從誨細細思量醒悟過來，讚賞孫光憲，說：「你的話說得好啊。」又一天，高從誨對梁震說：「我認真反省了自己的行為，平時的享受已經過分了。」於是收斂了自己的玩好，把空閒時間都用在了讀書上，省刑輕賦，從此荊南國境安定。梁震年老，高從誨長成，能納諫改過，於是辭仕告退，高從誨禮遇聽從，一年四季，君臣之間像朋友故人一樣來往。從此，高從誨把政事全都委託給孫光憲。司馬光對此高度評價說：「孫光憲看到了苗頭就能夠勸諫，高從誨聽得進善言糾正過失，梁震功成之後能夠引退。從古以來，有國有家的人都這樣辦理，哪還有亡國、破家、喪身的事情出現呢。」荊南地狹人寡，介於四圍強鄰之間，居安思危，這是高氏政權產生的客觀環境。相形於楚王的奢靡，閩主的飾過亡身，高氏君臣兢兢為治，是值得稱道的。

卷第二百八十

後晉紀一　柔兆涒灘（丙申　西元九三六年），一年。

【題解】本卷記事起西元九三六年歲首，迄於歲末，凡一年，當後晉高祖天福元年。此一年又嬗變了一個朝代，後晉代後唐。唐末帝即位，朝臣議與契丹和親，專力防範石敬瑭，末帝搖擺不決而未果。末帝縱石敬瑭回晉陽，既放虎歸山，而又在政權未固之時，匆匆下詔移鎮逼反石敬瑭。末帝討伐，集中全國之兵用於晉陽一線，卻疏於防範契丹，孤注一擲在晉陽與敵人打陣地戰，實為下下之策。吏部侍郎龍敏建言末帝立契丹降將賜名李贊華的人為契丹主北行，牽制契丹主不敢入援晉陽，此為上計，末帝竟然不納。唐軍部署，河南、河中諸鎮之兵先期圍攻晉陽不下，反被圍於晉安寨。唐河北之兵掃境以與趙德鈞，趙德鈞卻暗中投靠契丹擁眾不戰。末帝無奈統禁軍親征，逗留不進，又不採納龍敏用奇計破敵之策，坐以待斃。石敬瑭割燕雲十六州土地換得契丹主策命在晉陽即皇帝位，中原有兩主，形勢急轉。晉安寨唐軍投敵，趙德鈞全線潰退，末帝禁軍星散，返回洛陽無兵可戰，自焚身亡，後唐滅亡。

高祖聖文章武明德孝皇帝上之上

天福元年（丙申　西元九三六年）

春，正月，吳徐知誥始建大元帥府，以幕職❶分判❷吏、戶、禮、兵、刑、工部及鹽鐵。○丁未❸，唐主立子重美為雍王。○癸丑❹，唐主以千春節❺置酒，晉國長公主❻上壽❼畢，辭歸晉陽。帝醉，曰：「何不且留❽，遽歸，欲與石郎反邪！」石敬瑭聞之，益懼。

三月丙午❾，以翰林學士、禮部侍郎馬胤孫為中書侍郎、同平章事。胤孫性謹懦❿，中書事多凝滯⓫，又罕接賓客，時人目為⓬「三不開⓭」，謂口、印、門也。

石敬瑭盡收其貨⓮之在洛陽及諸道者歸晉陽，託言⓯以助軍費，人皆知其有異志。唐主夜與近臣從容語⓰曰：「石郎於朕至親，無可疑者。但流言不息[1]，萬一失歡⓱，何以解之？」皆不對。

端明殿學士、給事中李崧退謂同僚呂琦曰：「吾輩受恩深厚，豈得⓲自同眾人，一概觀望邪！計將安出？」琦曰：「河東⓳若有異謀，必結契丹為援。契丹母以贊華⓴在中國，屢求和親㉑，但求荝剌㉒等未獲㉓，故和未成耳。今誠㉔歸荝剌等與之和，歲以禮幣約直十餘萬緡遺之㉕，彼必驩然承命㉖。如此，則河東雖欲陸梁㉗，無能為矣。」崧曰：「此吾志㉘也。然錢穀皆出三司，宜更與張相㉙謀之。」遂告張延朗，延朗曰：「如學士計，不惟可以制河東，亦省邊費之什九，計無便於㉚此者。若主上聽從，但責辦㉛於老夫，請於庫財之外捃拾㉜以供之。」它夕，二人密言於帝，帝大喜，稱其忠，二人私草㉝遺契丹書以俟命㉞。

久之，帝以其謀告樞密直學士薛文遇。文遇對曰：「以天子之尊，屈身㉟奉夷狄，不亦辱乎㊱！又，虜若循故事㊲求尚公主㊳，何以拒之？」因誦戎昱昭君詩㊴曰：「安危託婦人㊵。」帝意遂變。一日，急召崧、琦至後樓，盛怒㊶，責之曰：「卿輩皆知古今，欲佐人主致太平㊷。今乃為謀如是！朕一女尚乳臭㊸，卿欲棄之沙漠邪？且欲以養士之財輸之虜庭，其意安在㊹？」二人懼，汗流浹背㊺，曰：「臣等志在竭愚㊻以報國，非為虜計㊼也，願陛下察之。」拜謝無數㊽，帝詬責不已㊾。呂琦氣竭㊿，拜少止(51)，帝曰：「呂琦強項(52)，肯視朕為人主邪！」琦曰：「臣等為謀不臧(53)，願陛下治其罪，多拜何為(54)！」帝怒稍解，止其拜，各賜卮酒(55)罷之。自是羣臣不敢復言和親之策。丁巳(56)，以琦為御史中丞，蓋疏之也。

【章　旨】以上為第一段，寫唐末帝議與契丹和親，搖擺不定而未果。

【注　釋】❶幕職　以幕僚任職。❷分判　分別擔任。❸丁未　正月十七日。❹癸丑　正月二十三日。❺千春節　後唐末帝李從珂生日為千春節。❻晉國長公主　明宗長女，石敬瑭妻。❼上壽　敬酒祝壽。❽且留　暫時留下。❾丙午　三月十七日。

⑩謹懦　謹慎而怯懦。⑪凝滯　耽擱；延誤。⑫目為　看作是。⑬三不開　即不開口建言、不蓋印發文、不開門迎賓，所謂口、印、門三不開。⑭貨　財物。⑮託言　藉口。⑯從容語　閒談。⑰失歡　失和。⑱得　能。⑲河東　指河東節度使石敬瑭。⑳贊華　即契丹東丹王突欲。㉑和親　媾和而結成婚姻。㉒萴刺　契丹大將，被後唐俘虜。㉓未獲　沒有得到。㉔誠假使。㉕遺之　送給他們。㉖驩然承命　高興地接受和親意見。㉗陸梁　跋扈囂張。㉘志　願望。㉙張相　指張延朗。㉚便於　好於；優於。㉛責辦　責成辦理。㉜捃拾　搜集。㉝私草　私下起草。㉞俟命　等待命令。㉟屈身　委屈自己。㊱不亦辱乎　不也是很羞恥的嗎。㊲循故事　遵照老規矩。㊳求尚公主　請求娶公主。㊴戎昱昭君詩　戎昱，唐詩人，荊南（今湖北江陵）人。明人輯有《戎昱詩集》存世。昭君詩，漢元帝以王昭君嫁匈奴，後人憐之，為詩歌以言其事。這裡指戎昱所寫〈昭君詩〉。㊵安危託婦人　國家的安危，寄託在女人身上。㊶盛怒　大怒。㊷致太平　達到太平境界。㊸乳臭　乳臭未乾，指年紀還小。㊹其意安在　你們的意圖是什麼。㊺汗流浹背　出汗很多，溼透了背上的衣服。㊻竭愚　竭盡愚忠。㊼非為虜計　不是為契丹打算。㊽拜謝無數　無數次磕頭請罪。㊾詬責不已　詬罵、責備沒完沒了。㊿氣竭　氣力竭盡。(51)拜少止　跪拜稍停。(52)強項　倔強，不肯低頭。(53)為謀不臧　不能為你謀劃好策略。(54)多拜何為　多拜有什麼用呢。(55)巵酒　一大杯酒。(56)丁巳　三月二十八日。

【校　記】①息　原作「釋」。據章鈺校，十二行本、乙十一行本、孔天胤本皆作「息」，張敦仁《通鑑刊本識誤》同，今據改。

【語　譯】高祖聖文章武明德孝皇帝上之上

天福元年（丙申　西元九三六年）

春，正月，吳國的徐知誥開始建立大元帥府，用他的幕僚分別掌管吏、戶、禮、兵、刑、工六部以及鹽鐵方面的事務。○十七日丁未，唐末帝冊立他的兒子李重美為雍王。○二十三日癸丑，唐末帝在慶祝他生日的千春節擺酒設宴，晉國長公主為他祝壽之後，就告辭回晉陽。當時唐末帝喝醉了，說道：「為什麼不暫且留下來多住些日子，這樣急著回去，是想和石郎一起造反嗎！」石敬瑭聽到這話後，心裡更加感到害怕。

三月十七日丙午，任命翰林學士、禮部侍郎馬胤孫為中書侍郎、同平章事。馬胤孫生性謹慎懦弱，中書省的事務經常被他耽擱延誤，他又很少接見賓客，當時人把他看做是「三不開」官員，意思是指他口不開、印不開、門也不開。

石敬瑭把他分散在洛陽和各道的財物全都收攏起來運回晉陽，藉口說是用來補充軍費，但人們都知道他懷有二心。唐末帝曾經與身邊的近臣在一次夜談中態度從容地說道：「石郎對朕而言是至親，本來沒有什麼好猜疑的。只是外間的流言洶湧不止，萬一與他失和，該怎樣排解呢？」近臣無人應答。

端明殿學士、給事中李崧退下來之後對同事呂琦說：「我們這些人深受皇上恩寵，怎麼能把自己混同於眾人，一樣地在一旁觀望呢！有什麼好的辦法嗎？」呂琦說：「河東那邊如果有反叛的圖謀，一定會勾結契丹作外援。契丹的國母因為她的兒子贊華還在中國，所以多次要求和親；只是因為他們要求放回被俘的萴刺等人的要求未能實現，所以和親才未能成功。現在如果真能放回萴刺等人與他們媾和，每年再把大約值一多萬緡的禮物送給他們，他們一定會很高興地答應我們的要求。如果能這樣，河東那邊即使想要跋扈囂張，也無能為力了。」李崧說：「這也正是我的願望。但是錢財和穀物都要從三司開支，最好再跟張相商量一下。」於是就把這件事告訴了張延朗，張延朗說：「按學士的這個辦法，不僅可以制約河東，而且還可以節省邊防經費的十分之九，沒有比這更好的辦法了。如果皇上同意的話，只要責成老夫我去辦就行了，我將在府庫財物之外設法搜集，以供其用。」另一天晚上，兩人祕密地向唐末帝提出了這個建議，唐末帝大喜，稱讚他們的忠誠，兩人於是私下起草了一篇〈遺契丹書〉以等待詔命。

過了一段時間，唐末帝把這一謀劃告訴了樞密直學士薛文遇。薛文遇回答說：「以天子的尊崇，卻委屈自己去侍奉夷狄，不也太蒙受恥辱了嗎！況且，胡虜如果按照過去的慣例要求迎娶公主，又怎麼去拒絕他呢？」接著薛文遇吟誦了戎昱的〈昭君詩〉：「安危託婦人。」唐末帝的主意於是有了改變。一天，唐末帝很急地把李崧、呂琦召到後樓，非常憤怒，責備他們說：「你們這些人都通曉古今，都是想要輔佐人主實現天下太平的。現在竟然出了這麼一個餿主意！朕的這一個女兒還很幼小，你們就想把她丟棄在沙漠之中嗎？而且你們還要把養兵的錢財送到胡虜那裡去，居心何在？」兩人聽了十分恐懼，以致汗流浹背，說道：「臣等的本意在於竭盡自己的思慮以報效國家，並非在為胡虜作打算，希望陛下明察。」兩人無數次地叩拜賠罪，而唐末帝仍在不停地責罵。呂琦氣力用盡，叩拜稍有停頓，唐末帝就說：「呂琦倔強，還肯把朕看做人主嗎！」呂琦說：「臣等謀劃不妥，希望陛下治罪，多拜有什麼用！」唐末帝的怒氣這才稍有緩解，制止他們再拜，每人賜給一大杯酒，喝完讓他們回去了。從此群臣不敢再提和親的辦法了。三月二十八日丁巳，任命呂琦為御史中丞，目的是要疏遠呂琦。

吳徐知誥以其子副都統景通為太尉、副元帥，都統判官宋齊丘、行軍司馬徐玠為元帥府左、右司馬❶。

閩主昶改元通文，立賢妃李氏❷為皇后，尊皇太后曰太皇太后❸。

靜江❹節度使、同平章事馬希杲❺有善政，監軍裴仁煦譖之於楚王希範，言其收眾心，希範疑之。夏，四月，漢將孫德威❻侵蒙❼、桂二州，希範命其弟武安節度副使希廣❽權知軍府事，自將步騎五千如桂州。希杲懼，其母華夫人❾逆❿希範於全義嶺⓫，謝曰：「希杲為治無狀⓬，致寇戎入境，煩殿下親涉險阻，皆妾⓭之罪也。願削封邑，灑掃掖庭⓮，以贖希杲罪。」希範曰：「吾久不見希杲，聞其治行尤異⓯，故來省之⓰，無它⓱也。」漢兵自蒙州引去，徙希杲知朗州。

高從誨遣使奉牋⓲於徐知誥，勸即帝位。

初，石敬瑭欲嘗[19]唐主之意，累表自陳羸疾[20]，乞解兵柄[21]，移它鎮。帝與執政議從其請，移鎮鄆州。房暠、李崧、呂琦等皆力諫，以為不可。帝猶豫久之。五月庚寅[22]夜，李崧請急在外[23]，薛文遇獨直[24]，帝與之議河東事，文遇曰：「諺有之：『當道築室，三年不成[25]。』茲事[26]斷自聖志。羣臣各為身謀，安肯盡言！以臣觀之，河東移亦反，不移亦反，在旦暮耳，不若先事圖之[27]。」先是，術者[28]言國家今年應得賢佐，出奇謀，定天下，帝意文遇當之。聞其言，大喜，曰：「卿言殊豁吾意[29]，成敗吾決行之。」即為除目[30]，付學士院使草制[31]。辛卯[32]，以敬瑭為天平節度使，以馬軍都指揮使、河陽節度使宋審虔為河東節度使。制出[33]，兩班聞呼敬瑭名，相顧失色。

甲午[34]，以建雄[35]節度使張敬達為西北蕃漢馬步都部署，趣敬瑭之鄆州。敬瑭疑懼，謀於將佐曰：「吾之再來河東也，主上面許終身不除代[36]。今忽有是命，得非[37]如今年千春節與公主所言乎？我不興亂，朝廷發之[38]，安能束手死於道路乎！今且發表稱疾以觀其意。若其寬我，我當事之。若加兵於我，我則改圖[39]耳。」幕僚段希堯極言拒之，敬瑭以其朴直，不責也。節度判官華陰趙瑩[40]勸敬瑭赴鄆州，觀察判官平遙薛融曰：「融書生，不習軍旅。」都押牙劉知遠曰：「明公[41]

久將兵，得士卒心。今據形勝之地㊷，士馬精彊，若稱兵傳檄㊸，帝業可成！柰何以一紙制書自投虎口㊹乎！」掌書記洛陽桑維翰㊺曰：「主上初即位，明公入朝，主上豈不知蛟龍不可縱之深淵邪？然卒㊻以河東復授公，此乃天意假公以利器㊼也[1]。明宗遺愛在人，主上以庶孽㊽代之，羣情不附㊾。公明宗之愛婿，今主上以反逆見待，此非首謝㊿可免，但力為自全之計。契丹主[2]素與明宗約為兄弟，今部落近在雲、應。公誠能推心屈節(51)事之，萬一有急，朝呼夕至，何患無成！」敬瑭意遂決。

【章　旨】以上為第二段，寫唐末帝下詔移鎮，逼反石敬瑭。

【注　釋】❶左右司馬　官名，協助元帥掌軍政。❷李氏　即李春鷰。❸太皇太后　惠宗妻金氏。❹靜江　方鎮名，唐昭宗光化三年（西元九〇〇年），升桂管經略使為靜江節度使，治所桂州，在今廣西桂林。❺馬希杲　鎮靜江，為治有善政，徙知朗州，被馬希範鴆殺。傳見《十國春秋》卷七十一。❻孫德威　勇敢有氣力，多次從劉龔征伐，為諸將之冠。傳見《十國春秋》卷六十三。❼蒙　蒙州，在今廣西蒙山縣。❽希廣　（？—西元九五〇年）字德丕，馬殷第三十五子。西元九四七—九五〇年在楚王位。事見《新五代史》卷六十六〈楚世家〉。❾華夫人　馬希杲之母，馬殷妻。傳見《十國春秋》卷七十一。❿逆　迎。⓫全義嶺　地名，在今廣西興安西。⓬為治無狀　為政沒有績效。⓭妾　女人通用的自我謙稱。此指華夫人自稱。⓮灑掃掖庭　在宮廷中從事灑掃等事。⓯尤異　優異。⓰省之　探望他。⓱無它　沒有別的。⓲奉牋　奉表。⓳嘗　試探。⓴羸疾　體弱有病。㉑乞解兵柄　請求解除兵權。㉒庚寅　五月初二日。㉓請急在外　請假在外。急，告；告假。㉔獨直　獨自一人值夜班。㉕當道築室二句　意即人多口雜，造房者不知聽誰的主意為好。㉖茲事　此事。指如何處理石敬瑭事。㉗先事圖之　乘石敬瑭尚未發難之前處置他。㉘術者　操陰陽、占筮、算卦的人。㉙殊豁吾意　特別受啟發。㉚除目　皇帝御筆親除付外執行叫除目。㉛草制　起草制書。㉜辛卯　五月初三日。㉝制出　詔制在朝廷宣讀。㉞甲午　五月初六日。㉟建雄　方鎮名，後唐置建雄軍。治所晉州，在今山西壽陽西北。㊱面許終身不除代　當面允許一輩子任河東節度使，不再任命別人替代。㊲得非　莫不是。㊳朝廷發之　朝廷發動了這件事。㊴改圖　作另外打算。㊵趙瑩　字玄輝，華州華陰（今陝西華陰）人，為人淳厚，官至後晉宰相。傳見《舊五代史》卷八十九、《新五代史》卷五十六。㊶明公　指石敬瑭。㊷形勝之地　形勢險要，可以控制全局的地方。㊸稱兵傳檄　舉兵發布聲討文告。㊹自投虎口　自己投到老虎的嘴巴裡去。意謂自取滅亡。㊺桑維翰　（？—西元九四七年）字國僑，為人醜怪，身短而面長。進士及第。石敬瑭降契丹，由桑維翰牽線。官中書令。傳見《舊五代史》卷八十九、《新五代史》卷二十九。㊻卒　終於。㊼利器　兵權。㊽庶孽　指李從珂是明宗義子，不是嫡傳。㊾羣情不附　眾心不肯歸附。㊿首謝　磕頭謝罪。51推心屈節　真心誠意地低頭屈身。

【校　記】1也　原無此字。據章鈺校，十二行本、乙十一行本、孔天胤本皆有此字，張敦仁《通鑑刊本識誤》同，今據補。2主　原無此字。據章鈺校，十二行本、乙十一行本皆有此字，今據補。

【語　譯】吳國的徐知誥任命他的兒子副都統徐景通為太尉、副元帥，都統判官宋齊丘、行軍司馬徐玠為元帥府左、右司馬。

閩主王昶改年號為通文，冊立賢妃李氏為皇后，尊稱皇太后為太皇太后。

靜江節度使、同平章事馬希杲政績很好，監軍裴仁煦在楚王馬希範面前誣陷他，說他收買人心，馬希範對他起了疑心。夏，四月，漢國將領孫德威入侵蒙州、桂州，馬希範下令他的弟弟武安節度副使馬希廣暫時主持軍府的事務，自己率領步兵、騎兵五千人前往桂州。馬希杲得知這一消息後感到很害怕，他的母親華夫人趕到全義嶺去迎接馬希範，賠罪說：「希杲他處理政務沒什麼成績，以致敵寇入境，勞煩殿下親自涉歷險阻，這些都是我的罪過。我希望殿下削除我的封邑，讓我去宮廷裡灑掃後宮，以此來贖希杲的罪過。」馬希範說：「我很久沒有見到希杲了，聽說他的治績很優異，所以特地來看望他，沒有別的意思。」後來漢兵從蒙州退走了，馬希範則把馬希杲調去掌管朗州。

高從誨派使者送表文給徐知誥，勸他即皇帝位。

當初，石敬瑭想試探唐末帝的真實意圖，一次次上奏表陳說自己體弱有病，請求解除兵權，調到別的鎮所去。唐末帝和執政大臣商議準備答應他的請求，把他調到鄆州去。房暠、李崧、呂琦等人都極力勸阻，認為不可行。唐末帝為此猶豫了很長時間。

五月初二日庚寅夜晚，李崧有事請假在外，薛文遇獨自一人值班，唐末帝和他商議河東方面的事情，薛文遇說：「有句諺語說：『在道路邊蓋房子，三年也蓋不成。』這件事要由皇上的意志來作決斷。群臣都各為自身作打算，怎麼肯把心裡話都說出來！以臣看來，河東方面，移鎮他也要反，不移鎮他也要反，只是早晚的問題而已，不如先動手把他解決了。」在此之前，術士說過國家今年應該得到一位賢能的輔佐大臣，他能提出奇謀，安定天下，唐末帝覺得薛文遇就是術士所指的這個人。因此聽了他的話，非常高興，說道：「愛卿這番話使我特別受啟發，不管是成功還是失敗，我都決定這樣做了。」當即親筆寫了任免名單，交付學士院讓他們起草詔令。初三日辛卯，任命石敬瑭為天平節度使，任命馬軍都指揮使、河陽節度使宋審虔為河東節度使。任命詔令在朝廷宣布時，文武兩班聽到宣呼石敬瑭的名字，彼此相看，嚇得臉色都變了。

五月初六日甲午，任命建雄節度使張敬達為西北蕃漢馬步都部署，去催促石敬瑭到鄆州赴任。石敬瑭對此既懷疑又害怕，就和自己的將領佐吏商議說：「我第二次來河東的時候，皇上曾當面答應我，在我有生之年不會再派別人來替代我的職位。現在忽然又有了這樣的命令，莫非正像今年千春節時皇上對公主所講的那樣嗎？我並沒有興兵作亂，朝廷卻先發起事端，我怎麼能束手待斃死在路上呢？現在我暫且發送奏表推說有病，看看皇上的意圖如何。如果朝廷能夠寬容我，我還是會擁戴他。如果對我用兵，我就另作打算了。」幕僚段希堯極力主張抗拒朝廷，石敬瑭認為他生性樸實直率，沒有責怪他。節度判官華陰人趙瑩勸石敬瑭到鄆州赴任。觀察判官平遙人薛融說：「薛融我是個書生，不懂軍旅之事。」都押牙劉知遠說：「明公您長期帶兵，深受士卒擁戴。現在我們佔據著有利的地勢，兵強馬壯，如果興兵起事發出檄文，帝王大業就可成功！怎麼能因為一紙詔書而自投虎口呢！」掌書記洛陽人桑維翰說：「皇上剛即位時，明公入京朝見，皇上難道不知道蛟龍不可放回到深淵裡去嗎？但是最終還是把河東軍鎮再次授予您，這是上天的意志要把兵權交給您啊。先帝明宗的遺愛尚在人間，皇上是以庶子旁支的身分取代帝位，人心並不歸附於他。您是先帝明宗的愛婿，如今皇上卻把您當做謀反叛逆之人來對待，這不是磕頭謝罪所能夠赦免的，只能極力尋找自我保全的辦法。契丹國主一向與先帝明宗相約成為兄弟，如今他們的部落就近在雲州、應州一帶。明公如果真能誠心誠意地低頭與他們相處，萬一有了緊急情況，早晨叫他們晚上就能來到，何須擔心事情不能成功！」石敬瑭的主意就此定了下來。

先是，朝廷疑敬瑭，以羽林將軍寶鼎楊彥詢❶為北京副留守。敬瑭將舉事，亦以情告之❷。彥詢曰：「不知河東兵糧幾何，能敵朝廷乎？」左右請殺彥詢，敬瑭曰：「惟副使一人我自保之❸，汝輩勿言也。」

戊戌❹，昭義節度使皇甫立❺奏敬瑭反。敬瑭表帝養子，不應承祀❻，請傳位許王❼。帝手裂其表抵地❽，以詔答之曰：「卿於鄂王固非疏遠，衛州之事，天下皆知。許王之言，何人肯信！」壬寅❾，制削奪敬瑭官爵。乙巳❿，以張敬達兼太原四面排陳使⓫，河陽節度使張彥琪為馬步軍都指揮使，以安國節度使安審琦為馬軍都指揮使，以保義節度使相里金為步軍都指揮使，以右監門上將軍武廷翰為壕寨使⓬。丙午⓭，以張敬達為太原四面兵馬都部署⓮，以義武節度使楊光遠為副部署。丁未⓯，又以張敬達知太原行府事，以前彰武節度使高行周為太原四面招撫、排陳等使。光遠既行，定州軍亂，牙將千乘方太⑯討平之。

張敬達將兵三萬，營於晉安鄉⑰。戊申⑱，敬達奏西北先鋒馬軍都指揮使安審信⑲叛奔晉陽。審信，金全之弟子也，敬瑭與之有舊。先是，雄義都指揮使馬邑安元信⑳將所部六百餘人戍代州，代州刺史張朗善遇之㉑。元信密說朗曰：「吾觀石令公㉒長者㉓，舉事必成。公何不潛遣人通意，可以自全。」朗不從，由是互相猜忌㉔。元信謀殺朗，不克㉕，帥其眾奔審信。審信遂帥麾下數百騎與元信掠百井㉖奔晉陽。敬瑭謂元信曰：「汝見何利害㉗，捨彊而歸弱？」對曰：「元信非知星識氣㉘，顧㉙以人事㉚決之耳。夫帝王所以御㉛天下，莫重於信㉜。今主上失大信於令公，親而貴者㉝且不自保，況疏賤乎！其亡可翹足㉞而待，何彊之有！」敬瑭悅，委以軍事。振武西北巡檢使安重榮㉟戍代北，帥步騎五百奔晉陽。重榮，朔州人也。以宋審虔為寧國節度使，充侍衛馬軍都指揮使。

天雄節度使劉延皓恃后族之勢㊱，驕縱，奪人財產，減將士給賜，宴飲無度。捧聖都虞候張令昭因㊲眾心怨怒，謀以魏博㊳應河東㊴。癸丑㊵未明，帥眾攻牙城㊶，克之。延皓脫身走，亂兵大掠。令昭奏：「延皓失於撫御㊷，以致軍亂。臣以㊸撫安士卒，權領軍府㊹，乞賜旌節！」延皓至洛陽，唐主怒，命遠貶㊺。皇后為之請㊻，六月庚申㊼，止削延晧官爵，歸私第㊽。

【章　旨】以上為第三段，寫各鎮官兵依違觀望，甚至多有投附石敬瑭的人。

【注　釋】❶楊彥詢　（西元八七二—九四五年）字成章，河中寶鼎（今山西萬榮）人，官邢州節度使。傳見《舊五代史》卷九十、《新五代史》卷四十七。❷以情告之　把準備起事的情況告訴他。❸我自保之　我自己為他作擔保。❹戊戌　五月初十日。❺皇甫立　（？—西元九四九年）代北（今山西代縣）人，性純謹，累官至檢校太尉。傳見《舊五代史》卷一百六。❻承祀　繼承皇位。❼許王　明宗子許王從益。❽抵地　投在地上。❾壬寅　五月十四日。❿乙巳　五月十七日。⓫四面排陳使　官名，掌布置進攻陣容。陳，通「陣」。⓬壕寨使　官名，掌掘壕建寨事。⓭丙午　五月十八日。⓮都部署　前線總指揮；元帥。⓯丁未　五月十九日。⓰方太　字伯宗，青州千乘（今山東高青）人，官安州防禦使。傳見《舊五代史》卷九十四。⓱晉安鄉　地名，在今山西晉祠南。⓲戊申　五月二十日。⓳安審信　（西元八九四—九五三年）字行光，幼習騎射，官河中節度使，以聚歛為務，民苦暴政。傳見《舊五代史》卷一百二十三。⓴安元信　（西元八八四—九四六年）朔州馬邑（今山西朔州）人，少善騎射，仕晉復州防禦使。傳見《舊五代史》卷六十一、卷九十。㉑善遇之　很好地對待他。㉒石令公　石敬瑭。因石敬瑭加中書令，故稱之。㉓長者　忠厚誠信的人。㉔猜忌　猜疑、嫉妒。㉕不克　沒有成功。㉖百井　百井鎮，在今山西陽曲北。㉗利害　利益和弊端。㉘知星識氣　知道星曆、氣運。㉙顧　而；不過。㉚人事　人間庶事。此指潞王處事不信。句意謂我只是用人事來決定自己的行動罷了。㉛御　統治。㉜信　守信用。㉝親而貴者　石敬瑭為明帝之婿，可說至親，身任中書令，建節統兵，專制北面，可說至貴。㉞翹足　舉足。形容時間短暫。㉟安重榮　（？—西元九四二年）朔州（今山西朔州）人，官成德節度使。㊱恃后族之勢　依靠皇后的勢力。㊲因　乘。㊳魏博　即天雄軍。㊴河東　指石敬瑭之太原。㊵癸丑　五月二十五日。㊶牙城　衙城。節度使府衙外面的城牆。㊷失於撫御　慰撫統御失當。㊸以　通「已」。㊹權領軍府　暫時管理節度使府政務。㊺遠貶　貶謫流徙到遠方去。㊻請　請求；說情。㊼庚申　六月初三日。㊽歸私第　回到自己家裡。

【語　譯】在此之前，朝廷懷疑石敬瑭，任命羽林將軍寶鼎人楊彥詢為北京副留守。石敬瑭準備起事時，也把實情告訴了他。楊彥詢問道：「不知道河東的兵力和糧草有多少，能夠抵抗得了朝廷嗎？」石敬瑭身邊的親信建議殺掉楊彥詢，石敬瑭說：「只有副使一個人我自己替他擔保，你們就不要多說了。」

五月初十日戊戌，昭義節度使皇甫立上奏石敬瑭反叛。石敬瑭在上奏的表文中說皇帝是養子，不應該繼承帝位，請傳位給許王。唐末帝氣得親手把石敬瑭的奏表撕碎扔在地上，用詔書回答他說：「你與鄂王的關係本來並不疏遠，你在衛州所做的事，天下皆知。所謂傳位給許王的話，誰肯相信！」十四日壬寅，下詔削去石敬瑭的官職和爵位。十七日乙巳，任命張敬達兼任太原四面排陳使，河陽節度使張彥琪為馬步軍都指揮使。任命安國節度使安審琦為馬軍都指揮使，任命保義節度使相里金為步軍都指揮使，任命右監門上將軍武廷翰為壕寨使。十八日丙午，任命張敬達為太原四面兵馬都部署，任命義武節度使楊光遠為副部署。十九日丁未，又任命張敬達主持太原行府的事務，任命前彰武節度使高行周為太原四面招撫使、排陳使等。楊光遠起程之後，定州的部隊發生變亂，牙將千乘人方太率兵討伐平定了作亂的人。

張敬達率軍三萬，在晉安鄉紮營。五月二十日戊申，張敬達上奏說西北先鋒馬軍都指揮使安審信叛變投奔了晉陽。安審信，是安金全的姪子，石敬瑭和他是舊交。在此之前，雄義都指揮使馬邑人安元信率部下六百多人戍守代州，代州刺史張朗對他很好。安元信暗中勸張朗說：「我看石令公是個寬厚長者，他舉兵起事一定能夠成功。您何不私下裡派人與他表達您的誠意，這樣可以保全自己。」張朗沒有聽從，從此兩人互相便有了猜忌。安元信密謀殺掉張朗，沒能成功，於是率領他的部下投奔了安審信。安審信隨即率領麾下數百名騎兵與安元信一道搶掠了百井，然後投奔晉陽。石敬瑭問安元信說：「你看出了什麼利害關係，竟然捨強而歸弱呢？」安元信回答說：「元信我並不是會看星象知道氣運，不過是根據人事來做出決斷罷了。帝王之所以能夠統御天下，沒有比守信更重要的了。如今皇上對令公失去了大信，像您這樣關係十分親近而又地位尊貴的人尚且不能保全自己，何況我們這些關係疏遠而又卑賤的人呢！他的滅亡只需一舉足的工夫就可以等到，有什麼強大可言！」石敬瑭聽了這話很高興，委託他掌管軍事。振武西北巡檢使安重榮戍守代北，也率領步兵和騎兵共計五百人投奔晉陽。安重榮，是朔州人。朝廷任命宋審虔為寧國節度使，充任侍衛馬軍都指揮使。

天雄節度使劉延皓依仗皇后家族的勢力，驕橫放縱，搶奪別人的財產，剋減將士的賞賜，擺酒設宴毫無節制。捧聖都虞候張令昭利用人們心中的埋怨憤怒情緒，謀劃在魏博起事響應河東軍府。五月二十五日癸丑這天天還沒亮，張令昭率領部眾攻打牙城，攻了下來。劉延皓脫身逃走，亂兵們大肆搶劫。張令昭上奏朝廷說：「劉延皓安撫統御失當，導致軍士作亂。臣已經對士卒們進行安撫，暫時管理著軍府的事務，請求皇上賜以旌節！」劉延皓到了洛陽，唐末帝大怒，下令把他貶到遠方去。皇后替他求情，六月初三日庚申，只是削除了劉延皓的官職和爵位，讓他回自己的宅第去。

辛酉❶，吳太保、同平章事徐景遷以疾罷，以其弟景遂❷代為門下侍郎、參政事。

癸亥❸，唐主以張令昭為右千牛衛將軍❹、權知天雄軍府事。令昭以調發未集❺，且受新命。尋有詔徙齊州防禦使，令昭託以士卒所留，實俟河東之成敗。唐主遣使諭之，令昭殺使者。甲戌❻，以宣武節度使兼中書令范延光為天雄軍[1]四面行營招討使、知魏博❼行府事，以張敬達充太原四面招討使，以楊光遠為副使。丙子❽，以西京留守李周為天雄軍四面行營副招討使。

石敬瑭之子右衛上將軍重殷❾、皇城副使重裔❿聞敬瑭舉兵，匿於民間井中。弟沂州都指揮使敬德⓫殺其妻女而逃，尋捕得，死獄中。從弟彰聖都指揮使敬威⓬

自殺。秋，七月戊子⓭，獲重殷、重裔，誅之，并族所匿之家。

庚寅⓮，楚王希範自桂州北還。

雲州步軍指揮使桑遷奏應州節度使尹暉逐雲州節度使沙彥珣，收其兵應⓯河東。丁酉⓰，彥珣表遷謀叛應河東，引兵圍子城⓱。彥珣犯圍⓲走出西山⓳，據雷公口⓴。明日，收兵入城擊亂兵，遷敗走，軍城㉑復安。是日，尹暉執㉒遷送洛陽，斬之。○丁未㉓，范延光拔魏州，斬張令昭。詔悉誅其黨七指揮。○張敬達發懷州彰聖軍㉔戍虎北口㉕，其指揮使張萬迪將五百騎奔河東。丙辰㉖，詔盡誅其家。

【章旨】以上為第四段，寫唐末帝誅滅石敬瑭諸子，以及張令昭等反叛者。

【注釋】❶辛酉　六月初四日。❷景遂　（？—西元九五八年）李昪第三子。性淳厚恬淡，有士風，封齊王。傳見《十國春秋》卷十九。❸癸亥　六月初六日。❹右千牛衛將軍　禁衛官名，分左、右。❺調發未集　調發的士兵尚未集結。❻甲戌　六月十七日。❼魏博　這裡當作魏州。因天雄軍治魏州。❽丙子　六月十九日。❾重殷　（？—西元九三六年）又作「重英」，石敬瑭長子，天福七年（西元九四二年）追封虢王。傳見《舊五代史》卷八十七。❿重裔　（？—西元九三六年）又作「重胤」，石敬瑭第三子，天福七年追封郯王。傳見《舊五代史》卷八十七。⓫敬德　（？—西元九三六年）石敬瑭弟，天福七年追贈福王。⓬敬威　（？—西元九三六年）石敬瑭弟，字奉信，天福七年追贈廣王。傳見《舊五代史》卷八十七、《新五代史》卷十七。⓭戊子　七月初二日。⓮庚寅　七月初四日。⓯應　響應。⓰丁酉　七月十一日。⓱子城　內城；月城。⓲犯圍　突圍。⓳西山　地名，在今山西大同境內。⓴雷公口　地名，西山的一個隘口。㉑軍城　指雲州節度使府。㉒執　抓獲。㉓丁未　七月二十一日。㉔彰聖軍　本洛陽屯衛兵，分戍懷州，被徵赴張敬達軍前效命，敬達又遣之戍虎北口，部署攻晉陽。㉕虎北口　在太原汾水北岸。㉖丙辰　七月三十日。

【校　記】①軍　原無此字。據章鈺校，十二行本、乙十一行本、孔天胤本皆有此字，今據補。

【語　譯】六月初四日辛酉，吳國的太保、同平章事徐景遷因為有病被罷去官職，任命他的弟弟徐景遂代替他擔任門下侍郎、參政事。

六月初六日癸亥，唐末帝任命張令昭為右千牛衛將軍，暫時主管天雄軍府的事務。張令昭因為當時調發的軍隊還沒有集結完畢，所以暫且接受了這項新的任命。不久，有詔令調任他為齊州防禦使，張令昭假託被士卒所強留而沒到齊州去赴任，實際上是在等待河東起兵的成敗。唐末帝派使者前去告諭他，張令昭把使者殺了。十七日甲戌，任命宣武節度使兼中書令范延光為天雄軍四面行營招討使，掌管魏州行府的事務，任命張敬達充任太原四面招討使，任命楊光遠為副使。十九日丙子，任命西京留守李周為天雄軍四面行營副招討使。

石敬瑭的兒子右衛上將軍石重殷、皇城副使石重裔聽說石敬瑭起兵，就躲到民間井裡。石敬瑭的弟弟沂州都指揮使石敬德，殺死自己的妻子、女兒後逃走，不久被抓到了，死在獄中。石敬瑭的堂弟彰聖都指揮使石敬威自殺身亡。秋，七月初二日戊子，抓獲了石重殷、石重裔，誅殺了他們，並把他們所藏匿的那一家人也全都殺了。

七月初四日庚寅，楚王馬希範從桂州北返。

雲州步軍指揮使桑遷上奏說，應州節度使尹暉趕走雲州節度使沙彥珣，並接收了他的兵馬，響應河東造反。七月十一日丁酉，沙彥珣上表說，桑遷陰謀叛變響應河東，帶領兵馬包圍了子城。沙彥珣突圍走出西山，佔據了雷公口。第二天，收集兵士進城反擊亂兵，桑遷敗走，雲州軍城重又安定了下來。當天，尹暉抓住了桑遷把他解送洛陽，朝廷把他處斬。〇二十一日丁未，范延光攻下了魏州，斬殺了張令昭。唐末帝下詔把他的黨羽七個指揮全部殺掉。〇張敬達調發屯駐在懷州的彰聖軍戍守虎北口，這支部隊的指揮使張萬迪帶著五百名騎兵投奔河東去了。三十日丙辰，唐末帝下詔，把他的一家全部殺掉。

石敬瑭遣間使❶求救於契丹，令桑維翰草表❷稱臣於契丹主，且請以父禮事之❸。約事捷之日❹，割盧龍❺一道及鴈門關❻以北諸州與之。劉知遠諫曰：「稱臣可矣，以父事之太過❼。厚以金帛賂之❽，自足致其兵❾，不必許以土田❿，恐異日⓫大為中國之患，悔之無及。」敬瑭不從。表至契丹，契丹主大喜，白其母⓬曰：「兒比⓭夢石郎遣使來，今果然，此天意也！」乃為復書，許俟仲秋⓮傾國⓯赴援。

八月己未⓰，以范延光為天雄節度使，李周為宣武節度使、同平章事。○癸亥⓱，應州言契丹三千騎攻城。

張敬達築長圍⓲以攻晉陽。石敬瑭以劉知遠為馬步都指揮使，安重榮、張萬迪降兵皆隸焉。知遠用法無私，撫之如一⓳，由是人無貳心⓴。敬瑭親乘城㉑，坐臥矢石下。知遠曰：「觀敬達輩高壘深塹，欲為持久之計，無它奇策㉒，不足慮㉓也。願明公四出間使，經略外事㉔。守城至易，知遠獨能辦之。」敬瑭執知遠手，撫其背而賞之。

戊寅㉕，以成德節度使董溫琪為東北面副招討使，以佐盧龍節度使趙德鈞。

唐主使端明殿學士呂琦至河東行營犒軍㉖，楊光遠謂琦曰：「願附奏陛下，幸寬宵旰㉗。賊若無援，旦夕當平。若引㉘契丹，當縱之令入㉙，可一戰破也。」帝甚悅。帝聞契丹許石敬瑭以仲秋赴援，屢督張敬達急攻晉陽，不能下。每有營構㉚，多值風雨㉛，長圍復為水潦㉜所壞，竟不能合㉝。晉陽城中日窘㉞，糧儲浸乏㉟。

【章　旨】以上為第五段，寫唐末帝大發兵征討晉陽，石敬瑭引契丹為援，以割地相許。

【注　釋】❶間使　負有伺隙行事的祕密使者。❷草表　起草表章。❸以父禮事之　用對待父親的禮節侍奉他。❹事捷之日　事情成功的時候。❺盧龍　方鎮名，轄幽、涿、營、平、薊、嬀、檀、瀛、莫九州，即今河北北部地區。❻鴈門關　關名，在今山西代縣北。❼以父事之太過　用父親之禮節侍奉他太過分了。❽賂之　賄賂他。❾足致其兵　足以把他的兵召來。❿許以土田　答應他土地。⓫異日　他日；以後。⓬母　述律太后。⓭比　近來。⓮仲秋　八月分。⓯傾國　竭盡全國之力。⓰己未　八月初三日。⓱癸亥　八月初七日。⓲築長圍　建造包圍晉陽的城壘，切斷晉陽內外聯繫。⓳撫之如一　愛護眾人一個樣子，沒有親疏之分。⓴人無貳心　人們沒有反叛之心。㉑乘城　登城。㉒無它奇策　沒有其他出奇制勝的策略。㉓不足慮　不值得擔心。㉔經略外事　管理對外聯繫的事。㉕戊寅　八月二十二日。㉖犒軍　慰勞軍隊。㉗宵旰　宵衣旰食，稱帝王勤於政事。這裡有放心之意。㉘引　勾引。㉙縱之令入　放他進來。㉚營構　建造。㉛多值風雨　大多碰到風雨天氣。㉜水潦　雨水沖刷。㉝不能合　城垣長圍不能合攏。㉞日窘　一天比一天窘迫。㉟浸乏　漸漸缺乏。

【語　譯】石敬瑭派密使向契丹請求救援，他命令桑維翰起草表章向契丹主稱臣，並請求用對待父親的禮節來侍奉契丹主。約定事成之日，割讓盧龍一道和雁門關以北各州給契丹。劉知遠勸諫說：「稱臣就可以了，把他當父親來侍奉就太過分了。我們用豐厚的金銀絲帛賄賂他，就足以把他的援兵招來。不必答應給他們土地，恐怕以後會給中國留下極大禍患，後悔就來不及了。」石敬瑭沒有採納他的意見。表章送到契丹，契丹主大喜，就告訴他的母親述律太后說：「兒近來夢見石郎派使者來，如今果然如此，這真是天意啊！」於是寫了一封回信，答應到仲秋八月一定傾國出動前去援助。

八月初三日己未，任命范延光為天雄節度使，李周為宣武節度使、同平章事。○初七日癸亥，應州奏報說契丹的三千騎兵攻城。

張敬達為了攻打晉陽修築了一道長長的圍牆。石敬瑭任命劉知遠為馬步都指揮使，安重榮、張萬迪的降兵都隸屬在他麾下。劉知遠執法無私，愛撫大家都一個樣子，因此人們都沒有二心。石敬瑭親自登城，坐臥都在敵人箭石的威脅之下。劉知遠對他說：「看張敬達這幫人設高壘挖深溝，是想作持久的打算，他們沒有其他出奇制勝的辦法，不值得擔心。希望明公能向各方派出密使，謀劃好對外的事務。守城這件事十分容易，知遠我一個人就能辦好。」石敬瑭拉著劉知遠的手，輕拍他的背，對他讚賞了一番。

八月二十二日戊寅，任命成德節度使董溫琪為東北面副招討使，以幫助盧龍節度使趙德鈞。

唐末帝派端明殿學士呂琦到河東行營去犒勞軍隊，楊光遠對呂琦說：「請你回去後順便上奏陛下，希望陛下放寬心，不必為此事早晚過於操勞。叛賊如果沒有外援，用不了多久就可以被平定。如果他們勾結契丹來犯，我們就放他們進來，到時可以把他們一鼓殲滅。」唐末帝聽了這話很高興。唐末帝得知契丹答應石敬瑭仲秋八月前去救援，多次督促張敬達加緊攻打晉陽，但是仍然沒能攻下來。每每有營建之事，常常遇到風雨天氣，那道長長的圍牆又被雨水沖刷所破壞，最終也難以合攏。晉陽城裡也一天比一天窘迫，糧食和其他儲備都漸漸缺乏。

九月，契丹主將❶五萬騎，號三十萬，自揚武谷❷而南，旌旗不絕❸五十餘里。代州刺史張朗、忻州刺史丁審琦嬰城❹自守，虜騎過城下，亦不誘脅❺。審琦，洛州人也。

辛丑❻，契丹主至晉陽，陳❼於汾北之虎北口。先遣人謂敬瑭曰：「吾欲今日即破賊，可乎？」敬瑭遣人馳告曰：「南軍甚厚❽，不可輕❾。請俟明日議戰❿未晚也。」使者未至，契丹已與唐騎將高行周、符彥卿⓫[1]合戰⓬，敬瑭乃遣劉知遠出兵助之。張敬達、楊光遠、安審琦以步兵陳於城西北山下，契丹遣輕騎三千，不被甲⓭，直犯其陳⓮。唐兵見其羸⓯，爭逐之⓰，至汾曲⓱，契丹涉水⓲而去。唐兵循岸⓳而進，契丹伏兵自東北起，衝唐兵斷而為二，步兵在北者多為契丹所殺，騎兵在南者引歸晉安寨⓴。契丹縱兵乘之㉑，唐兵大敗，步兵死者近萬人，騎兵獨全。敬達等收餘眾保晉安，契丹亦引兵歸虎北口。敬瑭得唐降兵千餘人，劉知遠勸敬瑭盡殺之。

是夕，敬瑭出北門㉒，見契丹主。契丹主執敬瑭手，恨相見之晚。敬瑭問曰：「皇帝遠來，士馬疲倦，遽㉓與唐戰而大勝，何也？」契丹主曰：「始吾自北來，謂唐必斷㉔鴈門諸路，伏兵險要，則吾不可得進矣。使人偵視㉕，皆無之，吾是以長驅深入，知大事必濟㉖也。兵既相接，我氣方銳，彼氣方沮㉗。若不乘此急擊之，曠日持久，則勝負未可知矣。此吾所以亟戰㉘而勝，不可以勞逸常理㉙論也。」敬瑭甚歎伏。

壬寅㉚，敬瑭引兵會契丹圍晉安寨。置營於晉安之南，長百餘里，厚㉛五十里，多設鈴索吠犬㉜，人跬步㉝不能過。敬達等士卒猶五萬人，馬萬匹，四顧無所之㉞。甲辰㉟，敬達遣使告敗於唐㊱，自是聲問不復通。唐主大懼，遣彰聖都指揮使符彥饒㊲將洛陽步騎兵屯河陽，詔天雄節度使兼中書令范延光將魏州兵二萬由青山㊳趣榆次㊴，盧龍節度使、東北面招討使兼中書令北平王趙德鈞將幽州兵由飛狐[2]出契丹軍後，耀州防禦使潘環糾合㊵西路戍兵㊶由晉、絳兩乳嶺出慈、隰，共救晉安寨。契丹主移帳於柳林㊷，遊騎過石會關㊸，不見唐兵。

【章旨】以上為第六段，寫契丹入援石敬瑭，初戰大敗唐軍。

【注釋】❶將　率領。❷揚武谷　地名，在今山西代縣崞陽鎮。❸不絕　不斷。❹嬰城　環城。❺誘脅　引誘威脅。❻辛丑　九月十五日。❼陳　列陣。❽南軍甚厚　唐軍力量甚強大。❾輕　輕視。❿議戰　商議作戰事宜。⓫符彥卿　符存審第三子。官鳳翔節度使，封魏王。傳見《舊五代史》卷五十六、《新五代史》卷二十五、《宋史》卷二百五十一。⓬合戰　接戰。⓭不被甲　不穿盔甲。被，通「披」。⓮直犯其陳　直接攻打唐軍陣營。陳，通「陣」。⓯羸　瘦弱。⓰爭逐之　爭先恐後地追趕他們。⓱汾曲　汾水彎曲處。⓲涉水　渡水。⓳循岸　沿著汾河岸邊。⓴晉安寨　寨名，在今山西太原城郊。㉑縱兵乘之　發兵追擊。㉒北門　晉陽城北門。㉓遽　驟然。㉔斷　扼守；阻截。㉕偵視　偵察。㉖必濟　一定成功。㉗沮　沮喪；衰頹。㉘亟戰　急戰。㉙勞逸常理　以逸待勞的通常道理。㉚壬寅　九月十六日。㉛厚　寬。㉜吠犬　會叫的狗。㉝跬步　半步。一舉足叫跬。㉞四顧無所之　環顧四方無處可去。之，往；去。㉟甲辰　九月十八日。㊱告敗於唐　向唐末帝報告失敗的消息。㊲符彥饒　（？—西元九三七年）符存審第二子。唐莊宗時血戰有功，授曹州刺史，為政甚有民譽。為後晉滑州節度使。傳見《舊五代史》卷九十一、《新五代史》卷二十五。㊳青山　地名，在今河北邢臺。㊴榆次　縣名，在今山西榆次。

㊵糺合　集合。糺，通「糾」。㊶西路戍兵　指蒲州、潼關以西諸路戍兵。㊷柳林　地名，當在晉安寨南。㊸石會關　關名，在今山西榆社西。

【校　記】①符彥卿　原誤作「苻彥卿」，下之「符彥饒」誤作「苻彥饒」。卷二百七十六「李彥超請復姓符」作「符」，新、舊《五代史》亦作「符」，當是，今據改。下同。②由飛狐　原無此三字。據章鈺校，十二行本、乙十一行本、孔天胤本皆有此三字，張瑛《通鑑校勘記》同，今據補。

【語　譯】九月，契丹主率領五萬名騎兵，號稱三十萬，從揚武谷向南進發，旌旗綿延不斷達五十多里。代州刺史張朗、忻州刺史丁審琦據城自守，敵寇的騎兵經過城下時，也沒有誘降脅迫他們。丁審琦，是洺州人。

九月十五日辛丑，契丹主到達晉陽，在汾水北岸的虎北口列陣。先派人去對石敬瑭說：「我想今天就去擊潰賊兵，可以嗎？」石敬瑭派人快馬前去告訴他：「南軍力量很雄厚，不可輕視。請等到明天再商量攻戰的事也不算晚。」使者還沒有到達，契丹軍隊就已經和唐軍的騎兵將領高行周、符彥卿接戰了，石敬瑭於是派劉知遠帶兵出城助戰。張敬達、楊光遠、安審琦把步兵部署在城西北的山下結陣，契丹派出輕裝騎兵三千人，不披鎧甲，逕直衝向唐軍陣列。唐軍見契丹兵力單薄，就爭著追逐他們，一直追到汾水的河彎處，契丹兵渡河而走。唐軍沿著河岸向前推進，這時契丹的伏兵突然從東北方向衝了上來，把唐軍截為兩段，在北面的步兵大多被契丹兵所殺，在南面的騎兵則退回晉安寨。契丹發兵乘勝追擊，唐軍大敗，步兵被殺死近萬人，只有騎兵沒有受什麼損失。張敬達等人搜集殘餘兵力據守晉安寨，契丹也帶兵返回虎北口。石敬瑭俘獲唐軍降兵一千多人，劉知遠勸石敬瑭把他們全部殺掉。

當天晚上，石敬瑭出晉陽城北門，去見契丹主。契丹主拉著石敬瑭的手，相見恨晚。石敬瑭問契丹主說：「皇帝遠道而來，兵馬疲倦，驟然與唐軍交戰而能大獲全勝，這是為什麼？」契丹主說：「開始我從北面來的時候，認為唐軍一定會扼守雁門一線的各條道路進行阻截，在險要的地方設下伏兵，那樣我就無法順利推進了。我派人前去偵察，結果沒有發現這類情況，所以我才能長驅直入，知道大事一定可以成功。交戰以後，我方士氣正高漲，而敵方士氣正低落。如果不乘著這個機會加緊攻擊，曠日持久，那麼勝負就難以預料了。

這就是我之所以能速戰而獲勝的道理，這不能用以逸待勞的常理來推斷。」石敬瑭聽了，十分感歎和佩服。

九月十六日壬寅，石敬瑭帶兵與契丹兵會合包圍晉安寨。在晉安寨的南面設營，營寨綿延一百多里，縱深五十里，設置了很多帶有警鈴的繩索和吠犬，人們連半步也休想通過。張敬達等的士兵還有五萬人，戰馬有一萬匹，環顧四方無處可去。十八日甲辰，張敬達派出使者向唐末帝報告唐軍戰敗，從此再也沒有與朝廷通音訊了。唐末帝十分恐懼，派彰聖都指揮使符彥饒率洛陽的步兵和騎兵駐守河陽，下詔命令天雄節度使兼中書令范延光率魏州兵二萬人由青山趕赴榆次，又命令盧龍節度使、東北面招討使兼中書令北平王趙德鈞率幽州兵出飛狐陘向契丹軍的後方進發，耀州防禦使潘環集合西方各路的戍守士兵從晉州、絳州之間的兩乳嶺向慈州、隰州進發，共同救援晉安寨。契丹主把軍帳移到了柳林，偵察騎兵經過石會關時，沒有見到唐兵。

丁未❶，唐主下詔親征。雍王重美曰：「陛下目疾未平，未可遠涉風沙❷。臣雖童稚，願代陛下北行。」帝意本不欲行，聞之，頗悅。張延朗、劉延皓及宣徽南院使劉延朗皆勸帝行，帝不得已，戊申❸，發洛陽，謂盧文紀曰：「朕雅聞❹卿有相業❺，故排眾議首用卿。今禍難如此，卿嘉謀皆安在乎？」文紀但拜謝，不能對。己酉❻，遣劉延朗監侍衛步軍都指揮使符彥饒軍赴潞州，為大軍❼後援。諸軍自鳳翔推戴❽以來，驕悍不為用，彥饒恐其為亂，不敢束之以法。

帝至河陽，心憚❾北行，召宰相、樞密使議進取方略❿。盧文紀希帝旨⓫，言國家根本，太半⓬在河南⓭。胡兵倏來忽往⓮，不能久留。晉安大寨甚固，況已發三道兵救之。河陽天下津要⑮，車駕⑯宜留此鎮撫南北，且遣近臣往督戰。苟⑰不能解圍，進亦未晚。張延朗欲因事令趙延壽得解樞務⑱，因曰：「文紀言是也。」帝訪於餘人⑲，無敢異言者。澤州刺史劉遂凝⑳，鄩之子也，潛㉑自通於石敬瑭，表稱車駕不可踰㉒太行㉓。帝議近臣可使北行者，張延朗與翰林學士須昌和凝㉔等皆曰：「趙延壽父德鈞以盧龍兵來赴難，宜遣延壽會之。」庚戌㉕，遣樞密使、忠武節度使、隨駕諸軍都部署、兼侍中趙延壽將兵二萬如潞州。辛亥㉖，帝如懷州。以右神武統軍康思立為北面行營馬軍都指揮使，帥扈從騎兵赴團柏谷㉗。思立，晉陽胡人也。

帝以晉安為憂，問策於羣臣。吏部侍郎永清龍敏㉘請立李贊華㉙為契丹主，令天雄、盧龍二鎮分兵送之，自幽州趣西樓㉚。朝廷露檄㉛言之，契丹主必有內顧之憂，然後選募軍中精銳以擊之，此亦解圍之一策也。帝深以為然，而執政恐其無成，議竟不決。帝憂沮形於神色㉜，但日夕酣飲悲歌㉝。羣臣或勸其北行，則曰：「卿勿言，石郎㉞使我心膽墮地㉟！」

【章旨】以上為第七段，寫唐末帝親征。吏部侍郎龍敏建言立李贊華為契丹主，北行以擾亂契丹後方，末帝猶豫不決竟未施行。末帝倉皇失措。

【注釋】❶丁未　九月二十一日。❷風沙　指代北方。❸戊申　九月二十二日。❹雅聞　一向聽說。❺相業　為相的業行和能力。唐主清泰元年（西元九三四年）四月即位，七月任命盧文紀為中書侍郎、同平章事，居宰相職。❻己酉　九月二十三日。❼大軍　指張敬達晉安寨軍。❽鳳翔推戴　指在鳳翔擁戴李從珂稱帝。❾憚　害怕。❿議進取方略　討論進軍的策略。⓫希帝旨　迎合末帝的意旨。⓬太半　大半。⓭河南　泛指黃河以南地區。⓮倏來忽往　迅速地來，迅速地去。⓯河陽天下津要　河陽是國家重要的渡口。因進攻洛陽，必須從河陽渡黃河。⓰車駕　指皇帝。⓱苟　如果。⓲得解樞務　能夠解除樞密使職務。⓳餘人　其他大臣。⓴劉遂凝　劉鄩子，事唐為刺史。王淑妃用事，受恩寵。傳附《新五代史》卷二十二〈劉鄩傳〉。㉑潛　暗中。㉒踰　越過。㉓太行　太行山。㉔和凝　（西元八九八—九五五年）字成績，汶陽須昌（今山東東平）人，少好學，十九歲登進士第，任後晉宰相。著有《香奩集》存世。傳見《舊五代史》卷一百二十七、《新五代史》卷五十五。㉕庚戌　九月二十四日。㉖辛亥　九月二十五日。㉗團柏谷　地名，在今山西祁縣境內。㉘龍敏　（西元八八六—九四八年）字欲訥，幽州永清（今河北永清）人，外柔而內剛，愛決斷大計。官至後晉工部尚書。傳見《舊五代史》卷一百八、《新五代史》卷五十六。㉙李贊華　耶律德光之兄東丹王突欲。㉚西樓　契丹都城，即上京臨潢府，在今內蒙古巴林左旗東南波羅城。㉛露檄　公布檄文。故意使契丹知道檄文內容。㉜憂沮形於神色　憂愁沮喪之情表現在面部。㉝酣飲悲歌　暢快地飲酒，悲哀地歌唱。㉞石郎　指石敬瑭。㉟心膽墮地　形容害怕之極。

【語譯】九月二十一日丁未，唐末帝下詔，要親自率軍征討。雍王李重美說：「陛下的眼疾還沒有好，不能遠路跋涉前往風沙之地。兒臣我年紀雖然還很小，但願意代陛下北征。」唐末帝的意思本來就不想親征，聽了雍王這話，心裡很高興。張延朗、劉延皓以及宣徽南院使劉延朗都勸唐末帝親征，唐末帝不得已，二十二日戊申，從洛陽出發，他對盧文紀說：「朕一向聽說你有宰相的能力，所以力排眾議首先重用了你。現在禍難到了如此地步，你的好計謀又都在哪裡呢？」盧文紀只是叩拜謝罪，無法回答。二十三日己酉，派劉延朗監督侍衛步軍都指揮使符彥饒的部隊趕赴潞州，作為晉安寨大軍的後援。各路軍隊自從鳳翔擁戴潞王稱帝以來，驕橫兇悍不聽指揮，符彥饒害怕他們鬧亂子，所以也不敢用軍法來約束他們。

唐末帝到達河陽，心裡害怕北征，就召集宰相、樞密使商議進攻方略。盧文紀迎合皇帝的意旨，說國家的根本，大半在黃河以南。胡人的騎兵忽來忽往，不可能長久停留。晉安大寨十分堅固，況且已經調發了三路兵馬前去救援。河陽是天下的要衝，皇上的車駕應該留在這裡安撫南北，暫且先派一位近臣前去督戰。如果不能解圍，皇上再北進也不算晚。張延朗想藉個事由讓趙延壽解除樞密使的職務，於是說：「文紀講得很對。」唐末帝又徵詢其他大臣的意見，結果沒有人敢提出異議。澤州刺史劉遂凝，是劉鄩的兒子，暗中與石敬瑭勾結，也上表聲稱皇上的車駕不可越過太行山。唐末帝又和大臣們商議近臣中哪一位可以派往北面，張延朗和翰林學士須昌人和凝等人都說：「趙延壽的父親趙德鈞率盧龍的兵馬前來解救危難，應該派趙延壽前去與他們會合。」九月二十四日庚戌，唐末帝派樞密使、忠武節度使、隨駕諸軍都部署、兼侍中趙延壽率兵二萬前往潞州。二十五日辛亥，唐末帝前往懷州。任命右神武統軍康思立為北面行營馬軍都指揮使，率領扈從騎兵開赴團柏谷。康思立，是晉陽的胡人。

唐末帝為晉安寨的形勢擔憂，向群臣詢問對策。吏部侍郎永清人龍敏建議立李贊華為契丹國主，命令天雄、盧龍兩個軍鎮分出一部分兵力護送他，從幽州前往西樓。朝廷公布檄文宣布這一消息，這樣契丹主　定會有後顧之憂，然後挑選招募軍中的精銳士卒去攻擊契丹，這也是解圍的一個辦法。唐末帝十分贊同這個建議，但是執政大臣擔心這個計畫難以成功，商議了一番最終並未作出決定。唐末帝憂愁沮喪之情表露在臉上，只是一天到晚暢飲悲歌。群臣中有人勸他北行，他就說：「你不要再說了，石郎讓我心膽都掉到地上了！」

冬，十月壬戌❶，詔大括❷天下將吏及民間馬。又發民為兵，每七戶出征夫一人，自備鎧仗，謂之「義軍」。期以十一月俱集，命陳州刺史郎萬金❸教以戰陳。用張延朗之謀也。凡得馬二千餘匹，征夫五千人，實無益於用，而民間大擾。

初，趙德鈞陰蓄異志❹，欲因亂❺取中原，自請救晉安寨。唐主命自飛狐踵契丹後，鈔❻其部落。德鈞請將銀鞍契丹直❼三千騎，由土門❽路西入，帝許之。趙州刺史、北面行營都指揮使劉在明❾先將兵戍易州，德鈞過易州，命在明以其眾自隨❿。在明，幽州人也。德鈞至鎮州，以董溫琪領招討副使，邀與偕行⓫。又表稱兵少，須合澤潞兵，乃自吳兒谷⓬趣潞州。癸酉⓭，至亂柳⓮。時范延光受詔將部兵二萬屯遼州，德鈞又請與魏博軍合。延光知德鈞合諸軍，志趣難測，表稱魏博兵已入賊境，無容⓯南行數百里與德鈞合，乃止。

漢主以宗正卿兼工部侍郎劉濬⓰為中書侍郎、同平章事。濬，崇望之子也。

十一月戊子⓱[1]，以趙德鈞為諸道行營都統，依前東北面行營招討使。以趙延壽為河東道南面行營招討使，以翰林學士張礪為判官。庚寅⓲，以范延光為河東道東南面行營招討使，以宣武節度使、同平章事李周副之。辛卯⓳，以劉延朗為河東道南面行營招討副使。趙延壽遇趙德鈞於西湯⓴，悉以兵屬㉑德鈞。唐主遣呂琦賜德鈞敕告㉒，且犒軍。德鈞志在併范延光軍，逗留不進，詔書屢趣㉓之。德鈞乃引兵北屯團柏谷㉔口。

【章旨】以上為第八段，寫趙德鈞受命為諸道行營都統，卻暗中勾結契丹為援，效石敬瑭之所為。

【注　釋】❶壬戌　十一月初七日。❷大括　大肆搜羅。❸郎萬金　後唐當時勇將。❹陰蓄異志　暗懷反叛之心。❺因亂　乘亂。❻鈔　鈔掠。❼銀鞍契丹直　禁衛軍名，趙德鈞在幽州，以契丹來降的驍勇者編制銀鞍契丹直。❽土門　即井陘，在今河北井陘。❾劉在明　（？—西元九四八年）幽州（今北京市）人，官至後晉鎮州留後。傳見《舊五代史》卷一百六。❿自隨　跟著自己。指趙德鈞。⓫偕行　與趙德鈞一起出發。⓬吳兒谷　地名，在今山西長治。⓭癸酉　十月十八日。⓮亂柳　地名，亂柳寨，在今山西沁縣南。⓯無容　不允許。⓰劉濬　字伯深，滑州胙（今河南延津）人，劉龔幕僚，官至南漢宰相。清簡執持，養民息兵，有善政。傳見《十國春秋》卷六十二。⓱戊子　十一月初三日。⓲庚寅　十一月初五日。⓳辛卯　十一月初六日。⓴西湯　地名，《舊五代史》作「西唐店」，在山西沁縣西北。㉑屬　歸。㉒敕告　指諸道行營都統委任令。㉓趣　催促。㉔團柏谷　地名，在今山西祁縣東南六十里。

【校　記】[1]戊子　原無此二字。據章鈺校，十二行本、乙十一行本、孔天胤本皆有此兩字，張敦仁《通鑑刊本識誤》同，今據補。

【語　譯】冬，十月初七日壬戌，下詔大肆搜羅全國將領、官吏以及民間的馬匹。又徵調百姓當兵，每七戶人家出征夫一人，自己置備鎧甲、兵器，稱作「義軍」。限期在十一月一起集中，命令陳州刺史郎萬金訓練他們作戰列陣，這些都是採用張延朗的計謀辦的。總共搜得馬二千多匹，征夫五千人，這些人馬其實並無多少用處，但是民間已經大受驚擾。

當初，趙德鈞暗懷反叛之心，想乘亂奪取中原，因此主動請求救援晉安寨。唐末帝命令他從飛狐尾隨在契丹軍後面，鈔掠他們的部落。趙德鈞請求率領由以往來降契丹將士組成的銀鞍契丹直的騎兵三千人，從土門路向西進軍，唐末帝答應了。趙州刺史、北面行營都指揮使劉在明在此之前率兵戍守易州，趙德鈞經過易州時，命令劉在明帶領部下跟著自己。劉在明，是幽州人。趙德鈞到達鎮州，任命董溫琪兼任招討副使，要挾他與自己一道西行。又向皇帝上表聲稱兵力太少，必須與澤州、潞州的兵力會合，於是從吳兒谷前往潞州。十月十八日癸酉，到達亂柳。當時范延光已接受詔命率部下二萬人屯駐在遼州，趙德鈞又請求與范延光的魏博軍會合。范延光深知趙德鈞會合各路兵馬，用意難以預測，就上表聲稱魏博軍已經進入敵境，不能再往南行進數百里去與趙德鈞會合，這才作罷。

漢主任命宗正卿兼工部侍郎劉濬為中書侍郎、同平章事。劉濬，是劉崇望的兒子。

十一月初三日戊子，任命趙德鈞為諸道行營都統，並依舊擔任先前的東北面行營招討使。任命趙延壽為河東道南面行營招討使，任命翰林學士張礪為判官。初五日庚寅，任命范延光為河東道東南面行營招討使，任命宣武節度使、同平章事李周當他的副使。初六日辛卯，任命劉延朗為河東道南面行營招討副使。趙延壽在西湯與他的父親趙德鈞相遇，把自己的兵馬全都歸屬趙德鈞統領。唐末帝派呂琦賜給趙德鈞任職敕告，並且犒勞軍隊。趙德鈞心在兼併范延光的軍隊，因此逗留不肯前進，皇帝下詔書一再催促他，趙德鈞才帶兵北進屯駐在團柏谷的谷口。

癸巳❶，吳主詔齊王知誥置百官，以金陵府為西都。

前坊州❷刺史劉景巖，延州人也，多財而喜俠，交結豪傑，家有丁夫兵仗，人服其彊，勢傾州縣❸。彰武節度使楊漢章無政❹，失夷、夏❺心。會括馬及義軍，漢章帥步騎數千人將赴軍期❻，閱之于野。景巖潛使人撓❼之曰：「契丹彊盛，汝曹有去無歸。」眾懼，殺漢章，奉景巖為留後。唐主不獲已，丁酉❽，以景巖為彰武留後。

契丹主謂石敬瑭曰：「吾三千里來[1]赴難❾，必有成功。觀汝器[2]貌識量❿，真中原之主也。吾欲立汝為天子。」敬瑭辭讓者[3]數四⓫，將吏復勸進⓬，乃許之。

契丹主作冊書⑬，命敬瑭為大晉皇帝，自解衣冠授之⑭。築壇於柳林⑮，是日，即皇帝位。割幽、薊、瀛、莫、涿、檀、順、新、媯、儒、武、雲、應、寰、朔、蔚十六州⑯以與契丹，仍許歲輸帛⑰三十萬匹。己亥⑱，制改長興七年為天福元年，大赦。敕命法制，皆遵明宗之舊。以節度判官趙瑩為翰林學士承旨、戶部侍郎、知河東軍府事，掌書記桑維翰為翰林學士、禮部侍郎、權知樞密使事，觀察判官薛融為侍御史知雜事⑲，節度推官白水⑳竇貞固為翰林學士，軍城都巡檢使劉知遠為侍衛馬軍都指揮使，客將景延廣㉑為步軍都指揮使。延廣，陝州人也。立晉國長公主為皇后。

【章旨】以上為第九段，寫契丹主策命石敬瑭為皇帝，石敬瑭割燕雲十六州土地給契丹作回報。

【注釋】❶癸巳　十一月初八日。❷坊州　州名，在今陝西合陽南。❸勢傾州縣　勢力之大壓過了州、縣官吏。❹無政　沒有政績。❺夷夏　指少數民族和漢族。❻將赴軍期　按規定的期限到討石敬瑭軍前報到。❼撓　擾亂。❽丁酉　十一月十二日。❾三千里來赴難　從三千里外趕來解救急難。三千里，虛數，表示遼遠。❿器貌識量　風度、容貌、見識、氣量。⓫數四　多次。⓬勸進　勸他進位為天子。⓭冊書　制書文告。立后妃，封親王、皇子、大長公主，拜三師、三公、三省長官時用，由翰林學士撰文。⓮自解衣冠授之　自己解下衣帽賜給石敬瑭。石敬瑭著契丹服即位稱皇帝。⓯柳林　地名，在今山西太原東南。⓰割幽薊句　割讓華北大片土地給契丹，十六州之地當今河北滹沱河以北，山西雁門關以北廣大地區，華北恆山險阻盡失，中原失去屏障，導致北方游牧人長期為中原禍患。⓱輸帛　輸送絹帛。⓲己亥　十一月十四日。⓳侍御史知雜事　官名，唐御史臺置侍御史，知雜事指侍御史輔助御史中丞處理御史臺事務。⓴白水　縣名，在今陝西白水縣。㉑景延廣　（西元八九一—九四六年）字航川，陝州（今河南陝縣）人，能挽強弓。官至後晉天平節度使。主張出帝石重貴對契丹稱孫而不稱臣，為契丹逮捕，自殺。傳見《舊五代史》卷八十八、《新五代史》卷二十九。

【校　記】①來　原無此字。據章鈺校，十二行本、乙十一行本皆有此字，今據補。②器　據章鈺校，十二行本、乙十一行本皆作「氣」。③者　據章鈺校，十二行本、乙十一行本皆無此字。

【語　譯】十一月初八日癸巳，吳主下詔，命齊王徐知誥設置百官，以金陵府為西都。

前坊州刺史劉景巖是延州人，富有錢財而又喜愛行俠仗義，與豪傑相結交，家中擁有丁夫和兵械，人們都懾服於他的強大，勢力壓過了州縣官吏。彰武節度使楊漢章毫無政績，夷人、漢人對他都很失望。正好遇上搜羅馬匹和徵調義軍，楊漢章帶領步兵、騎兵幾千人準備按期去會師，正在野外進行檢閱。劉景巖暗中派人去擾亂人心，說：「契丹兵力強盛，你們這些人是有去無回。」大家一聽十分害怕，就殺死了楊漢章，擁立劉景巖為留後。唐末帝不得已，十一月十二日丁酉，任命劉景巖為彰武留後。

契丹主對石敬瑭說：「我從三千里外趕來解救危難，一定要有所建樹。我看你的風度、容貌、才識、氣量，真適合成為中原之主。我想扶立你做天子。」石敬瑭多次推辭謙讓，但將領佐吏又反覆勸他即位，他這才答應下來。契丹主製作了冊封文書，命石敬瑭為大晉皇帝，還脫下自己的衣服、冠冕授給他，在柳林修築壇臺。當天，石敬瑭就即皇帝之位。石敬瑭割讓幽、薊、瀛、莫、涿、檀、順、新、媯、儒、武、雲、應、寰、朔、蔚十六個州給契丹，還答應每年送納三十萬匹絹帛給他們。十一月十四日己亥，石敬瑭下制，把唐長興七年改為晉天福元年，大赦天下。敕命和法規制度，都遵照明宗時的舊規。任命節度判官趙瑩為翰林學士承旨、戶部侍郎、知河東軍府事，掌書記桑維翰為翰林學士、禮部侍郎、權知樞密使事，觀察判官薛融為侍御史知雜事，節度推官白水人竇貞固為翰林學士，軍城都巡檢使劉知遠為侍衛馬軍都指揮使，客將景延廣為步軍都指揮使。景延廣，是陝州人。冊立晉國長公主為皇后。

契丹主雖軍柳林，其輜重老弱皆在虎北口，每日暝❶輒結束❷，以備倉猝遁逃❸。而趙德鈞欲倚契丹取中國，至團柏踰月，按兵不戰。去晉安纔百里，聲問❹不能相通。德鈞累表為延壽求成德節度使，曰：「臣今遠征，幽州勢孤，欲使延壽在鎮州，左右便於應接❺。」唐主曰：「延壽方擊賊，何暇往鎮州！俟賊平，當如所請。」德鈞求之不已❻，唐主怒曰：「趙氏父子堅欲得鎮州，何意也？苟能卻胡寇，雖欲代吾位，吾亦甘心。若玩寇邀君❼，但恐犬兔俱斃❽耳。」德鈞聞之，不悅。

閏月，趙延壽獻契丹主所賜詔及甲馬弓劍，詐云❾德鈞遣使致書於契丹主，為唐結好❿，說⓫今引兵歸國。其實別為密書⓬，厚以金帛賂契丹主，云：「若立己為帝，請即以見兵⓭南平洛陽，與契丹為兄弟之國。仍許石氏常鎮河東。」契丹主自以深入敵境，晉安未下，德鈞兵尚彊，范延光在其東，又恐山北諸州⓮邀⓯其歸路，欲許德鈞之請。

帝聞之，大懼，亟⓰使桑維翰見契丹主，說之⓱曰：「大國舉義兵以救孤危⓲，一戰而唐兵瓦解，退守一柵⓳，食盡力窮。趙北平⓴父子不忠不信㉑，畏大國之彊，且素蓄異志，按兵觀變，非以死徇國㉒之人，何足可畏！而信其誕妄之辭㉓，貪豪末之利，棄垂成㉔之功乎！且使晉得天下，將竭中國之財以奉大國，豈此小利之比乎！」契丹主曰：「爾見捕鼠者㉕乎？不備之，猶或齧㉖傷其手，況大敵乎！」對曰：「今大國已扼㉗其喉，安能㉘齧人乎！」契丹主曰：「吾非有渝前約㉙也，但兵家權謀㉚不得不爾㉛。」對曰：「皇帝以信義救人之急，四海之人俱屬耳目㉜。柰何一旦[1]二三其命㉝，使大義不終！臣竊㉞為皇帝不取也。」跪於帳前，自旦至暮，涕泣爭之。契丹主乃從之，指帳前石謂德鈞使者曰：「我已許石郎。此石爛，可改矣。」

【章旨】以上為第十段，寫趙德鈞、石敬瑭爭相投靠契丹滅唐，石敬瑭的割地爭得了先機。

【注釋】❶日曛　日落天黑。❷輒結束　便收拾好行裝。❸倉猝遁逃　匆忙中逃跑。❹聲問　音訊。❺左右便於應接　如趙延壽鎮鎮州，則左可以接應薊門，右可以接應團柏。❻不已　不止；不完。❼若玩寇邀君　如果玩忽敵人而要挾君主。❽犬兔俱斃　獵狗與狡兔一起都死。典出《戰國策》，韓子盧是天下的好狗，東郭㕙是天下的狡兔，盧追㕙，繞山三座，越山五座，兔死於前，狗死於後，農民見而一起獲取。❾詐云　欺騙說。❿為唐結好　替唐主與契丹結好同盟。⓫說　勸說。⓬別為密書　另外再祕密寫信給耶律德光。⓭見兵　現在的軍隊。見，通「現」。⓮山北諸州　指雲、應、寰、朔等州。⓯邀　攔擊。⓰亟　急。⓱說之　遊說他。⓲孤危　孤獨而處於危險之中。⓳退守一柵　指退守晉安寨。⓴趙北平　指趙德鈞。因封北平王，故稱之。㉑不忠不信　指趙德鈞不忠於唐，不信於契丹。㉒徇國　獻出生命報效國家。㉓誕妄之辭　荒誕無稽的話。㉔垂成　即將取得成功。㉕捕鼠者　捉老鼠的人。㉖齧　咬。㉗扼　扼住。㉘安能　怎能。㉙有渝前約　違背以前的協定。即立石敬瑭為帝。㉚但兵家權謀　只是軍事家的權術和謀略。㉛不得不爾　不得不這樣做。㉜俱屬耳目　都聽到看到。㉝二三其命　指前後反覆，不專一。㉞竊　私下。

【校　記】①一旦　原無此二字。據章鈺校，十二行本、乙十一行本、孔天胤本皆有此二字，今據補。

【語　譯】契丹主雖然把軍隊屯駐在柳林，但是他們的輜重和老弱士兵都留在虎北口，每到天一黑他們就收拾好行裝，以備在倉促之間好逃走。但是趙德鈞卻想借助契丹的力量奪取中原，因此到了團柏一個多月，仍然控制軍隊不與契丹接戰。離晉安寨只有一百里路，卻不與他們通音訊。趙德鈞多次上表替趙延壽求成德節度使一職，說：「臣如今遠征在外，幽州勢孤力單，所以想讓趙延壽在鎮州，這樣就左右都便於接應了。」唐末帝回答說：「延壽正在進擊賊兵，哪有時間前往鎮州！等到賊寇平定了，我會答應你的請求。」趙德鈞還是不停請求，唐末帝發怒說：「趙氏父子堅持要得到鎮州，是什麼用意？如果能擊退胡寇，即使想取代我的位置，我也甘心。如果玩忽敵寇而要挾君主，只怕是獵犬與狡兔都要死去。」趙德鈞聽到這話後，心裡很不高興。

閏十一月，趙延壽向唐末帝獻上契丹主賜給他的詔書以及鎧甲、戰馬、弓矢、刀劍，欺騙說趙德鈞已派遣使者送信給契丹主，替唐主與契丹締結和好，勸契丹主率兵回國。而實際上他卻是另寫了一封密信，並用豐厚的金銀、布帛去賄賂契丹主，說：「假如扶立我當皇帝，我願立即用現有的兵力向南去平定洛陽，與契丹結為兄弟之國。並仍舊答應石氏長期鎮守河東軍鎮。」契丹主認為自己深入敵境，晉安寨還沒有攻下，趙德鈞的兵力還很強，范延光部又在他的東邊，同時擔心太行山以北各州的唐軍會攔截他的退路，就準備答應趙德鈞的要求。

晉帝石敬瑭得知這一消息後，十分恐懼，趕忙派桑維翰去見契丹主，向他遊說道：「契丹大國出動義兵來解救孤危，一經交戰就使唐兵瓦解，退守到一個柵寨裡，糧食吃盡，力量窮竭。趙北平父子對唐不忠，對契丹無信，他畏懼大國的強盛，而且素來懷有野心，所以按兵不動，觀望形勢的變化，他不是一個能獻出生命報效國家的人，有什麼值得害怕的！而要相信他的荒誕無稽的言辭，貪圖毫末小利，拋棄即將完成的功業呢！況且如果讓晉得了天下，將會竭盡中國的錢財進獻給大國，難道是這些小利所能相比的嗎！」契丹主說：

「你見過捉老鼠的人嗎？如果不作防備，有的尚且會被老鼠咬傷手，何況是強大的敵人呢！」桑維翰回答說：「如今大國已經卡住了他的喉嚨，怎麼能再咬人呢！」契丹主說：「我並不是要改變以前的約定，只是兵家的權術和謀略不得不這樣做。」桑維翰回答說：「皇帝是憑著信義來解救人的急難，四海之內的人都聽到和看到了。怎麼能忽然前後不一，讓皇帝的大義有始無終呢！臣私下認為皇帝的這種做法不可取。」於是就跪在軍帳前面，從早到晚，流著淚與契丹主爭辯。契丹主最終依從了他，指著帳前的石頭對趙德鈞的使者說：「我已經答應了石郎。只有這塊石頭爛了，才可以改變。」

龍敏謂前鄭州防禦使李懿曰：「君❶，國之近親。今社稷之危，翹足可待，君獨無憂乎？」懿為言趙德鈞必能破敵之狀。敏曰：「我燕人❷也，知德鈞之為人，怯而無謀，但於守城差長❸耳。況今內蓄姦謀❹，豈可恃乎❺！僕❻有狂策❼，但恐朝廷不肯為耳。今從駕兵尚萬餘人，馬近五千匹。若選精騎一千，使僕與郎萬金將之，自介休❽山路，夜冒❾虜騎入晉安寨，但使其半得入，則事濟❿矣。張敬達等陷於重圍，不知朝廷聲問。若知大軍近在團柏，雖有鐵障⓫可衝陷⓬，況虜騎乎！」懿以白唐主，唐主曰：「龍敏之志極壯，用之晚矣。」

丹州⓭義軍作亂，逐刺史康承詢，承詢奔鄜州。

晉安寨被圍數月，高行周、符彥卿數引⓮騎兵出戰，眾寡不敵，皆無功。芻糧俱竭⑮，削柹淘糞⑯以飼馬，馬相啗⑰，尾鬣皆禿⑱，死則將士分食之，援兵竟不至。張敬達性剛，時謂之「張生鐵」。楊光遠、安審琦勸敬達降於契丹，敬達曰：「吾受明宗及今上⑲厚恩，為元帥而敗軍，其罪已大，況降敵乎！今援兵旦暮至，且當俟之。必若力盡勢窮，則諸軍斬我首，攜之出降，自求多福⑳，未為晚也。」光遠目㉑審琦欲殺敬達，審琦未忍㉒。高行周知光遠欲圖敬達，常引壯騎尾而衛之。敬達不知其故，謂人曰：「行周每踵余後㉓，何意也？」行周乃不敢隨之。諸將每旦㉔集於招討使營，甲子㉕，高行周、符彥卿未至，光遠乘其無備，斬敬達首，帥諸將上表降於契丹。契丹主素聞諸將名，皆慰勞，賜以裘帽。因戲之曰㉖：「汝輩亦大惡漢㉗，不用鹽酪啗戰馬萬匹㉘！」光遠等大慚。契丹主嘉張敬達之忠，命收葬而祭之，謂其下及晉諸將曰：「汝曹為人臣，當效敬達也。」時晉安寨馬猶近五千，鎧仗五萬，契丹悉取以歸其國。悉以唐之將卒授帝，語之曰：「勉事而主㉙。」馬軍都指揮使康思立憤惋而死。

【章旨】以上為第十一段，寫唐末帝不採納龍敏奇襲契丹之計，坐以待斃，導致唐軍晉安寨降敵。

【注釋】❶君　你。❷燕人　幽州人。❸差長　稍為擅長。❹內蓄姦謀　內心懷有奸謀。❺豈可恃乎　怎麼可以依靠呢。❻僕　我。❼狂策　大膽的策略。❽介休　縣名，在今山西介休。❾冒　頂著。❿濟　成功。⓫鐵障　鐵的屏障。⓬衝陷衝破。⑬丹州　州名，在今陝西宜川縣東北。⑭數引　多次率領。⑮芻糧俱竭　馬草和糧食都吃盡。⑯削柹淘糞　削樹皮，淘馬糞中草筋。⑰馬相啗　馬相互咬吃。⑱尾鬣皆禿　尾巴毛和頸毛都被彼此吞食而光禿禿。⑲今上　指李從珂。⑳自求多福　自己可以求得較多的幸福。㉑目　以目示意。㉒未忍　不忍心。㉓每踵余後　常常跟隨在我後面。㉔每旦　每天早晨。㉕甲子　閏十一月初九日。㉖因戲之曰　乘機對他們開玩笑說。㉗大惡漢　太壞的漢人。㉘不用鹽酪啗戰馬萬匹　不用鹽巴和漿酪吃掉了萬匹戰馬。意指不戰而降。㉙勉事而主　勉力服侍你們的主人。而，通「爾」。你。

【語譯】龍敏對前鄭州防禦使李懿說：「您，是皇室的近親。如今社稷出現危急，就在頃刻之間，你難道不曾憂慮過嗎？」李懿向他分析趙德鈞肯定能打敗敵軍的形勢。龍敏說：「我是燕地的人氏，知道趙德鈞的為人，他膽小而缺乏謀略，只是在守城方面略微擅長罷了。況且如今他心懷奸謀，又怎麼能依靠呢！我有個大膽的計謀，只怕朝廷不肯這樣去做而已。現在護駕的士兵還有一萬多人，戰馬將近五千匹。如果挑選出精銳騎兵一千人，讓我和郎萬金率領，從介休的山路行進，乘夜色衝過敵陣進入晉安寨，只要讓其中一半人馬得以入寨，事情就算成功了。張敬達等人身陷重圍，不知道朝廷的音訊。如果知道朝廷的大軍近在團柏，即使有鐵打的屏障也可以衝破，何況是胡虜的騎兵呢！」李懿把這個建議告訴了唐末帝，唐末帝說：「龍敏的志氣極為豪壯，但現在用這個辦法已經晚了。」

丹州的義軍發動叛亂，驅逐刺史康承詢，康承詢逃往鄜州。

晉安寨被圍困了幾個月，高行周、符彥卿多次帶領騎兵出戰，因為寡不敵眾而都未能取得成功。草料和糧食都吃完了，只好削樹皮淘馬糞中的草筋來餵馬，馬餓急了就相互啃咬，馬尾和馬鬃都被啃禿了，馬餓死後就由將士分而食之，援兵卻最終還是沒有到來。張敬達性情剛烈，當時被稱為「張生鐵」。楊光遠、安審琦勸張敬達向契丹投降，張敬達說：「我受明宗和當今皇上的厚恩，身為元帥而使軍隊打了敗仗，罪過已經很大了，何況去向敵人投降呢！如今援兵早晚之間就會到達，暫且應當再等些日子。如果一旦力盡勢窮，那麼各部隊可以砍下我的頭，帶著它出去投降，以便自己去求多福，也不算遲。」楊光遠向安審琦遞了個眼色想要殺掉張敬達，安審琦不忍心下手。高行周得知楊光遠要暗算張敬達，就經常帶著精壯騎兵尾隨在張敬達後面保衛他。張敬達不知其中的緣故，對人說：「行周常常跟隨在我後面，是什麼用意呢？」高行周於是不敢再跟在他後面了。將領們每天早晨都要在招討使的營帳中會集，閏十一月初九日甲子那一天，高行周、符彥卿還沒有來到，楊光遠乘張敬達沒有戒備，砍下了他的頭，然後率領將領們上表向契丹投降。契丹主早就聽過這些將領的大名，對他們都加以慰勞，賜給他們皮衣皮帽。並乘機對他們開玩笑說：「你們也是太壞的漢人，不用鹽和漿酪作佐料居然吃掉了上萬匹戰馬！」楊光遠等人非常羞慚。契丹主嘉許張敬達的忠烈，下令對他安葬並舉行祭奠，契丹主對自己的部下和晉軍的將領們說：「你們身為人臣，都應當效法張敬達。」當時晉安寨的戰馬尚且將近有五千匹，鎧甲、兵仗有五萬具，契丹把這些東西全部拿來送回國去。而把唐軍的將領和士卒交給了晉皇帝，並對他們說：「勉力侍奉你們的主上。」馬軍都指揮使康思立憤恨鬱悶而死。

帝以晉安已降，遣使諭❶諸州。代州刺史張朗斬其使。呂琦奉唐主詔勞北軍❷，至忻州❸，遇晉使，亦斬之，謂刺史丁審琦曰：「虜過城下而不顧❹，其心可見，還日必無全理❺。不若早帥兵民自五臺❻奔鎮州。」將行，審琦悔之，閉牙城不從。州兵欲攻之，琦曰：「家國如此，何為復相屠滅❼！」乃帥州兵趣鎮州，審琦遂降契丹。

契丹主謂帝曰：「桑維翰盡忠於汝，宜以為相。」丙寅❽，以趙瑩為門下侍郎，桑維翰為中書侍郎，並同平章事，維翰仍權知樞密使事。以楊光遠為侍衛馬步軍都指揮使，以劉知遠為保義節度使、侍衛馬步軍都虞候。

帝與契丹主將引兵而南，欲留一子守河東，咨⑨於契丹主。契丹主令帝盡出諸子，自擇之⑩。帝兄子重貴⑪，父敬儒早卒，帝養以為子，貌類帝⑫而短小。契丹主指之曰：「此大目者⑬可也。」乃以重貴為北京留守、太原尹、河東節度使。

契丹以其將高謨翰⑭為前鋒，與降卒⑮偕[1]進⑯。丁卯⑰，至團柏，與唐兵戰。趙德鈞、趙延壽先遁⑱，符彥饒、張彥琦、劉延朗、劉在明繼之，士卒大潰，相騰踐⑲死者萬計。

己巳⑳，延朗、在明至懷州，唐主始知帝即位、楊光遠降。眾議以天雄軍府尚完㉑，契丹必憚㉒山東㉓，未敢南下，車駕宜幸魏州。唐主以李崧素㉔與范延光善㉕，召崧謀之。薛文遇不知而繼至㉖，唐主怒，變色㉗。崧躡㉘文遇足，文遇乃去。唐主曰：「我見此物㉙肉顫㉚，適㉛幾欲抽佩刀刺之。」崧曰：「文遇小人，淺謀誤國㉜，刺之益醜。」崧因勸唐主南還，唐主從之。

【章　旨】以上為第十二段，寫後唐軍全線潰退，唐末帝南返洛陽。

【注　釋】❶諭　曉諭。❷北軍　指雁門以北諸州固守之軍。❸忻州　州名，治所秀容，在今山西忻州。❹不顧　不去理會。❺還日必無全理　回朝時肯定沒有理由保全身家性命。❻五臺　縣名，在今山西五臺。❼何為復相屠滅　為什麼再自相屠殺。❽丙寅　閏十一月十一日。❾咨　詢問。❿自擇之　自己來加以選擇。⓫重貴　（西元九一四年—？）後晉少帝。石敬瑭姪子。石敬瑭入洛陽，以重貴為太原尹，知河東管內節度使。天福七年（西元九四二年）石敬瑭卒，重貴即皇帝位。西元九四二—九四六年在位。西元九四六年契丹耶律德光南侵，掠石重貴北去，不知所終。事見《舊五代史》卷八十一、《新五代史》卷九。⑫類帝　像石敬瑭。⑬此大目者　這個大眼睛的人。⑭高謨翰　（？—西元九五九年）又名松，渤海（今山東陽信）人，有膂力，善騎射，好談兵。耶律德光誇之為「國之勇將」。官至宰相。傳見《遼史》卷七十六。⑮降卒　指晉安寨降卒。⑯偕進　一起前進。⑰丁卯　閏十一月十二日。⑱先遁　先避敵逃走。⑲騰踐　踐踏。⑳己巳　閏十一月十四日。㉑天雄軍府尚完　天雄軍節度使府尚還完好。㉒憚　害怕。㉓山東　指天雄軍，因其在太行山之東。㉔素　一向。㉕善　友好。㉖薛文遇不知而繼至　薛文遇與李崧同輪直，不知道獨召李崧，故隨後也來。㉗變色　改變臉色。指盛怒的樣子。㉘躡　踢；踏。躡其足示意。㉙此物　這個東西。指薛文遇。表示輕蔑。㉚肉顫　肌肉抖動。指內心厭惡的樣子。㉛適　剛才。㉜淺謀誤國　計謀短淺，貽誤國家。此指薛文遇反對與契丹和議、勸末帝移鎮天平等事。

【校記】①偕　原作「皆」。據章鈺校，十二行本、乙十一行本皆作「偕」，今據改。

【語譯】晉高祖石敬瑭因為晉安已經投降，就派使者去告諭各州。代州刺史張朗殺了他派來的使者。呂琦奉唐末帝的詔命去慰問雁門關以北的守軍，到達忻州，遇到晉帝的使者，也把使者殺了，他對刺史丁審琦說：「胡虜經過你城下而你不去理會，用意是可以看得出來的，回朝時，肯定沒有理由保全身家性命。不如早一點率領軍民從五臺奔往鎮州。」臨行時，丁審琦又後悔了，關閉牙城不跟呂琦走。州兵要攻打他，呂琦說：「國與家都已經這樣了，為什麼還要再自相殘殺呢！」於是帶領忻州兵直奔鎮州，丁審琦則投降了契丹。

契丹主對晉高祖石敬瑭說：「桑維翰對你竭盡忠誠，應該讓他當宰相。」閏十一月十一日丙寅，晉高祖任命趙瑩為門下侍郎，桑維翰為中書侍郎，兩人都同平章事，桑維翰仍舊暫時主持樞密使的職務。任命楊光遠為侍衛馬步軍都指揮使，任命劉知遠為保義節度使、侍衛馬步軍都虞候。

晉高祖和契丹主將要率軍南下，晉高祖想留下一個兒子鎮守河東，詢問契丹主的意見。契丹主讓晉高祖把他的兒子都叫出來，他自己選擇。晉高祖哥哥的兒子石重貴，他的父親石敬儒早死，晉高祖把他當做自己的兒子撫養，他的相貌很像晉高祖，而身材短小。契丹主指著他說：「這個大眼睛的可以。」於是任命石重貴為北京留守、太原尹、河東節度使。契丹派自己的將領高謨翰為前鋒，和晉安寨的降卒一同進發。閏十一月十二日丁卯，到達團柏，與唐軍交戰。趙德鈞、趙延壽率先逃走，符彥饒、張彥琦、劉延朗、劉在明跟著逃跑，唐軍士卒大規模潰逃，相互踐踏而死的數以萬計。

閏十一月十四日己巳，劉延朗、劉在明到了懷州，唐末帝這才得知石敬瑭即位稱帝、楊光遠投降契丹的事。群臣的議論認為天雄軍府還算完好，契丹一定懼怕山東，不敢輕易南下，因此聖駕應該巡幸魏州。唐末帝認為李崧一向與天雄節度使范延光關係很好，就召李崧來商議這件事。薛文遇不知這是單獨召見也跟著進來，唐末帝發怒，臉色都變了。李崧踩了一下薛文遇的腳，薛文遇才退了下去。唐末帝說：「我一看見這個東西肉都發顫，剛才幾乎要拔出佩刀刺他。」李崧說：「薛文遇是個小人，計謀短淺貽誤了國家，刺了他，他更顯得醜陋了。」李崧於是勸唐末帝南返，唐末帝聽從了他的意見。

洛陽聞北軍❶敗，眾心大震，居人四出，逃竄山谷。門者❷請禁之，河南尹雍王重美曰：「國家多難，未能為百姓主❸，又禁其求生，徒增惡名❹耳。不若聽其自便，事寧自還❺。」乃出令任從所適❻，眾心差安❼。

壬申❽，唐主還至河陽，命諸將分守南、北城❾。張延朗請幸滑州，庶與魏博聲勢相接，唐主不能決。

趙德鈞、趙延壽南奔潞州，唐敗兵稍稍從之，其將時賽帥盧龍輕騎東還漁陽❿。帝先遣昭義節度使高行周還具食⓫，至城下，見德鈞父子在城上，行周曰：「僕與大王⓬鄉曲⓭，敢不忠告！城中無斗粟⓮可守，不若速迎車駕⓯。」甲戌⓰，帝與契丹主至潞州。德鈞父子迎謁於高河⑰，契丹主慰諭之。父子拜帝於馬首，進曰：「別後安否？」帝不顧⑱，亦不與之言。契丹主問德鈞曰：「汝在幽州所置銀鞍契丹直何在？」德鈞指示⑲之，契丹主命盡殺之於西郊⑳，凡三千人。遂瑣㉑德鈞、延壽，送歸其國㉒。

德鈞見述律太后，悉以所齎㉓寶貨㉔并籍其田宅㉕獻之。太后問曰：「汝近者㉖何為往太原？」德鈞曰：「奉唐主之命。」太后指天曰：「汝從㉗吾兒求為天子，何妄語㉘邪！」又自指其心曰：「此不可欺㉙也。」又曰：「吾兒將行，吾戒之云：趙大王㉚若引兵北向渝關㉛，亟須引歸，太原不可救也。汝欲為天子，何不先擊退吾兒，徐圖㉜亦未晚。汝為人臣，既負㉝其主，不能擊敵，又欲乘亂邀利㉞。所為如此，何面目復求生乎？」德鈞俛首不能對。又問：「器玩㉟在此，田宅何在？」德鈞曰：「在幽州。」太后曰：「幽州今屬誰？」德鈞[1]曰：「屬太后。」太后曰：「然則又何獻焉㊱？」德鈞益慚。自是鬱鬱不多食，踰年而卒。張礪與延壽俱入契丹，契丹主復以為翰林學士。

【章　旨】以上為第十三段，寫趙德鈞父子降敵，被械送契丹，趙德鈞被述律太后斥責不忠，抑鬱而死。

【注　釋】❶北軍　指趙德鈞、符彥饒等駐團柏之兵。❷門者　守洛陽城門的官員。❸為百姓主　替老百姓作主。❹徒增惡名　白白地增加壞名聲。❺事寧自還　事情平息自然會回來的。❻任從所適　聽任百姓到他們想去的地方。❼眾心差安　大家的心情稍稍安定下來。❽壬申　閏十一月十七日。❾南北城　河陽有南、北、中潬三城。守南、北城是為了保衛黃河橋。❿漁陽　即幽州，在今北京市。⓫還具食　回去準備軍食。⓬大王　指趙德鈞。因封北平王，故稱大王。⓭鄉曲　同鄉人。指均是幽州人。⓮斗粟　指糧食稀少。⓯車駕　指石敬瑭。⓰甲戌　閏十一月十九日。⓱高河　高河鎮，在今山西長治西二十里。⓲不顧　不屑看他。⓳指示　指給他看。⓴西郊　潞州西門外。㉑瑣　通「鎖」。加上鎖鏈。㉒送歸其國　送回契丹。㉓齎　帶著的。㉔寶貨　珍寶財物。㉕籍其田宅　土地和房子的清單。㉖近者　最近。㉗從　向。㉘何妄語　為什麼胡說。㉙欺　欺騙。㉚趙大王　指趙德鈞。㉛渝關　山海關。㉜徐圖　慢慢打算，指慢慢地圖謀做天子。㉝負　辜負；違背。㉞乘亂邀利　趁混亂追逐私利。邀，通「要」。要索。㉟器玩　趙德鈞所獻珍寶。㊱然則又何獻焉　既然這樣，你又獻什麼呢。此皆我家物，你當無所獻。

【校　記】[1]德鈞　原無此二字。據章鈺校，十二行本、乙十一行本皆有此二字，今據補。

【語　譯】洛陽方面聽到北方趙德鈞等統率的軍隊大敗的消息後，大家的內心受到極大震動，城中的居民四面出走，逃竄到山谷裡。把守城門的人請求下令禁止，河南尹雍王李重美說：「國家多難，朝廷沒能替百姓作主，又禁止他們尋找活路，這樣只能是增加朝廷的惡名而已。不如聽其自便，事情平息後他們自然就會回來的。」於是下令聽任百姓到他們想去的地方，大家的心情稍稍安定下來。

閏十一月十七日壬申，唐末帝回到河陽，命令各位將領分別把守南、北城。張延朗建議唐末帝巡幸滑州，以便能與魏博聲勢相接，唐末帝一時拿不定主意。

趙德鈞、趙延壽向南逃奔到潞州，唐軍敗兵漸漸跟上了他，他的部將時賽帶領盧龍的輕騎兵向東回到漁陽。晉高祖先派昭義節度使高行周回潞州備辦糧草，到了潞州城下，看見趙德鈞父子正在城上，高行周說：「在下和大王是同鄉，不敢不向你提出一個忠告！城中已經沒有一斗之粟可以讓你堅守了，不如趕快出來迎接皇上聖駕。」閏十一月十九日甲戌，晉高祖和契丹主到達潞州。趙德鈞父子到高河迎候謁見，契丹主對他們撫慰了一番。他們父子二人叩拜於晉高祖的馬前，並上前問道：「分別以來還好嗎？」晉高祖看都不看他，也不和他搭腔。契丹主問趙德鈞說：「你在幽州設置的銀鞍契丹直在哪裡？」趙德鈞指給他看，契丹主命令把這些人帶到潞州城的西郊全部殺掉，共計三千人。然後給趙德鈞、趙延壽上了枷鎖，押送回契丹國。

趙德鈞晉見契丹主的母親述律太后，把所有帶來的寶貨以及登錄自己田宅的簿籍獻給太后。太后問道：「你最近為什麼前往太原？」趙德鈞回答說：「是奉了唐主之命。」太后指著天說：「你向我的兒子請求做天子，為什麼要胡說呢！」又指著自己的心說：「這裡是不可欺騙的。」又說：「我的兒子即將出發時，我告誡他說：趙大王如果帶兵向渝關北進，你必須趕緊帶兵回來，不能去救援太原。你想當天子，為什麼不先擊退我的兒子，再慢慢地謀取也不算晚。你身為人臣，既辜負了你的君主，不能進擊敵人，還想乘著戰亂謀取私利。所作所為到了這般地步，又有什麼臉面再來尋求活路呢？」趙德鈞低著頭不能回答。太后又問：「你獻的器物珍玩都在這裡，田宅又在哪裡呢？」趙德鈞說：「在幽州。」太后說：「幽州現在屬於誰？」趙德鈞回答說：「屬於太后。」太后說：「既然這樣，那麼你又獻什麼呢？」趙德鈞更加羞慚，從此以後，他心中憂鬱，吃不下多少食物，過了一年就死了。張礪和趙延壽一起進入契丹，契丹主還是任命他為翰林學士。

帝將發上黨❶，契丹主舉酒屬❷帝曰：「余遠來徇義❸，今大事已成，我若南向❹，河南❺之人必大驚駭。汝宜自引漢兵南下，人必不甚懼。我令太相溫❻將五千騎衛送汝至河梁❼，欲與之度河者多少隨意。余且留此，俟汝音聞，有急則下山❽救汝。若洛陽既定，吾即北返矣。」與帝執手相泣，久之不能別，解白貂裘❾以衣❿帝，贈良馬二十匹，戰馬千二百匹，曰：「世世子孫勿相忘。」又曰：「劉知遠、趙瑩、桑維翰皆創業功臣，無大故⑪，勿棄也。」

初，張敬達既出師，唐主遣左金吾大將軍⑫歷山高漢筠⑬守晉州⑭。敬達死，建雄節度副使田承肇帥眾攻漢筠於府署。漢筠開門延承肇入，從容謂曰：「僕與公俱受朝寄⑮，何相迫如此？」承肇曰：「欲奉公為節度使。」漢筠曰：「僕老矣，義不為亂首⑯，死生惟公所處⑰。」承肇目⑱左右欲殺之，軍士投刃於地曰：「高金吾累朝宿德⑲，柰何害之！」承肇乃謝曰：「與公戲⑳耳。」聽㉑漢筠歸洛陽。帝遇諸塗㉒，曰：「朕憂卿為亂兵所傷，今見卿，甚喜。」

符彥饒、張彥琪至河陽，密言於唐主曰：「今胡兵㉓大下，河水復淺，人心已離，此不可守。」丁丑㉔[1]，唐主命河陽節度使萇從簡與趙州刺史劉在明守河陽南城，遂斷浮梁㉕，歸洛陽。遣宦者秦繼旻、皇城使李彥紳殺昭信節度使李贊華於其第。

己卯㉖，帝至河陽，萇從簡迎降，舟楫已具㉗。彰聖軍㉘執劉在明以降，帝釋之，使復其所㉙。

唐主命馬軍都指揮使宋審虔、步軍都指揮使符彥饒、河陽節度使張彥琪、宣徽南院使劉延朗將千餘騎至白馬阪㉚行戰地㉛，有五十餘騎度河[2]奔于北軍㉜。諸將謂審虔曰：「何地不可戰，誰肯立㉝於此？」乃還。庚辰㉞，唐主又與四將議復向河陽，而將校皆已飛狀㉟迎帝。帝慮唐主西奔，遣契丹千騎扼㊱澠池㊲。辛巳㊳，唐主與曹太后㊴、劉皇后、雍王重美及宋審虔等攜傳國寶㊵登玄武樓㊶自焚。皇后積薪㊷欲燒宮室，重美諫曰：「新天子至，必不露居㊸，它日重勞民力。死而遺怨㊹，將安用之㊺！」乃止㊻。王淑妃謂太后曰：「事急矣㊼，宜且避匿㊽，以俟姑夫㊾。」太后曰：「吾子孫婦女㊿一朝至此，何忍獨生！妹(51)自勉之。」淑妃乃與許王從益匿於毬場(52)，獲免。

【章旨】以上為第十四段，寫唐末帝回到洛陽，無兵可戰，自焚而死。

【注釋】❶發上黨　從上黨出發。上黨，即潞州，治所在今山西長治。❷屬　囑咐。❸徇義　遵守信義。❹南向　南卜。❺河南　指黃河以南洛陽地區。❻太相溫　即高謨翰。契丹名為太相溫。❼河梁　河陽橋。❽下山　下太行山。❾白貂裘　白色貂皮衣服。❿衣　穿。⓫無大故　沒有大的過失。⓬左金吾大將軍　禁衛軍官名。⓭高漢筠　（西元八七三—九三八年）字時英，齊州歷山（今山東濟南市歷城）人，少好書傳，投筆從戎，官至晉左驍衛大將軍、內客省使。傳見《舊五代史》卷九十四。⓮晉州　州名，治所白馬城，在今山西臨汾。⓯朝寄　朝廷寄以重託。⓰義不為亂首　守義不做叛亂的首領。⓱惟公所處　只聽你的處分。⓲目　以目示意。⓳累朝宿德　歷朝以來年高而有道德的人。⓴戲　開玩笑。㉑聽　任憑。㉒帝遇諸塗　石敬瑭在路上遇見他。諸，之於。塗，通「途」。㉓胡兵　指契丹軍隊。㉔丁丑　閏十一月二十二日。㉕浮梁　浮橋。㉖己卯　閏十一月二十四日。㉗舟楫已具　船隻已經準備好了。㉘彰聖軍　禁衛軍名，駐守河陽者。㉙使復其所　使劉在明仍舊回到原來的任所。㉚白馬阪　胡三省注云：「白司馬阪也，在洛陽北。史逸『司』字。」㉛行戰地　踏勘布陣作戰的地方。㉜北軍　指晉軍。㉝立　立陣。㉞庚辰　閏十一月二十五日。㉟飛狀　此指飛快地呈上降書。㊱扼　扼守。㊲澠池　縣名，在洛陽之西，即今河南澠池縣。㊳辛巳　閏十一月二十六日。㊴曹太后　（？—西元九三六年）明宗妃，長興元年冊為皇后。傳見《舊五代史》卷四十九。㊵傳國寶　即玉璽。㊶玄武樓　洛陽皇宮內樓閣名。㊷積薪　堆積柴火。㊸必不露居　一定不露宿在外。㊹遺怨　遺留怨恨給後人。㊺將安用之　謂焚燒宮室又有什麼用處。㊻乃止　於是就停止燒宮室。㊼事急矣　事情已經很危急了。㊽避匿　躲避。㊾姑夫　指石敬瑭。因石敬瑭娶明宗之女，故稱姑夫。㊿子孫婦女　子，指李從珂孫，指李重美。婦，指劉皇后。女，指李從珂女兒。(51)妹　指王淑妃。(52)毬場　踢鞠毬的場地。

【校　記】①丁丑　原作「己丑」。據章鈺校，十二行本、乙十一行本、孔天胤本皆作「丁丑」，張敦仁《通鑑刊本識誤》同，今據改。②度河　原無此二字。據章鈺校，十二行本、乙十一行本、孔天胤本皆有此二字，張敦仁《通鑑刊本識誤》、張瑛《通鑑校勘記》同，今據補。

【語　譯】晉高祖就要從上黨出發，契丹主舉起酒杯囑咐晉高祖說：「我遠道而來是踐行信義，現在大功已成，我如果再向南進兵，黃河以南的人們一定會十分驚慌害怕。你應該自己帶領漢兵南下，人們一定不會感到太恐懼。我讓太相溫率領五千騎兵護送你到河梁，你想要多少人隨你渡河由你決定。我暫且留在這裡，等候你的消息，如果有緊急情況，我就下太行山去救你。如果洛陽平定下來了，我就回到北方去了。」說完，與晉高祖手拉著手，相對而泣，久久難以分別，又脫下自己身上的白色貂皮大衣披在晉高祖身上，另外贈送了良馬二十匹，戰馬一千二百匹，說：「希望我們世世代代的子孫都不要相忘。」又說：「劉知遠、趙瑩、桑維翰都是創業的功臣，沒有大的過失，不要拋棄他們。」

當初，張敬達率軍出征之後，唐末帝派左金吾大將軍歷山人高漢筠戍守晉州。張敬達死了之後，建雄節度副使田承肇帶領部眾到府署攻打高漢筠。高漢筠打開府署的大門讓田承肇進去，很沉著地對他說：「在下和您都受朝廷的重託，為什麼要這樣相逼呢？」田承肇說：「想擁戴你做節度使。」高漢筠說：「在下老了，謹遵道義不能去做謀亂的禍首，是死是活任憑您處置。」田承肇向身邊的軍士使眼色想要殺掉高漢筠，這些軍士把刀子丟在地上說：「高金吾歷經幾朝是年高有德之人，為什麼要殺害他！」田承肇於是向高漢筠謝罪說：「和您開個玩笑而已。」田承肇聽任高漢筠回洛陽。晉高祖在路上遇到了高漢筠，說：「朕擔心你會被亂兵傷害，現在見到你，實在令人高興。」

符彥饒、張彥琪到了河陽，祕密地向唐末帝進言說：「現在契丹軍隊大舉南下，黃河恰又水淺，人心已經離散，這裡不可再守了。」閏十一月二十二日丁丑，唐末帝命令河陽節度使萇從簡和趙州刺史劉在明戍守河陽南城，隨即切斷渡河的浮橋，回洛陽。又派遣宦官秦繼旻、皇城使李彥紳把昭信節度使李贊華殺死在他的家裡。

閏十一月二十四日己卯，晉高祖到達河陽，萇從簡迎上前來投降，渡河的舟楫都已經準備好了。彰聖軍的軍士抓了劉在明也來投降，晉高祖釋放了劉在明，仍讓他回到原來的任所。

唐末帝命令馬軍都指揮使宋審虔、步軍都指揮使符彥饒、河陽節度使張彥琪、宣徽南院使劉延朗率領一千多名騎兵到白馬阪踏勘布陣作戰的地方，其間有五十多名騎兵渡河投奔了北方的晉軍。將領們對宋審虔說：「哪裡不可以作戰，誰肯在這個地方布陣？」於是就撤了回來。閏十一月二十五日庚辰，唐末帝又與以上四位將領商議再向河陽派兵的事，而此時軍中不少將校都已飛快地呈上降書迎接晉高祖去了。晉高祖擔心唐末帝會往西逃奔，就派契丹騎兵一千人前去扼守澠池。

閏十一月二十六日辛巳，唐末帝和曹太后、劉皇后、雍王李重美以及宋審虔等人攜帶傳國寶璽，登上玄武樓自焚。劉皇后堆積薪柴想要燒掉宮室，李重美勸阻說：「新天子到來，肯定不會露宿在外，以後修建宮室又會使民眾更加勞苦。我們死了，還要給後人留下怨恨，焚燒宮室又有什麼用處呢！」劉皇后這才住手。王淑妃對曹太后說：「事情很危急了，我們應該暫且躲避藏匿一下，等姑夫來了再說。」曹太后說：「我的兒子、孫子、媳婦、孫女一旦到了這個地步，我怎麼忍心獨自活著！妹妹你自己保重吧。」王淑妃於是和許王李從益一起藏匿在毬場，得以幸免。

是日晚，帝入洛陽，止于舊第[1]。唐兵皆解甲待罪，帝慰而釋之。帝命劉知遠部署❷京城，知遠分漢軍使還營，館❸契丹於天宮寺，城中肅然，無敢犯令。士民避亂竄匿者，數日皆還復業。

初，帝在河東，為唐朝所忌。中書侍郎、同平章事、判三司張延朗不欲河東多蓄積，凡財賦應留使❹之外盡收取之，帝以是恨之。壬午❺，百官入見，獨收❻延朗付御史臺，餘皆謝恩。

甲申❼，車駕❽入宮。大赦，應❾中外官吏一切不問。惟賊臣張延朗、劉延皓、劉延朗姦邪貪猥❿，罪難容貸⓫。中書侍郎・同[1]平章事馬胤孫、樞密使房暠、宣徽使李專美、河中節度使韓昭胤等，雖居重位，不務詭隨⓬，並釋罪除名⓭。中外臣僚先歸順者，委中書、門下別加任使⓮。劉延皓匿於龍門⓯，數日，自經⓰死。劉延朗將奔南山⓱，捕得，殺之。斬張延朗。既而選三司使，難其人⓲，帝甚悔之。

閩人聞唐主之亡，歎曰：「潞王之罪，天下未之聞也⓳，將如吾君何⓴！」

十二月乙酉[2]朔㉑，帝如河陽，餞㉒太相溫及契丹兵歸國。○追廢唐主為庶人。○丁亥㉓，以馮道兼門下侍郎、同平章事。○曹州刺史鄭阮貪暴，指揮使石重立因亂殺之㉔，族其家。○辛卯㉕，以唐中書侍郎姚顗為刑部尚書。

初，朔方㉖節度使張希崇為政有威信，民夷㉗愛之，興屯田㉘以省漕運。在鎮五年，求內徙㉙，唐潞王以為靜難節度使。帝與契丹修好，恐其復取靈武，癸巳㉚，復以希崇為朔方節度使。

初，成德節度使董溫琪貪暴，積貨巨萬，以牙內都虞候平山㉛祕瓊㉜為腹心。溫琪與趙德鈞俱沒㉝於契丹，瓊盡殺溫琪家人，瘞於一坎㉞，而取其貨，自稱留後，表稱軍亂㉟。○同州小校門鐸殺節度使楊漢賓，焚掠州城。

詔贈李贊華燕王，遣使送其喪㊱歸國。○張朗將㊲其眾入朝。

庚子㊳，以唐中書侍郎、同平章事[3]盧文紀為吏部尚書，以皇城使晉陽周瓌為大將軍、充三司使。瓌辭曰：「臣自知才不稱職，寧㊴以避事㊵見棄，猶勝冒寵獲辜㊶。」帝許之。○帝聞平盧節度使房知溫卒，遣天平節度使王建立將兵巡撫青州。○改興唐府曰廣晉府㊷。

安遠節度使盧文進聞帝為契丹所立，自以本契丹叛將，辛丑㊸，棄鎮奔吳。所過鎮戍㊹，召其主將，告之故，皆拜辭而退。

徐知誥以鎮南節度使・太尉兼中書令李德誠㊺、德勝節度使兼中書令周本㊻位望㊼隆重，欲使之帥眾推戴㊽。本曰：「我受先王㊾大恩，自徐溫父子用事，恨不能救楊氏之危，又使我為此，可乎！」其子弘祚強之㊿，不得已，與德誠帥諸將詣江都表吳主，陳[51]知誥功德，請行冊命[52]，又詣金陵勸進[53]。宋齊丘謂德誠之子建勳曰：「尊公[54]，太祖元勳[55]，今日掃地[56]矣。」於是吳宮多妖[57]，吳主曰：「吳祚[58]其終乎！」左右曰：「此乃天意，非人事[59]也。」

高麗王建[60]用兵擊破新羅、百濟，於是東夷諸國[61]皆附之，有二京、六府、九節度、百二十郡。

【章旨】以上為第十五段，寫石敬瑭入洛為中原主，是為晉高祖。吳執政徐知誥逼迫吳主禪讓。

【注釋】❶止于舊第　住宿在舊日的宅第裡。❷部署　安排處理京城的衛戍事宜。❸館　居住。❹應留使　應留在節度使府而使用的財賦。唐制，諸州財賦分為三份：一上供，送京師供朝廷使用。一送使，送節度使府。一留州，為州部所用。❺壬午　閏十一月二十七日。❻收　逮捕。❼甲申　閏十一月二十九日。❽車駕　皇帝。❾應　一切；所有。詔旨文書的發語詞。❿貪猥　貪婪、猥瑣。⓫容貸　寬恕。⓬不務詭隨　不做不顧是非妄隨人意的事情。⓭釋罪除名　免罪，削名官籍。⓮別加任使　另行加以任用。⓯龍門　在今河南洛陽龍門鎮。⓰自經　自殺；自縊。⓱南山　即洛陽南面伊陽諸山。⓲難其人　難以有適合的人選。⓳天下未之聞也　天下人沒有聽說過。⓴將如吾君何　對我們的君主又會怎麼樣呢。㉑乙酉朔　十二月初一日。㉒餞　設宴送行。㉓丁亥　十二月初三日。㉔因亂殺之　乘中原之亂而殺了鄭阮。㉕辛卯　十二月初七日。㉖朔方　方鎮名，唐玄宗開元九年（西元七二一年）置朔方軍節度使。治所靈州，在今寧夏靈武西南。㉗民夷　漢民及少數民族的並稱。㉘屯田　在邊疆開闢土地種植糧食。㉙求內徙　請求內遷。㉚癸巳　十二月初九日。㉛平山　縣名，在今河北平山縣。㉜祕瓊（？—西元九三七年）後唐鎮州留後。入晉轉齊州防禦使，在赴任途中被鄴帥范延光所殺。傳見《舊五代史》卷九十四。㉝沒　陷沒。㉞瘞於一坎　葬在一條溝裡。㉟表稱軍亂　上表聲稱董溫琪一家被亂軍所殺。㊱送其喪　護送他的靈柩。㊲將率領。㊳庚子　十二月十六日。㊴寧　寧可；寧願。㊵避事　躲避任職。㊶獲辜　獲罪。㊷廣晉府　即魏州。後唐改魏州為興唐府，後晉改為廣晉府。㊸辛丑　十二月十七日。㊹所過鎮戍　奔吳所經過的各州府。㊺李德誠　（西元八六三—九四〇年）廣陵（今江蘇揚州）人，官鎮南軍節度使，封南平王，進封趙王。為南唐佐命大臣。傳見《十國春秋》卷七。㊻周本（西元八六一—九三七年）舒州宿松（今安徽宿松）人，少孤貧，有膂力，曾獨力殺虎。有軍事才能，官德勝軍節度使，封西平王。傳見《十國春秋》卷七。㊼位望　地位和聲望。㊽帥眾推戴　率領文武百官擁戴徐知誥為帝。㊾先王　指楊行密。㊿強之　強迫他。(51)陳　陳述。(52)冊命　冊徐知誥為帝的命令。(53)勸進　勸其即位為皇帝。(54)尊公　指李德誠。(55)太祖元勳　楊行密的第一功臣。(56)掃地　威信掃地以盡。(57)妖　奇怪的現象。(58)祚　國運。(59)人事　人的力量。(60)高麗王建　（西元八七七—九四三年）朝鮮王氏，高麗的創建者。松岳（今朝鮮開城）人，本弓裔部將，西元九一八年殺弓裔自立。併新羅、百濟，統一朝鮮半島。西元九一八—九四三年在位，廟號太祖。(61)東夷諸國　指渤海等國。

【校記】[1]同　原無此字。張敦仁《通鑑刊本識誤》云：「『郎』下脫『同』字。」當是，今據補。[2]乙酉　原作「辛酉」。據章鈺校，十二行本、乙十一行本、孔天胤本皆作「乙酉」，張敦仁《通鑑刊本識誤》、熊羅宿《胡刻資治通鑑校字記》同，今據改。[3]同平章事　原無此四字。據章鈺校，十二行本、乙十一行本皆有此四字，今據補。

【語譯】這一天晚上，晉高祖進入洛陽，住在舊日的宅第裡。唐兵都脫下鎧甲等待問罪，晉高祖安慰並釋放了他們。晉高祖命令劉知遠安排處理京城的衛戍事宜，劉知遠分派漢軍讓他們回營，安排契丹兵住在天宮寺，城中秩序井然，沒有人敢違犯命令。那些躲避戰亂逃到城外藏匿起來的人，幾天之後都又回到城裡恢復常業了。

當初，晉高祖在河東軍鎮時，受到唐朝廷的猜忌。中書侍郎、同平章事、判三司張延朗不想讓河東有很多的積蓄，所有財物賦稅除了應留在節度使府的以外，全部都收歸朝廷，晉高祖因此對他懷恨在心。閏十一月二十七日壬午，百官入宮朝見，晉高祖惟獨拘捕了張延朗交付御史臺究辦，其餘的人都因免究而謝恩。

閏十一月二十九日甲申，晉高祖車駕入宮。宣布大赦，所有宮內外官吏概不追究。只有賊臣張延朗、劉延皓、劉延朗奸詐邪惡，貪婪猥瑣，罪行難以寬恕。中書侍郎・同平章事馬胤孫、樞密使房暠、宣徽使李專美、河中節度使韓昭胤等人，雖然身居重要職位，但不去做不顧是非妄隨人意的事，一律免除他們的罪責，削名官籍。內外臣僚先歸順的，委令中書和門下兩省另行加以任用。劉延皓藏匿在龍門，幾天之後，自己上吊死了。劉延朗準備逃到南山，結果被抓住，殺了。把張延朗也斬殺了。不久選任三司使，難以找到合適的人選，晉高祖很後悔匆忙斬殺張延朗。

閩國的人得知唐末帝死亡的消息後，感歎道：「潞王之罪，天下人沒有聽說過，對我們國君又會怎麼樣呢！」

十二月初一日乙酉，晉高祖前往河陽，為太相溫和契丹兵歸國餞行。〇下詔追廢唐末帝為庶人。〇初三日丁亥，任命馮道兼門下侍郎、同平章事。〇曹州刺史鄭阮貪婪殘暴，指揮使石重立乘中原之亂把他殺了，並滅了他全家。〇初七日辛卯，任命原唐中書侍郎姚顗為刑部尚書。

當初，朔方節度使張希崇處理政務有威信，漢人和其他民族的人都很愛戴他，他興辦屯田，從而節省了漕運的開支。在軍鎮任職五年後，請求調任內地，唐潞王就改任他為靜難節度使。晉高祖雖然和契丹修好，仍擔心他們會再攻取靈武，十二月初九日癸巳，又派張希崇擔任朔方節度使。

當初，成德節度使董溫琪貪婪殘暴，積聚財貨巨萬，他把牙內都虞候平山人祕瓊當做心腹。董溫琪和趙德鈞一起都陷沒在契丹國，祕瓊把董溫琪的家人全部殺死，合埋在一條溝裡，然後奪取了他家的財貨，自稱為留後，向朝廷上表聲稱他們是被亂軍所殺。〇同州的小軍校門鐸殺死了節度使楊漢賓，焚燒並搶掠州城。

下詔追贈李贊華為燕王，派使者護送他的靈柩回國。〇張朗率領他的部眾入朝。

十二月十六日庚子，任命原唐中書侍郎、同平章事盧文紀為吏部尚書，任命皇城使晉陽人周瓌為大將軍、充任三司使。周瓌推辭說：「臣自知才能不能與職位相稱，寧可因躲避任職而被陛下摒棄，也勝於貪圖陛下恩寵而失職獲罪。」晉高祖准許了他。〇晉高祖聽說平盧節度使房知溫去世，派遣天平節度使王建立率兵巡撫青州。〇改興唐府為廣晉府。

安遠節度使盧文進得知晉高祖是契丹人所扶立的，考慮到自己原本是契丹的叛將，於是就在十二月十七日辛丑，撇下軍鎮投奔吳國去了。途中每經過一處鎮戍之地，都召來那裡的主將，告訴他們自己投奔吳國的緣故，這些主將都向他拜辭而退。

徐知誥認為鎮南節度使・太尉兼中書令李德誠、德勝節度使兼中書令周本位高望重，想讓他們率領眾人推戴自己為帝。周本說：「我蒙受先王的大恩，自從徐溫父子當政以來，痛恨自己不能解救楊氏的危難，現在又讓我幹這種事，怎麼可以呢！」他的兒子周弘祚強迫他，他不得已，只好與李德誠一起率領將領們前往江都向吳主上表，陳述徐知誥的功德，請求吳主施行冊命，又前往金陵去勸徐知誥即皇帝位。宋齊丘對李德誠的兒子李建勳說：「令尊是太祖的第一功臣，今天威信掃地了。」這時候吳國宮中出現了很多奇怪的現象，吳主說：「吳國的國運就要終結了嗎！」身邊的人說：「這是天意，不是人的力量。」

高麗王王建出兵打敗了新羅、百濟，於是東夷各國都歸附了他，他擁有二京、六府、九節度、一百二十個郡。

【研　析】本卷研析唐末帝失策拒和親、石敬瑭割地稱兒皇帝、趙德鈞父子降敵三件史事。

唐末帝失策拒和親。石敬瑭在晉陽時礪兵秣馬，蓄聚貨財，人皆知其有異志。端明殿學士、給事中李崧與同僚呂琦共議，石敬瑭謀反，必結援契丹。二人密言於末帝，建言與契丹結和親，歲不過供虜禮金十餘萬緡以安邊患，以絕石敬瑭之後路。末帝大喜，嘉獎二人忠心。兩人私下草擬了〈遺契丹書〉以等待詔命。末帝突然以其謀告樞密直學士薛文遇，文遇迂腐，以天朝自大，反對和親。薛文遇對唐末帝說：「以天子之至尊，屈身奉拜夷狄，這是很丟顏面的事。再說，若虜酋提出尚公主，該怎麼辦呢？」末帝於是一百八十度轉彎，痛責李崧、呂琦二人，拿國家養士之財以送虜廷，身為大臣不佐人主致太平，竟然打起了公主的主意，要把皇上的獨生女棄之漠北，二人惶懼拜謝。從此群臣沒人再敢提和親之事。當時契丹雄起漠北，中原長年混戰，藩鎮對抗朝廷，往往引契丹為援。和親安邊，在當時是最好的決策。聖人言：「一言可以喪邦，一言可以興邦。」這話好像就是對薛文遇說的。

石敬瑭割地稱兒皇帝。石敬瑭反叛於晉陽，納桑維翰策，草表遺契丹主耶律德光，許願四個條件以換取契丹發兵。其一，向契丹稱臣。其二，以父禮事契丹主，稱兒皇帝，接受契丹主的冊命。其三，事成之後，割幽、薊、瀛、莫、涿、檀、順、新、媯、儒、武、雲、應、寰、朔、蔚等十六州之地與契丹。其四，每歲奉送帛三十萬匹。都押牙劉知遠認為，稱臣與奉送厚幣兩條就可以搬來契丹援兵，以父事之太過，割地更不可以，恐怕成為中國的大禍害，那時後悔就來不及了。石敬瑭不聽。天福元年（西元九三六年）十一月十二日，契丹主耶律德光作冊書，命石敬瑭為大晉皇帝。這一年耶律德光三十七歲，石敬瑭四十七歲，一個大十歲的成年人喊年輕小夥子為老爹，十足的認賊作父，大丟中國人的臉面。尤其是割燕雲十六州，河北險阻盡失，導致北宋的積貧積弱，南宋的偏安江南，游牧人鐵蹄踐踏中原土地數百年，石敬瑭的賣國醜行，永遠地釘在中國歷史的恥辱柱上。

趙德鈞父子降敵。盧龍節度使趙德鈞見李從珂得天下之易，野心勃發，陰蓄異志，欲趁亂取中原，趙德鈞主動請纓討石敬瑭，其實是把河北之軍調離關隘，讓開大路，讓契丹進入國境，伺機投靠。唐末帝委任趙德鈞為諸道行營都統，其子趙延壽為河東道南面行營招討使。父子兩人合兵屯團柏谷口，離被圍攻的唐軍晉安寨大營不過百里之地，趙德鈞父子按兵不動，亦不通聲問，坐等唐軍失敗。契丹軍於柳林，助石敬瑭圍攻晉安寨，而輜重老弱留在虎北口，如果趙德鈞發起進攻，準備隨時逃竄。趙德鈞父子手握重兵，不救被圍唐軍，也不進攻契丹，而是兩面派出使者，一路要挾唐末帝為趙延壽索求成德節度使，一路向契丹主耶律德光搖尾請求為皇帝，即以手握之兵南平洛陽，中國與契丹約為兄弟。石敬瑭割地，稱兒皇帝，條件更優，加之桑維翰跪求契丹主不要爽約。耶律德光對趙德鈞使者說：「我已經許諾石郎了。」趙德鈞父子死心投敵，吃了閉門羹仍不悔悟，坐等唐軍潰敗，父子投敵，被送往契丹見述律太后。述律太后譏諷趙德鈞父子說：「趙大王手握重兵，想當皇帝，先打退我的兒子，然後圖謀當皇帝也不晚。趙大王若引兵向北，我兒就會退兵，太原不可救。可是你們父子身為人臣不忠，奉主之命不能擊敵，還想在亂中謀利，你們這樣的行為，有什麼臉面活在世上。」趙德鈞垂著腦袋，無言以對。趙德鈞在虜廷，鬱鬱寡歡，食難下嚥，一年後死去。其子趙延壽臉皮之厚，青出於藍而勝於藍，苟且偷生，終生為虜作倀。

卷第二百八十一

後晉紀二

起彊圉作噩（丁酉　西元九三七年），盡著雍閹茂（戊戌　西元九三八年），凡二年。

【題解】本卷記事起西元九三七年，迄西元九三八年，凡二年。當後晉高祖大福二年至三年。此時期為晉高祖石敬瑭為鞏固政權而採取的施政舉措。桑維翰為首輔重臣，建言晉高祖棄舊怨以撫藩鎮，送厚禮以結契丹，整武備，勸農桑，數年後，中國粗安。其時魏、孟、滑三州叛亂，晉高祖命將往討，經年不克，高祖大赦，首惡范延光請降，以太子太師致仕，叛亂悉平，收棄舊怨以撫藩鎮之效。石敬瑭尊禮契丹主，自甘屈辱稱兒皇帝。石敬瑭下詔求言，緩建宮室，獎勵墾殖，聽民自鑄錢，這些措施紓緩了民困。南方割據政權，吳國禪代，徐誥受禪即帝位，國號唐，都金陵，史稱後唐，一片新興氣象。閩主王昶荒淫虐民，賣官課重稅，人民嗟怨。南漢主劉龔輕浮暴眾，兵敗交州，國勢衰落。楚主馬希範縱情聲色。契丹接管燕雲十六州，國勢日盛，改稱大遼。

高祖聖文章武明德孝皇帝上之下

天福二年（丁酉　西元九三七年）

春，正月乙卯❶，日有食之。○詔以前北面招收指揮使安重榮為成德節度使，以祕瓊為齊州防禦使。遣引進使❷王景崇❸諭瓊以利害。重榮與契丹將趙思溫❹偕如鎮州，瓊不敢拒命。丙辰❺，重榮奏已視事❻。景崇，邢州人也。

契丹以幽州為南京❼。○李崧、呂琦逃匿於伊闕❽民間。帝以始鎮河東，崧有力焉，德之❾，亦不責琦。乙丑❿，以琦為祕書監。丙寅⓫，以崧為兵部侍郎、判⓬戶部⓭。

初，天雄節度使兼中書令范延光微時⓮，有術士⓯張生語之云：「必為將相。」延光既貴，信重之⓰。延光嘗夢蛇自臍入腹⓱，以問張生。張生曰：「蛇者龍也，帝王之兆⓲。」延光由是有非望之志⓳。唐潞王素與延光善，及趙德鈞敗，延光自遼州引兵還魏州。雖奉表請降，內不自安⓴，以書潛結㉑祕瓊，欲與之為亂。瓊受其書不報㉒，延光恨之。瓊將之齊㉓，過魏㉔境，延光欲滅口，且利其貨㉕，遣兵邀之㉖於夏津㉗，殺之。丁卯㉘，延光奏稱夏津捕盜兵誤殺瓊，帝不問。

戊寅㉙，以李崧為中書侍郎、同平章事、充樞密使，桑維翰兼樞密使。時晉新得天下，藩鎮多未服從。或雖服從，反仄㉚不安。兵火之餘㉛，府庫殫竭，民問困窮，而契丹徵求無厭。維翰勸帝推誠棄怨以撫藩鎮，卑辭厚禮㉜以奉契丹，訓卒繕兵㉝以修武備，務農桑以實倉廩，通商賈以豐貨財。數年之間，中國稍安㉞。

【章旨】以上為第一段，寫晉高祖用桑維翰之策，棄舊怨以撫藩鎮，送厚禮以結契丹，整武備，勸農桑，數年之後，中國粗安。

【注釋】❶乙卯　正月初二日。❷引進使　官名，掌宣諭詔令。❸王景崇　（？—西元九五〇年）邢州（今河北邢臺）人，為人明敏巧辯，官至後漢鳳翔巡檢使。傳見《新五代史》卷五十三。❹趙思溫　（？—西元九三九年）字文美，盧龍（今河北盧龍）人，少果銳，膂力兼人。降契丹官至臨海節度使。傳見《遼史》卷七十六。❺丙辰　正月初三日。❻已視事　已經履行職權。❼南京　遼之南京在今北京市。❽伊闕　古縣名，在今河南洛陽南。山巒連綿，為洛陽南面屏障。❾德之　感激他的恩德。❿乙丑　正月十二日。⓫丙寅　正月十三日。⓬判　唐官制，以高官兼較低職位的官稱判。⓭戶部　指戶部郎中。⓮微時　尚未做官時。⓯術士　陰陽、占卜、相面的人。⓰信重之　信任器重他。⓱自臍入腹　從肚臍眼進到肚子裡。⓲兆　先兆；徵兆。⓳有非望之志　有了非分之想，即有了稱帝之意。⓴內不自安　內心不踏實、安寧。㉑潛結　暗中勾結。㉒不報　不作答覆。㉓瓊將之齊　祕瓊將到齊州任防禦使。之，往。㉔魏　魏州。㉕且利其貨　而且貪圖他的財物。㉖邀之　攔截他。㉗夏津　古縣名，在今河北清河縣東。㉘丁卯　正月十四日。㉙戊寅　正月二十五日。㉚反仄　反側，翻來覆去，形容坐臥不安。仄，通「側」。㉛兵火之餘　戰爭剛剛結束。㉜卑辭厚禮　謙卑的言辭，豐厚的禮品。㉝訓卒繕兵　訓練士兵，繕治甲兵。㉞稍安　逐漸安定。

【語譯】高祖聖文章武明德孝皇帝上之下

天福二年（丁酉　西元九三七年）

春，正月初二日乙卯，發生日蝕。○晉高祖下詔任命前北面招收指揮使安重榮為成德節度使，任命祕瓊為齊州防禦使。派引進使王景崇去向祕瓊說明利害關係。安重榮和契丹將領趙思溫一同前往鎮州，祕瓊不敢抗拒命令。初三日丙辰，安重榮上奏說已經開始就職任事。王景崇，是邢州人。

契丹把幽州當做南京。○李崧、呂琦逃亡藏匿在伊闕民間。晉高祖認為自己當初得以鎮守河東，李崧是出過力的，因此很感激他，同時也沒有責備呂琦。正月十二日乙丑，任命呂琦為祕書監。十三日丙寅，任命李崧為兵部侍郎、兼理戶部。

當初，天雄節度使兼中書令范延光尚未做官之時，有個名叫張生的江湖術士對他說：「你將來一定能做將相。」范延光地位顯貴以後，對他很信任器重。范延光曾經夢見一條蛇從肚臍鑽入腹中，於是去問張生。張生說：「蛇就是龍，這是做帝王的徵兆。」范延光從此有了非分之想。唐潞王一向和范延光關係很好，在趙德鈞敗亡之後，范延光從遼州帶兵回到魏州。雖然也上表請求歸降，但內心總是不能安寧，他寫信暗中勾結祕瓊，想和他一起叛亂。祕瓊接到他的信後沒有回覆，范延光對他懷恨在心。祕瓊準備到齊州就任，經過魏州境內，范延光想要滅掉活口，同時也貪圖他的財貨，就派兵在夏津攔截他，把他殺了。正月十四日丁卯，范延光上奏稱是夏津捕捉強盜的士兵誤殺了祕瓊，晉高祖對此沒有追究。

正月二十五日戊寅，任命李崧為中書侍郎、同平章事、充任樞密使，任命桑維翰兼任樞密使。當時晉剛剛取得天下，大多數藩鎮還沒有歸服順從。有的雖然歸服順從了，也還反覆不定。戰爭剛剛結束，朝廷府庫中的錢物都已用盡，民間更是困苦貧窮，然而契丹人徵調索求卻總是沒有滿足的時候。桑維翰勸皇帝表現出誠意、拋棄舊怨以安撫藩鎮，用謙卑的言辭、豐厚的禮物來討好契丹，訓練士卒、繕治甲兵以增強武備，致力於農桑之事以充實倉儲，暢通商賈貿易以增加財貨。這樣做了幾年之後，中原地區逐漸安定下來。

吳太子璉納齊王知誥女為妃。知誥始建太廟、社稷❶。改金陵為江寧府❷，牙城❸曰宮城，廳堂曰殿。以左、右司馬宋齊丘、徐玠為左、右丞相，馬步判官周宗、內樞判官黟❹人周廷玉為內樞使。自餘百官皆如吳朝之制。置騎兵八軍，步兵九軍。

二月，吳主以盧文進為宣武⑤節度使兼侍中。戊子⑥，吳主使宜陽王璪⑦如西都⑧，冊命齊王⑨。王受冊，赦境內。冊王妃曰王后。

吳越王元瓘之弟順化節度使、同平章事元珦獲罪於元瓘，廢為庶人⑩。

契丹主自上黨過雲州，大同節度使沙彥珣出迎，契丹主留之，不使還鎮。節度判官吳巒⑪在城中，謂其眾曰：「吾屬禮義之俗⑫，安可臣於夷狄⑬乎！」眾推巒領州事，閉城不受契丹之命。契丹攻之，不克。應州馬軍都指揮使金城⑭郭崇威亦恥臣契丹，挺身⑮南歸。

契丹主過新州，命威塞⑯節度使翟璋斂犒軍錢十萬緡。初，契丹主阿保機彊盛，室韋、奚、霫⑰皆役屬⑱焉。奚王去諸苦契丹貪虐，帥其眾西徙嬀州，依劉仁恭父子，號西奚。去諸卒，子掃剌立。唐莊宗滅劉守光，賜掃剌姓李名紹威。紹威娶契丹逐不魯之姊。逐不魯獲罪⑲於契丹，奔紹威，紹威納之。契丹怒，攻之，不克。紹威卒，子拽剌立。及契丹主德光自上黨北還，拽剌迎降，時逐不魯亦卒。契丹主曰：「汝誠無罪，掃剌、逐不魯負我⑳。」皆命發其骨，磑而颺之㉑。諸奚㉒畏契丹之虐，多逃叛。契丹主勞㉓翟璋曰：「當為汝除代㉔，令汝南歸。」

己亥㉕，璋表乞徵詣闕㉖。既而契丹遣璋將兵討叛奚、攻雲州，有功，留不遣璋㉗。璋鬱鬱而卒。

張礪自契丹逃歸，為追騎所獲。契丹主責㉘之曰：「何故捨我去？」對曰：「臣華人，飲食衣服皆不與此同，生不如死，願早就戮㉙。」契丹主顧㉚通事㉛高彥英曰：「吾常戒汝善遇此人㉜，何故使之失所而亡去㉝？若失之，安可復得邪！」笞㉞彥英而謝礪。礪事契丹主甚忠直，遇事輒㉟言，無所隱避，契丹主甚重之。

【章旨】以上為第二段，寫吳徐知誥受封齊王。契丹主接管燕雲十六州。

【注釋】❶社稷　祭土神和穀神的地方。❷江寧府　吳以昇州為金陵府，後又改名為江寧府。❸牙城　即衙城，環衛府衙之城。牙，通「衙」。❹黟　縣名，在今安徽黟縣。❺宣武　方鎮名，鎮治汴州，屬晉，盧文進為遙領。❻戊子　二月初五日。❼璪　楊璪，楊溥姪子。封宜陽王，南唐禪代，降封郡公。傳見《十國春秋》卷四。❽如西都　到金陵。吳以金陵為西都。❾冊命齊王　頒布冊書，任命徐知誥為齊王。❿廢為庶人　廢黜為一般老百姓。⓫吳巒　（？—西元九四四年）字寶川，汶陽盧縣（今山東沂水縣）人，少好學，官至權知貝州軍州事，抗契丹殉國。傳見《舊五代史》卷九十五、《新五代史》卷二十九。⓬禮義之俗　遵奉禮義習俗。⓭臣於夷狄　向契丹稱臣。⓮金城　縣名，縣治金城，在今山西應縣。⓯挺身　脫身；引身。⓰威塞　方鎮名，後唐置，治所新州，在今河北涿鹿。⓱室韋奚霫　皆北方古族名。室韋分布在嫩江流域及黑龍江南北岸，在契丹建立遼國過程中，部分被併入遼國。奚族分布在內蒙古自治區西拉木倫河流域。唐末，部分奚人在首領去諸率領下西遷媯州（在今河北懷來），稱西奚。東、西奚先後附於遼。霫族分布在內蒙古自治區西拉木倫河以北，依附契丹。⓲役屬　隸屬並受役使。⓳獲罪　得罪。⓴負我　背叛我。㉑磑而颺之　將屍骨磨成粉末而迎風播揚。㉒諸奚　奚族的各部民眾。㉓勞　慰問。㉔除代　由他人替代職務。㉕己亥　二月十六日。㉖乞徵詣闕　請求徵召到朝廷來。㉗留不遣璋　留著翟璋，不讓他南歸。㉘責　責備。㉙願早就戮　希望早點殺掉我。㉚顧　回頭。㉛通事　翻譯。㉜善遇此人　善待這個人。㉝何故使之失所而亡去　為什麼使他失去正常的生活條件而逃走。㉞笞　用竹片責打。㉟輒　就；便。

【語　譯】吳國的太子楊璉娶齊王徐知誥的女兒為妃子。徐知誥開始修建太廟、祭祀土神和穀神的處所。改金陵為江寧府，牙城稱作宮城，廳堂稱作殿。任命左、右司馬宋齊丘、徐玠為左、右丞相，馬步判官周宗、內樞判官黟縣人周廷玉為內樞使。其餘文武百官都與吳國的規制一樣。設置騎兵八個軍，步兵九個軍。

二月，吳主任命盧文進為宣武節度使兼仕侍中。初五日戊子，吳主讓宜陽王楊璪前往西都金陵，去冊封齊王。齊王接受了冊封，在所轄境內實行大赦。冊封齊王的妃子為王后。

吳越王錢元瓘的弟弟順化節度使、同平章事錢元珦得罪了錢元瓘，被廢為庶人。

契丹主從上黨北返經過雲州，大同節度使沙彥珣出城迎接，契丹主把他留了下來，不讓他返回軍鎮。節度判官吳巒在城內，對他的部眾說：「我們是遵奉禮義習俗的民族，怎麼可以向夷狄稱臣呢！」大家推舉吳巒主持州府的事務，關閉城門，不接受契丹的命令。契丹兵攻打州城，沒能攻下來。應州馬軍都指揮使金城人郭崇威也恥於向契丹稱臣，脫身南歸。

契丹主經過新州，命令威塞節度使翟璋徵收犒勞軍隊的錢十萬緡。當初，契丹主阿保機時國勢強盛，室韋、奚、霫等民族都隸屬於他並受其役使。奚王去諸苦於契丹的貪暴，率領他的部眾向西遷徙到嬀州，依附劉仁恭父子，稱為西奚。去諸去世，他的兒子掃剌繼立。唐莊宗消滅了劉守光，賜掃剌姓李，名叫紹威。李紹威娶了契丹逐不魯的姐姐為妻。逐不魯得罪了契丹，投奔李紹威，李紹威接納了他。契丹主很生氣，攻打李紹威，沒能取勝。李紹威死後，他的兒子拽剌繼立。等到契丹主耶律德光從上黨北還時，拽剌出迎歸降，當時逐不魯也已經去世。契丹主對拽剌說：「你的確無罪，是掃剌、逐不魯對不起我。」於是下令把兩人的屍骨都挖出來，碾成粉末後隨風拋撒。奚族各部落畏懼契丹的暴虐，大多逃跑叛變。契丹主慰勞翟璋說：「我一定會找人替代你的職務，讓你回到南方去。」二月十六日己亥，翟璋上表請求徵召他回朝廷。不久契丹主又派翟璋帶兵討伐叛變的奚人，攻打雲州，有功勞，於是契丹主就把翟璋留下，不放他回南方了。後來翟璋在鬱悶中死去。

張礪從契丹逃歸南方，被追上來的騎兵抓獲。契丹主責問他說：「為什麼離我而去？」張礪回答說：「臣是中國人，吃飯穿衣都和這裡不一樣，如今生不如死，希望能早一點把我殺死。」契丹主回過頭來對翻譯高彥英說：「我常常告誡你要善待這個人，為什麼讓他無處安身而逃走？如果失去了他，怎麼可能再次得到這樣的人！」於是就鞭笞高彥英而向張礪道歉。張礪侍奉契丹主非常誠直，遇到問題就會說出自己的意見，從不隱瞞迴避，契丹主很器重他。

初，吳越王鏐少子元球❶[1]數❷有軍功，鏐賜之兵仗❸。及吳越王元瓘立，元球為土客馬步軍都指揮使❹、靜江節度使[2]兼中書令，恃恩驕橫，增置兵仗至數千，國人多附之。元瓘忌之，使人諷❺元球請輸兵仗❻、出判溫州❼，元球不從。銅官廟❽吏告元球遣親信禱神❾，求主吳越江山❿。又為蠟丸從水竇⓫出入，與兄元珦謀議。三月戊午⓬，元瓘遣使者召元球宴宮中。既至，左右稱元球有刃⓭，墜於懷袖，即格殺⓮之。并殺元珦。元瓘欲按⓯諸將吏與元珦、元球交通⓰者，其子仁俊⓱諫曰：「昔⓲光武克王郎⓳，曹公破袁紹⓴，皆焚其書疏㉑以安反側㉒，今宜效之。」元瓘從之。

或㉓得唐潞王膂及髀骨㉔獻之，庚申㉕，詔以王禮葬於徽陵㉖南。〇帝遣使詣蜀告即位，且叙姻好㉗。蜀主復書，用敵國禮㉘。

范延光聚卒繕兵㉙，悉召巡內㉚刺史集魏州，將作亂。會帝謀徙都大梁㉛，桑維翰曰：「大梁北控燕、趙，南通江、淮，水陸都會㉜，資用富饒。今延光反形已露，大梁距魏不過十驛㉝，彼若有變，大軍尋至㉞，所謂疾雷不及掩耳也。」丙寅㉟，下詔，託以洛陽漕運有闕，東巡汴州。

吳徐知誥立子景通為王太子，固辭㊱不受。追尊考㊲忠武王溫曰太祖武王，妣㊳明德太妃李氏曰王太后。壬申㊴，更名誥㊵。

庚辰㊶，帝發洛陽，留前朔方節度使張從賓為東都㊷巡檢使。○漢主以疾愈，大赦。○交州將皎公羨殺安南㊸節度使楊廷藝而代之。

夏，四月丙戌㊹，帝至汴州。丁亥㊺，大赦。

【章　旨】以上為第三段，寫吳越王錢元瓘誅殺兄弟。晉高祖遷都汴州。

【注　釋】❶元球　（？—西元九三七年）錢鏐少子，最受寵愛，恃恩驕橫，為元瓘所殺。傳見《十國春秋》卷八十三。❷數　多次。❸兵仗　武器和甲冑。❹土客馬步軍都指揮使　吳越禁衛軍官名，指揮少數民族民眾組成的禁衛軍。❺諷　委婉地勸諭。❻請輸兵仗　請他上繳武器、甲冑給朝廷。❼出判溫州　離開朝廷到溫州任刺史。❽銅官廟　廟名，祠鑄銅官神像。❾禱神　向神祈禱，尋求非分。❿求主吳越江山　請求做吳越君主。⓫水竇　洩水孔。⓬戊午　三月初五日。⓭刃　刀。⓮格殺　擊殺。⓯按　按問；查辦。⓰交通　勾結；聯繫。⓱仁俊　錢仁俊，錢元瓘子，警敏，有智略，官至威武軍節度使。傳見《十國春秋》卷八十。⑱昔　以前。⑲光武克王郎　事見本書卷三十九漢更始二年。⑳曹公破袁紹　事見本書卷六十四獻帝建安五年。㉑焚其書疏　燒掉互相聯繫的書信，以示毀去憑證。㉒以安反側　用來安撫坐臥不寧的人。㉓或　有人。㉔膂及髀骨　脊骨和大腿骨。㉕庚申　三月初七日。㉖徽陵　唐明宗墳墓名。㉗且敘姻好　而且敘述婚姻關係。孟知祥娶李克用姪女，石敬瑭娶明宗女，石敬瑭與後蜀孟昶為兄弟輩。㉘用敵國禮　用對等國家禮節。敵，匹敵；對等。㉙聚卒繕兵　招募軍隊，修繕兵器。㉚巡內　轄區範圍內。天雄軍管轄貝、博、魏、檀、相五州。㉛徙都大梁　遷都到河南開封。㉜水陸都會　水陸運輸中心。㉝十驛　三百里。唐制三十里為一驛。驛，驛站。㉞尋至　隨後立即就到。㉟丙寅　三月十三日。㊱固辭　執意推辭。㊲考　死去的父親。㊳妣　死去的母親。㊴壬申　三月十九日。㊵更名誥　徐知誥改用單名為徐誥，去掉「知」字，表示不與徐氏兄弟同行輩。㊶庚辰　三月二十七日。㊷東都　洛陽。㊸安南　方鎮名，唐肅宗乾元元年（西元七五八年），升安南管內經略使為節度使。治所交州，在今越南河內。㊹丙戌　四月初四日。㊺丁亥　四月初五日。

【校　記】①元球　據章鈺校，十二行本作「元珠」、孔天胤本作「元球」。按，《資治通鑑考異》云：「《晉高祖實錄》、《十國紀年》作『元球』，今從《吳越備史》、《九國志》。」②靜江節度使　原無此五字。據章鈺校，十二行本、乙十一行本、孔天胤本皆有此五字，張敦仁《通鑑刊本識誤》同，今據補。

【語　譯】當初，吳越王錢鏐的小兒子錢元球因多次立有軍功，錢鏐曾賜給他兵器。等到吳越王錢元瓘繼位之後，錢元球擔任土客馬步軍都指揮使、靜江節度使兼中書令，依仗恩寵，十分驕橫，他增添兵器竟達數千具，很多國人都歸附他。錢元瓘對他有了猜忌，派人委婉地勸他自動捐出兵器、出朝去署理溫州，錢元球沒有依從。銅官廟的官吏檢舉錢元球派親信去向神靈禱告，祈求能夠讓他做吳越的君主。又檢舉他寫信封在蠟丸裡從排水孔裡流進流出，和他的哥哥錢元珦密謀策劃。三月初五日戊午，錢元瓘派使者召錢元球來宮中侍宴。錢元球到達之後，左右的人說錢元球帶有刀子從袖子裡掉了出來，於是立即上前把他擊殺。同時還殺了錢元珦。錢元瓘還要查辦和錢元珦、錢元球有往來聯繫的一些將領和官吏，他的兒子錢仁俊勸阻他說：「從前光武帝打敗王郎，曹公擊破袁紹，都把其他人與他們聯繫的書信燒掉，以安撫那些坐臥不寧的人，現在也應該效法這種做法。」錢元瓘採納了他的意見。

有人得到了唐潞王自焚後的脊骨和大腿骨，獻給朝廷，三月初七日庚申，下詔用國王的禮儀把他安葬在徽陵的南邊。〇晉高祖派使者到蜀國去通報自己即位的事，同時敘及姻親之好。蜀主寫了回信，採用對等國家的禮儀。

范延光招募士卒，修繕兵器，把他轄區內的刺史全都召集到魏州，準備作亂。這時適逢晉高祖正打算要遷都大梁，桑維翰說：「大梁北控燕、趙，南通江、淮，是水陸運輸的中心，物資和財用都很富足。如今范延光謀反的形跡已經顯露，大梁相距魏州不過十個驛站的路程，他如果發動變亂，朝廷大軍馬上就可以到達，這正是所謂的迅雷不及掩耳啊。」三月十三日丙寅，頒下詔命，藉口洛陽漕運不繼，皇帝要東巡汴州。

吳國徐知誥冊立他的兒子徐景通為王太子，徐景通執意推辭不接受。徐知誥追尊亡父忠武王徐溫為太祖武王，亡母明德太妃李氏為王太后。三月十九日壬申，把自己的名字改為誥。

三月二十七日庚辰，晉高祖從洛陽出發，留下前朔方節度使張從賓擔任東都巡檢使。〇漢主因為自己病好了，實行大赦。〇交州將領皎公羨殺了安南節度使楊廷藝，取而代之。

夏，四月初四日丙戌，晉高祖到達汴州。初五日丁亥，大赦天下。

吳越王元瓘復建國❶，如同光故事❷。丙申❸，赦境內，立其子弘僔❹為世子。以曹仲達、沈崧、皮光業為丞相，鎮海節度判官林鼎掌教令❺。

丁酉❻，加宣武節度使楊光遠兼侍中。

閩主作紫微宮❼，飾以水晶❽，土木之盛倍於寶皇宮。又遣使散詣諸州，伺人隱慝❾。

五月，吳徐誥用宋齊丘策，欲結契丹以取中國。遣使以美女、珍玩泛海⑩修好，契丹主亦遣使報之⑪。

丙辰⑫，敕權署汴州牙城曰大寧宮⑬。○壬申⑭，進范延光爵臨清郡王，以安其意。○追尊四代考妣⑮為帝后。己卯⑯，詔太社所藏唐室罪人首⑰聽⑱親舊收葬。初，武衛上將軍婁繼英⑲嘗事梁均王，為內諸司使。至是，請其首而葬之。

六月，吳諸道副都統徐景遷⑳卒。

范延光素以軍府之政委元隨㉑左都押牙孫銳。銳恃恩專橫，符奏有不如意㉒者，對延光手裂㉓之。會延光病經旬㉔，銳密召澶州刺史馮暉，與之合謀逼延光反。延光亦思張生之言㉕，遂從之。

甲午㉖，六宅使㉗張言奉使魏州還，言延光反狀。義成節度使符彥饒奏延光遣兵度河，焚草市㉘。詔侍衛馬軍都指揮使、昭信節度使白奉進㉙將千五百騎屯白馬津㉚以備之。奉進，雲州人也。丁酉㉛，以東都巡檢使張從賓為魏府西南面都部署。戊戌㉜，遣侍衛都軍使㉝楊光遠將步騎一萬屯滑州。己亥㉞，遣護聖都指揮使㉟杜重威㊱將兵屯衛州。重威，朔州人也，尚帝妹樂平長公主㊲。范延光以馮暉為都部署，孫銳為兵馬都監，將步騎二萬循河西抵黎陽口㊳。辛丑㊴，楊光遠奏引兵踰胡梁渡[40]。

以翰林學士、禮部侍郎和凝為端明殿學士。凝署其門[41]，不通賓客[42]。前耀州團練推官襄邑[43]張誼致書于凝，以為「切近之職[44]為天子耳目，宜知四方利病[45]，奈何[46]拒絕賓客！雖安身為便[47]，如負國何[48]！」凝奇之[49]，薦於桑維翰。未幾，除左拾遺。誼上言：「北狄[50]有援立之功，宜外敦信好[51]，內謹邊備[52]。不可自逸[53]，以啓戎心。」帝深然之。

契丹攻雲州，半歲不能下。吳巒遣使間道[54]奉表求救，帝為之致書契丹主請之，契丹主乃命翟璋解圍去。帝召巒歸，以為武寧節度副使。

丁未[55]，以侍衛使[56]楊光遠為魏府四面都部署[57]，張從賓為副部署兼諸軍都虞候，昭義節度使高行周將本軍屯相州[58]，為魏府西面都部署[59]。軍士郭威[60]舊隸劉知遠，當從楊光遠北征[61]，白知遠乞留[62]。人問其故，威曰：「楊公有姦詐之才，無英雄之氣，得我何用？能用我者其劉公[63]乎！」

詔張從賓發河南兵[64]數千人擊范延光。延光使人誘從賓，從賓遂與之同反。殺皇子河陽節度使重信，使上將軍張繼祚[65]知河陽留後。繼祚，全義之子也。從賓又引兵入洛陽，殺皇子權東都留守重乂，以東都副留守、都巡檢使張延播[66]知河南府事。從賓〔1〕取內庫錢帛以賞部兵，留守判官李遐不與，兵眾殺之。從賓引兵東〔2〕扼[67]汜水關[68]，將逼汴州。詔奉國都指揮使侯益帥禁兵[69]五千會杜重威討張從賓。又詔宣徽使劉處讓[70]自黎陽分兵討之。時羽檄縱橫[71]，從官[72]在大梁者無不恟懼[73]。獨桑維翰從容指畫[74]軍事，神色自若[75]，接對賓客，不改常度。眾心差安[76]。

【章　旨】以上為第四段，寫范延光反於魏州，張從賓反於河南。

【注　釋】[1]復建國　重新建立國號。[2]如同光故事　像同光時後唐莊宗封錢鏐為吳越王一樣，用金印、玉冊、賜詔不名、稱國王。[3]丙申　四月十四日。[4]弘傳　錢弘傳（西元九二五—九四〇年），錢元瓘第五子。為世子，卒諡孝獻。傳見《十國春秋》卷八十三。[5]教令　吳越王的命令。[6]丁酉　四月十五日。[7]紫微宮　閩王王延鈞所建宮殿名。[8]飾以水晶　用水晶作裝飾。水晶，無色透明的石英礦物。[9]伺人隱慝　察訪別人隱私。[10]泛海　浮海；航海。[11]報之　回答他。[12]丙辰　五月初五日。[13]大寧宮　石敬瑭臨幸汴州，改衙城為大寧宮。古時皇帝行幸到州城，常改州城為宮，如隋於揚州立江都宮、唐在岐州立九成宮等。[14]壬申　五月二十一日。[15]四代考妣　石敬瑭以上的四代人，即高祖石璟諡靖祖孝安皇帝，妣秦氏諡元皇后；曾祖石郴諡肅祖孝簡皇帝，妣安氏諡恭皇后；祖石昱諡睿祖孝平皇帝，妣米氏諡獻皇后；考石紹雍諡獻祖孝元皇帝，妣何氏諡懿皇后。[16]己卯　五月二十八日。[17]唐室罪人首　後梁亡國君臣，即為後唐罪人。如梁均王之首，唐莊宗同光元年藏之太社。[18]聽　任憑。[19]婁繼英　（？—西元九三七年）官後晉監門衛上將軍。從張從賓反，被殺。傳見《新五代史》卷五十一。[20]徐景遷　徐知誥第二子。[21]元隨　原來隨從人員。元，通「原」。[22]不如意　不中意。[23]手裂　親手將符奏文書撕掉。[24]經旬　十多天。[25]張生之言　范延光夢蛇入腹，術士張生言此為帝王之兆。見本卷正月。[26]甲午　六月十三日。[27]六宅使　官名，唐置十宅、六宅使，以諸王所屬為名，或總稱十六宅，後總稱六宅使，通常無職掌。[28]草市　城外臨時貿易市場。五代時，人民住在城外，蓋草屋以成市里。此草市指滑州城外居民。[29]白奉進　（？—西元九三七年）字德升，雲州清塞軍（今山西大同）人，官至後晉昭信軍節度使、充侍衛馬軍都指揮使。傳見《舊五代史》卷九十五。[30]白馬津　渡口名，在今河南滑縣北。㉛丁酉　六月十六日。㉜戊戌　六月十七日。㉝侍衛都軍使　即侍衛諸軍都指揮使。㉞己亥　六月十八日。㉟護聖都指揮使　禁衛軍官名，晉改奉德兩軍為護聖左、右軍。㊱杜重威　（？—西元九四八年）朔州（今山西朔州）人，石敬瑭妹夫，沒有道德，不知將略。降契丹。傳見《舊五代史》卷一百九、《新五代史》卷五十二。㊲樂平長公主　石敬瑭之妹，嫁杜重威。㊳黎陽口　即白馬津，在今河南滑縣北。㊴辛丑　六月二十日。㊵胡梁渡　地名，也叫胡良渡，在今河南滑縣東北。㊶署其門　在門上貼上謝絕賓客告示。㊷不通賓客　不接見來訪客人。㊸襄邑　縣名，在今河南睢縣。㊹切近之職　指擔任天子侍從的職務。㊺四方利病　全國好的和壞的事情。㊻柰何　為什麼；怎麼。㊼安身為便　對於獨善其身是有利的。㊽如負國何　可是辜負了國家的重託又該如何是好。㊾凝奇之　和凝認為他不尋常。㊿北狄　指契丹。(51)外敦信好　表面上加強信任友好。(52)內謹邊備　內部要嚴密邊境防備。(53)自逸　自己貪圖安樂。(54)間道　祕密而近便的小路。(55)丁未　六月二十六日。(56)侍衛使　即侍衛都軍使的省稱。(57)四面都部署　攻擊魏州諸軍的總指揮。(58)相州　州名，在今河南安陽。(59)西面都部署　西面軍的指揮官。(60)郭威　即後周太祖（西元九〇四—九五四年），五代後周王朝的建立者，邢州堯山（今河北隆堯）人，年十八以勇力應募，從李繼韜。後從後漢劉知遠，官鄴都留守，乾祐四年（西元九五一年）代後漢稱帝，國號周。西元九五一—九五四年在位。廟號太祖。事見《舊五代史》卷一百十、《新五代史》卷十一。(61)北征　自汴州征魏州，則自南而北，故稱北征。(62)乞留　請求留在劉知遠身邊。(63)劉公　指劉知遠。(64)河南兵　即河南府兵。(65)張繼祚　張全義子。傳見《舊五代史》卷九十六、《新五代史》卷四十五。(66)張延播　（？—西元九三七年）汶陽（今山東曲阜）人，從張從賓叛亂，被殺。傳見《舊五代史》卷九十七。(67)扼　守。(68)汜水關　即虎牢關，在今河南滎陽汜水鎮。(69)帥禁兵　率領禁軍。(70)劉處讓　（西元八八一—九四三年）字德謙，滄州（今河北滄州）人，勤於公務，孜孜求理，對吏民不苛察。官至彰德軍節度使。傳見《舊五代史》卷九十四、《新五代史》卷四十七。(71)羽檄縱橫　軍書來往紛繁。(72)從官　跟隨石敬瑭到汴州的官員。(73)無不恟懼　沒有一個不害怕恐懼的。(74)指畫　策劃；安排調度。(75)神色自若　臉上表現出很自信的樣子。(76)差安　稍為安寧。

【校記】①賓　原作「軍」。據章鈺校，十二行本、乙十一行本、孔天胤本皆作「賓」，今據改。②東　原無此字。據章鈺校，十二行本、乙十一行本、孔天胤本皆有此字，今據補。

【語譯】吳越王錢元瓘重新建立國號，沿用唐莊宗同光年間冊封吳越王時的成例。四月十四日丙申，大赦境內，冊立他的兒子錢弘傳為世子。任命曹仲達、沈崧、皮光業為丞相，鎮海節度判官林鼎執掌教令。

四月十五日丁酉，加封宣武節度使楊光遠兼任侍中。

閩主興建紫微宮，用水晶做裝飾，工程的盛大加倍於寶皇宮。他又派出使者分頭前往各州，窺探別人的隱私。

五月，吳國的徐誥採用宋齊丘的計策，想要聯合契丹以奪取中原，派使者帶著美女、珍寶玩物航海與契丹修好，契丹主也派使者回訪。

五月初五日丙辰，晉高祖下令暫時把汴州的牙城署名為大寧宮。〇二十一日壬申，進封范延光的爵位為臨清郡王，想以此穩住他的心意。〇追尊晉高祖前四代先人為皇帝、皇后。二十八日己卯，下詔把太社所藏唐室罪人的首級聽任其親朋故舊領回安葬。當初，武衛上將軍婁繼英曾經侍奉過梁均王，擔任內諸司使。現在，他請求收殮均王的首級加以安葬。

六月，吳國諸道副都統徐景遷去世。

范延光一向都把軍府的政務委託給原先一直跟隨他的左都押牙孫銳處理。孫銳依仗恩寵獨斷專橫，公文奏章如有不合意的，就當著范延光的面親手撕掉它。適逢范延光臥病十幾天，孫銳就祕密召來澶州刺史馮暉，與他合謀逼范延光造反。范延光也想著張生替他解夢的一番話，就依從了他們。

六月十三日甲午，六宅使張言奉命出使魏州回來，報告了范延光謀反的情況。義成節度使符彥饒奏報說范延光已經派兵渡過黃河，焚燒城外居民。皇帝下詔命令侍衛馬軍都指揮使、昭信節度使白奉進率領一千五百名騎兵屯駐白馬津以作防備。白奉進，是雲州人。十六日丁酉，任命東都巡檢使張從賓為魏府西南面都部署。十七日戊戌，派侍衛都軍使楊光遠率步兵、騎兵一萬名屯駐滑州。十八日己亥，派護聖都指揮使杜重威率兵屯駐衛州。杜重威，是朔州人，娶了皇帝的妹妹樂平長公主為妻。范延光則任命馮暉為都部署，孫銳為兵馬都監，率步兵、騎兵二萬名沿著黃河西進，抵達黎陽口。二十日辛丑，楊光遠奏報說他已率軍過了胡梁渡。

任命翰林學士、禮部侍郎和凝為端明殿學士。和凝在他家門上貼出告示，聲明不接見賓客。前耀州團練推官襄邑人張誼寫信給和凝，認為：「切近中樞的職位是天子的耳目，應該知道四方各種好的或壞的事情，怎麼能夠拒絕賓客呢！雖然對於獨善其身是有利的，可是辜負了國家的重託又該如何是好！」和凝認為他不尋常，把他推薦給桑維翰。沒過多久，他就被任命為左拾遺。張誼上書說：「契丹對我們有援助和擁立的功勞，應該外表上對他們加強信任友好，而在內部則嚴密邊境防備。不能自己貪圖安樂，以使戎狄產生來犯之心。」晉高祖深以為然。

契丹攻打雲州，歷時半年也沒能攻下來。吳巒派使者從小路來朝廷上表求救，晉高祖為他寫信給契丹主，請求退兵，契丹主於是命令翟璋解除包圍離開雲州。晉高祖把吳巒徵召回京，任命他為武寧節度副使。

六月二十六日丁未，任命侍衛使楊光遠為魏府四面都部署，張從賓為副部署兼諸軍都虞候，昭義節度使高行周率本部人馬屯駐相州，擔任魏府西面都部署。軍士郭威從前隸屬於劉知遠，本來應當跟隨楊光遠北征，但他向劉知遠稟告請求留下來。人們問他這樣做的緣故，郭威說：「楊公有奸詐的才能，沒有英雄的氣概，得到我有什麼用？能夠重用我的大概只有劉公了！」

晉高祖下詔命令張從賓調發河南府的士兵數千人攻打范延光。范延光派人勸誘張從賓，張從賓於是和范延光一同反叛。殺死皇子河陽節度使石重信，讓上將軍張繼祚主持河陽留後事務。張繼祚，是張全義的兒子。張從賓又率軍進入洛陽，殺死了代理東都留守事務的皇子石重乂，任命東都副留守、都巡檢使張延播主持河南府事務。張從賓調取內庫的錢帛用來犒賞部下的士兵，留守判官李遐不肯給，士兵們把他殺死。張從賓帶兵東向扼守汜水關，即將逼近汴州。晉高祖下詔命令奉國都指揮使侯益率五千名禁兵會同杜重威討伐張從賓。又下詔命令宣徽使劉處讓從黎陽分出一部分兵力去討伐他。當時軍情文書往來紛繁，跟隨皇帝到大梁的官吏們無不驚駭恐懼。只有桑維翰從容安排調度軍事，神色自若，接待應對賓客也不改常態。眾人的情緒才稍微安定了一些。

方士❶言於閩主，云有白龍夜見螺峯❷，閩主作白龍寺。時百役繁興❸，用度不足，閩主謂吏部侍郎、判三司候官蔡守蒙❹曰：「聞有司除官皆受賂，有諸❺？」對曰：「浮議❻無足信也。」閩主曰：「朕知之久矣，今以委卿。擇賢而授，不肖及罔冒❼者勿拒，第❽令納賂，籍而獻之❾。」守蒙素廉，以為不可。閩主怒，守蒙懼而從之。自是除官❿但以貨多寡[1]為差⓫。閩主又以空名堂牒⓬使醫工陳究賣官於外，專務聚斂⓭，無有盈厭⓮。又詔民有隱年⓯者杖背，隱口⓰者死，逃亡者族⓱。果菜雞豚，皆重征之。

秋，七月，張從賓攻汜水，殺巡檢使宋廷浩。帝戎服⓲，嚴⓳輕騎，將奔晉陽以避之。桑維翰叩頭苦諫曰：「賊鋒雖盛⓴，勢不能久。請少待㉑之，不可輕動。」帝乃止。

范延光遣使以蠟丸招誘失職者㉒，右武衛上將軍婁繼英、右衛大將軍尹暉在大梁，溫韜之子延濬㉓、延沼㉔、延袞㉕居許州，皆應之㉖。延光令延濬兄弟取許州，聚徒㉗已及㉘千人。繼英、暉事泄，皆出走㉙。壬子㉚，敕以延光姦謀，誣汙㉛忠良，自今獲㉜延光諜人㉝，賞獲者，殺諜人，焚[2]蠟書㉞，勿以聞。暉將奔吳，為人所殺。繼英奔許州，依溫氏。忠武節度使萇從簡盛為之備㉟，延濬等不得發，欲殺繼英以自明，延沼止之，遂同奔張從賓。繼英知其謀，勸從賓執三溫，皆斬之。

白奉進在滑州，軍士有夜掠者，捕之。獲五人，其三隸[36]奉進，其二隸符彥饒，奉進皆斬之。彥饒以其不先白己[37]，甚怒。明日，奉進從[38]數騎詣彥饒謝[39]。彥饒曰：「軍中各有部分[40]，柰何取滑州軍士并斬之，殊[41]無客主之義乎！」奉進曰：「軍士犯法，何有彼我！僕已引咎[42]謝公[43]，而公怒不解，豈非欲與延光同反邪！」拂衣而起[44]，彥饒不留。帳下甲士大譟[45]，擒奉進，殺之。從騎走出[46]，大呼於外，諸軍爭擐甲操兵[47]，諠譟[48]不可禁止。奉國左廂都指揮使馬萬惶惑[49]不知所為，帥步兵欲從亂[50]。遇右廂都指揮使盧順密帥部兵出營，厲聲謂萬曰：「符公擅殺白公，必與魏城[51]通謀[52]。此去行宮[53]纔二百里，吾輩及軍士家屬皆在大梁，柰何不思報國，乃欲助亂，自求族滅乎！今日當共擒符公，送天子，立大功。軍士從命者賞，違命者誅，勿復疑也！」萬所部兵尚有呼躍者，順密殺數人，眾莫敢動。萬不得已從之，與奉國都虞候方太等共攻牙城[54]，執彥饒，令太部送[55]大梁。甲寅[56]，敕斬彥饒於班荊館[57]，其兄弟皆不問。

【章　旨】以上為第五段，寫閩主賣官課重稅。後晉滑州兵變。

【注　釋】❶方士　方術之士。❷螺峯　螺峰山，在今福建閩侯北，又名羅峰山。❸百役繁興　各種勞役頻繁進行。❹蔡守蒙　（?—西元九三九年）侯官（今福建閩侯）人，為政素廉，被迫賣官鬻爵。傳見《十國春秋》卷九十八。❺有諸　有這件事嗎。❻浮議　流言；謠傳。❼罔冒　欺罔偽冒而求官的人。❽第　但。❾籍而獻之　造成名冊，將納賂的財物獻給皇帝。❿除官　任官。⓫差　差別；標準。⓬空名堂牒　空白任命書。未填授官人，視得錢多少，再填寫人名、官名。⓭專務聚斂　專門幹搜刮的事。⓮盈厭　滿足。⓯隱年　隱瞞年齡。⓰隱口　隱瞞人口。⓱族　族誅；將全族人一起殺死。⓲戎服　軍裝。⓳嚴　約束；部署。⓴賊鋒雖盛　敵人的兵勢雖然強大。㉑少待　稍為等待。㉒失職者　失意的、失去官職的人。㉓延濬　（?—西元九三七年）溫韜長子，後唐泥水關使。㉔延沼　（?—西元九三七年）溫韜次子，牙帳都校。㉕延袞　（?—西元九三七年）溫韜幼子，鄧州指揮使。三人傳附《舊五代史》卷七十三〈溫韜傳〉。㉖應之　響應范延光。㉗徒　部眾。㉘及　達到。㉙出走　逃亡。㉚壬子　七月初二日。㉛詬汙　玷汙；詬譏。㉜獲　捕獲。㉝諜人　刺探敵情的人。㉞焚蠟書　焚去蠟書，可避免播揚被招者的姓名，以安反側。㉟盛為之備　作了嚴密的防備。㊱隸　屬於。㊲不先白己　不事先告訴自己。㊳從　隨從。㊴謝　表示歉意。㊵各有部分　各有分管者。㊶殊　甚；很。㊷引咎　由自己承擔責任。㊸謝公　向您道歉。㊹拂衣而起　表示憤怒的樣子。㊺大譟　大聲呼叫。表示不滿。㊻走出　逃出。㊼諸軍爭擐甲操兵　各路軍隊的士兵爭先恐後披上盔甲，拿起武器。㊽諠譟　大聲呼叫、吵鬧。㊾惶惑　驚惶、困惑。㊿從亂　跟著作亂。(51)魏城　指范延光。(52)通謀　串通謀劃。(53)行宮　指大梁。(54)牙城　滑州州衙之城。(55)部送　押送。(56)甲寅　七月初四日。(57)班荊館　地名，在今河南開封郊外。

【校　記】[1]寡　原作「少」。據章鈺校，十二行本、乙十一行本、孔天胤本皆作「寡」，今據改。[2]焚　原作「禁」。據章鈺校，十二行本作「焚」，張敦仁《通鑑刊本識誤》同，今據改。

【語　譯】方士向閩主報告，說有白龍夜晚出現在螺峰山，閩主於是興建了白龍寺。當時各種勞役頻繁進行，費用不足，閩主對吏部侍郎、判三司的候官人蔡守蒙說：「聽說有關大臣在任命官吏時都接受賄賂，有這樣的事嗎？」蔡守蒙回答說：「流言不值得相信。」閩主說：「朕知道這種事已經很久了，現在我把任職授官的權力交給你。你要選拔賢能的人授予官職，而對那些不成材的以及靠欺罔假冒而求官的人，也不要拒絕，只要讓他們交納賄賂，就登記在冊，然後把賄賂的財物獻上來。」蔡守蒙一向清廉，認為不能這麼做。閩主發起怒來，蔡守蒙害怕了，只得依從。從此以後任命官吏只以交納賄賂的多少為標準。閩主又拿出未填姓名的空白堂牒讓醫工陳究在外賣官，專門從事搜刮，從來不知滿足。又下詔規定，百姓如有隱瞞年齡的杖背，隱瞞人口的處死，逃亡的滅族。對於果、菜、雞、豬，一律徵收重稅。

秋，七月，張從賓進犯汜水，殺死巡檢使宋廷浩。晉高祖全副戎裝，部署好輕騎，準備逃往晉陽避難。桑維翰磕頭在地苦苦勸諫說：「敵人的兵勢雖然很強大，但不可能持久。請陛下稍加等待，絕不可輕率行動。」晉高祖這才放棄了逃奔的打算。

范延光派使者帶著裝有密信的蠟丸去招誘那些失去官職的和失意的人，右武衛上將軍婁繼英、右衛大將軍尹暉在大梁，溫韜的兒子溫延濬、溫延沼、溫延袞在許州，都響應范延光。范延光命令溫延濬兄弟三人攻取許州，招集的徒眾已達千人。婁繼英、尹暉因為事情洩露，都從大梁逃走。七月初二日壬子，晉高祖下敕書，認為范延光心懷奸邪陰謀，誣衊忠良，從今以後，凡是捕獲替范延光刺探軍情的人，一律獎賞捕獲人，殺死刺探軍情的人，並焚燒蠟書，不必把蠟書中的內容報告朝廷。尹暉準備投奔吳國，結果被人殺死。婁繼英逃奔到許州，依附溫氏兄弟。忠武節度使萇從簡作了嚴密的防備，溫延濬等人無法起事，準備殺死婁繼英以表明自己的心跡，溫延沼阻止他這樣做，於是就一同投奔張從賓。婁繼英後來得知了他們的陰謀，就勸張從賓把溫氏三兄弟抓起來，全都斬首。

白奉進駐紮在滑州，軍士中有在夜間外出搶掠的，白奉進派人抓捕他們。抓到了五個人，其中三人隸屬於白奉進，另外兩人隸屬於符彥饒，白奉進將他們全都斬首。符彥饒因為白奉進沒有先告訴自己，非常憤怒。第二天，白奉進帶著幾名隨從騎兵到符彥饒處表示道歉。符彥饒說：「軍中各有分管者，為什麼把滑州的軍士也一併處斬，實在是太沒有主客之分了吧！」白奉進說：「軍士犯了法，還分什麼你和我！在下已經承擔責任向你道歉了，而你依然怒氣難消，莫非是想和范延光一起造反嗎！」說完，拂袖而起，符彥饒也沒有留他。營帳裡的士兵們不滿地喧嚷著，捉住白奉進，把他殺了。白奉進的隨從騎兵逃出營帳，在外面大聲呼喊，各軍士卒爭相穿上鎧甲，操起兵器，喧嚷之聲難以禁止。奉國左廂都指揮使馬萬在驚慌疑惑中不知怎麼辦好，率領步兵想跟著作亂。正好遇上右廂都指揮使盧順密率領本部人馬出營，盧順密厲聲對馬萬說：「符公擅自殺死白公，一定是與范延光串通密謀了的。這裡離大梁行宮只有二百里，我們這些人和軍士的家屬都在大梁，為什麼不想著報效國家，卻要助長禍亂，自取滅族呢！現在我們應當合力捉住符公，押送給天子，建立大功。軍士們服從命令的就賞，違抗命令的就殺，不要再遲疑了！」馬萬部下的士兵還有喊叫跳躍的，盧順密殺了其中的幾個人，眾人這才不敢亂動了。馬萬不得已只好依從了盧順密，與奉國都虞候方太等人一起進攻牙城，捉住了符彥饒，命令方太派人把符彥饒押送到大梁。七月初四日甲寅，晉高祖下令在班荊館將符彥饒斬首，對於他的兄弟則一律不予追究。

楊光遠自白皐❶引兵趣滑州，士卒聞滑州亂，欲推光遠為主。光遠曰：「天子豈汝輩❷販弄之物❸！晉陽之降出於窮迫，今若改圖❹，真反賊也。」其下乃不敢言。時魏、孟、滑三鎮❺繼叛，人情大震。帝問計於劉知遠，對曰：「帝者之興，自有天命。陛下昔在晉陽，糧不支五日，俄❻成大業。今天下已定，內有勁兵，北結彊虜❼，鼠輩❽何能為乎❾！願陛下撫❿將相以恩，臣請戢⓫士卒以威，恩威兼著⓬，京邑自安。本根深固，則枝葉不傷矣。」知遠乃嚴設科禁⓭，宿衛諸軍⓮無敢犯⓯者。有軍士盜紙錢一幞⓰，主者⓱擒之。左右請釋之⓲，知遠曰：

「吾誅其情[19]，不計其直[20]。」竟殺之。由是眾皆畏服[21]。

乙卯[22]，以楊光遠為魏府行營都招討使兼知行府事，以昭義節度使高行周為河南尹、東京[23]留守，以杜重威為昭義節度使、充侍衛馬軍都指揮使，以侯益為河陽節度使。帝以滑州奏事皆馬萬為首，擢萬為義成節度使。丙辰[24]，以盧順密為果州[25]團練使，方太為趙州刺史。既而知皆順密之功也，更以順密為昭義留後。

馮暉、孫銳引兵至六明鎮[26]，光遠引之[27]度河，半度而擊之。暉、銳眾大敗，多溺死，斬首三千級，暉、銳走[28]還魏。

杜重威、侯益引兵至汜水[29]，遇張從賓眾萬餘人，與戰，俘斬殆盡[30]，遂克汜水。從賓走，乘馬渡河，溺死。獲其黨張延播、繼祚[31]、婁繼英，送大梁，斬之，滅其族。史館修撰[32]李濤[33]上言，張全義有再造[34]洛邑[35]之功，乞免其族。乃止誅繼祚妻子。濤，回之族曾孫也。

詔東都留守司百官悉赴行在[36]。○楊光遠奏知博州張暉舉城降。

安州[37]威和[38]指揮使王暉聞范延光作亂，殺安遠節度使周瓌，自領軍府，欲俟延光勝則附之，敗則度江奔吳。帝遣右領軍上將軍李金全將千騎如安州巡檢，許赦王暉以[1]為唐州[39]刺史。

范延光知事不濟㊵，歸罪於孫銳而族之，遣使奉表待罪㊶。戊寅㊷，楊光遠以聞，帝不許。

【章旨】以上為第六段，寫劉知遠穩重有謀，為後晉之柱石。范延光、張從賓兩路叛兵皆敗，張從賓戰死，范延光請降。

【注釋】❶白皋　地名，在滑州北澶州界內。❷汝輩　你們。❸販弄之物　販賣玩弄的東西。❹改圖　另作打算。❺魏孟滑三鎮　指范延光、張從賓、符彥饒三人。❻俄　不久。❼彊虜　指契丹。❽鼠輩　這是對魏、孟、滑三鎮叛將的蔑稱。❾何能為乎　有什麼作為呢。❿撫　安撫；籠絡。⓫戢　安戢。⓬恩威兼著　恩惠與威嚴並用。⓭科禁　法律條文，約束違紀者。⓮宿衛諸軍　各支禁衛部隊。⓯犯　冒犯。⓰幞　一種頭巾，裹在頭上。⓱主者　主事的人。⓲釋之　放了他。⓳吾誅其情　我追究他的盜竊罪行。⓴不計其直　不計較他盜竊的價值多少。按唐律，定罪計贓多少，盜紙錢值一幞，輕罪而以死刑待之，所以威眾也。㉑畏服　畏懼而服從。㉒乙卯　七月初五日。㉓東京　胡三省注：「『京』，當作『都』。」㉔丙辰　七月初六日。㉕果州　州名，在今四川南充。時屬後蜀，盧順密為遙領。㉖六明鎮　地名，在胡梁渡北，即在今河南滑縣境內。㉗引之　吸引他們。㉘走　逃。㉙汜水　地名，在今河南滎陽縣北。㉚俘斬殆盡　俘虜和斬殺幾乎使全軍覆沒。㉛繼祚　「繼」上疑脫「張」字。「繼祚」上下兩人姓名俱全，「繼祚」獨不書姓，不當。又「繼祚」與「延播」雖同姓「張」，然兩人無親緣，此「張」字不可省。查《舊五代史・晉書・高祖紀》記敕云「朋助張從賓逆人張延播、張繼祚等十人……」，當補一「張」字。㉜史館修撰　官名，掌修日曆。㉝李濤　唐武宗朝宰相李回之族曾孫。㉞再造　再建。㉟洛邑　洛陽。唐末黃巢破兩京，洛陽殘破，居民不滿百戶，張全義招懷流亡，重建洛陽城。事詳本書卷二百五十七唐僖宗光啟三年。㊱行在　指大梁。自此，後晉定都大梁，即今河南開封。㊲安州　州名，治所安陸，今湖北安陸。㊳威和　唐內直軍名，唐有威和、拱宸內直軍，晉天福六年改為興順左、右軍。㊴唐州　州名，治所比陽，在今河南泌陽。㊵不濟　不成功。㊶待罪　等待降罪，接受處分。㊷戊寅　七月二十八日。

【校記】1以　原無此字。據章鈺校，十二行本、乙十一行本皆有此字，張敦仁《通鑑刊本識誤》同，今據補。

【語　譯】楊光遠從白皋率軍前往滑州，士卒們聽說滑州發生了變亂，於是想推舉楊光遠為君主。楊光遠說：「天子豈是你們販賣玩弄之物！當初我在晉陽投降是出於處境困窘，現在如果再另作打算，那就是真正的反賊了。」他的部下這才不敢再說。當時，魏州、孟州、滑州三個軍鎮相繼叛變，人心受到很大震動。晉高祖向劉知遠詢問對策，劉知遠回答說：「帝王的興起，自有天命。陛下往昔在晉陽，糧食都支撐不了五天，不久卻成就了大業。現在天下已經平定，內有強勁的兵力，在北方又聯結了強大的胡虜，這些鼠輩又能有什麼作為！希望陛下能用恩惠安撫將相，而臣請求用威嚴的軍法安輯士卒，這樣恩威並施，京城自然就會安定。樹根深入穩固了，那麼樹枝、樹葉就不會有什麼傷害。」於是劉知遠制定了嚴格的條律禁令，擔任宿衛的各軍沒有敢違犯的。有個軍士偷了值一幞頭的紙錢，主事的人抓住了他。劉知遠身邊的佐吏請求放了他，劉知遠說：「我懲辦他的罪行，不計較他偷的東西價值多少。」最後還是殺了他。從此大家都畏懼服從劉知遠。

七月初五日乙卯，任命楊光遠為魏府行營都招討使兼理行府事務，任命昭義節度使高行周為河南尹、東京留守，任命杜重威為昭義節度使、充任侍衛馬軍都指揮使，任命侯益為河陽節度使。晉高祖因為滑州方面奏報事情都是以馬萬為首的，就提拔馬萬為義成節度使。初六日丙辰，任命盧順密為果州團練使，方太為趙州刺史。後來獲悉平定滑州變亂原來都是盧順密的功勞，於是改任盧順密為昭義留後。

馮暉、孫銳率兵到達六明鎮，楊光遠吸引他們渡黃河，剛渡了一半就對他們發起攻擊。結果馮暉、孫銳的兵眾大敗，很多人淹死在水中，有三千人被斬首，馮暉、孫銳逃回魏州。

杜重威、侯益率兵到達汜水，遇上了張從賓的兵眾一萬餘人，便與他們交戰，結果張從賓的兵眾不是被俘就是被殺，幾乎全軍覆沒，隨即攻克了汜水。張從賓逃走，騎馬渡黃河，結果淹死了。抓獲了張從賓的黨羽張延播、張繼祚、婁繼英，押送到大梁，處斬，並誅滅了他們的全族。史館修撰李濤向皇帝上書說，張繼祚的父親張全義有重建洛陽的功勞，請求赦免他的族人。於是就只誅殺張繼祚的妻子、兒女。李濤，是李回的族曾孫。

晉高祖下詔命令東都留守司的文武百官全部遷赴行在大梁。〇楊光遠奏報說主持博州事務的張暉帶領全城投降。

安州威和指揮使王暉聽說范延光作亂，就殺死了安遠節度使周瓌，自己統領軍府，打算等到范延光取勝後就依附他，他失敗了就渡江投奔吳國。晉高祖派右領軍上將軍李金全率領一千名騎兵前往安州巡視檢查，答應赦免王暉並任命他為唐州刺史。

范延光知道事情不可能成功了，就歸罪於孫銳，殺了他的全族，派使者向朝廷奉表請罪。七月二十八日戊寅，楊光遠把這一情況報告了朝廷，晉高祖沒有答應。

吳同平章事王令謀如金陵勸徐誥受禪❶，誥讓❷不受。

山南東道節度使安從進恐王暉奔吳，遣行軍司馬張朏❸將兵會復州❹兵於要路邀之❺。暉大掠安州，將奔吳，部將胡進殺之。八月癸巳❻，以狀聞。李金全至安州，將士之預❼於亂者數百人，金全說諭❽，悉遣詣闕。既而聞指揮使武彥和等數十人挾賄甚多❾，伏兵于野❿，執而斬之。彥和且死⓫，呼曰：「王暉首惡，天子猶赦之。我輩脅從，何罪乎！」帝雖知金全之情⓬，掩而不問⓭。

吳歷陽公濛知吳將亡，甲午⓮[1]，殺守衛軍使王宏。宏子勒兵⓯攻濛，濛射殺之。以德勝⓰節度使周本吳之勳舊⓱，引二騎詣廬州，欲依之。本聞濛至，將見之⓲，其子弘祚固諫⓳。本怒曰：「我家郎君⓴來，何為不使我見！」弘祚合扉㉑

不聽本出，使人執濛于外㉒，送江都。徐誥遣使稱詔殺濛于采石㉓，追廢為悖逆庶人，絕屬籍㉔。侍衛軍使郭悰殺濛妻子於和州，誥歸罪於悰，貶池州。

乙巳㉕，赦張從賓、符彥饒、王暉之黨㉖，未伏誅者皆不問。〇梁、唐以來，士民奉使及俘掠在契丹者，悉遣使贖還其家㉗。

吳司徒、門下侍郎、同平章事、內樞使、忠武㉘節度使王令謀老病無齒，或勸之致仕，令謀曰：「齊王大事未畢㉙，吾何敢自安㉚！」疾亟㉛，力勸㉜徐誥受禪。是月，吳主下詔，禪位于齊。李德誠等[2]復詣金陵帥百官勸進，宋齊丘不署表㉝。九月癸丑㉞，令謀卒。

甲寅㉟，以李金全為安遠節度使。〇婁繼英未及葬梁均王而誅死，詔梁故臣右衛上將軍安崇阮㊱與王故妃郭氏㊲葬之。

丙寅㊳，吳主命江夏王璘㊴奉璽綬㊵于齊。冬，十月甲申㊶，齊王誥即皇帝位于金陵，大赦，改元昇元，國號唐㊷。追尊太祖㊸武王曰武皇帝。乙酉㊹，遣右丞相玠㊺奉冊㊻詣吳主，稱受禪老臣誥謹拜稽首㊼，上皇帝尊號曰高尚思玄弘古讓皇，宮室、乘輿㊽、服御皆如故，宗廟、正朔、徽章㊾、服色悉從吳制。丁亥㊿，立徐知證為江王，徐知諤(51)為饒王。以吳太子璉領平盧(52)節度使兼中書令，封弘農公。

唐主宴群臣於天泉閣[53]，李德誠曰：「陛下應天順人，惟宋齊丘不樂。」因出齊丘止[54]德誠勸進書。唐主執書不視[55]，曰：「子嵩[56]三十年舊交，必不相負。」齊丘頓首謝。

己丑[57]，唐主表讓皇改東都[58]宮殿名，皆取於仙經[59]。讓皇常服羽衣[60]，習辟穀術[61]。辛卯[62]，吳宗室建安王珙[63]等十二人皆降爵為公，而加官增邑[64]。丙申[65]，以吳同平章事張延翰[66]及門下侍郎張居詠[67]、中書侍郎李建勳並同平章事。讓皇以唐主上表，致書辭之。唐主表謝而不改。

丁酉[68]，加宋齊丘大司徒。齊丘雖為左丞相，不預政事，心愠懟[69]。聞制詞云「布衣之交」，抗聲[70]曰：「臣為布衣時，陛下為刺史。今日為天子，可[3]不用老臣矣。」還家請罪[71]。唐主手詔[72]謝之，亦不改命。久之，齊丘不知所出[73]，乃更[74]上書請遷讓皇於他州，及斥遠[75]吳太子璉，絕其昏[76]。唐主不從。

乙巳[77]，立王后宋氏[78]為皇后。戊申[79]，以諸道都統、判元帥府事景通為諸道副元帥、判六軍諸衛事、太尉、尚書令、吳王。

【章旨】以上為第七段，寫吳齊王徐知誥受禪即皇帝位，國號為唐，史稱南唐，都金陵。

【注釋】❶受禪　接受皇位的禪讓。❷讓　辭讓。❸張朏　山南東道節度使府行軍司馬。❹復州　州名，治所在今湖北沔陽南。此為安州奔吳鄂州的必經之路。❺邀之　攔截他。❻癸巳　八月十三日。❼預　參與。❽說諭　勸說；開導。❾挾賄甚多　攜帶很多財物。❿伏兵于野　在郊野埋伏士兵。⓫且死　將死。⓬情　實情。指李金全殺死武彥和等而劫其財的情節。⓭掩而不問　掩蓋著不追究。⓮甲午　八月十四日。⓯勒兵　率兵。⓰德勝　方鎮名，五代吳置，治所廬州，在今安徽合肥。⓱勳舊　功勳舊臣。⓲見之　會見他。⓳固諫　堅決地勸阻。⓴郎君　指楊濛。舊臣稱主人的兒子為郎君，表示親切。㉑合扉　關上門。㉒外　門外。㉓徐誥遣使句　徐知誥遣使殺楊濛於路，不使至江都。徐誥，徐知誥改名去「知」字。采石，地名，在今安徽當塗。㉔絕屬籍　去掉楊氏的族籍。㉕乙巳　八月二十五日。㉖黨　黨羽。㉗贖還其家　將被契丹扣留和俘掠去的人贖回家來。㉘忠武　方鎮名，治所許州，在今河南許昌。時屬後晉，王令謀為遙領。㉙齊王大事未畢　指齊王還沒有受禪即皇帝位。齊王，徐知誥。㉚自安　自己安逸。㉛疾亟　疾病很沉重。㉜力勸　竭力勸告。㉝不署表　不在勸進表文上簽名。㉞癸丑　九月初四日。㉟甲寅　九月初五日。㊱安崇阮　（？—西元九四四年）字晉臣，潞州上黨（今山西長治）人，少倜儻，有詞辯，善騎射。官至晉右衛上將軍。傳見《舊五代史》卷九十。㊲郭氏　梁末帝朱友貞次妃。莊宗賜名誓正，居於洛陽。傳見《新五代史》卷十三。㊳丙寅　九月十七日。㊴璘　楊璘，楊溥第二子。封江夏王。傳見《十國春秋》卷四。㊵璽綬　皇帝玉璽、綬帶。㊶甲申　十月初五日。㊷國號唐　徐知誥本姓李，繼承唐朝，故稱唐，史稱南唐。㊸太祖　指徐溫。㊹乙酉　十月初六日。㊺玠　徐玠。㊻冊　冊書，指尊尚吳主楊溥為讓皇的冊文。㊼稽首　古時一種跪拜禮，磕頭到地。是九拜中最恭敬的。㊽乘輿　皇帝乘坐的車子。㊾徽章　旗幡。㊿丁亥　十月初八日。(51)徐知諤　與上文之徐知證皆徐溫之子，於知誥為弟。傳見《十國春秋》卷二十。(52)平盧　方鎮名，在今遼寧朝陽。楊璉為遙領。(53)天泉閣　樓閣名，因晉、宋天泉池故地起閣，故名天泉閣。(54)止　阻止。(55)執書不視　拿著宋齊丘阻止李德誠勸進的信不看。(56)子嵩　宋齊丘字。(57)己丑　十月初十日。(58)東都　南唐以揚州為東都。(59)皆取於仙經　所改宮殿之名都出之於仙經。(60)羽衣　羽毛製成的衣服，以示仙化。(61)習辟穀術　學習不吃穀物而生存的方法。辟，通「避」。(62)辛卯　十月十二日。(63)珙　楊珙，楊溥姪子。傳見《十國春秋》卷四。(64)加官增邑　提高官位，增加封邑。(65)丙申　十月十七日。(66)張延翰　（西元八八八—九四二年）字德華，宋州睢陽（今河南睢縣）人，不附權勢，有治績。官至南唐宰相。傳見《十國春秋》卷二十一。(67)張居詠　官至南唐宰相。

傳見《十國春秋》卷二十一。68丁酉　十月十八日。69心慍懟　內心惱怒、怨恨。70抗聲　大聲。71請罪　請求治罪。72手詔　親手寫的詔書。73不知所出　不知如何出謀劃策。74更　別。75斥遠　斥退並徙之遠地。76絕其昏　斷絕與楊璉的婚姻關係。因楊璉娶徐知誥女為妃。昏，同「婚」。77乙巳　十月二十六日。78宋氏　（？—西元九四五年）小名福金，治內有法，不妄言笑。傳見《十國春秋》卷十八。79戊申　十月二十九日。

【校　記】①甲午　原作「甲子」。據章鈺校，十二行本、乙十一行本皆作「甲午」，張敦仁《通鑑刊本識誤》同，今據改。②等　原無此字。據章鈺校，十二行本、乙十一行本皆有此字，今據補。③可　原作「可以」。據章鈺校，十二行本、乙十一行本、孔天胤本皆無「以」字，今據刪。按，《十國春秋》無「以」字。

【語　譯】吳國的同平章事王令謀前往金陵勸徐誥接受禪讓，徐誥推辭不接受。

山南東道節度使安從進擔心王暉會投奔吳國，就派行軍司馬張朏率兵會同復州的士兵在交通要道上攔截他。王暉在安州大肆搶掠之後，準備去投奔吳國，他的部將胡進把他殺了。八月十三日癸巳，把這一情況報告了朝廷。李金全到達安州，安州的將士參與作亂的有幾百人，李金全加以開導勸說，把他們全部遣送到朝廷等候發落。不久得知指揮使武彥和等數十人攜帶的財物很多，就在野外埋伏下士兵，把他們抓住殺了。武彥和臨死前，大聲喊道：「王暉是首惡，天子尚且赦免了他。我們這些人都是脅從，為什麼要被治罪！」晉高祖雖然知道李金全的實情，還是把事情掩蓋了起來，不加追究。

吳國的歷陽公楊濛知道吳國即將敗亡，八月十四日甲午，殺死了守衛軍使王宏。王宏的兒子率領士兵攻打楊濛，楊濛射殺了他。因為德勝節度使周本是吳國的元勳舊臣，楊濛於是帶領兩名騎兵前往廬州，想依附周本。周本聽說楊濛來了，準備會見他，周本的兒子周弘祚堅決勸阻不讓見。周本發怒說：「我家的少主來了，為什麼不讓我去見！」周弘祚把門關上不讓周本出去，派人到外面把楊濛抓了起來，解送到江都。徐誥派使者前去口稱詔令在采石殺了楊濛，追廢他為悖逆庶人，把他剔除出楊氏宗室的譜籍。侍衛軍使郭悰在和州殺死了楊濛的妻子、兒女，徐誥卻歸罪於郭悰，把他貶斥到池州。

八月二十五日乙巳，赦免張從賓、符彥饒、王暉的黨羽，沒有被誅殺的都不再追究。○梁、唐以來，士大夫奉命出使和百姓被俘掠滯留契丹的，朝廷派使者把他們全部贖回來，讓他們回到自己家裡。

吳國的司徒、門下侍郎、同平章事、內樞使、忠武節度使王令謀年老多病，牙齒都掉光了，有人勸他退休，王令謀說：「齊王的大事還沒有完成，我怎麼敢自己安逸！」他的病情已經很危急了，還在極力勸徐誥接受禪讓。就在這一月，吳主下詔，把帝位禪讓給齊王徐誥。李德誠等人又到金陵率領文武百官勸齊王即位，宋齊丘不肯在勸進表上署名。九月初四日癸丑，王令謀去世。

九月初五日甲寅，任命李金全為安遠節度使。○婁繼英還沒來得及安葬梁均王就受誅而死，晉高祖下詔命梁國舊臣右衛上將軍安崇阮和均王的舊妃郭氏把均王安葬。

九月十七日丙寅，吳主命令江夏王楊璘把傳國璽和綬帶向齊王奉上。冬，十月初五日甲申，齊王徐誥在金陵即皇帝位，實行大赦，改年號為昇元，國號為唐。追尊太祖武王為武皇帝。初六日乙酉，派右丞相徐玠帶著上尊號的冊書去進見吳主，稱受禪老臣徐誥謹拜稽首，上皇帝尊號為高尚思玄弘古讓皇，宮室、乘輿、服御都和從前一樣，宗廟、正朔、旗幡、官員的品服及吏民衣著的顏色都仍遵從吳國以前的制度。初八日丁亥，冊立徐知證為江王，徐知諤為饒王。任命吳國太子楊璉遙領平盧節度使兼中書令，封為弘農公。

唐主在天泉閣宴請群臣，李德誠說：「陛下應天命，順人心，只有宋齊丘一個人不高興。」說著，拿出了宋齊丘阻止李德誠勸唐主即位的信件。唐主拿著這封信看都不看，說：「子嵩是我三十年的老朋友，一定不會對不起我。」宋齊丘聽了，趕忙磕頭謝罪。

十月初十日己丑，唐主向讓皇上表，請求更改東都宮殿的名稱，新改的名稱都取自仙經。讓皇經常穿著道士的羽衣，習練辟穀的方術。十二日辛卯，吳國宗室建安王楊珙等十二人都降封爵為公，但同時又提高他們的官位，增加他們的食邑。十七日丙申，任命原吳國同平章事張延翰和門下侍郎張居詠、中書侍郎李建勳都為同平章事。讓皇因唐主仍用上表的形式，寫信表示不敢當。唐主上表致謝，但仍不改變做法。

十月十八日丁酉，加授宋齊丘為大司徒。宋齊丘雖為左丞相，卻不能參與政事，心裡惱怒怨恨。當他聽到唐主詔書中說「布衣之交」時，高聲說道：「臣為布衣時，陛下為刺史。今天做天子了，可以不用老臣了。」

回家後他請求唐主治罪。唐主親手寫下詔書向他道歉，但仍然不改變原來的任命。過了好久，宋齊丘不知該如何出謀劃策才好，於是又再上書，請求把讓皇遷徙到其他州去，並且斥逐吳國太子楊璉到遠方去，斷絕與楊璉的婚姻關係。唐主沒有聽從。

十月二十六日乙巳，冊立王后宋氏為皇后。二十九日戊申，任命諸道都統、判元帥府事徐景通為諸道副元帥、判六軍諸衛事、太尉、尚書令、吳王。

閩主命其弟威武❶節度使繼恭❷上表告嗣位于晉，且請置邸于都下❸。

十一月乙卯❹，唐吳王景通更名璟。○唐主賜楊璉妃號永興公主❺。妃聞人呼公主，則流涕而辭❻。○戊午❼，唐主立其子景遂為吉王，景達為壽陽公。以景遂為侍中、東都留守、江都尹，帥留司百官❽赴東都。

戊辰❾，詔加吳越王元瓘天下兵馬副元帥，進封吳越國王。

安遠節度使李金全以親吏❿胡漢筠為中門使，軍府事一以委之⓫。漢筠貪猾殘忍，聚斂無厭⓬。帝聞之，以廉吏⓭賈仁沼代之，且召漢筠，欲授以他職，庶⓮保全功臣。漢筠大懼，始勸金全以異謀⓯。乙亥⓰，金全表漢筠病，未任行⓱。金全故人⓲龐令圖屢諫曰：「仁沼忠義之士，以代漢筠，所益多矣⓳。」漢筠夜遣壯士踰垣⓴滅令圖之族，又毒仁沼，舌爛而卒。漢筠與推官張緯相結，以諂惑㉑

金全，金全愛之彌篤㉒。

十二月戊申㉓，蜀大赦，改明年元曰明德。○詔加馬希範江南諸道都統，制置武平㉔、靜江㉕等軍事。

是歲，契丹改元會同，國號大遼。公卿庶官㉖皆倣中國，參用中國人。以趙延壽㉗為樞密使，尋兼政事令。

【章旨】以上為第八段，寫閩主入貢晉朝。唐主封諸子為王，嗣子徐景通改名為璟。契丹主改國號為大遼。

【注釋】❶威武　方鎮名，閩置，治所福州，在今福建福州。❷繼恭　（？—西元九三九年）王延鈞子。傳見《十國春秋》卷九十四。❸置邸于都下　在晉首都汴梁建造府舍。❹乙卯　十一月初六日。❺永興公主　徐知誥第四女，嫁楊璉。賢明溫淑，容儀絕世，卒年二十四。傳見《十國春秋》卷四。❻流涕而辭　流著淚推辭。因吳已亡國。❼戊午　十一月初九日。❽留司百官　南唐仿唐制，建東、西都，置留臺百司。留司百官即為留臺百司官員。東都，即江都，今江蘇揚州。金陵為西都，今江蘇南京。❾戊辰　十一月十九日。❿親吏　親信官吏。⓫一以委之　全部委託給他辦理。⓬無厭　沒有滿足。⓭廉吏　廉潔的官吏。⓮庶　希望。⓯異謀　謀反。⓰乙亥　十一月二十六日。⓱未任行　沒有力氣上路。此為不讓胡漢筠回朝的託詞。⓲故人　舊友。⓳所益多矣　所得好處多著呢。⓴踰垣　越過圍牆。㉑諂惑　用諂媚的手段迷惑。㉒彌篤　更加深切。㉓戊申　十二月己卯朔，無戊申日，疑記載有誤。㉔武平　方鎮名，後唐以朗州為武平軍，後晉仍置武平軍。治所朗州，在今湖南常德。㉕靜江　方鎮名，唐昭宗光化三年（西元九〇〇年），升桂管經略使為靜江軍節度使。治所桂州，在今廣西桂林。㉖庶官　百官。㉗趙延壽　（？—西元九四八年）本姓劉，趙德鈞養子。降契丹，為契丹先鋒，屢敗晉軍。官至遼丞相。傳見《遼史》卷七十六。

【語　譯】閩主命他的弟弟威武節度使王繼恭向晉帝上表報告他繼承閩國君位的事，並且請求在大梁設立宅邸。

十一月初六日乙卯，唐國的吳王徐景通改名為璟。○唐主賜楊璉妃子的尊號為永興公主。妃子一聽人們喊她為公主就傷心流淚，不讓人們這樣喊她。○初九日戊午，唐主冊立他的兒子徐景遂為吉王，徐景達為壽陽公。任命徐景遂為侍中、東都留守、江都尹，率領留臺百司官員到東都去。

十一月十九日戊辰，詔令加授吳越王錢元瓘為天下兵馬副元帥，進封為吳越國王。

安遠節度使李金全任用親信官吏胡漢筠為中門使，軍府的事務全都交給他辦理。胡漢筠貪婪狡猾而又殘忍，聚斂財物沒有滿足的時候。晉高祖得知這一情況後，就任命一位清廉的官吏賈仁沼來代替他，並且召回胡漢筠，準備授予他其他職務，希望以此保全功臣。胡漢筠十分恐懼，開始勸李金全圖謀不軌。十一月二十六日乙亥，李金全上表聲稱胡漢筠生病，沒有力氣上路。李金全的舊友龐令圖多次勸他說：「賈仁沼是忠義之士，由他來代替胡漢筠，所得好處多著呢。」胡漢筠夜裡派壯士翻牆進去把龐令圖的全族都殺了，又向賈仁沼下毒，賈仁沼因舌頭腐爛而死。胡漢筠和推官張緯相勾結，用諂媚的手段來迷惑李金全，李金全對他們的寵愛更深了。

十二月戊申日，蜀國實行大赦，改明年的年號為明德。○晉高祖下詔，加授馬希範為江南諸道都統，制置武平、靜江等軍府的事務。

這一年，契丹改年號為會同，國號為大遼。公卿百官的設置都仿效中國，也選拔任用中國人。任命趙延壽為樞密使，不久兼任政事令。

三年（戊戌　西元九三八年）

春，正月己酉❶，日有食之。○唐德勝節度使兼中書令西平恭烈王周本以不能存吳❷，愧恨❸而卒。○丙寅❹，唐以侍中吉王景遂參判尚書都省❺。

蜀主以武信節度使、同平章事張業為左僕射兼中書侍郎、同平章事，樞密使，武泰節度使王處回兼武信節度使、同平章事。

二月庚辰❻，左散騎常侍❼張允❽上駁赦論，以為「帝王遇天災多肆赦❾，謂之修德。借❿有二人坐獄遇赦，則曲者⓫幸免，直者銜冤⓬，冤氣升聞，乃所以致災⓭，非所以弭災⓮也。」詔褒之。帝樂聞讜言⓯，詔百官各上封事，命吏部尚書梁文矩等十人置詳定院以考之，無取者留中，可者行之。數月，應詔者無十人。乙未⓰，復降御札趣之。

三月丁丑⓱，敕禁民作銅器⓲。初，唐世⓳天下鑄錢有三十六冶⓴，喪亂以來，皆廢絕，錢日益耗。民多銷錢㉑為銅器，故禁之。

中書舍人李詳上疏，以為「十年以來，赦令屢降㉒，諸道職掌㉓皆許推恩㉔。而藩方㉕薦論㉖動踰數百，乃至藏典㉗、書吏、優伶、奴僕，初命則至銀青階㉘，被㉙服皆紫袍象笏㉚，名器㉛僭濫，貴賤不分。請自今諸道主兵將校㉜之外，節度州㉝聽奏朱記㉞大將以上十人，他州止聽奏都押牙、都虞侯、孔目官，自餘但委本道量遷職名而已。」從之。

【章旨】以上為第九段，寫晉高祖下詔求言，糾正濫赦與濫施官位，因缺銅以木質赤字代銅印賜大將，每州限額十名。

【注釋】❶己酉　正月初二日。❷不能存吳　不能保全吳國。❸愧恨　慚愧、悔恨。❹丙寅　正月十九日。❺參判尚書都省　兼任朝廷的辦事機關首長，參與管理尚書省政務。❻庚辰　二月初三日。❼左散騎常侍　門下省屬官，掌規諫。❽張允（西元八八六—九五〇年）鎮州（今河北正定）人，為人剛介，官至後漢吏部侍郎。以作〈駁赦論〉著稱。此論闡述經常大赦的危害性。傳見《舊五代史》卷一百八、《新五代史》卷五十七。❾肆赦　大赦。❿借　假設；倘使。⓫曲者　理曲應判罪的人。⓬銜冤　蒙受冤屈。⓭致災　招來災禍。⓮弭災　消除災禍。⓯讜言　正直的言論。⓰乙未　二月十八日。⓱丁丑　三月三十日。⓲作銅器　用銅鑄造用具。⓳唐世　指晚唐。⓴三十六治　三十六處鑄錢的地方。盛唐時則有治銅處九十餘所。㉑銷錢　將錢熔化。㉒赦令屢降　多次頒布大赦令。㉓諸道職掌　各州郡所主管之事。㉔推恩　用恩蔭任職。㉕藩方　節度使。㉖薦論　推薦人才。㉗藏典　掌國庫官吏。㉘銀青階　指銀青光祿大夫，從二品高官。㉙被　通「披」。㉚紫袍象笏　唐制三品以上穿紫袍，用象牙笏。㉛名器　名分和器物。一定爵位用一定器物，不能僭越。㉜主兵將校　統率軍隊的主將。㉝節度州　節度使所在的州。㉞朱記　不給銅印，給木朱記以為印信。

【語譯】三年（戊戌　西元九三八年）

春，正月初二日己酉，發生日蝕。〇唐國的德勝節度使兼中書令西平恭烈王周本因為自己沒能保全吳國，在愧恨交加中死去。〇十九日丙寅，唐國任命侍中吉王徐景遂參判尚書都省。

蜀主任命武信節度使、同平章事張業為左僕射兼中書侍郎、同平章事、樞密使，任命武泰節度使王處回兼武信節度使、同平章事。

二月初三日庚辰，左散騎常侍張允奏上〈駁赦論〉，認為「帝王遇到天災常常實行大赦，稱此為修德。假設有兩個人正在坐牢而遇到赦免，那麼原本理虧應該判罪的人就會僥倖得以免罪，而原本有理的人就會蒙受冤屈，冤氣升騰，上聞於天，這是招致災禍的原因，而並非消除災禍的方法啊。」晉高祖下詔褒獎了他。晉高祖喜歡聽正直的言論，下詔讓文武百官各自呈上密封的奏章，命吏部尚書梁文矩等十人設置詳定院對這些奏章進行審核，無所可取的就留置禁中，有可取的就加以施行。幾個月之後，響應詔書的不足十個人。十八日乙未，晉高祖又頒下親筆詔書督促這件事。

三月三十日丁丑，下敕令禁止百姓製作銅器。以前，唐代時天下有三十六處冶銅鑄錢的地方，自戰亂以來，都荒棄停工了，而銅錢卻日益受到耗損。百姓中有很多人把銅錢銷熔後製作銅器，所以要禁止。

中書舍人李詳上疏，認為：「十年以來，屢次頒布大赦令，諸道的職掌都允許借助恩蔭任命官員。而各地藩鎮所推薦的人動輒超過數百名，以至於藏典、書吏、優伶、奴僕這些人，開始任命就達到銀印青綬的官階，穿的都是紫色的袍子，拿的都是象牙笏，名分和器物僭越氾濫，貴賤不分。請求從今往後，各道除了主掌軍務的將校之外，節度使所在的州允許奏報不給銅印只給朱記的大將以上十個人，其他州只允許奏報都押牙、都虞候、孔目官，其餘的官吏只是委託各道酌量調遷職銜就可以了。」晉高祖採納了這個建議。

夏，四月甲申❶，唐宋齊丘自陳❷丞相不應不豫❸政事，唐主答以省署❹未備。

吳讓皇固辭舊宮❺，屢請徙居。李德誠等亦亟以為言。五月戊午❻，唐主改潤州❼牙城為丹楊宮，以李建勳為迎奉讓皇使。

楊光遠自恃擁重兵，頗干預朝政，屢有抗奏❽，帝常屈意從之❾。庚申❿，以其子承祚⓫為左威衛將軍，尚帝女長安公主，次子承信亦拜美官，寵冠當時⓬。

壬戌⓭，唐主以左宣威副統軍王輿⓮為鎮海⓯留後，客省使公孫圭為監軍使，親吏馬思讓為丹楊宮使，徙⓰讓皇居丹楊宮。

宋齊丘復自陳為左右所間⑰，唐主大怒。齊丘歸第⑱，白衣待罪⑲。或曰⑳：「齊丘舊臣，不宜以小過棄之。」唐主曰：「齊丘有才，不識大體。」乃命吳王璟持手詔㉑召之。

六月壬午㉒，或獻毒酒方㉓於唐主。唐主曰：「犯吾法者自有常刑㉔，安用此為㉕！」羣臣爭請改府寺州縣名有吳及陽者，留守判官楊嗣請更姓羊，徐玠曰：「陛下自應天順人㉖，事非逆取㉗。而諂邪之人專事改更㉘，咸非急務㉙，不可從也。」唐主然之。

【章　旨】以上為第十段，寫唐主徐知誥賢明，優禮讓皇，不接受陰謀害人，不權落舊臣。

【注　釋】❶甲申　四月初七日。❷自陳　自己陳說。❸豫　通「預」。❹省署　指中央官署。❺固辭舊宮　堅決推辭不再居江都宮。❻戊午　五月十二日。❼潤州　州名，在今江蘇鎮江市。❽抗奏　抗拒中央命令的奏章。❾屈意從之　違背自己的意志順從他。❿庚申　五月十四日。⓫承祚　楊光遠子，官單州刺史。傳附《舊五代史》卷九十七〈楊光遠傳〉。⓬寵冠當時　寵信為當時第一。⓭壬戌　五月十六日。⓮王輿　（西元八七一—九四四年）為人勇武，不念舊惡，官至南唐金吾衛大將軍。傳見《十國春秋》卷七。⓯鎮海　方鎮名，吳置，治所潤州，在今江蘇鎮江市。⓰徙　遷移。⓱為左右所間　被唐主左右近臣所離間。⓲歸第　回到家中。⓳白衣待罪　穿著普通平民的白衣等待治罪。⓴或曰　有人說。㉑手詔　親手寫的詔書。㉒壬午　六月初七日。㉓毒酒方　配製毒酒的藥方。㉔常刑　法律規定的刑罰。㉕安用此為　用這個幹什麼。㉖應天順人　指徐知誥稱帝是上合天意，下順人心。㉗事非逆取　此事不是違逆天意人心而奪取。㉘專事改更　專門在更易名稱上下工夫。㉙咸非急務　這些都不是要緊的政務。

【語　譯】夏，四月初七日甲申，唐國的宋齊丘自己向唐主陳說，認為丞相不應該不參與政事，唐主答覆他說省署機構暫時還不完備。

吳國讓皇堅決推辭，希望不再住在舊宮，屢次請求遷居。李德誠等人也一再提出這件事。五月十二日戊午，唐主把潤州牙城改為丹楊宮，任命李建勳為迎接侍奉讓皇的使者。

楊光遠依仗自己擁有重兵，對朝廷政事頗有干預，屢次呈上抗命的奏章，晉高祖常常違背自己意志順從他。五月十四日庚申，任命他的兒子楊承祚為左威衛將軍，娶皇帝的女兒長安公主為妻，次子楊承信也被授予很好的官職，全家所受的恩寵為當時之冠。

五月十六日壬戌，唐主任命左宣威副統軍王輿為鎮海留後，客省使公孫圭為監軍使，親信官吏馬思讓為丹楊宮使，把讓皇遷到丹楊宮居住。

宋齊丘再次自己向唐主陳說自己被左右近臣所離間，唐主大怒。宋齊丘回到家中，穿上白衣等待被治罪。有人勸唐主說：「齊丘是舊臣，不應該因為一點小過錯而拋棄他。」唐主說：「齊丘有才幹，只可惜不識大體。」於是命令吳王徐璟拿著親筆詔書去召他來。

六月初七日壬午，有人獻毒酒藥方給唐主。唐主說：「違反我國法律的自有正常的刑罰處置，用這個東西幹什麼！」群臣們爭相請求把府寺州縣名稱中有「吳」和「陽」字的都改掉，留守判官楊嗣也請求改姓為「羊」，徐玠說：「陛下本來就是上應天命，下順民心，此事不是違天意人心奪取的。然而諂媚奸邪之人卻專門在更改名稱上下工夫，這些都不是要緊的政務，不能聽從他們的意見。」唐主很同意他的見解。

河南留守高行周奏修洛陽宮。丙戌❶，左諫議大夫薛融❷諫曰：「今宮室雖經焚毀，猶侈於帝堯之茅茨❸。所費雖寡，猶多於漢文之露臺❹。況魏城未下，公私困窘，誠非陛下修宮館之日。俟海內平寧，營❺之未晚。」上納其言，仍賜詔褒之。

己丑❻，金部郎中❼張鑄奏：「竊見鄉村浮戶❽，非不勤稼穡❾，非不樂❿安居。但以種木未盈⓫十年，墾田未及⓬三頃，似成生業⓭，已為縣司收供傜役⓮，責⓯之重賦，威以嚴刑。故不免捐功捨業⓰，更思他適⓱。乞自今民墾田及五頃以上，三年外乃聽縣司傜役。」從之。

秋，七月，中書奏：「朝代雖殊⓲，條制⓳無異。請委官取明宗及清泰時敕，詳定⓴可久行者編次㉑之。」己酉㉒，詔左諫議大夫薛融等詳定。

【章旨】以上為第十一段，寫晉高祖緩建宮室，獎勵墾殖，疏理制度。

【注釋】❶丙戌　六月十一日。❷薛融　（西元八八二—九四一年）汾州平遙（今山西平遙）人，少以儒學知名，官至尚書右丞、分司西都。傳見《舊五代史》卷九十三、《新五代史》卷五十六。❸帝堯之茅茨　帝堯宮室，土階三尺，茅茨不剪。❹漢文之露臺　漢文帝欲築露臺，因需百金而不作。❺營　修建。❻己丑　六月十四日。❼金部郎中　官名，戶部四司之一，掌天下稅收等事。❽浮戶　無固定戶口的人戶。❾稼穡　種莊稼。❿非不樂　不是不喜歡。⓫盈　滿。⓬及　到。⓭似成生業　看來好像已經成為維持生計的產業。⓮收供傜役　收錄供應傜役。⓯責　苛求。⓰捐功捨業　丟掉先前墾田的功效，捨棄將要形成的產業。⓱他適　到其他地方去。⓲殊　異。⓳條制　條規制度。⓴詳定　審定。㉑編次　編纂。㉒己酉　七月初四日。

【語譯】河南留守高行周上奏建議修繕洛陽宮。六月十一日丙戌，左諫議大夫薛融勸諫說：「現在的宮室雖然經歷過焚毀，但是比起帝堯的茅草宮室還是奢侈得多。修繕的費用雖然很少，但還是比漢文帝修築露臺所預計的開支要多。何況魏州城還沒有攻下，國家和百姓都很窮困窘迫，確實不是陛下修繕宮館的時候。等到天下太平安寧了，再來營建也不算晚。」晉高祖採納了他的意見，還頒賜詔書褒獎了他。

六月十四日己丑，金部郎中張鑄上奏說：「我看到鄉村中一些沒有固定戶籍的人戶，不是不勤於耕種，也不是不願意安居樂業。只是因為種樹未滿十年，墾田不到三頃，看來似乎要成為維持生計的產業時，就已被縣府的官員收錄供應徭役，要求他們繳納重賦，用嚴酷的刑罰威逼他們。所以他們不免捐棄前功，丟掉產業，想再遷到其他的地方去。請求從今往後百姓開墾田地達五頃以上的，三年之後才准許縣府的官員徵調他們服徭役。」晉高祖聽從了他的建議。

秋，七月，中書省上奏說：「朝代雖然不同，但是條規制度卻沒有什麼差異。請求委派官員選取明宗和末帝清泰時期的敕令，審定那些可以長久施行的加以編纂。」初四日己酉，下詔命令左諫議大夫薛融等人加以審定。

辛酉❶，敕作受命寶❷，以「受天明命，惟德允昌❸」為文。

八月[1]，帝上尊號於契丹主及太后。戊寅❹，以馮道為太后冊禮使❺，左僕射劉昫[2]為契丹主冊禮使，備鹵簿❻、儀仗❼、車輅❽，詣契丹行禮。契丹主大悅。帝事❾契丹甚謹，奉表稱臣，謂契丹主為「父皇帝」。每契丹使至，帝於別殿❿拜受詔敕。歲輸金帛三十萬之外，吉凶慶弔⓫，歲時贈遺⓬，玩好珍異，相繼於道。乃至應天太后⓭、元帥太子⓮、偉王、南・北二王、韓延徽、趙延壽等諸大臣皆有賂遺[3]。小不如意，輒來責讓⓯，帝常卑辭謝之⓰。晉使者至契丹，契丹驕倨⓱，多不遜語⓲。使者還，以聞，朝野咸以為恥，而帝事之曾無倦意。以是終帝之世，與契丹無隙。然所輸金帛不過數縣租賦，往往託以民困，不能滿數。其後契丹主屢止帝上表稱臣，但令為書稱「兒皇帝」，如家人禮⓳。

初，契丹既得幽州，命曰南京⓴，以唐降將趙思溫為留守。思溫子延照在晉，帝以為祁州㉑刺史。思溫密令延照言虜情終變，請以幽州內附㉒。帝不許。○契丹遣使詣唐，宋齊丘勸唐主厚賄之㉓，俟至淮北㉔，潛遣人殺之，欲以間晉㉕。壬午㉖，楊光遠奏前澶州刺史馮暉自廣晉城中出戰，因來降，言范延光食盡窮困。己丑㉗，以暉為義成節度使。

【章旨】以上為第十二段，寫石敬瑭向契丹稱兒皇帝。

【注釋】❶辛酉　七月十六日。❷受命寶　皇帝玉璽。天子修封禪、禮神祇時使用。因原受命寶被潞王焚毀，故新製。❸受天明命二句　此八字為下敕令的皇帝印章。意謂接受上天光明之命，保持德行，國運昌盛。允，以。❹戊寅　八月初四日。❺冊禮使　行冊封禮的使者。❻鹵簿　古代帝王出外時的儀仗隊。鹵，大楯，可以捍敵。簿，簿籍，記載儀仗的先後順序。❼儀仗　用於儀衛的兵仗。❽車輅　皇帝乘坐的車。輅，綁在車轅上以備人牽挽的橫木。❾事　侍奉。❿別殿　便殿。石敬瑭對契丹稱兒皇帝，故對契丹使者不敢居正殿。⓫吉凶慶弔　吉禮、凶禮、節日慶賀、弔喪。⓬歲時贈遺　一年不同的時節的饋贈。⓭應天太后　即太祖述律皇后（西元八七九—九五三年）。傳見《遼史》卷七十一。⓮元帥太子　耀屈之。即耶律德光。⓯責讓　責備。⓰卑辭謝之　用低聲下氣的話向契丹道歉。⓱驕倨　傲慢的樣子。⓲多不遜語　大多出言不禮貌。⓳如

家人禮　行一家人相見之禮。⑳南京　契丹於天福元年（西元九三六年）得幽州，改為南京。㉑祁州　州名，唐昭宗景福三年（西元八九四年），王處存奏以定州無極、深澤二縣置祁州，州治在今河北無極。㉒內附　歸附中原後晉王朝。㉓厚賄之　用豐厚的財物賄賂他。㉔淮北　淮河以北地區。在後晉轄區內。㉕間晉　挑撥後晉與契丹關係。間，離間。㉖壬午　八月初八日。㉗己丑　八月十五日。

【校　記】①八月　原無此二字。據章鈺校，十二行本、乙十一行本、孔天胤本皆有此二字，今據補。②劉昫　原作「劉煦」。據章鈺校，十二行本、乙十一行本、孔天胤本皆作「劉昫」，今據改。按，新、舊《五代史》亦皆作「劉昫」。③遺　原無此字。據章鈺校，十二行本、乙十一行本、孔天胤本皆有此字，張敦仁《通鑑刊本識誤》同，今據補。

【語　譯】七月十六日辛酉，晉高祖下令製作受命寶璽，把「受天明命，惟德允昌」作為寶璽上所刻的文字。

八月，晉高祖上尊號給契丹主和述律太后。初四日戊寅，任命馮道為太后冊禮使，左僕射劉昫為契丹主冊禮使，準備了鹵簿、儀仗、車輅，前往契丹舉行大禮。契丹主非常高興。晉高祖侍奉契丹主非常恭謹，上表都自稱為臣，稱契丹主為「父皇帝」。每次契丹的使者來到，晉高祖都是在便殿拜受契丹主的詔書和敕令。每年除了要奉送金帛三十萬之外，還有吉凶慶弔，一年中不同時節的饋贈，各種供玩賞的珍奇物品，都絡繹不絕地奉送過去。甚至於對應天太后、元帥太子、偉王、南．北二王、韓延徽、趙延壽等各位大臣也都有財物相送。稍有一點讓他們不滿意的，他們就派使者來指責，晉高祖常常低聲下氣地向他們道歉。晉朝的使者到契丹，契丹人卻非常傲慢，大多出言不遜。使者回來以後，把這一情況向朝廷報告，朝野人士都感到羞恥，但是晉高祖侍奉契丹卻絲毫沒有倦怠之意。因此晉高祖在位的整個時期，和契丹沒有產生什麼嫌隙。然而所奉送的金帛不過是幾個縣的田租賦稅，還常常以百姓窮困為藉口，不能足額送到。後來契丹主也多次阻止晉高祖上表稱臣，只讓他寫信時自稱「兒皇帝」，像一家人之間的禮節那樣。

當初，契丹取得幽州之後，把幽州命名為南京，任命唐降將趙思溫為留守。趙思溫的兒子趙延照在晉朝，晉高祖任命他為祁州刺史。趙思溫祕密地讓趙延照向朝廷報告說胡虜的情況終究是要變化的，請求把幽州歸附於朝廷。晉高祖沒有允許。○契丹派使者前往唐國，宋齊丘勸唐主給使者送去豐厚的財物，等他回去行至淮河以北晉國地境時，暗中派人把他殺掉，想以此離間契丹與晉朝的關係。

八月初八日壬午，楊光遠奏報說，前澶州刺史馮暉從廣晉城中出戰，乘機前來投降，並說范延光在城中糧食已吃完，情勢困窘。十五日己丑，任命馮暉為義成節度使。

楊光遠攻廣晉❶，歲餘不下。帝以師老❷民疲，遣內職❸朱憲入城諭范延光，許移大藩❹，曰：「若降而殺汝，白日在上，吾無以享國❺。」延光謂節度副使李式曰：「主上重信❻，云不死則不死矣。」乃撤守備，然猶遷延未決❼。宣徽南院使劉處讓復入諭之，延光意乃決。九月乙巳朔❽，楊光遠送延光二子守圖、守英詣大梁。己酉❾，延光遣牙將奉表待罪。壬子❿，詔書至廣晉，延光帥其眾素服⓫於牙門，使者宣詔釋之。朱憲，汴州人也。

契丹遣使如洛陽，取趙延壽妻唐燕國長公主⓬以歸。○壬戌⓭，唐太府卿趙可封請唐主復姓李，立唐宗廟。

庚午⓮，楊光遠表乞入朝。命劉處讓權知⓯天雄軍府事。己巳⓰，制以范延光為天平節度使，仍賜鐵券⓱，應廣晉城中將吏軍民今日⓲以前罪皆釋⓳不問。其張從賓、符彥饒餘黨及自官軍逃叛入城者，亦釋之。延光腹心將佐李式、孫漢威、薛霸皆除防禦・團練使、刺史，牙兵皆升為侍衛親軍。

初，河陽行軍司馬李彥珣，邢州人也。父母在鄉里，未嘗供饋⓴。後與張從賓同反，從賓敗，奔廣晉。范延光以為步軍都監㉑，使登城拒守。楊光遠訪獲㉒其母，置城下以招之㉓，彥珣引弓㉔射殺其母。延光既降，帝以彥珣為坊州㉕刺史。近臣言彥珣殺母，殺母惡逆㉖不可赦。帝曰：「赦令已行，不可改也。」乃遣之官。

臣光曰：「治國[1]者固㉗不可無信。然彥珣之惡，三靈㉘所不容，晉高祖赦其叛君之愆㉙，治㉚其殺母之罪，何損於信哉㉛！」

【章旨】以上為第十三段，寫晉高祖赦河北叛將之罪，朝廷罷兵。

【注釋】❶廣晉　即魏州。後晉石敬瑭即位，改魏州為廣晉。❷師老　軍士疲憊，士氣低落。❸內職　宦官。❹大藩　大的藩鎮。❺吾無以享國　我不可能享有長遠的國運。發誓的話。❻重信　重視信用。❼遷延未決　拖延時日，猶豫不決。❽乙巳朔　九月初一日。❾己酉　九月初五日。❿壬子　九月初八日。⓫素服　穿著白衣。以示有罪。⓬燕國長公主　明宗第十三女，嫁趙延壽。初封興平公主，清泰二年，改封燕國長公主。傳附《舊五代史》卷四十九〈后妃傳〉。⓭壬戌　九月十八日。⓮庚午　九月二十六日。⓯權知　暫時代理。⓰己巳　九月二十五日。⓱鐵券　古代賜給有功之臣，記其功績，免其死罪的一種憑信。⓲今日　指詔書到魏州之日。⓳釋　原宥；寬大。⓴供饋　贍養。㉑步軍都監　官名，掌屯戍、邊防、訓練政令。㉒訪獲　尋訪獲得。㉓招之　招李彥珣歸降。㉔引弓　拉弓。㉕坊州　州名，在今陝西黃陵東南。㉖惡逆　十惡罪之一。殺父母者犯惡逆罪，恩赦也不應原宥。㉗固　本來。㉘三靈　指天神、地祇、人鬼。㉙愆　過失。㉚治　處置；處分。㉛何損於信哉　對於誠信有什麼損害呢。

【校　記】①國　原作「國家」。據章鈺校，十二行本、乙十一行本皆無「家」字，今據刪。

【語　譯】楊光遠攻打廣晉城，一年多也沒有攻下來。晉高祖考慮到軍隊疲憊，百姓窮困，就派宦官朱憲進入廣晉城去勸說范延光投降，答應把他調到一個大的藩鎮去當節度使，說：「如果你投降後我殺你，白日在上，我就不可能享有長遠的國運。」范延光對節度副使李式說：「皇上是看重信用的，說不死就不會死了。」於是撤下守備，但還是拖延了些日子，一直猶豫不決。宣徽南院使劉處讓又進城勸說，范延光這才拿定了主意。九月初一日乙巳，楊光遠把范延光的兩個兒子范守圖、范守英送到大梁。初五日己酉，范延光派牙將上表朝廷等待治罪。初八日壬子，皇帝的詔書到了廣晉，范延光帶領部眾穿著白衣在牙門迎候，使者宣讀詔書，然後釋放了他們。朱憲，是汴州人。

契丹派使者前往洛陽，把趙延壽的妻子唐燕國長公主接了回去。○九月十八日壬戌，唐國太府卿趙可封請求唐主徐誥恢復姓李，建立唐室的宗廟。

九月二十六日庚午，楊光遠上表請求入朝。晉高祖命劉處讓暫時主持天雄軍府的事務。二十五日己巳，下制書任命范延光為天平節度使，又賜給他鐵券，所有廣晉城中將校、官吏、士兵、百姓在今日以前所犯的罪都予以赦免，不再追究。那些張從賓、符彥饒的餘黨以及從官軍中逃叛入城的人，也都予以赦免。范延光的心腹將領佐吏李式、孫漢威、薛霸都分別任命為防禦使．團練使、刺史，他的牙兵也都擢升為侍衛親軍。

當初，河陽行軍司馬李彥珣，是邢州人。父母都在邢州老家，他從來沒有供養過二老。後來他和張從賓一起反叛，張從賓敗亡以後，他就投奔到廣晉。范延光任命他為步軍都監，讓他登城抵禦防守。楊光遠經過尋訪找到了他的母親，把她安置在城下，用來招降李彥珣，李彥珣拉弓射殺了他的母親。范延光歸降以後，晉高祖任命李彥珣為坊州刺史。近臣們說李彥珣殺母，殺母的人犯了惡逆罪是不能赦免的。晉高祖說：「赦令已經頒布施行，不能再改了。」還是派他去赴任了。

司馬光說：「治理國家的人當然不能不講誠信。然而李彥珣的罪惡，是天神、地祇、人鬼三靈所不能容忍的，如果晉高祖赦免他背叛君主的過失，而懲治他殺害母親的罪行，對於誠信又有什麼損害呢！」

辛未❶，以楊光遠為天雄節度使。

冬，十月戊寅❷，契丹遣使奉寶冊❸，加帝尊號❹曰英武明義皇帝。○帝以大梁舟車所會❺，便於漕運，丙辰❻，建東京於汴州。復以汴州為開封府，以東都❼為西京，以西都❽為晉昌軍節度。○帝遣兵部尚書王權使契丹謝尊號。權自以累世將相❾，恥之，謂人曰：「吾老矣，安能向穹廬❿屈膝！」乃辭以老疾。帝怒，戊子⓫，權坐停官⓬。

初，郭崇韜既死，宰相罕⓭有兼樞密使者。帝即位，桑維翰、李崧兼之，宣徽使劉處讓及宦官皆不悅。楊光遠圍廣晉，處讓數⓮以軍事銜命⓯往來，光遠奏請多踰分⓰，帝常依違⓱，維翰獨以法裁折之⓲。光遠對處讓有不平語⓳，處讓曰：「是皆執政⓴之意。」光遠由是怨執政。范延光降，光遠密表㉑論執政過失。帝知其故而不得已，加維翰兵部尚書，崧工部尚書，皆罷其樞密使。以處讓為樞密使。

太常奏：「今建東京，而宗廟、社稷皆在西京，請遷置大梁。」敕旨：「且㉒

仍舊。」○戊戌㉓，大赦。

楊廷藝㉔[1]故將吳權自愛州舉兵攻皎公羨於交州，公羨[2]遣使以賂求救於漢。漢主欲乘其亂而取之，以其子萬王弘操㉕為靜海節度使，徙封交王，將兵救公羨。漢主自將屯于海門㉖，為之聲援。漢主問策於崇文使蕭益㉗，益曰：「今霖雨積旬，海道險遠，吳權桀黠㉘，未可輕也。大軍當持重，多用鄉導，然後可進。」不聽，命弘操帥戰艦自白藤江㉙趣交州。權已殺公羨，據交州，引兵逆戰。先於海口多植大杙㉚，銳其首㉛，冒之以鐵㉜。遣輕舟乘潮挑戰而偽遁㉝，弘操逐之[3]。須臾潮落，漢艦皆礙鐵杙不得返。漢兵大敗，士卒覆溺者太半，弘操死。漢主慟哭，收餘眾而還。先是，著作佐郎侯融㉞勸漢主弭兵息民㉟。至是，以兵不振追咎融，剖棺暴其尸。益，倣之孫也。

楚順賢夫人彭氏㊱卒。彭夫人貌陋而治家有法，楚王希範憚之㊲。既卒，希範始縱㊳聲色，為長夜之飲，內外無別。有商人妻美，希範殺其夫而奪之，妻誓不辱，自經㊴死。

【章旨】以上為第十四段，寫楊光遠恃功干預朝政。南漢主輕浮暴眾，兵敗交州，國勢轉衰。楚主馬希範縱情聲色。

【注釋】❶辛未 九月二十七日。❷戊寅 十月初五日。❸寶冊 冊書。❹尊號 皇帝活著時所加的美號。❺舟車所會 水陸交通匯聚之處。❻丙辰 十月甲戌朔，無丙辰。疑為「丙申」，十月二十三日。❼東都 洛陽。後晉以洛陽為西京。❽西都 長安。後晉以長安為晉昌軍。❾累世將相 好幾代擔任大將和丞相。❿穹廬 指代契丹。因契丹為游牧民族，居住氈帳。⓫戊子 十月十五日。⓬權坐停官 王權坐罪被罷官。⓭罕 少。⓮數 多次。⓯銜命 奉皇帝的命令。⓰踰分 超過限度。⓱依違 舉棋不定。⓲以法裁折之 用法律規定加以裁斷約束。⓳不平語 不滿意的話。⓴執政 指宰相。㉑密表 祕密地向皇帝上奏表文。㉒且 姑且；暫且。㉓戊戌 十月二十五日。㉔楊廷藝 事見本卷上年。㉕弘操 （？—西元九三八年）劉龑第九子，封萬王。傳見《十國春秋》卷六十一。㉖海門 地名，在今廣東潮陽東南。㉗蕭益 唐懿宗時宰相蕭倣之孫，官南漢崇文使。傳見《十國春秋》卷六十三。㉘桀黠 兇暴狡詐。㉙白藤江 水名，在今越南北部。㉚大杙 尖銳的大木樁。㉛銳其首 削尖木樁的 端。㉜冒之以鐵 用鐵包裹著。㉝偽遁 假裝逃走。㉞侯融 為人慷慨，喜直言。官著作佐郎。傳見《十國春秋》卷六十三。㉟弭兵息民 停止用兵，讓百姓休息。㊱彭氏 （？—西元九三八年）馬希範妻，累封秦國順賢夫人，貌陋而治家有法。傳見《十國春秋》卷七十一。㊲憚之 害怕她。㊳縱 放縱；縱情。㊴自經 自縊。

【校記】①楊廷藝 原作「楊延藝」。胡三省注云：「『延』當作『廷』。」嚴衍《通鑑補》改作「楊廷藝」，當是，今據以校正。②公羨 原無「公」字。胡三省注云：「以下文考之，『羨』上當有『公』字。」據章鈺校，乙十一行本有「公」字，今據補。③弘操逐之 原無此四字。據章鈺校，十二行本、乙十一行本、孔天胤本皆有此四字，今據補。

【語譯】九月二十七日辛未，任命楊光遠為天雄節度使。

冬，十月初五日戊寅，契丹派使者奉上冊書，給晉高祖加尊號為英武明義皇帝。〇晉高祖認為大梁是水陸交通匯聚的地方，便於漕運，丙辰日，在汴州建立東京。重新把汴州改為開封府，把東都洛陽改為西京，把西都長安改為晉昌軍節度。〇晉高祖派兵部尚書王權出使契丹以感謝他們給自己加了尊號。王權認為自己家幾代位居將相，對這次出使感到恥辱，就對人說：「我老了，怎麼能向穹廬裡的人屈膝呢！」於是以自己年老多病為藉口加以推辭。晉高祖大怒，十五日戊子，王權獲罪被罷官。

當初，郭崇韜死後，宰相很少有兼任樞密使的。晉高祖即位後，桑維翰、李崧卻兼任了，宣徽使劉處讓和宦官們都很不高興。楊光遠圍攻廣晉之時，劉處讓多次因軍事需要而奉命往來，楊光遠上奏請求的事情往往超越應有的限度，晉高祖常常舉棋不定，惟獨桑維翰按照法規加以裁斷約束。楊光遠對劉處讓說了表示不滿的話，劉處讓說：「這些都是宰相的意思。」楊光遠因此便怨恨執政大臣。范延光投降，楊光遠就祕密向皇帝上表評論執政大臣的過失；晉高祖明白他這樣做的原因，但又無法解決，於是就加封桑維翰為兵部尚書，李崧為工部尚書，把兩人的樞密使一職都罷免了。任命劉處讓為樞密使。

太常寺上奏說：「現在建立了東京，但是宗廟、社稷卻都在西京，請求遷來安置在大梁。」皇帝下敕旨說：「姑且沿襲原樣不作改變。」〇十月二十五日戊戌，大赦天下。

楊廷藝的舊將吳權從愛州起兵攻打在交州的皎公羨，皎公羨派使者帶著賄賂來向漢國求救。漢主想乘交州兵亂而奪取交州，於是任命他的兒子萬王劉弘操為靜海節度使，改封為交王，率兵前去救援皎公羨。漢主親自率兵屯駐在海門，為他作後援。漢主向崇文使蕭益詢問計謀，蕭益說：「現在大雨連綿已經有十多天了，海路既險又遠，吳權兇暴狡詐，不能小看了他。大軍的行動應當謹慎穩重，多用嚮導，然後才可前進。」漢主聽不進這些話，命令劉弘操率領戰艦從白藤江向交州進軍。這時吳權已經殺了皎公羨，佔據了交州，就率兵前來迎戰。他首先在海口插了很多大木樁，把木樁的頂端削尖，套上鐵皮。然後派遣輕便的小船乘著漲潮前來挑戰，之後假裝敗逃，劉弘操率軍追擊。一會兒潮水落了，漢國的戰艦都被那些套上鐵皮的木樁所阻擋，不能返回。漢兵大敗，士卒因翻船而被淹死的有一大半，劉弘操戰死。漢主悲傷痛哭，收拾殘餘士卒退了回去。在此之前，著作佐郎侯融曾勸漢主停止用兵，讓百姓休息。到這時，因為兵威不振而追究歸罪於已經死去的侯融，挖出他的棺木，暴露他的屍體。蕭益，是蕭倣的孫子。

楚國的順賢夫人彭氏去世。彭夫人容貌醜陋，但治家有法，楚王馬希範畏懼她。她去世以後，馬希範開始縱情聲色，舉行通宵達旦的宴飲，宮廷內外沒有分別。有一個商人的妻子容貌漂亮，馬希範殺了她的丈夫而把她搶了過來，商人的妻子發誓不願受辱，自己上吊死了。

河決鄆州。

十一月，范延光自鄆州入朝。

丙午❶，以閩主昶❷為閩國王，以左散騎常侍盧損❸為冊禮使，賜昶赭袍❹。

戊申❺，以威武節度使王繼恭❻為臨海郡王。閩主聞之，遣進奏官林恩白執政，以既襲帝號，辭冊命及使者。閩諫議大夫黃諷❼以閩主淫暴，與妻子辭訣❽入諫。閩主欲杖之，諷曰：「臣若迷國❾不忠，死亦無怨。直諫被杖，臣不受也。」閩主怒，黜為民。

帝患天雄節度使楊光遠跋扈難制，桑維翰請分天雄之眾，加光遠太尉、西京留守兼河陽節度使。光遠由是怨望，密以賂自訴於契丹，養部曲❿千餘人，常蓄異志。

辛亥⓫，建鄴都於廣晉府⓬。置彰德軍⓭於相州，以澶、衛隸之。置永清軍⓮於貝州，以博、冀隸之。澶州舊治頓丘，帝慮契丹為後世之患，遣前淄州刺史汲人劉繼勳⓯徙澶州城[1]跨德勝津⓰，并頓丘徙焉。以河南尹高行周為廣晉尹、鄴都留守，貝州防禦使王廷胤為彰德節度使，右神武統軍王周⓱為永清節度使。廷胤，處存之孫。周，鄴都人也。

范延光屢請致仕⑱，甲寅⑲，詔以太子太師致仕。居于大梁，每預宴會，與羣臣無異。○延光之反也，相州刺史掖⑳人王景拒境不從㉑。戊午㉒，以景為耀州團練使。

癸亥㉓，敕聽公私自鑄銅錢，無得㉔雜以鉛鐵，每十錢重一兩，以「天福元寶」為文。仍令鹽鐵㉕頒下模範㉖。惟禁私作銅器。

立右[2]金吾衛上將軍重貴㉗為鄭王，充開封尹。

庚辰㉘[3]，敕先許公私鑄錢，慮銅難得，聽輕重從便㉙，但勿令缺漏㉚。

辛丑㉛，吳讓皇卒。唐主廢朝二十七日，追諡曰睿皇帝。是歲，唐主徙吳王璟為齊王。

鳳翔節度使李從曮，厚文士而薄武人，愛農民而嚴士卒，由是將士怨之。會㉜發兵戍西邊，既出郊，作亂，突門入城，剽掠於市㉝。從曮發帳下兵㉞擊之，亂兵敗，東走，欲自訴於朝廷。至華州，鎮國節度使太原[4]張彥澤㉟邀擊㊱，盡誅之。

【章　旨】以上為第十五段，寫天雄軍節度使楊光遠驕縱。晉高祖聽民自鑄錢。

【注　釋】❶丙午　十一月初三日。❷閩主昶　即閩康宗王繼鵬。❸盧損　（？—西元九五三年）梁開平初進士，性剛介。官至祕書監，晚年退居林泉，自號具茨山人。傳見《舊五代史》卷一百二十八。❹赭袍　天子所穿袍服。❺戊申　十一月初五日。❻王繼恭　（？—西元九三九年）王延鈞子。傳見《十國春秋》卷九十四。❼黃諷　以康宗淫暴進諫，被黜為民。傳見《十國春秋》卷九十五。❽辭訣　訣別。❾迷國　迷惑君主。❿部曲　親兵。⓫辛亥　十一月初八日。⓬廣晉府　即魏州，今仍建鄴都。⓭彰德軍　方鎮名，後晉置，即後唐昭德軍。治所相州，在今河南安陽。⓮永清軍　方鎮名，後晉置，治所貝州，在今河北清河縣。⓯劉繼勳　衛州（今河南淇縣）人，官同州刺史，被契丹捕去。傳見《舊五代史》卷九十六。⓰德勝津　在今河南濮陽。⓱王周　魏州（今河北大名）人，少以勇力從軍，官成德節度使，有善政。傳見《舊五代史》卷一百八、《新五代史》卷四十八。⓲致仕　退休。⓳甲寅　十一月十一日。⓴掖　縣名，在今山東萊州。㉑拒境不從　把守境界，不跟隨反叛。㉒戊午　十一月十五日。㉓癸亥　十一月二十日。㉔無得　不得；不能。㉕鹽鐵　鹽鐵使。㉖模範　澆鑄用的模子。㉗重貴　（西元九一四年—？）石敬瑭姪子，性謹厚，好騎射。天福七年（西元九四二年）石敬瑭死，即皇帝位。開運三年（西元九四六年）契丹南侵，攻汴梁，降石重貴為負義侯，被掠入契丹。西元九四二—九四六年在位。事見《舊五代史》卷八十一、《新五代史》卷九。㉘庚辰　十二月初七日。㉙聽輕重從便　聽任錢中含銅量輕重隨便。㉚勿令缺漏　勿使錢的分量短缺。㉛辛丑　十二月二十八日。㉜會　適逢。㉝剽掠於市　在市場上搶掠。㉞帳下兵　節度使府親軍。㉟張彥澤　（？—西元九四六年）太原（今山西太原）人，投靠契丹為先鋒滅後晉。恣行殺戮，百姓切齒。被契丹耶律德光處死，市人爭食其肉。傳見《舊五代史》卷九十八、《新五代史》卷五十二。㊱邀擊　截擊；攔擊。

【校　記】[1]城　原無此字。據章鈺校，十二行本、乙十一行本、孔天胤本皆有此字，張瑛《通鑑校勘記》同，今據補。[2]右　原作「左」。據章鈺校，乙十一行本、孔天胤本皆作「右」，張敦仁《通鑑刊本識誤》同，今據改。按，《舊五代史・晉書・少帝紀》作「右」。[3]庚辰　原作「癸亥」。據章鈺校，十二行本、乙十一行本皆作「庚辰」，孔天胤本、張敦仁《通鑑刊本識誤》皆作「庚戌」。按，天福三年十二月甲戌朔，是月無「癸亥」，亦無「庚戌」，而有「庚辰」，今據改。[4]太原　原無此二字。據章鈺校，十二行本、乙十一行本、孔天胤本皆有此二字，今據補。

【語　譯】黃河在鄆州決口。

十一月，范延光從鄆州入京朝見。

十一月初三日丙午，冊命閩主王昶為閩國王，任命左散騎常侍盧損為冊禮使，賜給王昶赭色的袍服。初五日戊申，封威武節度使王繼恭為臨海郡王。閩主得知這一消息後，派進奏官林恩前來向執政大臣說明情況，因為閩主已經襲用了皇帝的尊號，所以退回冊命和使者。閩國的諫議大夫黃諷認為閩主荒淫暴虐，於是與妻子、兒女訣別後入朝進諫。閩主想用廷杖責打他，黃諷說：「臣如果是迷惑君主而不忠誠，死了也毫無怨言。直言進諫而被杖罰，臣不能接受。」閩主很生氣，把黃諷罷黜為庶民。

晉高祖擔心天雄節度使楊光遠飛揚跋扈，難以轄制，桑維翰請求分散天雄軍的兵力，加封楊光遠為太尉、西京留守兼河陽節度使。楊光遠由此心懷怨恨，祕密賄賂契丹並向契丹表白心曲，又豢養了親兵一千多人，常懷叛離之心。

十一月初八日辛亥，在廣晉府恢復建立鄴都。在相州設置彰德軍，劃出澶州、衛州隸屬於它。在貝州設置永清軍，劃出博州、冀州隸屬於它；澶州過去的治所在頓丘，晉高祖擔心契丹成為後世的禍患，就派前淄州刺史汲人劉繼勳把澶州州城遷移到地跨黃河兩岸的德勝津，連同頓丘一道遷移。任命河南尹高行周為廣晉尹、鄴都留守，貝州防禦使王廷胤為彰德節度使，右神武統軍王周為永清節度使。王廷胤，是王處存的孫子。王周，是鄴都人。

范延光多次請求退休，十一月十一日甲寅，下詔准許他以太子太師的身分退休。居住在大梁，他經常參與朝廷舉行的宴會，和群臣沒有什麼不同。〇當初范延光反叛的時候，相州刺史掖人王景把守著自己的轄區，沒有隨從他。十五日戊午，晉高祖任命王景為耀州團練使。

十一月二十日癸亥，下敕聽任官方和民間自行鑄造銅錢，但是不准摻雜鉛、鐵，每十個銅錢重一兩，鑄上「天福元寶」四個字。仍然命令鹽鐵使司頒下澆鑄用的模子。只是禁止私自製作銅器。

冊立右金吾衛上將軍石重貴為鄭王，充任開封尹。

十二月初七日庚辰，下敕先前准許官方和民間鑄錢，考慮到銅料難以獲得，可以聽任銅的輕重隨便，只是不能使銅錢的分量短缺。

十二月二十八日辛丑，吳國的讓皇去世。唐主為此停止登朝二十七日，追諡讓皇為睿皇帝。這一年，唐主改封吳王徐璟為齊王。

鳳翔節度使李從曮，厚待文士而輕視武人，愛惜農民卻對士卒很嚴厲，因此將士們都很怨恨他。適逢要派兵戍守西部邊境，軍隊出發到郊外後，就發生了變亂，這些亂兵衝破城門進入城內，在街市上大肆搶掠。李從曮調動自己帳下的親兵前去迎擊亂兵，亂兵被打敗，向東逃去，想親自到朝廷去申訴。走到華州，鎮國節度使太原張彥澤出兵攔擊，把他們全都誅殺了。

【研　析】本卷研析桑維翰功過、契丹主禮遇張礪、徐知誥改名去「知」三件史事。

桑維翰功過。桑維翰，字國僑，河南人。形貌醜陋，身短面長，進士出身，自負有宰輔之才。石敬瑭為河陽節度使，辟舉桑維翰為掌書記，寵遇日隆，為石敬瑭謀主。桑維翰、劉知遠，兩人一文一武，是石敬瑭的左右手。割地事契丹，石敬瑭做了兒皇帝，本謀者桑維翰，賣國求榮，桑維翰是民族的罪人。對於虜廷兒皇帝石敬瑭來說，桑維翰是後晉開國功臣。石敬瑭入洛陽，以桑維翰為翰林學士、禮部侍郎、知樞密院事，遷中書令、同中書門下平章事，兼樞密使。當時晉朝新建，藩鎮多未服從，府庫空虛，民不堪命，形勢嚴峻。桑維翰建言晉高祖石敬瑭，棄舊怨安撫藩鎮，卑辭厚禮事契丹，訓練士卒以修武備，勸農桑以實倉廩，通商賈以足財用。高祖用其言，數年後國家粗安，這是桑維翰輔政的功績。桑維翰的功過，用三國時許子將品評曹操的兩句話：「子治世之能臣，亂世之奸雄。」差可得之。曹操為創業之主，桑維翰為無恥奸雄之謀主，又不可同日而語矣。

契丹主禮遇張礪。唐翰林學士張礪奉末帝之命督軍趙延壽進軍團柏谷口，軍敗與趙延壽俱沒入契丹。張礪得間南逃，為追騎所獲。契丹主耶律德光責問張礪，說：「為何不辭而別？」張礪說：「臣是華人，飲食衣服不習慣，活著比死還難受，請快些殺了我吧。」契丹主回頭對精通翻譯而負責接待的高彥英說：「我再三告誡你們要管理好這個人的生活，他逃跑了到哪裡去找這樣的人？」契丹主鞭打了高彥英一頓，責其向張礪道歉。張礪見契丹主如此尊重讀書人，於是歸順契丹，竭盡忠心，遇事直言敢諫，深得契丹主的禮遇和器重。契丹主耶律德光史稱遼太宗，他繼遼太祖耶律阿保機大力推行漢化的文明進程，建國號，備典章，是大遼國史上的一位賢君，張礪的建言與輔佐，功不可沒。

徐知誥改名去「知」。徐知誥，據薛史，謂為海州人，徐溫養子。出身寒微，少孤，及壯，身高七尺，廣額隆準，寬厚有謀，賢於徐溫親生諸子，溫是以愛之。徐溫為吳楊氏政權大丞相，鎮金陵。溫死，知誥承襲吳大丞相，鎮金陵。知誥秉政，寬刑法，推恩信，用以收人心，起延賓亭接納四方之士，引宋齊丘、駱知祥、王令謀等為謀主。吳楊溥天祚三年（西元九三七年），徐知誥更名為徐誥，去名上「知」字，單名誥。「知」字為徐溫之子輩分用字，徐知誥去「知」字，表示將與徐姓脫離，不與徐氏兄弟徐知訓、徐知詢等同列，這是受禪的前奏信號。接著徐誥受封齊王，建齊國。十月初五日甲申，徐誥即皇帝位於金陵，改年號為昇元。三月更名，十月受禪，是年徐誥四十九歲。徐誥冊封楊溥為讓皇，天福三年（西元九三八年）四月遷楊溥於潤州丹楊宮，以馬思讓為丹楊宮使，嚴兵守衛，一年後楊溥幽死。楊氏政權，自唐昭宗大順二年（西元八九一年）楊行密始有淮南之地，至楊溥遜位的晉天福二年，凡四十七年。